社会保险费
涉税实务 疑难问题解析

赵 磊 宋 艳 张国志 主 编
吴 涛 刘丽艳 项 阳 副主编

图书在版编目(CIP)数据

社会保险费涉税实务疑难问题解析/赵磊,宋艳,张国志主编. —上海：立信会计出版社,2023.1
ISBN 978-7-5429-7162-3

Ⅰ.①社… Ⅱ.①赵… ②宋… ③张… Ⅲ.①社会保险税—研究—中国 Ⅳ.①F812.424

中国国家版本馆CIP数据核字(2023)第017591号

策划编辑　　张巧玲
责任编辑　　毕芸芸

社会保险费涉税实务疑难问题解析
SHEHUI BAOXIANFEI SHESHUI SHIWU YINAN WENTI JIEXI

出版发行	立信会计出版社
地　　址	上海市中山西路2230号　　邮政编码　200235
电　　话	(021)64411389　　传　　真　(021)64411325
网　　址	www.lixinph.com　　电子邮箱　lixinaph2019@126.com
网上书店	http://lixin.jd.com　　http://lxkjcbs.tmall.com
经　　销	各地新华书店
印　　刷	河北鑫兆源印刷有限公司
开　　本	787毫米×1092毫米　　1/16
印　　张	24.75
字　　数	470千字
版　　次	2023年1月第1版
印　　次	2023年1月第1次
书　　号	ISBN 978-7-5429-7162-3/F
定　　价	98.00元

如有印订差错,请与本社联系调换

"十三五"时期,我国已经建成世界上规模最大的社会保障体系,从立法进程、征管机制到覆盖人群、保障类型均得到了大幅度的拓展和提升。但是,随着社会发展进步和经济日益活跃,社会保障体系,特别是社会保险制度还需要不断完善。

党的十九届三中全会作出重大决策,改革社会保险费征收体制,社会保险费交由税务部门统一征收。在社会保险费征管实践中,我们发现,缴费人对社会保险的认识有一定误区,甚至偏见,导致有的参保积极性不高,有的逃避缴费义务,有的不知该如何维护自身合法权益。这反映出社会保险费征管工作的复杂性,也反映出政策宣传的不足。

我们收集了近年来社会保险费征管中热议、频发的疑难问题,从社会保险事业的发展脉络、政策法规的深度解析、典型案例的总结剖析、实务操作的科普指导等多个层面和视角,为读者全景式解答疑惑。我们希望借此书,帮助大家深入了解社会保险、走进社会保险、参与社会保险、共同促进社会保险事业的发展,让这项制度带来更多民生福祉,服务新发展阶段民族复兴的伟大工程。

我们希望本书能够成为读者手中的参考书、工具书,带来启示,引发思考,对读者的工作、生活各方面有所助益。同时,由于时间和水平有限,书中难免出现一些不足之处,敬请广大读者谅解,并予以指正,与我们共同交流探讨。

编写组

2023 年 1 月

目录

第一编　基本政策 ··· 1

一、基本原理 ··· 1

1. 我国社会保险制度的立法进程 ··································· 1
   - 【实务案例】社会保险立法进程和覆盖面 ··················· 3
2. 参保单位和参保个人的权利义务是否对等 ··················· 4
   - 【典型案例】缴费义务很重要：劳动者参加新型农村合作医疗不免除用人单位缴纳职工基本医疗保险的法定义务 ··········· 6
   - 【实务案例】个人应缴纳的社会保险费申报缴纳方式 ······ 7
3. 如何办理社会保险登记 ·· 7
   - 【典型案例】灵活就业人员参保缴费原来是这么操作的,快来办理吧 ··· 9
4. 社会保险基金谁来管、怎么管 ··································· 9
5. 政府部门如何划分社会保险职责 ······························· 17
   - 【实务案例】社会保险征收机关的权责 ····················· 20
6. 社会保险争议如何解决 ·· 20
   - 【典型案例】公司让员工自行承担所有社会保险费用违法无效 ··· 22
7. 生产经营困难能否成为申请缓缴、减免的理由 ············· 24
   - 【实务案例】现行特困行业养老保险缓缴政策 ············ 24
8. 社会保险经办机构和社会保险行政部门有什么区别 ······· 25
   - 【典型案例】注意防范"代缴社保、补交社保、优惠参保" ··· 25
   - 【实务案例】行政管理部门间社保信息的共享和传递 ··· 26

二、养老保险 ··· 26

（一）企业职工基本养老保险 ··································· 26

1. 什么是基本养老保险 ··· 26
   - 【实务案例】到底能拿多少养老金 ···························· 30
   - 【背景案例】秒杀一众理财产品,保值增值的记账利率 ··· 33

001

2. 企业职工基本养老保险的参保范围 ……………………………………… 33
（二）基本养老保险费缴费基数 ……………………………………………………… 40
　　1. 什么是"社平工资" ……………………………………………………………… 40
　　　　【典型案例】"社平工资"确认的来去始终 …………………………………… 41
　　2. 企业职工基本养老保险费单位缴费基数如何确定 …………………………… 42
　　　　【实务案例】如何把握单位缴费基数的计算口径 …………………………… 43
　　　　【典型案例】"私车公用"取得的交通补贴如何进行社会保险费处理 ……… 44
　　3. 职工个人基本养老保险费缴费基数如何确定 ………………………………… 46
　　　　【实务案例】计入、不计入，上限、下限，切勿傻傻分不清楚 ……………… 47
　　　　【实务案例】个人缴费基数过渡政策对缴费额的影响 ……………………… 48
　　4. 纳入缴费基数的具体项目有哪些 ……………………………………………… 49
　　　　【实务案例】纳入缴费基数项目辨析 ………………………………………… 52
　　5. "走出去"员工缴费基数如何确定 ……………………………………………… 54
　　　　【实务案例】"走出去"员工如何进行税费处理 ……………………………… 55
　　6. 特殊情形缴费基数如何确定 …………………………………………………… 56
　　　　【实务案例】特殊情形缴费基数的计算 ……………………………………… 58
（三）基本养老保险费率历年变化 …………………………………………………… 59
　　1. 企业职工基本养老保险单位费率的重大调整 ………………………………… 59
　　　　【实务案例】降费率政策效应的核算 ………………………………………… 63
　　2. 企业职工基本养老保险个人费率是多少 ……………………………………… 64
（四）机关事业单位基本养老保险 …………………………………………………… 68
　　1. 机关事业单位基本养老保险何时起步 ………………………………………… 68
　　　　【背景案例】为什么推出机关事业单位养老保险制度改革 ………………… 69
　　2. 机关事业单位养老保险的参保范围 …………………………………………… 72
　　　　【实务案例】"对号入座"准确参保 …………………………………………… 74
　　3. 机关事业单位基本养老保险缴费基数如何确定 ……………………………… 76
　　　　【实务案例】事业单位缴费基数如何计算 …………………………………… 77
　　4. 机关事业单位和企业退休养老金算法有区别吗 ……………………………… 78
　　　　【实务案例】机关事业单位退休人员过渡性养老金的计算 ………………… 83
　　5. 特殊情形如何与改革机关事业单位基本养老保险相衔接 …………………… 83
　　　　【实务案例】视同缴费年限可以"转移" ……………………………………… 86
　　6. 机关事业单位基本养老保险个人账户有什么作用 …………………………… 90
　　　　【实务案例】如何计算个人的希望与保障——个人账户累计储存额 ……… 93

7. 基本养老保险参保人的幸运数字是什么 ························· 94
【实务案例】缴费不足15年的抉择 ····················· 97

(五) 城乡居民基本养老保险 ··························· 97
1. 城乡居民基本养老保险经历了怎样的前世今生 ············· 97
【背景案例】后来者居上？覆盖全民的城乡居民基本养老保险蓬勃发展 ····· 100
2. 城乡居民基本养老保险的参保范围 ····················· 100
【背景案例】城乡居民基本养老保险为打赢脱贫攻坚战贡献力量 ····· 102
3. 城乡居民基本养老保险基金如何筹集 ··················· 103
【背景案例】"入口补贴"和"出口补贴"，谁的补贴最有力 ········· 105
4. 城乡居民基本养老保险如何进行转移接续与制度衔接 ······· 107
【实务案例】"打工人"交了"双保险"，能否享受"双待遇" ········ 109

(六) 补充养老保险 ······························· 110
1. 补充养老保险制度包括哪些内容 ······················· 110
【典型案例】补充基本养老保险真的能"补充"退休工资吗 ········· 113
2. 什么是企业年金 ···································· 114
【背景案例】从"五险一金"到"六险二金"，"超强保障"时代来临 ····· 116
3. 职业年金的征缴范围有哪些 ························· 117
【背景案例】机关事业单位编制外人员的职业年金何去何从 ········· 119
4. 如何确定年金的缴费基数和比例 ····················· 119
【实务案例】军队文职人员职业年金如何核算 ················ 122
5. 参加企业年金和职业年金在领取时有何异同 ············· 123
【典型案例】企业年金含"金"量到底有多高 ················ 124
6. 离职或者调动后年金如何转移接续 ··················· 125
【实务案例】高级技术人员离职创业，职业年金该怎么办 ········· 128

(七) 特殊人员或特殊行业的养老保险 ··················· 128
1. 外籍人士如何参加基本养老保险 ····················· 128
【背景案例】"双边互免"是哪"双边"，"互免"的是什么 ········· 129
2. 退役士兵如何参加基本养老保险 ····················· 133
【背景案例】随军未就业军嫂的社会保险如何保障 ············· 137
【典型案例】军队文职人员的社会保险该怎么交 ·············· 139
3. 宗教人员也参保吗 ································ 140
【背景案例】宗教教职人员参加社会保险国家也有扶持政策吗 ····· 141
4. 港澳台同胞如何在内地参保 ························· 142

【背景案例】港澳台居民离开内地(大陆),社会保险可以退吗 …… 144
5. 灵活就业人员如何参加基本养老保险 …… 144
　　【实务案例】灵活就业人员基本养老保险险费核算 …… 145
6. 建筑行业的农民工是否参加养老保险 …… 147
　　【背景案例】农民工参加基本养老保险的"难点" …… 149
7. 劳务派遣员工如何缴纳社会保险费 …… 150
　　【实务案例】劳务派遣公司社会保险费核算 …… 151

三、失业保险 …… 153

(一) 失业保险参保范围 …… 153
1. 哪些群体需要参加失业保险 …… 153
　　【典型案例】参加失业保险是一种不可逃避的责任 …… 156
　　【实务案例】社会保险费征收位阶最高的法律是什么 …… 157
2. 失业人员如何进行失业登记 …… 157
　　【典型案例】懂得如何进行失业登记对失业人员的重要性 …… 160
　　【实务案例】领取失业保险需要满足的条件 …… 160
3. 失业人员参加基本医疗保险还有优惠政策吗 …… 161
　　【典型案例】失业人员重新就业后的医疗保险如何处理 …… 165

(二) 失业保险费历年变化 …… 165
失业保险费经历几次降费率 …… 165
　　【实务案例】易忽略的疫情防控期间失业保险优惠政策 …… 167

(三) 特殊人群的失业保险 …… 168
1. 外国人在中国就业是否也能参加失业保险 …… 168
　　【典型案例】外国国籍是参加我国社会保险的阻碍吗 …… 173
2. 农民合同制工人需要参加失业保险吗 …… 174
　　【典型案例】农民工离职后没有再就业,能否享有失业保险待遇 …… 176
3. 跨地区就业的人员,失业保险关系如何接续 …… 177
　　【背景案例】职工跨统筹地区就业,其失业保险转移问题的法律依据是什么 …… 179
　　【实务案例】国家对失业保险预防失业工作的要求有哪些 …… 179
4. 职工跨制度流动失业保险关系如何处理 …… 180
　　【典型案例】公务员被辞退后享受失业保险待遇吗 …… 180

四、工伤保险 …… 182

(一) 工伤保险参保范围 …… 182

1. 工伤保险的参保范围是否包括公务人员 ·· 182
   【典型案例】公务员在工作时间突发疾病死亡,能否适用工伤鉴定 ········ 184
2. 在多个单位就业,在哪个单位参保 ·· 185
   【典型案例】在两个单位就职,发生工伤事故由谁管 ···························· 187
   【背景案例】人社观点:职工在两个或两个以上用人单位同时就业如何
             参保 ·· 188
3. 职工被派遣出境,如何参保 ·· 188
   【背景案例】人社观点:被派出境员工发生工伤,企业应当如何处理 ······· 189

(二)工伤保险费率的确定和调整 ··· 190
1. 工伤保险费率如何确定 ··· 190
   【背景案例】工伤保险行业如何分类 ·· 192
2. 工伤保险费率如何调整 ··· 192
   【背景案例】人社观点:工伤保险费率是如何调整的 ···························· 195
   【实务案例】用实例看工伤保险费率浮动规则 ···································· 196

(三)特殊情形的工伤保险规定 ·· 197
1. 建筑施工企业为招用的农民工参保是强制性规定吗 ···························· 197
   【典型案例】农民工工伤,法律给你撑腰 ·· 199
2. 未签订劳动合同,发生工伤谁负责 ·· 200
   【背景案例】没有劳动关系,用人单位还需要承担工伤保险责任吗 ········ 201
   【典型案例】违法分包,工伤保险责任谁承担 ····································· 201
3. 难以用工资总额计算缴费额的企业如何征收工伤保险费 ····················· 202
   【实务案例】按工程项目缴纳工伤保险如何计算 ································· 204
4. 用人单位未缴纳工伤保险费,职工发生工伤后又不支付工伤保险待遇如何
   处理 ·· 206
   【典型案例】用人单位未缴纳工伤保险,职工受伤谁赔偿 ···················· 207

五、医疗保险 ··· 208

(一)职工基本医疗保险 ··· 208
1. 职工基本医疗保险的覆盖范围有多宽 ··· 208
   【背景案例】"农村进城务工人员"是否可以参加职工基本医疗保险 ······ 210
   【典型案例】某单位未及时为"农村进城务工人员"办理基本医疗保险
             关系 ·· 211
2. 职工基本医疗保险的缴费年限是如何规定的 ···································· 211
   【典型案例】退休人员是否缴纳职工基本医疗保险 ····························· 213

005

  3. 职工基本医疗保险费如何计征 ·································· 214
    【背景案例】用人单位采取"单建统筹"方式参保缴费,参保人员退休是否需要
    补缴职工基本医疗保险 ·· 216
  4. 职工基本医疗保险基金的账户如何管理 ·································· 216
    【背景案例】基本医保关系转移接续是适应人口流动需要、保障流动人员医保
    权益的重要制度安排 ·· 220
 (二) 城乡居民基本医疗保险 ·································· 220
  1. 城镇居民医保和新农合如何"合二为一" ·································· 220
  2. 城乡居民医保对大病患者的高额医药费有保障作用吗 ·································· 224
    【背景案例】城乡居民医保对大病患者的保障待遇 ·································· 226
 (三) 特殊人群的医疗保险 ·································· 227
  1. 灵活就业人员如何参保缴费 ·································· 227
    【背景案例】灵活就业人员基本医疗保险的转移接续 ·································· 230
  2. 个体工商户如何参保缴费 ·································· 233
    【背景案例】个体工商户参保流程 ·································· 234
  3. 退役军人参保是否由"政府兜底" ·································· 234
    【实务案例】退役军人基本医疗保险缴费和补贴 ·································· 236
 (四) 医疗保险改革 ·································· 237
  1. 加强和改进基本医保参保工作要完成哪些工作 ·································· 237
    【背景案例】医保改革背景下的全民医疗保障规划 ·································· 241
  2. 重点人群参保缴费有哪些特殊规定 ·································· 242
    【背景案例】智能时代的老年人医疗保障服务 ·································· 244

六、生育保险 ·································· 245
 (一) 生育保险参保范围 ·································· 245
  1. 什么是生育保险 ·································· 245
    【典型案例】某公司未按规定保障女职工享受生育保险待遇 ·································· 248
  2. 生育保险基金由哪几项构成 ·································· 248
    【典型案例】某公司骗取生育保险基金 ·································· 251
 (二) 生育保险费率历年变化 ·································· 251
  生育保险费率调整变化的因素是什么 ·································· 251
 (三) 生育保险与医疗保险合并后的变化 ·································· 253
  1. 两险合并是不是取消了"生育保险" ·································· 253
    【背景案例】生育保险的重要作用是什么 ·································· 256

2. 两险合并究竟"并"的是什么 ··· 257

第二编　政策支持 ··· 261
一、社会保险补贴 ··· 261
　　1. 企业吸纳就业困难人员能享受社会保险补贴吗 ························· 261
　　　　【背景案例】用人单位吸纳就业困难人员社会保险补贴工作流程 ········· 263
　　2. 被征地农民参加社会保险,个人缴费从哪儿出 ························· 264
　　　　【背景案例】被征地农民参保缴费及补助标准 ························· 267
　　3. 就业困难人员灵活就业后参保有优惠吗 ······························· 267
　　　　【背景案例】领取了"4050"补贴会影响退休待遇吗 ···················· 269
　　4. 对于支持"稳就业"企业会给予一定补贴吗 ··························· 269
　　　　【实务案例】企业到底能领多少稳岗补贴 ····························· 272

二、中央调剂金 ··· 274
　　企业职工基本养老保险基金中央调剂金是如何筹集的 ····················· 274
　　　　【实务案例】中央调剂金的计算 ····································· 275

三、税收优惠政策 ··· 276
　　1. 社会保险费在企业所得税税前可以扣"几险" ························· 276
　　　　【实务案例】企业缴纳的各项保险在所得税汇算清缴时是否需要调整 ····· 279
　　　　【背景案例】税务局观点:雇主责任险是否可以在企业所得税税前扣除 ··· 282
　　2. 社保基金运营在印花税上真的有优惠吗 ······························· 282
　　　　【背景案例】2020年全国社会保障基金理事会社保基金年度报告(节选) ··· 284
　　3. 基本养老保险基金用于投资有税收政策支持吗 ························· 286
　　　　【背景案例】基本养老保险基金投资运营成效显著 ····················· 288
　　　　【背景案例】全国社会保障基金理事会基本养老保险基金受托运营年度
　　　　　　　　　报告(2020年度) ··· 288
　　4. 个人参保缴费可以享受哪些个人所得税优惠 ··························· 289
　　　　【实务案例】职工个人缴纳的社会保险费如何在个人所得税税前扣除 ····· 291

第三编　社会保险费减免 ··· 295
一、减征、免征政策 ··· 295
　　1. 疫情防控期间我国对三项社会保险提出了哪些减免政策 ················· 295
　　　　【实务案例】如何计算疫情防控期间三项社会保险费缴纳额 ············· 296

2. 疫情防控期间我国对基本医疗保险提出了哪些减免政策 ·············· 297
　　【实务案例】如何计算疫情防控期间医疗保险缴费额 ·············· 297
3. 我国对阶段性降低基本养老保险、失业保险和工伤保险费率作出了哪些
　　规定 ·· 298
　　【实务案例】如何计算企业养老保险费 ···························· 302
4. 不同类型的单位享受减免政策有什么不同 ··························· 303
　　【实务案例】如何计算不同类型企业社会保险费额 ················· 304
5. 企业享受社会保险费减免的流程是什么 ····························· 305
　　【背景案例】减免政策企业"直达快享" ··························· 307
6. 各类减免政策如何给企业减轻了社会保险缴费负担 ·················· 308
　　【典型案例】社会保险费"免减缓"为企业添活力 ·················· 310
　　【实务案例】如何计算企业享受政策的红利账 ····················· 311

二、缓缴政策 ·· 311
1. 企业应该如何申请缓缴，哪些条件下可以缓缴 ······················ 311
　　【背景案例】企业缓缴两三事 ···································· 313
2. 疫情防控期间我国对社会保险费缓缴作出了哪些规定 ················ 313
　　【典型案例】"打工人"在疫情防控期间失业，社会保险费怎么办 ···· 315
3. 缓缴社会保险费是否影响参保人员享受各种社会保险待遇 ············ 316
　　【典型案例】缓缴会中断个人缴费记录吗 ·························· 318

三、历年缴费基数上下限相关规定 ··· 318
1. 我国对于社会保险缴费基数口径作出了哪些规定 ···················· 318
　　【实务案例】如何把握社会保险缴费基数 ·························· 326
2. 调整社会保险缴费基数口径对企业和缴费人产生了哪些影响 ·········· 326
　　【实务案例】如何计算灵活就业人员调整缴费基数缴费额 ············ 327
3. 疫情防控期间我国对缴费基数上下限作出了哪些特殊的规定 ·········· 328
　　【实务案例】如何计算灵活就业人员下限缴纳养老保险金额 ·········· 328

第四编　社会保险费的会计处理与统计核算 ································ 329

1. 企业如何进行各项社会保险费的会计核算 ··························· 329
　　【实务案例】企业核算保险费应如何进行账务处理 ·················· 333
2. 国家的社会保险统计核算包括哪些内容和指标体系 ··················· 337
　　【实务案例】税务机关征收社会保险费统计分析 ···················· 339

3. 如何对社会保险费进行降费核算分析 ………………………………………… 341
　　【实务案例】社会保险费降费核算 ……………………………………… 342

第五编　社会保险稽核 ……………………………………………………… 345

1. 什么是社会保险稽核 ……………………………………………………… 345
　　【背景案例】社会保险稽核是对企业的"查缺补漏"吗 ………………… 347
2. 接到稽核通知后，企业需要做哪些准备工作 …………………………… 348
　　【背景案例】金税四期社会保险征管系统对社会保险稽核的影响 …… 350
3. 社会保险稽核工作的流程是什么 ………………………………………… 350
　　【实务案例】稽核发现问题后如何整改 ………………………………… 353
4. 社会保险稽核的内容具体包含哪些 ……………………………………… 355
　　【实务案例】稽核之后的社会保险费补缴 ……………………………… 355
5. 社会保险稽核涉及哪些法律责任 ………………………………………… 357
　　【典型案例】维护劳动者社会保险利益刻不容缓 ……………………… 360

第六编　社会保险费征收管理与法律责任 ………………………………… 361

1. 社会保险费为什么要划归税务部门征收 ………………………………… 361
　　【背景案例】税务机关征缴社会保险费的"平稳精神" ………………… 363
2. "五险"都划转至税务部门征收了吗 ……………………………………… 364
　　【背景案例】城乡居民的"两险"如何征缴 ……………………………… 365
3. 金税四期能否实现对社会保险费的比对监管 …………………………… 366
　　【背景案例】全国及部分省份的税费"信息共享"进展情况 …………… 367
4. 用人单位未按规定申报缴纳社会保险费，应承担哪些法律责任 ……… 369
　　【背景案例】单位逾期缴纳社会保险费的滞纳金和利息是否可以税前扣除
　　………………………………………………………………………………… 370
　　【实务案例】用人单位欠缴社会保险费如何缴纳滞纳金 ……………… 371
　　【典型案例】H网络服务公司骗取生育津贴案 ………………………… 371
　　【典型案例】用人单位不缴、少缴社会保险费的严重后果 …………… 372
　　【实务案例】实务中的社会保险费如何计算缴纳 ……………………… 372
5. 缴费单位及其人员违反《社会保险费征缴暂行条例》的法律责任 …… 375
　　【典型案例】劳动者发生工伤事故时企业急于注销，责任谁承担 …… 376
6. 税务机关工作人员滥用职权的法律责任有哪些 ………………………… 377

【实务案例】税务机关在征收社会保险费过程中会承担法律责任的典型
　　　　　　　情形 ··· 377
　　【实务案例】征收机关泄露用人单位信息的处理 ······························ 378
7. 用人单位的法律救济途径 ··· 378
　　【典型案例】某网络科技公司诉蒙某某确认劳动关系纠纷案 ················· 379
　　【典型案例】社会保险费滞纳金是否可以超过欠缴的社会保险费本金 ········ 380
8. 用人单位申请法律救济时是否应"纳费争议、缴费前置" ······················· 380

第一编　基本政策

一、基本原理

1. 我国社会保险制度的立法进程

我国社会保险制度的立法经历了 70 多年的历程，主要分为以下四个阶段。

第一阶段（1949—1985 年）是在工会领导下由企业代征代发社会保险费阶段。这一阶段主要以《中华人民共和国劳动保险条例》（1951 年颁布）为代表。从这时算起，直到 20 世纪 80 年代末 90 年代初我国开始推行社会保险改革，劳动保险制度在中国大陆地区维系了 40 多年。这一阶段的社会保险制度规定有《中华人民共和国劳动保险条例》（政秘字 134 号命令）、《救济失业工人暂行办法》《国家机关工作人员退休处理暂行办法》《国家机关工作人员退职处理暂行办法》《国家机关工作人员病假期间生活待遇试行办法》《国务院关于处理国家机关工作人员退职、退休时计算工作年限的暂行规定》《国务院关于工人、职员退休处理的暂行规定实施细则》《关于全国各级人民政府、党派、团体及所属事业单位的国家工作人员实行公费医疗预防的指示》等。

第二阶段（1986—1998 年）为社会保险经办机构征缴阶段。这段时期为改革开放后的探索时期，相关社会保险法律法规陆续出台。随着经济体制转轨和国有企业改革，特别是劳动合同制的推行，原有的企业保险格局已经不能适应改革和经济发展的要求。从 20 世纪 80 年代中期开始，国家对社会保险制度进行了一系列改革，先后制定的法律法规、部门规章或者带有法律法规性质的通知和规定主要有《国务院关于企业职工养老保险制度改革的决定》、《国务院关于深化企业职工养老保险制度改革的通知》（国发〔1995〕6 号）、《国务院关于建立统一的企业职工基本养老保险制度的决定》（国发〔1997〕26 号）、《关于职工医疗制度改革的试点意见》（体改分〔1994〕51 号）、《国务院关于建立城镇职工基本医疗保险制度的决定》（国发〔1998〕44 号）、《国营企业职工待业保险暂行规定》（国发〔1986〕77 号）、《国营企业职工待业保险规定》（国务院令第 110 号）《职工工伤与职业病致残程度鉴定标准（试行）》（劳险字〔1992〕6 号）、《企业职工工伤保险试行办法》（劳部发〔1996〕266 号）、《企业职工生育保险试行办法》（劳部发〔1994〕504 号）、《企业职工基本养老保险基金试行收支两条线管理暂行规定》(财社字〔1998〕6号)、《中华人民共和国工会法》(国务院令第57号)、《中华人民共和国劳动法》(中华人民共和国主席令第28号)。

  第三阶段(1999—2017年)是社会保险制度立法的重要阶段,立法层次逐渐提高,社会保险费立法取得突破性进展,由原来的以暂行规定、通知为主的形式,过渡到以法律、法规、规章为主的立法阶段,以1999年颁布的《失业保险条例》(国务院令第258号)、2003年颁布的《工伤保险条例》(国务院令第375号)、2010年制定的《中华人民共和国社会保险法》(中华人民共和国主席令第三十五号,简称《社会保险法》)为主要标志。《社会保险法》是中国特色社会主义法律体系中起支架作用的重要法律,是一部着力保障和改善民生的法律。它的颁布实施,是我国人力资源社会保障法制建设中的一个里程碑,对于建立覆盖城乡居民的社会保障体系,更好地维护公民参加社会保险和享受社会保险待遇的合法权益,使公民共享发展成果,促进社会主义和谐社会建设,具有十分重要的意义[①]。这一阶段,主要有1999年1月国务院颁布的《社会保险费征缴暂行条例》(国务院令第259号)、《失业保险条例》(国务院令第258号)、《国务院关于完善企业职工基本养老保险制度的决定》(国发〔2005〕38号)、《国务院关于开展新型农村社会养老保险试点的指导意见》(国发〔2009〕32号)、国务院办公厅关于转发人力资源社会保障部 财政部《城镇企业职工基本养老保险关系转移接续暂行办法的通知》(国办发〔2009〕66号)、2010年制定的《社会保险法》、《国务院关于开展城镇居民社会保险试点的指导意见》(国发〔2011〕18号)、《国务院关于建立统一的城乡居民基本养老保险制度的意见》(国发〔2014〕8号)、《中共中央 国务院关于进一步加强农村卫生工作的决定》(中发〔2002〕13号)、国务院办公厅转发卫生部等部门关于建立新型农村合作医疗制度意见的通知(国办发〔2003〕3号)、《国务院办公厅关于全面实施城乡居民大病保险的意见》(国办发〔2015〕57号)、《国务院关于整合城乡居民基本医疗保险制度的意见》(国发〔2016〕3号)、《国务院关于机关事业单位工作人员养老保险制度改革的决定》(国发〔2015〕2号)等。

  第四阶段,2018年以来,随着新时代全面深化改革的深入推进,社会保险体制在征收体制、管理体制上进行了深刻调整,相关法律规范也随之调整。2018年3月,根据第十三届全国人民代表大会第一次会议批准的国务院机构改革方案,将人力资源和社会保障部的城镇职工和城镇居民基本医疗保险、生育保险职责整合,组建国家医疗保障局,标志着医疗保险管理体制的改革。2018年7月,中共中央办公厅、国务院办公厅印

[①] 摘自《中华人民共和国社会保险法释义(一)》,人力资源和社会保障部网,http://www.mohrss.gov.cn/fgs/syshehuibaoxianfa/201202/t20120217_28562.html。

发的《国税地税征管体制改革方案》提出,合并省以下国税地税机构,划转社会保险费和非税收入征管职责,构建优化高效统一的税收征管体系。2020年11月,全国各地各项社会保险费均交由税务部门统一征收,标志着社会保险费征收体制的改革达到新的阶段。2018年12月29日,第十三届全国人民代表大会常务委员会第七次会议分别修订了《社会保险法》和《中华人民共和国劳动法》(以下简称《劳动法》)。在这个过程中,习近平总书记高度重视社会保障立法工作,他在2021年2月26日第十九届中共中央政治局第二十八次集体学习时讲话指出,要推进社会保障法治化。这篇讲话非常重要,是我国今后一个时期社会保障工作的纲领性文件,充分体现了习近平总书记对社会保障工作的重视。其中,对社会保障立法进行了专门强调,为新时代社会保险立法工作提出了明确要求,为今后社会保障立法工作指明了方向,也提供了根本遵循依据。在习近平新时代中国特色社会主义思想,特别是习近平法治思想的指引下,社会保险立法工作将呈现更快的发展态势。

政策链接: 习近平总书记关于社会保障立法的要求[①]

> 推进社会保障法治化。要从立法、执法、司法、守法各环节加强社会保障工作,在法治轨道上推动社会保障事业健康发展。要加强社会保障立法工作,加快制定或修订社会保险、社会救助、社会福利等方面的相关法律,依法落实各级政府和用人单位、个人、社会的社会保障权利、义务、责任。要依法健全社会保障基金监管体系,防范化解基金运行风险,维护基金安全。要以零容忍态度严厉打击欺诈骗保、套保或挪用贪占各类社会保障资金的违法行为,守护好人民群众的每一分"养老钱""保命钱"和每一笔"救助款""慈善款"。

【实务案例】社会保险立法进程和覆盖面

1.《社会保险法》的实施时间是( )。
A. 2010年10月28日　　　　B. 2011年1月1日
C. 2011年7月1日　　　　　D. 2012年3月1日
参考答案:C
答案解析:《社会保险法》由中华人民共和国第十一届全国人民代表大会常务委员会第十七次会议于2010年10月28日通过,自2011年7月1日起施行。之所以通过时间和实施时间有差距,主要是在这个过程中要做好法律实施的各项准备工作,以利于更好地施行。

[①] 习近平:《促进我国社会保障事业高质量发展、可持续发展》,《求是》2022年4月15日。

2. 目前,我国全口径基本医疗保险参保人数超过 13.6 亿人,参保覆盖面比例在( )以上。

A. 85%　　　　　　B. 88%　　　　　　C. 90%　　　　　　D. 95%

参考答案：D

答案解析：习近平总书记 2021 年 2 月 26 日在第十九届中共中央政治局第二十八次集体学习时的讲话中提到,目前,我国以社会保险为主体,包括社会救助、社会福利、社会优抚等制度在内,功能完备的社会保障体系基本建成,基本医疗保险覆盖 13.6 亿人,基本养老保险覆盖近 10 亿人,是世界上规模最大的社会保障体系。根据 2021 年《医疗保障事业发展统计快报》,截至 2021 年年底,全口径参保人数达 13.6 亿人,参保覆盖面稳定在 95% 以上。

2. 参保单位和参保个人的权利义务是否对等

社会保险关系是指社会保险主体在社会保险活动中所形成的权利义务关系。社会保险关系比较复杂,包括政府与公民之间、社会保险费征收机构与用人单位和个人之间、用人单位与职工之间、社会保险经办机构与参保人员之间、社会保险经办机构和参保人与医疗机构、药品经营单位等社会保险服务机构之间等多重关系。《社会保险法》的立法目的之一,就是要规范他们之间的关系,明确相互之间的权利和义务。

根据社会保险的作用看,社会保险具有权利与义务相对应的特点。享受社会保险待遇的权利与履行参保和缴费的义务是相联系、相对应的,依法参加社会保险和履行缴费义务是享有社会保险待遇的前提条件。参保单位和参保个人都有各自的权利与义务,有的是对等的,有的是不对等的,不能简单衡量。用人单位和个人的权利与义务是《社会保险法》调整的重点。这种权利和义务关系具有以下两层含义：一是用人单位和个人既享有权利又承担义务；二是用人单位和个人(主要是个人)权利的行使需要政府、社会保险费征收和经办机构承担义务来保障。

1) 用人单位的权利和义务

用人单位是指雇用劳动者组织生产劳动,且向劳动者支付工资等劳动报酬的单位。

(1) 用人单位的主要权利：一是用人单位可以免费向社会保险费征收机构查询、核对其缴费记录,要求社会保险经办机构提供社会保险咨询等相关服务。二是有权利要求社会保险行政管理部门和其他有关行政部门、社会保险经办机构、社会保险费征收机构及其工作人员不得泄露用人单位信息。三是对有关社会保险费征缴的违法行为,有权举报。四是参与组成社会保险监督委员会,掌握、分析社会保险基金的收支、管理和投资运营情况,对社会保险工作提出咨询意见和建议。

(2) 用人单位的主要义务：一是缴费义务。职工基本养老保险、职工基本医疗保险、失业保险的缴费义务由用人单位与职工共同承担；工伤保险、生育保险的缴费义务全部由用人单位承担。二是登记义务。用人单位应当自成立之日起30日内凭营业执照、登记证书或者单位印章，向当地社会保险经办机构申请办理社会保险登记；用人单位应当自用工之日起30日内为其职工向社会保险经办机构申请办理社会保险登记。三是申报和代扣代缴义务。用人单位应当自行申报、按时足额缴纳社会保险费，非因不可抗力等法定事由不得缓缴、减免。职工应当缴纳的社会保险费由用人单位代扣代缴，用人单位应当按月将缴纳社会保险费的明细情况告知本人。四是配合义务。社会保险经办机构通过业务经办、统计、调查获取社会保险工作所需的数据，有关单位和个人应当及时、如实提供。

2) 个人的权利和义务

（1）个人的主要权利：一是个人依法享受社会保险待遇。根据《社会保险法》的规定，参加基本养老保险的个人，达到法定退休年龄时累计缴费满15年的，按月领取基本养老金。参加基本养老保险的个人，达到法定退休年龄时累计缴费不足15年的，可以缴费至满15年，按月领取基本养老金；也可以转入城乡居民基本养老保险，按照国务院规定享受相应的养老保险待遇。职工基本医疗保险、城乡居民基本医疗保险的待遇标准按照国家规定执行。职工因工作原因受到事故伤害或者患职业病，且经工伤认定，享受工伤保险待遇；其中，经劳动能力鉴定丧失劳动能力的，享受伤残待遇。用人单位已经缴纳生育保险费的，其职工享受生育保险待遇；职工未就业配偶按照国家规定享受生育医疗费用待遇。二是个人有权监督本单位为其缴费的情况。三是个人可以免费向社会保险费征收机构或社会保险经办机构查询、核对其缴费和享受社会保险待遇记录，要求社会保险经办机构提供社会保险咨询等相关服务。四是个人有权利要求社会保险行政管理部门和其他有关行政部门、社会保险经办机构、社会保险费征收机构及其工作人员不得泄露个人信息。

（2）个人的主要义务：一是缴费义务。职工要承担基本养老保险、基本医疗保险、失业保险的个人缴费义务；无雇工的个体工商户、未在用人单位参加社会保险的非全日制从业人员以及其他灵活就业人员可以参加基本养老保险、基本医疗保险，由个人缴纳基本养老保险和基本医疗保险费用；城乡居民参加城乡居民基本养老保险、城乡居民基本医疗保险，要承担个人缴费义务。二是登记义务。参加社会保险的无雇工的个体工商户、未在用人单位参加社会保险的非全日制从业人员以及其他灵活就业人员，应当向社会保险经办机构申请办理社会保险登记；失业人员应当持本单位为其出具的终止或者解除劳动关系的证明，及时到指定的公共就业服务机构办理失业登记。三是配合义务。社会保险经办机构通过业务经办、统计、调查获取社会保险工作所需的数据，有关单位和个人应当及时、如实提供。

3) 用人单位和个人的救济权利

一是用人单位和个人有权对违反社会保险法律、法规的行为进行举报、投诉。二是用人单位或者个人认为社会保险费征收机构的行为侵害自己合法权益的,可以依法申请行政复议或者提起行政诉讼;用人单位或者个人对社会保险经办机构不依法办理社会保险登记、核定社会保险费、支付社会保险待遇、办理社会保险关系转移接续手续或者侵害其他社会保险权益的行为,可以依法申请行政复议或者提起行政诉讼。三是个人与所在用人单位发生社会保险争议的,可以依法申请调解、仲裁,提起诉讼;用人单位侵害个人社会保险权益的,个人也可以要求社会保险行政部门或者社会保险费征收机构依法处理。

【典型案例】:缴费义务很重要:劳动者参加新型农村合作医疗不免除用人单位缴纳职工基本医疗保险的法定义务

用人单位未依法为劳动者缴纳职工基本医疗保险导致劳动者无法享受相关医疗保险待遇,劳动者主张用人单位赔偿相应医疗保险待遇损失的,人民法院应予支持。

张某、王某、李某均系李某某(已故)亲属。李某某与A保安公司存在劳动关系,该公司未为李某某缴纳社会保险。李某某于2020年6月24日摔伤,因医治无效于同年9月4日去世。治疗期间,李某某共产生医疗费用380 000元,其中符合医保报销范围的为260 000元。张某、王某、李某已通过新型农村合作医疗(以下简称新农合)报销医疗费用240 000元。2020年10月20日,张某、王某、李某申请劳动仲裁,请求裁令A保安公司支付医疗费380 000元,得到仲裁支持。仲裁裁决后,A保安公司不服,诉至法院。法院认为,李某某共产生医疗费用380 000元,其中符合医保报销范围的为260 000元。A保安公司未为李某某缴纳职工基本医疗保险,故该医保可报销的费用120 000元为A保安公司应向李某某赔偿的医疗保险待遇损失。鉴于张某、王某、李某已经通过新农合报销了260 000元,该部分应予扣除,故判决A保安公司支付医疗费120 000元。

本案折射的是《社会保险法》确立的城乡二元、三三制基本医疗保险制度体系内在关系问题。城镇职工基本医疗保险和新农合在参保对象、资金统筹、保障范围、主管机构等方面均有所不同,尤其在保障范围方面,职工基本医疗保险所保障的范围和标准远高于新农合。用人单位为劳动者缴纳社会保险,是其法定义务。本案中,用人单位未为劳动者缴纳职工基本医疗保险,导致劳动者无法享受职工基本医疗保险待遇。法院判决用人单位赔偿当事人基本医疗保险待遇相应损失,不仅符合《社会保险法》的立法目的,维护了职工参加社会保险和享受社会保险待遇的合法权益,更可以使职工共享发展成果,促进社会和谐稳定,实现社会法的社会安全目标。同时,该裁判不仅可以促进我国社会保险制度的城乡一体化进程,彰显制度的公平性,保证农村居民群体的基本医疗水平,还可以均衡企业负担,创造公平竞争的社会环境,建立统一的劳动力市场,促进劳动者的合理流动。

【实务案例】 个人应缴纳的社会保险费申报缴纳方式

企业职工个人应缴纳的各项社会保险费的申报缴纳方式是(　　)。
A. 职工个人向社保经办机构申报缴纳
B. 职工个人向税务机关申报缴纳
C. 企业代扣并向税务机关申报缴纳
D. 企业代扣并向社保经办机构申报缴纳

参考答案:C

答案解析:《社会保险法》第六十条规定,职工应当缴纳的社会保险费由用人单位代扣代缴,用人单位应当按月将缴纳社会保险费的明细情况告知本人。目前,社会保险费均由税务机关负责征收,用人单位应当向税务机关申报缴纳。

3. 如何办理社会保险登记

要参保、想参保,需要办理社会保险登记。社会保险登记是法定义务,可分为用人单位社会保险登记、个人社会保险登记。

1) 用人单位社会保险登记

根据《国务院办公厅关于加快推进"五证合一、一照一码"登记制度改革的通知》(国办发〔2016〕53号)要求,自2016年10月1日起实施营业执照、组织机构代码证、税务登记证、社会保险登记证、统计登记证"五证合一、一照一码",企业申请注册登记时,由市场监督管理部门直接核发加载统一社会信用代码的营业执照,作为企业主体身份的唯一合法凭证。企业无须再到社会保险经办机构办理社会保险登记,社会保险经办机构也不再核发社会保险登记证,企业登记的相关信息由市场监督管理部门传递给社会保险部门,传递的信息不能满足工作需要的,由社会保险部门开展相关工作时补充采集。

社会保险登记实行属地管理。用人单位应到机构所在地办理社会保险登记,中央国家机关所属京外单位的基本养老保险实行属地化管理。例外情况是,铁路、电力、远洋运输等跨地区、生产流动性较大的企业及职工,可以采用相对集中的方式异地办理登记。

2) 个人社会保险登记

(1) 企业职工。企业应当自用工之日起30日内为职工办理社会保险登记。

(2) 机关事业单位工作人员。机关事业单位应办理社会保险登记,为编制内人员办理参保登记。机关事业单位及其编制内人员一般参加机关事业单位基本养老保险、职工基本医疗保险,在部分地区还参加了失业保险和工伤保险。机关事业单位编制外人员参照企业职工,参加职工基本养老保险、职工基本医疗保险、失业保险、工伤保险、生育保险。机关事业单位应当自使用编制外人员之日起30日内为其办理社会保险登记。

（3）个体工商户雇员。有雇工的个体工商户应为其雇工办理社会保险登记。

（4）以个人身份参保人员。自愿参加社会保险的无雇工的个体工商户、未在用人单位参加社会保险的非全日制从业人员以及其他灵活就业人员,可向社会保险、医疗保险经办机构申请办理社会保险登记。灵活就业人员按自愿原则参保,无强制性时限要求,参保的险种一般为企业职工基本养老保险、职工医疗保险。

（5）城乡居民。自愿参加社会保险的城乡居民,可向社会保险、医疗保险经办机构申请办理参保登记。城乡居民按自愿原则参保、无强制性时限要求,参保的险种一般为城乡居民基本养老保险、城乡居民基本医疗保险。

（6）其他特殊群体。一是在校学生。以学校为单位,由学校统一办理城乡居民医疗保险参保登记。二是宗教人士。宗教团体、宗教院校和宗教活动场所可以作为一个单位参加社会保险,宗教教职人员自愿参加养老、医疗、失业、工伤、生育等社会保险。三是在中国境内就业的外国人。用人单位雇用外国人的,应当自办理就业证件之日起30日内为其办理社会保险登记。对于境外雇主派遣到境内单位工作的外国人,应当自境内工作单位办理就业登记证件之日起30日内为其办理社会保险登记。四是在中国未就业的外国人、在中国大陆（内地）未就业的港澳台人员,可在常住地办理参保登记。

个人参保登记所需资料全国标准并不统一,但需要明确的信息有以下三点:一是个人的居住地,以便经办机构属地化管理。二是年龄身份信息,以便信息登记和缴费年限、金额的计算。三是批扣缴费的渠道,也就是常用的实名制银行卡,以便所在地区指定的金融机构对费款进行批量扣缴。

政策链接：社会保障号码

社会保障号码是公民参加社会保险、享受社会保险待遇的标志性凭证。从某种意义上说,社会保障号码是公民社会保障权益的体现之一。国际上各国公民参加社会保障制度,通常每个人都建立相应的社会保障号码,作为公民的社会保障识别码。美国、英国、德国、法国、日本、加拿大、意大利、澳大利亚等绝大多数国家的公民一出生进行出生登记的同时,登记机关就为其确定唯一的、终身不变的社会保障号码。

《社会保险法》公布之前,《失业保险条例》《社会保险费征缴暂行条例》《工伤保险条例》等行政法规一直没有明确我国参加社会保险的劳动者是否应当拥有自己的社会保险或者社会保障号码。为了保障公民的社会保障权益,便于社会保障制度的管理与监督,《社会保险法》明确规定,国家建立全国统一的个人社会保障号码。个人社会保障号码为公民身份号码。之所以这样规定,主要考虑:一是公民身份号码早已有之,属于现有资源,一般来说,公民都比较熟悉自己的身份号码,可以拿来就用,用起来也方便,成本低、效果好;二是使用公民身份号码作为个人社会保障号码,只是属于公民身份号码的一码两用,增加了一种功能,不存在对公民身份号码产生不利影响的问题;三是如果重新选用一套新号码作为个人社会保障号码,属于重复建设,工程量浩大,从成本和效益上讲,都将造成巨大的浪费,并且不便于个人记忆和使用,容易出现不必要的混乱和麻烦。

▶ **【典型案例】**:灵活就业人员参保缴费原来是这么操作的,快来办理吧

第一步,下载并打开本省民生 App,点击"个人中心"登录,输入个人身份证号码和密码并勾选"同意用户协议",未注册的需要注册并完善资料。

第二步,登录后点击首页选择"灵活就业缴费",然后点击"人员新增",系统自动校验是否符合灵活就业参保登记条件,填写个人基本信息并勾选"同意告知承诺书",点击提交后确认即可。

第三步,申报缴费内容会自动生成,参保登记人需要确认或修改本年度计划缴纳、养老保险的起止年月,输入月缴费工资金额,点击"核算金额"后申报登记,等待审核后即可在微信缴费。

微信缴费流程为:在微信服务页面点击"城市服务",然后选择"社保"服务,接着选择本省"社保缴费业务"中的灵活就业养老保险,输入姓名、身份证号码就可完成缴费。

通过案例可以看出,针对灵活就业人员等个人参保缴费,多数省份都开发了手机App,只需登记个人身份证号码等信息,就可以方便快捷地办理登记和缴费。这种"掌上办"方式,将成为今后个人办理参保登记和缴费的主流模式。

4. 社会保险基金谁来管、怎么管

在统一的社会保险基金概念下,按照社会保险险种可将其划分为基本养老保险基金、基本医疗保险基金、工伤保险基金、失业保险基金和生育保险基金。社会保险基金实行"收支两条线"管理。社会保险基金除基本医疗保险基金与生育保险基金合并建账及核算外,其他社会保险基金按照社会保险险种和制度分别建账、分账核算、分别计息、专款专用。

社会保险基金的管理涉及多个部门,在行业管理上涉及社会保险、医疗保险行政管理部门,社会保险(医保)经办机构;在征收管理上涉及税务部门、社会保险(医保)经办机构;在财务管理上涉及财政部门、社会保险(医保)经办机构;在预算和决算管理上,涉及社会保险、医疗保险行政管理部门,社会保险(医保)经办机构,税务部门,财政部门,

各级人民政府和人民代表大会;在监督管理上涉及社会保险、医疗保险行政管理部门,财政、审计、税务部门,统筹地区人民政府成立的社会保险监督委员会;在社会保险费的投资运营上,全国社会保障基金由全国社会保障基金理事会专门负责运营管理,国务院财政部门、社会保险行政部门、审计机关对全国社会保障基金的收支、管理和投资运营情况实施监督。

社会保险基金的管理包括以下六个方面。

1)社会保险基金财务管理

为了确保社会保险基金的安全,应当加强对社会保险基金的管理,包括加强和规范财务制度、预算制度和财政专户制度。《社会保险基金财务制度》对社会保险基金的财务制度作出了规定:在征收和记录的环节,要求分别建账、分账核算,执行统一的会计制度;在支的环节,要求专款专用,不得侵占或者挪用。

(1)分别建账、分账核算。各项社会保险基金要保持相对独立性,除基本医疗保险基金与生育保险基金合并建账及核算外,其他各项社会保险基金按照社会保险险种和制度分别建账,分账核算,分别设置会计科目和编制会计报表。各项社会保险在保险目的、覆盖人群、筹资模式、运行模式、支付项目等方面不尽相同,客观上不允许账目混合。社会保险保障的分别是年老、疾病、工伤、失业、生育等,这些风险大小不同、发生时间有先后,如果账目混合,难以平衡它们之间的关系。目前各项社会保险覆盖的人群不同,如果账目混合,可能会导致缴纳的养老保险费用于他人的工伤保险待遇支付。职工基本养老保险实行部分积累制,工伤、失业、生育保险都实行现收现付制,如果账目混合,必然导致运行模式的混乱。另外,各项社会保险基金的规模都非常大,需要精细化、规范化管理,只有分别建账、分账核算才能切实保护参保人的合法权益。分别建账、分账核算不允许各社会保险基金之间调剂使用。

(2)执行统一的会计制度。《中华人民共和国会计法》(中华人民共和国主席令第八十一号,以下简称《会计法》)第八条、第五十条规定,国家实行统一的会计制度。国家统一的会计制度,是指国务院财政部门根据《会计法》制定的关于会计核算、会计监督、会计机构和会计人员以及会计工作管理的制度。社会保险基金关系到巨额资金,只有规范财务行为,执行统一的会计制度,规范基金收支行为,才能使社会保险基金的运行情况一目了然,更好地接受监督和检查,也才能切实加强对社会保险基金的管理,维护参保人的合法权益。

(3)专款专用。社会保险基金专款专用,是指社会保险基金主要用于社会保险待遇的支出,除国家规定的支出项目外,一律不得支出。社会保险基金作为国家强制性基金,关系着社会的稳定,是参保人的"保命钱",因此专款专用在社会保险中更加重要和突出。专款专用是对所有组织和个人提出的要求,财政专户管理部门、社会保险行政部门、社会保险经办机构、税务部门乃至各级人民政府及其工作人员,都不得违反社会保险基金专款专用的基本原则。

2) 社会保险基金账户管理

社会保险基金纳入社会保障基金财政专户管理。社会保险基金账户主要有社会保障基金财政专户、收入户、支出户。社会保障基金财政专户是财政部门在国有商业银行设立的专门用于存储和管理社会保障基金的计息专户,由财政部门按照国家有关财政管理的规定设立。各级财政部门国库管理机构应当按月提供对账凭证,与社会保险、医疗保险经办机构核对账目。财政专户发生的利息收入直接计入财政专户,收入户和支出户的利息收入定期缴入财政专户,且不得跨年。收入户一般只发生、接收收入业务,不发生支出业务,期末无余额。税务机关征收社会保险费不设收入户,基金及时划入财政专户。支出户由社会保险、医疗保险经办机构办理,主要用途包括:接受财政专户拨入资金;暂存社会保险待遇支付费用及该账户利息收入;支付基金支出款项;向财政专户缴入该账户利息收入;上解上级经办机构基金或下拨下级经办机构基金。

3) 社会保险基金会计制度

(1) 会计主体。社会保险基金的会计主体是为了保障参保对象的权益和社会保险待遇,根据国家法律法规的规定,由单位和个人缴纳、政府补助以及通过其他方式筹集的专项资金。社会保险基金应当作为独立的会计主体进行核算。除基本医疗保险基金与生育保险基金合并建账及核算外,经办机构应当将经办的其他各项社会保险基金按照社会保险险种和制度分别建账、分别核算。

(2) 会计要素及科目。社会保险基金的会计要素包括资产、负债、净资产、收入和支出。为了全面、系统、分类地核算与监督各项经济业务的发生情况,以及由此引起的各项资产、负债、所有者权益和各项损益的增减变动,《社会保险基金会计制度》按照五类会计要素分别设置了34个会计科目。

(3) 核算原则及方法。社会保险基金的会计核算应当以实际发生的业务为依据,如实反映社会保险基金的财务状况和收支情况等信息,保证会计信息真实可靠、内容完整;应当采用规定的会计政策,确保会计信息口径一致、相互可比;应当及时进行,不得提前或延后。社会保险基金的会计核算一般采用收付实现制,基本养老保险基金委托投资等部分业务或者事项的会计核算应当采用权责发生制。进行记账时采用借贷记账法。

(4) 会计报表。社会保险基金财务报表包括资产负债表、收支表及附注。在编制社会保险基金会计报表时,经办机构应当区分基金险种和不同制度分别编报;报表按照月度和年度编制;应当根据等级完整、核对无误的账簿记录和其他有关资料编制,保证数字真实、计算准确、内容完整、编报及时。

4) 社会保险基金预算管理

社会保险基金预算是根据国家预算管理和社会保险相关法律法规编制，经法定程序审批，具有法律效力的年度基金财务收支计划。也就是说，社会保险基金收支要按预算管理，具有法定性，预算草案经过人民代表大会批准后，具有法律效力。预算要收支平衡，专款专用，不允许在预算之外进行收支。出现盈余时不得挪作他用，出现缺口时由财政资金予以补贴。

《社会保险法》第六十七条规定，社会保险基金预算、决算草案的编制、审核和批准，依照法律和国务院规定执行。这里的"国务院规定"，主要是指《国务院关于试行社会保险基金预算的意见》（国发〔2010〕2号），该意见明确规定了社会保险基金预算的编制方法、编制和批准程序等内容。

（1）社会保险基金预算编制方法：社会保险基金预算编制应采用科学、规范的方法，提高预算编制的预见性、准确性、完整性和科学性。社会保险基金收入预算的编制应综合考虑统筹地区上年度基金预算执行情况、本年度经济社会发展水平预测以及社会保险工作计划等因素，包括社会保险参保人数、缴费人数、缴费工资基数等。统筹地区人民政府应根据社会保险基金收支、财政收支等情况，合理安排本级财政对社会保险基金的补助支出。社会保险基金支出预算的编制应综合考虑统筹地区本年度享受社会保险待遇人数变动、经济社会发展状况、社会保险政策调整及社会保险待遇标准变动等因素。社会保险待遇支出预算应根据上年度享受社会保险待遇对象存量、上年度人均享受社会保险待遇水平等因素确定，同时考虑本年度变动情况；社会保险非待遇性支出预算要严格执行社会保险政策和管理制度规定。

（2）社会保险基金预算编制和审批：统筹地区社会保险基金预算草案由社会保险（医保）经办机构会同税务部门编制。人力资源社会保障部门、医疗保障部门、税务部门审核后的社会保险基金预算草案分别送同级财政部门审核并汇总编制；再由财政部门会同相关部门联合报本级人民政府审定，并做好向本级人民代表大会报送预算草案的各项工作。审批后的社会保险基金预算分别报上一级财政部门、人力资源社会保障部门、医疗保障部门、税务部门。全国社会保险基金预算草案由人力资源社会保障部、国家医疗保障局、国家税务总局汇总编制，财政部审核后，会同人力资源社会保障部、国家医疗保障局联合向国务院报告，国务院适时向全国人民代表大会报告。一般每年的两会都会审议包含社会保险基金预算在内的预算草案和决算。

（3）社会保险基金预算执行和调整：社会保险基金预算草案经统筹地区人民政府批准后，由财政、人力资源社会保障部门、医疗保障部门、税务部门批复，社会保险（医保）经办机构、税务部门具体执行。社会保险（医保）经办机构、税务部门应严格按照批准的预算和规定的程序执行，并定期向本级人力资源社会保障部门、医疗保障部门、税务部门和财政部门报告。社会保险基金预算不得随意调整。在执行中因特殊情况需要增加支出或减少收入,应当编制社会保险基金预算调整方案。社会保险基金预算调整由统筹地区社会保险(医保)经办机构、税务部门提出调整方案,经人力资源社会保障部门、医疗保障部门审核汇总,财政部门审核后,由财政和人力资源社会保障部门、医疗保障部门、税务部门联合报本级人民政府批准。

(4) 社会保险基金决算:年度终了,统筹地区社会保险(医保)经办机构应联合税务部门按有关规定编制年度社会保险基金决算草案,经人力资源社会保障部门、医疗保障部门审核汇总,财政部门审核后共同报本级人民政府,提交同级人民代表大会审批。统筹地区社会保险基金决算草案经本级人民代表大会审批后,由同级财政部门、社会保险(医保)行政部门、税务部门分别报上级主管部门。省级社会保险基金决算草案经省级人大常委会审批后,由省级财政部门、社会(医疗)保险行政部门、税务部门分别报财政部、人力资源社会保障部、国家医疗保障局、国家税务总局。

5) 社会保险基金投资运营管理

《社会保险法》第六十九条规定,社会保险基金在保证安全的前提下,按照国务院规定投资运营实现保值增值。社会保险基金不得违规投资运营,不得用于平衡其他政府预算,不得用于兴建、改建办公场所和支付人员经费、运行费用、管理费用,或者违反法律、行政法规规定挪作其他用途。

社会保险基金是"保命钱",安全是首要原则。在通货膨胀的趋势下,在保证安全的同时,实现保值增值显得非常必要。在各项社会保险中,职工基本养老保险、职工基本医疗保险以及城乡居民养老保险、医疗保险中都有个人账户,资金有较多积余,也关系到个人权益的增加。同时,其他社会保险基金也需要适量结余,以应对社会保险待遇支付的不时之需。从长期来看,对于部分积累型的养老保险而言,缴费和待遇的领取相隔长达几十年,如果不能实现保值增值,保险待遇水平将大打折扣。而要使社会保险基金保值增值,就必须使基金收益率跑赢通货膨胀率,存银行、买国债都由于回报率低而难以达到保值增值目的,因此,将基金予以投资运营是必然选择。将大量社会保险基金搁置起来,也是一种资源浪费。同时,投资运营有风险,必须严格按照规定进行。

(1) 按照国务院规定投资运营:投资运营必然有市场风险,甚至有亏损风险,因此为了保证基金安全,最大限度降低市场风险,国家对社会保险基金能否投资运营有一个发展的过程。开始时,只允许社会保险基金结余存银行、买国债。1997年《国务院关于建立统一的企业职工基本养老保险制度的决定》(国发〔1997〕26号)和2000年《国务院关于印发完善城镇社会保障体系试点方案的通知》(国发〔2000〕42号)中都规定,社会保险基金结余和个人账户基金应当由省级社会保险经办机构统一管理,除预留一定的支付费用外,全部用于购买国家债券和存入银行。近年来,随着社会保险基金规模的不断扩大，迫于基金保值增值的压力，国家对社会保险基金的投资运营有所松动。2007年财政部、原劳动保障部印发的《做实企业职工基本养老保险个人账户中央补助资金投资管理暂行办法》（财社〔2007〕8号）规定，将政府补助职工基本养老保险做实个人账户的资金，委托全国社会保障基金理事会投资运营。

我国社会保险基金投资运营的现状是，基本养老保险基金中包括基本养老保险基金和城乡居民基本养老保险基金，限于境内投资，其结余基金一般用于购买国债和银行存款。补充保障基金中，企业年金基金财产限于境内投资，投资范围包括银行存款、国债、中央银行票据、债券回购、万能保险产品、投资连结保险产品、证券投资基金、股票，以及信用等级在投资级以上的金融债、企业（公司）债、可转换债（含分离交易可转换债）、短期融资券和中期票据等金融产品。职业年金基金采取集中委托投资运营的方式管理，职业年金基金财产限于境内投资，投资范围包括银行存款、中央银行票据；国债，债券回购，信用等级在投资级以上的金融债、企业（公司）债、可转换债（含分离交易可转换债）、短期融资券和中期票据；商业银行理财产品，信托产品，基础设施债权投资计划，特定资产管理计划；证券投资基金，股票，股指期货，养老金产品等金融产品。

全国社会保障基金由全国社会保障基金理事会专门负责管理运营，投资范围限于银行存款、在一级市场购买国债，其他投资需委托社会保险基金投资管理人管理和运作并委托社会保险基金托管人托管。

（2）禁止性规定：随着我国社会保险基金结余量的增加，基金又比较分散，保证基金安全的要求越来越高。为了加强基金监管，国家严格加以规范，并作了禁止性规定。一是不得违规投资运营。国家允许社会保险基金投资运营是非常谨慎和逐步开展的，对于投资运营的资金、运营方式、运营主体、投资渠道和结构等都有严格要求。为了最大限度地降低投资风险，将风险控制在可控范围内，防止出现大幅亏损，影响基金安全，社会保险基金必须严格按照国家规定通过稳健渠道投资运营，不得以任何形式违规投资运营。二是不得用于平衡其他政府预算。社会保险基金是专项资金，专款专用，单独核算，不能与财政资金混同。政府预算中有政府公共预算、政府性基金预算、国有资本经营预算以及社会保障基金预算，各级政府都不得将社会保险基金用于平衡其他政府预算。三是不得用于兴建办公场所和支付经办机构运营费用。办公场所的修建应当符合国家规定标准，其资金来源应当是财政专项资金。经办社会保险有一定的费用支出，包括办公场所、人员经费、基本运行费用、管理费用等。为了保证基金的完整性和安全性，也体现政府办社会保险制度的特点，《社会保险法》明确了社会保险经办机构的运行费用和管理费用由财政承担。因此，任何单位和个人都不得从社会保险基金中支出日常运作费用，否则将要承担相应法律责任。

6）社会保险基金监督管理

《社会保险法》第七十六条规定："各级人民代表大会常务委员会听取和审议本级人

民政府对社会保险基金的收支、管理、投资运营以及监督检查情况的专项工作报告,组织对本法实施情况的执法检查等,依法行使监督职权。"第七十八条规定:"财政部门、审计机关按照各自职责,对社会保险基金的收支、管理和投资运营情况实施监督。"第八十条规定:"统筹地区人民政府成立由用人单位代表、参保人员代表,以及工会代表、专家等组成的社会保险监督委员会,掌握、分析社会保险基金的收支、管理和投资运营情况,对社会保险工作提出咨询意见和建议,实施社会监督。社会保险经办机构应当定期向社会保险监督委员会汇报社会保险基金的收支、管理和投资运营情况。社会保险监督委员会可以聘请会计师事务所对社会保险基金的收支、管理和投资运营情况进行年度审计和专项审计。审计结果应当向社会公开。社会保险监督委员会发现社会保险基金收支、管理和投资运营中存在问题的,有权提出改正建议;对社会保险经办机构及其工作人员的违法行为,有权向有关部门提出依法处理建议。"

从监督范围来看,人力资源社会保障行政部门社会保险基金行政监督的范围包括三个方面。一是对社会保险经办机构的监督事项:执行社会保险基金收支、管理的有关法律、法规、规章和政策的情况;社会保险基金预算执行及决算情况;社会保险基金收入户、支出户等银行账户开立、使用和管理情况;社会保险待遇审核和基金支付情况;社会保险服务协议订立、变更、履行、解除或者终止情况;社会保险基金收支、管理内部控制情况;法律、法规规定的其他事项。二是对社会保险服务机构的监督事项:遵守社会保险相关法律、法规、规章和政策的情况;社会保险基金管理使用情况;社会保险基金管理使用内部控制情况;社会保险服务协议履行情况;法律、法规规定的其他事项。三是对与社会保险基金收支、管理直接相关单位的监督事项:提前退休审批情况;工伤认定(职业伤害确认)情况;劳动能力鉴定情况;法律、法规规定的其他事项。

通过上述规定可以看出,对社会保险基金的监督也是社会保险基金管理的一部分,涉及多个部门,也是人力资源社会保障行政部门必须履行的法定职责。

政策链接:《社会保险基金行政监督办法》权威解读来啦!

2022年3月18日,《社会保险基金行政监督办法》(人力资源和社会保障部令第48号,以下简称《办法》)施行。为推动《办法》的贯彻落实,人力资源和社会保障部社会保险基金监管局负责人就《办法》的有关问题进行了解答。

问:社会保险基金行政监督的职责包括什么?

答:《办法》规定,人力资源社会保障行政部门应当依法履行的社会保险基金行政监督职责包括:检查社会保险基金收支、管理情况;受理有关社会保险基金违法违规行为的举报;依法查处社会保险基金违法违规问题;宣传社会保险基金监督法律、法规、规章和政策;法律、法规规定的其他事项。

问：社会保险基金行政监督具体怎么实施？

答：《办法》规定，人力资源社会保障行政部门开展社会保险基金行政监督检查可以采取现场检查和非现场检查的方式，可以聘请会计师事务所等第三方机构对社会保险基金收支、管理情况进行审计，对发现社会保险基金收支、管理存在问题的，依法提出整改意见，采取约谈、函询、通报等手段督促整改；对依法应当由有关主管机关处理的，向有关主管机关提出处理建议；对被监督单位的整改情况进行检查。

人力资源社会保障行政部门对通过社会保险基金行政监督检查发现、上级部门交办、举报、媒体曝光、社会保险经办机构移送等渠道获取的违法违规线索，进行调查并依法作出行政处理、处罚决定。社会保险基金行政监督的检查和查处应当由两名及以上工作人员共同进行，出示行政执法证件。

问：侵害社会保险基金的法律责任有哪些？

答：《办法》规定，侵害社会保险基金法律责任可以分为三类：

第一类是社会保险经办机构及其工作人员相关法律责任。《办法》第二十九条规定，社会保险经办机构及其工作人员有未履行社会保险法定职责的，未将社会保险基金存入财政专户的，克扣或者拒不按时支付社会保险待遇的，丢失或者篡改缴费记录、享受社会保险待遇记录等社会保险数据、个人权益记录的，违反社会保险经办内部控制制度的和其他违反社会保险法律、法规的行为之一的，由人力资源社会保障行政部门责令改正；对直接负责的主管人员和其他直接责任人员依法给予处分；法律法规另有规定的，从其规定。《办法》第三十条规定，社会保险经办机构及其工作人员隐匿、转移、侵占、挪用社会保险基金的，按照《中华人民共和国社会保险法》第九十一条的规定处理。

第二类是欺诈骗保相关法律责任。《办法》第三十一条规定，社会保险服务机构有下列行为之一的，按照《中华人民共和国社会保险法》第八十七条的规定处理：一是工伤保险协议医疗机构、工伤康复协议机构、工伤保险辅助器具配置协议机构、工伤预防项目实施单位等通过提供虚假证明材料及相关报销票据等手段，骗取工伤保险基金支出的；二是培训机构通过提供虚假培训材料等手段，骗取失业保险培训补贴的；三是其他以欺诈、伪造证明材料等手段骗取社会保险基金支出的。《办法》第三十二条规定，用人单位、个人有通过虚构个人信息、劳动关系，使用伪造、变造或者盗用他人可用于证明身份的证件，提供虚假证明材料等手段虚构社会保险参保条件、违规补缴，骗取社会保险待遇的；通过虚假待遇资格认证等方式，骗取社会保险待遇的；通过伪造或者变造个人档案、劳动能力鉴定结论等手段违规办理退休，违规增加视同缴费年限，骗取基本养老保险待遇的；通过谎报工伤事故、伪造或者变造证明材料等进行工伤认定或者劳动能力鉴定,或者提供虚假工伤认定结论、劳动能力鉴定结论,骗取工伤保险待遇的;通过伪造或者变造就医资料、票据等,或者冒用工伤人员身份就医、配置辅助器具,骗取工伤保险待遇的和其他以欺诈、伪造证明材料等手段骗取社会保险待遇的行为之一的,按照《中华人民共和国社会保险法》第八十八条的规定处理。

第三类是违规工伤认定、提前退休、劳动能力鉴定法律责任。《办法》第三十三条规定,人力资源社会保障行政部门工作人员弄虚作假将不符合条件的人员认定为工伤职工或者批准提前退休,给社会保险基金造成损失的,依法给予处分。从事劳动能力鉴定的组织或者个人提供虚假鉴定意见、诊断证明,给社会保险基金造成损失的,按照《工伤保险条例》第六十一条的规定处理。

5. 政府部门如何划分社会保险职责

社会保险是政府主导和社会参与相结合的制度。政府必须在社会保险制度建设中发挥主导作用,积极推动社会保险事业的发展。社会保险行政管理的职责在政府。社会保险行政管理环节多,涉及政府的许多部门,包括行政管理、经办机构、征收部门、配合和监督部门等各方面。

1) 行政管理部门

社会(医疗)保险行政管理部门作为主管部门,负有综合管理职责,主要包括人力资源社会保障部门、医疗保障部门。

(1) 人力资源社会保障部门在社会保险方面的职责:第一,统筹推进建立覆盖城乡的多层次社会保障体系。拟订养老、失业、工伤等社会保险及其补充保险政策和标准;拟订养老保险全国统筹办法和全国统一的养老、失业、工伤保险关系转续办法;组织拟订养老、失业、工伤等社会保险及其补充保险基金管理和监督制度,编制相关社会保险基金预决算草案,参与拟订相关社会保障基金投资政策;会同有关部门实施全民参保计划并建立全国统一的社会保险公共服务平台,保持就业形势稳定和相关社会保险基金总体收支平衡。第二,统筹拟订劳动人事争议调解仲裁制度和劳动关系政策。

(2) 医疗保障部门的职责:2018年5月31日,国家医疗保障局正式挂牌。根据国务院改革方案,将人力资源和社会保障部的城镇职工和城镇居民基本医疗保险、生育保险职责,国家卫生和计划生育委员会的新型农村合作医疗职责,国家发展和改革委员会的药品和医疗服务价格管理职责,民政部的医疗救助职责整合,组建国家医疗保障局,作为国务院直属机构。涉及的医疗保障职责有:第一,拟订医疗保险、生育保险、医疗救助等医疗保障制度的法律法规草案、政策、规划和标准,制定部门规章并组织实施。第二,组织制定并实施医疗保障基金监督管理办法,建立健全医疗保障基金安全防控机制,推进医疗保障基金支付方式改革。第三,组织制定医疗保障筹资和待遇政策,完善动态调整和区域调剂平衡机制,统筹城乡医疗保障待遇标准,建立健全与筹资水平相适应的待遇调整机制。组织拟订并实施长期护理保险制度改革方案。第四,负责医疗保障经办管理、公共服务体系和信息化建设。建立健全医疗保障关系转移接续制度。第五,完善统一的城乡居民基本医疗保险制度和大病保险制度,建立健全覆盖全民城乡统筹的多层次医疗保障体系。第六,与国家卫生健康委员会的有关职责分工。国家卫生健康委员会、国家医疗保障局等部门在医疗、医保、医药等方面加强制度、政策衔接,建立沟通协商机制,协同推进改革,提高医疗资源使用效率和医疗保障水平。

2) 经办机构

社会(医疗)保险经办机构,是指具有法定授权、实施社会(医疗)保险服务管理的职能机构,是社会(医疗)保险经办的主体。

(1) 社会保险经办机构的职责:目前,我国社会保险经办机构基本上是按行政区划设立的。在中央一级,人力资源和社会保障部下设社会保险事业管理中心,依据法律、法规授权和受部委托,组织拟定全国社会保险管理服务工作总体规划和实施方案,综合管理、指导地方社会保险管理服务工作;在地方,各省、自治区、直辖市以及地市、区县三级地方政府分别设立社会保险经办机构,负责具体执行社会保险政策,经办社会保险事务,管理社会保险基金,为参保人员提供政策咨询、权益记录查询和其他社会保险公共服务。

(2) 医疗保险经办机构的职责:负责有关基本医疗保险的各项业务的部门,主要职责是负责基本医疗保险基金的筹集、管理;负责与定点医疗机构、定点零售药店签订《基本医疗保险服务合同》,并对其履行情况进行监督;负责基本医疗保险费的结算和支付;负责编制基本医疗保险基金的预算、决算;行政主管部门赋予的其他职责。

3) 征收部门

社会保险费的征收主要由税务部门负责。

税务部门在社会保险费方面的职责:负责贯彻执行社会保险费法律、法规、规章和规范性文件,研究制定具体实施办法;负责所辖区域内各项社会保险费征收管理,组织实施费源监控和风险管理;负责组织实施本系统社会保险费服务体系建设;组织开展缴费服务、缴费宣传工作,保护缴费人合法权益;承担涉及社会保险费的行政处罚听证、行政复议和行政诉讼事项;负责组织实施所辖区域内社会保险费检查工作;负责社会保险费收入票证管理;负责组织实施本系统各项社会保险费征管信息化建设和数据治理工作;负责研究拟定本系统社会保险费收入中长期规划,参与拟定社会保险费预算目标并依法组织实施;负责本系统社会保险费的会统核算工作,组织开展收入分析预测。

4) 配合和监督部门

财政部门在社会保险方面的职责:负责各项社会保险基金不足时给予补贴,负责核定和拨付各类社会保险经办机构的经费,负责社会保险基金存入的财政专户的管理,负责审核全国社会保险基金预决算草案,负责对社会保险基金的收支、管理和投资运营情况实施财政监督。审计机关在社会保险费方面的职责:对社会保险基金的收支、管理和投资运营情况实施审计监督。监督管理还涉及统筹地区人民政府成立的社会保险监督委员会;社会保险费的投资运营上,还涉及全国社会保障基金理事会。

政策链接: 关于深化医疗保障制度改革答记者问

2020年2月25日,中共中央、国务院印发了《关于深化医疗保障制度改革的意见》(中发〔2020〕5号,以下简称《意见》)。2020年3月,国家医疗保障局负责人就有关问题回答了记者的提问。

问:如何健全筹资运行机制,确保医疗保障基金稳健可持续?

答:合理筹资、稳健运行是医疗保障制度可持续的基本保证。《意见》强调,要建立与社会主义初级阶段基本国情相适应、与各方承受能力相匹配、与基本健康需求相协调的筹资机制,切实加强基金运行管理,加强风险预警和防范,坚决守住不发生系统性风险底线。一是完善筹资分担和调整机制,建立基本医疗保险基准费率制度,均衡个人、用人单位、政府三方筹资缴费责任,加强财政对医疗救助投入。二是巩固提高统筹层次,全面做实基本医疗保险市地级统筹,探索推进市地级以下医疗保障部门垂直管理,鼓励推进省级统筹,做大做强基金"池子",增强基金抗风险的能力。三是加强基金风险防范,科学编制医疗保障基金收支预算,全面实施预算绩效管理,实现基金中长期精算平衡,健全基金运行风险评估、预警机制,确保基金运行稳健可持续。

问:如何建立健全严密有力的基金监管机制,确保医疗保障基金安全高效、合理使用?

答:医疗保障基金是人民群众的"保命钱"。习近平总书记多次就保障医保基金安全作出重要批示指示,要求采取更加严密有效的措施。国家医疗保障局组建以来,始终把维护基金安全作为首要任务,不断织密扎牢医保基金监管的制度笼子,以零容忍的态度严厉打击欺诈骗保行为。一是改革医保基金监管体制,总结地方实践探索经验,进一步健全基金监管体制机制,建立内外联动的综合监管体系,发挥医保公共服务机构监管、部门协同监管、第三方力量监管和社会监督的作用,切实强化医保基金监管能力配置。二是创新基金监管方式,建立监督检查常态机制,充分运用信息化手段发现和处置线索,进一步用好飞行检查,建立信息强制披露制度,依法依规向社会公开医药费用、费用结构等信息。三是保持打击欺诈骗保高压态势,加快制定完善医保基金监管相关法律法规,推动监管有法可依,推行守信联合激励和失信联合惩戒,坚决斩断伸向医保基金的各类"黑手",严肃追究欺诈骗保单位和个人责任,坚决打击欺诈骗保、危害参保群众权益的行为。

【实务案例】 社会保险征收机关的权责

1. 用人单位未按时足额缴纳社会保险费的,责令其限期缴纳或者补足的是(　　)。
   A. 社会保险费经办机构　　　　B. 社会保险费征收机构
   C. 社会保险费行政部门　　　　D. 社会保险费监督机构

   参考答案:B

   答案解析:《社会保险法》第六十三条规定,用人单位未按时足额缴纳社会保险费的,由社会保险费征收机构责令限期缴纳或者补足。

2. 税务部门在社会保险费方面负责的工作有(　　)。
   A. 社会保险费补缴认定　　　　B. 社会保险费征收管理
   C. 社会保险费费源监控　　　　D. 社会保险费缴费宣传
   E. 社会保险费收入票证管理

   参考答案:BCDE

   答案解析:2018年2月,党的十九届三中全会通过的《中共中央关于深化党和国家机构改革的决定》和《深化党和国家机构改革的方案》明确提出,将基本养老保险费、基本医疗保险费、失业保险费等各项社会保险费交由税务部门统一征收。2018年3月,第十三届全国人大第一次会议审议通过了国务院机构改革方案,决定将省级和省级以下国税地税机构合并,并将各项社会保险费的征收职责统一移交税务部门。按照规定,税务部门承担的职责有:负责所辖区域内各项社会保险费征收管理,组织实施费源监控和风险管理;负责组织实施本系统社会保险费服务体系建设;组织开展缴费服务、缴费宣传工作,保护缴费人合法权益;承担涉及社会保险费的行政处罚听证、行政复议和行政诉讼事项;负责组织实施所辖区域内社会保险费检查工作;负责社会保险费收入票证管理;负责组织实施本系统各项社会保险费征管信息化建设和数据治理工作。《中华人民共和国社会保险法》第六十二条规定,用人单位未按规定申报应当缴纳的社会保险费数额的,按照该单位上月缴费额的110%确定应当缴纳数额;缴费单位补办申报手续后,由社会保险费征收机构按照规定结算。这里的社会保险费补缴认定是人力资源和社会保障局的职责。故BCDE选项正确。

6. 社会保险争议如何解决

《社会保险法》第八十三条规定,个人与所在用人单位发生社会保险争议的,可以依法申请调解、仲裁,提起诉讼。用人单位侵害个人社会保险权益的,个人也可以要求社会保险行政部门或者社会保险费征收机构依法处理。

依照《中华人民共和国劳动争议调解仲裁法》,用人单位与劳动者因社会保险发生争议,当事人不愿协商、协商不成或者达成和解协议后不履行的,可以向调解组织申请调解;不愿调解、调解不成或者达成调解协议后不履行的,可以向劳动争议仲裁委员会申请仲裁;对仲裁裁决不服的,可以向人民法院提起诉讼。但个人与所在用人单位发生社会保险争议,仲裁裁决为终局裁决,用人单位只能依法申请撤销仲裁裁决,而不得提起诉讼;劳动者对仲裁裁决不服的,可以自收到仲裁裁决书之日起15日内向人民法院提起诉讼。

在司法实践中,有的法院认为用人单位不给个人缴纳社会保险费,违反的是行政法律规范,应当由劳动监察部门处理,不属于劳动争议,法院不受理。这种观点是不正确的,用人单位不为职工缴纳社会保险费,既违反了行政法律规范,也违反了《中华人民共和国劳动合同法》(中华人民共和国主席令第七十三号,以下简称《劳动合同法》)的规定,属于劳动争议的一种,法院应当受理。所以,《社会保险法》明确规定个人与所在用人单位发生社会保险争议的,可以依法申请调解、仲裁和提起诉讼。除了可以依法申请调解、仲裁,提起诉讼,还可以要求社会保险行政部门或者社会保险费征收机构依法处理。

> **政策链接: 养老保险追诉期有明确答复啦**
>
> 《人力资源社会保障部对十二届全国人大五次会议第5063号建议的答复》(人社建字〔2017〕105号)
>
> 您提出的关于养老保险追诉期和自主选择参保地的建议收悉,现答复如下:
>
> 一、关于追缴时限问题。《劳动保障监察条例》(国务院令第423号)第二十条规定为劳动保障行政执法时效规定,系依据《行政处罚法》第二十九条规定制定。同时,该条按照《行政处罚法》第二十九条的规定分为两款,在执法实践中不能仅依照第一款的两年时效规定,还需综合第二款规定,即"前款规定的期限,自违反劳动保障法律、法规或者规章的行为发生之日起计算;违反劳动保障法律、法规或者规章的行为有连续或者继续状态的,自行为终了之日起计算",判断违法行为是否存在连续或者继续状态以确定劳动保障监察执法时效。但《社会保险费征缴暂行条例》(国务院令第259号)和《社会保险稽核办法》(劳动保障部令第16号)均未对清缴企业欠费问题设置追诉期。因此,在地方劳动保障监察执法实践中,对用人单位未及时、足额为劳动者办理社会保险,缴纳社会保险费的违法行为,一般按照《劳动保障监察条例》第二十条规定进行追缴和处罚,而地方经办机构追缴历史欠费并未限定追诉期。我们认为,企业欠缴社会保险费侵害参保人员权益,直接削弱了基金支撑能力,加重了中央和地方财政负担,影响社会稳定。为此,我们高度重视欠缴清理工作,采取多种措施指导地方做好相关工作,促进基金应收尽收。为维护参保人员社会保险权益,强化征缴清

欠工作,经办机构接到超过《劳动保障监察条例》第二十条第一款两年的追诉期投诉后,一般也按程序进行受理。对能够提供佐证材料的,尽量满足参保者诉求,予以解决,以减少企业职工临近退休时要求企业足额补缴欠费的问题发生。

二、关于自主选择参保地和参保类型的问题。根据《劳动合同法》《社会保险法》的规定,与企业签订劳动合同的职工应当参加职工基本养老保险、职工基本医疗保险、工伤保险、失业保险和生育保险,并由用人单位和职工共同缴费,非因不可抗力等法定事由不得缓缴、减免。这样的规定,体现了社会保险的强制性原则,符合社会保险的"大数法则",有利于分散全社会成员的风险,从而构建起一张"社会安全网",也符合社会保险权利与义务对等的原则,用人单位和个人只有按照规定履行参保缴费义务,才享有享受养老保险的权利。特别需要强调的是,为解决跨地区流动就业人员养老保险问题,2009年国务院办公厅印发《城镇企业职工基本养老保险关系转移接续暂行办法》,对企业职工基本养老保险参保人员的关系转移接续办法进行了明确,参保人员跨省流动就业后的基本养老权益是可以得到保证的。

下一步,我们将会同有关部门,专题研究解决历史欠费特别是《社会保险法》实施前的企业欠费问题,进一步完善相关法规和政策规定,规范行政管理和经办管理,完善执法程序。同时,不断完善养老保险关系转移接续政策和参保缴费政策,更好地保障参保人员的养老保险权益。

▶【典型案例】:公司让员工自行承担所有社会保险费用违法无效

自2004年7月起,王某就职于A公司,期间A公司一直未给王某办理养老保险。2012年1月至2014年12月,A公司开始为王某缴纳养老保险费。2016年10月,在A公司《关于提供王某工资表的说明》中载明:"根据本人(王某)申请,公司同意向其提供2004年至2011年(每年提供一个月)共计10个月工资表,仅用于本人自愿补缴养老保险费并承担其费用,同时不得将工资表信息提供他人,否则,造成后果公司将追究其责任,因此产生的一切费用由本人负责,与公司无关。"王某签字同意以上说明。2016年10月,王某补缴了2004年6个月、2005年全年及2011年1月至7月的养老保险费。王某补缴养老保险费后,要求A公司返还其为公司垫付的养老保险费79 000元。A公司未答应王某请求。王某到D县劳动争议仲裁委员会申请仲裁,劳动争议仲裁委员会作出A公司不予返还其为公司垫付的养老保险费的决定。王某不服仲裁裁决结果,诉至法院。县人民法院经审理后认为,王某自愿补缴的是个人应缴部分的养老保险费,而非自愿补缴单位应缴部分的养老保险费,且其并未明确表示放弃向A公司追偿代其缴纳的部分养老保险费,遂判决A公司支付王某养老保险费79 000元。A公司不服,提起上诉。市中级人民法院经审理后,判决驳回上诉,维持原判。

首先,社会保险费征收具有强制性。社会保险由国家通过立法强制实行,用人单位和劳动者必须依法参加社会保险,缴纳社会保险费,对于保险的种类、收费的比例和标准内容,投保人和被保险人都不能自主选择。社会保险是法定的强制性保险,依法参加社会保险是劳动者和用人单位的法定义务。社会保险费的强制性要求劳动者按时履行缴纳社会保险费的义务,该义务可委托用人单位通过代扣代缴的方式完成。用人单位需定期为劳动者缴纳社会保险金,而不能利用其优势地位,通过与劳动者就是否缴费、缴费比例及缴费金额等问题自行协商来规避其法定缴费义务。用人单位自行与劳动者约定的免除用人单位缴纳社会保险费责任的条款,因违反了法律法规的强制性规定,应认定为无效。本案中,王某虽在《关于提供王某工资表的说明》中表明自愿补缴养老保险费,但并不免除A公司为王某缴纳养老保险的法定义务。该约定违反了用人单位和劳动者必须参加社会保险的法律规定,属无效约定。

其次,社会保险费追偿纠纷的可诉性。第一,用人单位和劳动者是社会保险费追偿权的当事人,符合《劳动法》调整的资格要件。劳动者代用人单位履行缴费义务,并向用人单位进行追偿的问题体现了社会保险费在用人单位与劳动者之间的分配,具有民事权利义务的性质。第二,社会保险费追偿权纠纷具备劳动争议的典型特征。劳动争议是指劳动关系的当事人之间因执行劳动法律、法规和履行劳动合同而发生的纠纷,即劳动者和用人单位之间就劳动关系的建立、延续、解除、终止或确认而发生的权利义务纠纷。第三,社会保险法律关系的建立以劳动关系存在为前提,社会保险费追偿权与劳动权密切相关,社会保险费追偿权纠纷不应从基础劳动关系中剥离。本案中,A公司按规定足额为王某缴纳养老保险费是其法定义务,因其怠于履责,王某为能够享受养老保险待遇,自行代为缴纳用人单位应承担的社会保险费用,承担了本不属于自己的义务,致自己受损,用人单位受益,王某就其垫付的社会保险费提起仲裁或起诉,应予支持。

再次,社会保险费追偿纠纷的时效设置。劳动者向用人单位追偿其自行缴纳的社会保险费属于请求权范畴,受诉讼和仲裁时效制度的调整。时效的起算点通常是从权利人知道或应当知道其权利被侵害之时,但社会保险缴费存在其特殊性。用人单位欠缴或少缴社会保险费是一种连续或者继续状态的不作为违法行为,《劳动保障监察条例》中对于连续或继续状态的违法行为,规定追溯时效从行为终了之日起计算。因此,社保争议缴费的时效起算点应作严格限制,除"权利人知道或应当知道其权利受到侵害"情形外,还应包括以下两种情况。一种为用人单位不缴或少缴社会保险费的连续违法行为,要从违法行为结束时起算。当其开始缴纳社会保险费用后,其连续状态的违法行为才结束,此时时效开始起算。另一种为用人单位的不作为违法行为一直持续到劳动者与其解除劳动关系时,可考虑时效从劳动关系终止之时开始起算。劳动者与用人单位解除或终止劳动关系,用人单位为劳动者缴纳社会保险费的义务也就终止了,其连续的违法行为也相应终止,这时开始起算时效是恰当的。本案中,王某于2016年10月自行补缴了养老保险费,A公司不缴社会保险费的违法行为处于一种连续的状态,应从王某补缴养老保险费的时间,即2016年10月起开始计算时效。

7. 生产经营困难能否成为申请缓缴、减免的理由

《社会保险法》第六十条规定,用人单位应当自行申报、按时足额缴纳社会保险费,非因不可抗力等法定事由不得缓缴、减免。因此,生产经营困难不是申请缓缴、减免的理由,用人单位应缴纳社会保险费,如果没有出现不可抗力等法定事由,不得缓缴,也不得减免。

第一,社会保险实行缴纳社会保险费与享受社会保险待遇相对应的原则。依法缴纳社会保险费是用人单位及其职工个人应尽的法律义务,更是劳动者享受社会保险待遇的先决条件。如果用人单位不履行缴纳社会保险费的义务,用人单位的职工就不能享受社会保险待遇。如果没有法定事由缓缴或者减免了社会保险费,就会影响劳动者享受社会保险待遇的资格和条件,这本身是参加社会保险的广大职工所不认可的。

第二,我国当期收缴的社会保险费大部分用于支付当期的社会保险待遇。在这种情况下,如果随意延期缴费或者减免社会保险费,势必会减少社会保险费收入,在某些地方,将直接影响社会保险待遇的按时足额发放。当然,近些年,各项社会保险基金都有结余,暂时来看,这一问题并不突出,但从长远来看,伴随人口老龄化的日益加剧、社会保险待遇水平的不断提高、经济发展的不确定性增加等因素,我国的社会保险基金仍然面临着非常大的压力。因此,没有不可抗力等法定事由,用人单位延期缴费或者社会保险经办机构减免社会保险费的做法都是违法的,应当依法承担相应的责任。

但自2020年年初以来,新冠肺炎疫情的爆发,给全球经济都带来了重创,中国经济也受新冠肺炎疫情影响很大,一些市场主体的生产经营受到了很大影响。在这样的大背景下,国家先后出台了一系列支持和帮扶措施,其中就有社会保险费方面的支持政策。按照党中央、国务院决策部署,《人力资源社会保障部 财政部 税务总局关于阶段性减免企业社会保险费的通知》(人社部发〔2020〕11号)规定,自2020年2月起阶段性减免企业基本养老保险、失业保险、工伤保险单位缴费部分,减轻了企业负担,有力地支持了企业复工复产。2020年6月,经国务院同意,《人力资源社会保障部 财政部 税务总局关于延长阶段性减免企业社会保险费政策实施期限等问题的通知》(人社部发〔2020〕49号)就延长阶段性减免企业三项社会保险费政策实施期限等问题作出了规定,这就是一种由国家制定的减免缓征政策。

【实务案例】现行特困行业养老保险缓缴政策

2022年第二季度,国家对特困行业实施暂缓缴纳养老保险费的政策,这些行业包

括( )。

　　A. 餐饮　　　　　B. 零售　　　　　C. 旅游　　　　　D. 民航

　　E. 制造业

　　参考答案：ABCD

　　答案解析：国务院总理李克强2022年4月6日主持召开国务院常务会议，决定对特困行业实行阶段性缓缴养老保险费政策。一是对餐饮、零售、旅游、民航、公路水路铁路运输等特困行业，在2022年第二季度实施暂缓缴纳养老保险费，并将已实施的阶段性缓缴失业和工伤保险费政策范围，由餐饮、零售、旅游业扩大至上述5个行业，缓解这些行业特别是中小微企业、个体工商户资金压力。二是延续执行失业保险保障阶段性扩围政策，2022年年底前继续向参保失业人员发放失业补助金，向参保失业农民工发放临时生活补助。三是提高中小微企业失业保险稳岗返还比例，符合条件的地区可从60%提至最高90%；允许地方再拿出4%的失业保险基金结余用于职业技能培训，并向受疫情影响、暂时无法正常经营的中小微企业发放一次性留工培训补助。

　　从这个案例可以看出，虽然生产经营困难不能成为社会保险费缓缴、减免的理由，但只要由国家根据企业生产经营情况作出缓缴或减免的决定，生产经营困难的企业还是可以享受到相关帮扶政策的。故答案为ABCD，不包含制造业。

8. 社会保险经办机构和社会保险行政部门有什么区别

　　在现行社会保险管理体系里，人力资源和社会保障部门、医疗保障部门是决策与监督机构，承担综合管理职责，负责对社会保险、医疗保险经办机构的管理和监督，是社会保险的行政部门。社会保险经办机构、医疗保险经办机构是执行机构。机构分设体现了政事分开。

　　《社会保险法》第七十二条规定，统筹地区设立社会保险经办机构。社会保险经办机构根据工作需要，经所在地的社会保险行政部门和机构编制管理机关批准，可以在本统筹地区设立分支机构和服务网点。社会保险经办机构的人员经费和经办社会保险发生的基本运行费用、管理费用，由同级财政按照国家规定予以保障。各级社会保险经办机构按照相关要求，逐步规范、统一和完善了基本养老保险、基本医疗保险、失业保险和工伤保险、生育保险的参保登记、基金征缴、待遇审核、待遇支付、财务管理、稽核监督，以及个人账户管理等各个环节的业务操作规程，确保了业务经办工作的畅通、快捷、高效、优质。

▶【典型案例】：注意防范"代缴社保、补交社保、优惠参保"

　　目前，社保诈骗案件频发。骗子以代理社会保险参保为名发送诈骗短信或拨打电话,谎称自己可以帮人代缴社保、补缴社保或优惠参保,诱骗参保人转账汇款或到银行办理转账缴交社会保险费,将钱款占为己有。办理社会保险参保需要本人(受委托人)携带相关材料前往社保经办机构办理,缴交社会保险费用需要本人携带相关材料前往税务部门指定的代扣社会保险费银行办理。社保经办机构不会通过电话通知方式直接"帮助"参保人进行社保补缴,更不会进行所谓的"优惠参保"。

从此案例可以看出,社会保险经办机构负责受理参保登记等工作,税务部门负责征收工作,日常社会保险费管理主要由社会保险经办机构和税务部门负责,缴费人主要接触的也是经办机构和税务部门。

【实务案例】 行政管理部门间社保信息的共享和传递

应当及时向社会保险经办机构通报用人单位的成立、终止情况的部门和机关有(　　)。

A. 税务部门　　　　　　　　B. 民政部门
C. 机构编制管理机关　　　　D. 公安机关
E. 市场监督管理部门

参考答案:BCE

答案解析:《社会保险法》第五十七条规定,市场监督管理部门、民政部门、机构管理机关应当及时向社会保险经办机构通报用人单位成立、终止情况,公安机关应当及时向社会保险经办机构通报个人的出生、死亡以及户口登记、迁移、注销等情况。做出这样的规定,一是从对用人单位管理的角度,市场监督管理部门、民政部门和机构编制管理机关应当及时向社会保险经办机构通报用人单位的成立、终止情况;二是从对参保人员管理的角度,公安机关应当及时向社会保险经办机构通报个人的出生、死亡以及户口登记、迁移、注销等情况。本题涉及的是通报用人单位的成立、终止情况,故答案为 BCE。

二、养老保险

(一)企业职工基本养老保险

1. 什么是基本养老保险

《中华人民共和国宪法》规定,公民在年老、疾病或者丧失劳动能力的情况下,有从国家和社会获得物质帮助的权利。国家发展为公民享受这些权利所需要的社会保险事业。《社会保险法》规定了五项社会保险制度,其中第一项即基本养老保险制度。称之为"基本养老保险",是为了区分不同的保障层次。按照养老保险所保障的层次来划分,我国的养老保险体系包括基本养老保险、补充养老保险和个人储蓄性养老保险。为了区别于其他养老保险,因此冠以"基本"二字。补充养老保险和个人储蓄性养老保险是国家鼓励自愿参加的养老保险形式,不具有强制性,也无法覆盖全体公民。而《社会保险法》规范下的基本养老保险,则是由国家强制实行的政府行为。该法第十条规定,"职工应当参加基本养老保险"。

基本养老保险制度是我国社会保险事业的重要组成部分,在该制度的保障下,劳动者在达到法定退休年龄且缴费达到法定期限之后,即使因年老退出劳动领域,仍然可以从国家和社会获得稳定、可靠的生活来源,实现"老有所养"。根据保障人群的不同,我国基本养老保险包括企业职工基本养老保险、机关事业单位基本养老保险和城乡居民基本养老保险。在法律制度层面上,我国基本养老保险制度实现了覆盖城乡全体居民,截至2021年年底,全国基本养老保险参保人数达到10.3亿人,我国已经建成世界上规模最大的社会养老保障体系。

我国基本养老保险基金实行社会统筹与个人账户相结合的基本模式。这一筹集模式,是在企业中不断试点、总结、探索,经过近40年的不断改革逐步建立起来的。1984年,我国开始在部分地方探索试行企业退休费用社会统筹,当时是按照工资总额的一定比例统一筹集资金,统一为离退休人员支付养老金。这一模式从国有企业逐步扩大到城镇各类企业。1993年,《中共中央关于建立社会主义市场经济体制若干问题的决定》提出,养老保险实行社会统筹与个人账户相结合的体系建设思路。1995年,《国务院关于深化企业职工养老保险制度改革的通知》(国发〔1995〕6号)明确,企业职工养老保险制度改革的目标是,建立起适应社会主义市场经济体制要求,适用城镇各类企业职工和个体劳动者,资金来源多渠道、保障方式多层次、社会统筹与个人账户相结合、权利与义务相对应、管理服务社会化的养老保险体系。基本养老保险应逐步做到对各类企业和劳动者统一制度、统一标准、统一管理和统一调剂使用基金。基本养老保险费用由企业和个人共同负担,实行社会统筹与个人账户相结合。1997年7月发布的《国务院关于建立统一的企业职工基本养老保险制度的决定》(国发〔1997〕26号),统一和规范了企业和职工个人的缴费比例、个人账户的计入比例和养老金的计发办法。2005年12月,在辽宁省试点的基础上,《国务院关于完善企业职工基本养老保险制度的决定》(国发〔2005〕38号)提出的主要任务是:确保基本养老金按时足额发放,保障离退休人员基本生活;逐步做实个人账户,完善社会统筹与个人账户相结合的基本制度;统一城镇个体工商户和灵活就业人员参保缴费政策,扩大覆盖范围;改革基本养老金计发办法,建立参保缴费的激励约束机制;根据经济发展水平和各方面承受能力,合理确定基本养老金水平;建立多层次养老保险体系,划清中央与地方、政府与企业及个人的责任;加强基本养老保险基金征缴和监管,完善多渠道筹资机制;进一步做好退休人员社会化管理工作,提高服务水平。该文件的颁布,标志着我国企业职工基本养老保险制度基本定型。在不断开展企业职工基本养老保险改革实践的同时,我国逐步建立起了城乡居民基本养老保险制度和机关事业单位基本养老保险制度,我国基本养老保险制度实现了覆盖所有法定人群。我国养老保险制度自20世纪90年代建立以来,从县级统筹起步,逐步提高统筹层次。2020年年底,各个省份都实现了企业职工基本养老保险基金省级统收统支,解决了省(区、市)内地区间基金负担不均衡的问题。按照党中央、国务院决策部署,从2022年1月开始实施企业职工基本养老保险全国统筹。

政策链接:企业职工基本养老保险制度基本定型的标志性文件

《国务院关于完善企业职工基本养老保险制度的决定》(国发〔2005〕38号)

近年来,各地区和有关部门按照党中央、国务院关于完善企业职工基本养老保险制度的部署和要求,以确保企业离退休人员基本养老金按时足额发放为中心,努力扩大基本养老保险覆盖范围,切实加强基本养老保险基金征缴,积极推进企业退休人员社会化管理服务,各项工作取得明显成效,为促进改革、发展和维护社会稳定发挥了重要作用。但是,随着人口老龄化、就业方式多样化和城市化的发展,现行企业职工基本养老保险制度还存在个人账户没有做实、计发办法不尽合理、覆盖范围不够广泛等不适应的问题,需要加以改革和完善。为此,在充分调查研究和总结东北三省完善城镇社会保障体系试点经验的基础上,国务院对完善企业职工基本养老保险制度作出如下决定:

一、完善企业职工基本养老保险制度的指导思想和主要任务。以邓小平理论和"三个代表"重要思想为指导,认真贯彻党的十六大和十六届三中、四中、五中全会精神,按照落实科学发展观和构建社会主义和谐社会的要求,统筹考虑当前和长远的关系,坚持覆盖广泛、水平适当、结构合理、基金平衡的原则,完善政策,健全机制,加强管理,建立起适合我国国情,实现可持续发展的基本养老保险制度。主要任务是:确保基本养老金按时足额发放,保障离退休人员基本生活;逐步做实个人账户,完善社会统筹与个人账户相结合的基本制度;统一城镇个体工商户和灵活就业人员参保缴费政策,扩大覆盖范围;改革基本养老金计发办法,建立参保缴费的激励约束机制;根据经济发展水平和各方面承受能力,合理确定基本养老金水平;建立多层次养老保险体系,划清中央与地方、政府与企业及个人的责任;加强基本养老保险基金征缴和监管,完善多渠道筹资机制;进一步做好退休人员社会化管理工作,提高服务水平。

二、确保基本养老金按时足额发放。(略)

三、扩大基本养老保险覆盖范围。城镇各类企业职工、个体工商户和灵活就业人员都要参加企业职工基本养老保险。当前及今后一个时期,要以非公有制企业、城镇个体工商户和灵活就业人员参保工作为重点,扩大基本养老保险覆盖范围。要进一步落实国家有关社会保险补贴政策,帮助就业困难人员参保缴费。城镇个体工商户和灵活就业人员参加基本养老保险的缴费基数为当地上年度在岗职工平均工资,缴费比例为20%,其中8%记入个人账户,退休后按企业职工基本养老金计发办法计发基本养老金。

四、逐步做实个人账户。(略)

五、加强基本养老保险基金征缴与监管。(略)

六、改革基本养老金计发办法。为与做实个人账户相衔接,从2006年1月1日起,个人账户的规模统一由本人缴费工资的11%调整为8%,全部由个人缴费形成,单位缴费不再划入个人账户。同时,进一步完善鼓励职工参保缴费的激励约束机制,相应调整基本养老金计发办法。

《国务院关于建立统一的企业职工基本养老保险制度的决定》(国发〔1997〕26号)实施后参加工作、缴费年限(含视同缴费年限,下同)累计满15年的人员,退休后按月发给基本养老金。基本养老金由基础养老金和个人账户养老金组成。退休时的基础养老金月标准以当地上年度在岗职工月平均工资和本人指数化月平均缴费工资的平均值为基数,缴费每满1年发给1%。个人账户养老金月标准为个人账户储存额除以计发月数,计发月数根据职工退休时城镇人口平均预期寿命、本人退休年龄、利息等因素确定。(详见附件)

国发〔1997〕26号文件实施前参加工作,本决定实施后退休且缴费年限累计满15年的人员,在发给基础养老金和个人账户养老金的基础上,再发给过渡性养老金。各省、自治区、直辖市人民政府要按照待遇水平合理衔接、新老政策平稳过渡的原则,在认真测算的基础上,制订具体的过渡办法,并报劳动保障部、财政部备案。

本决定实施后到达退休年龄但缴费年限累计不满15年的人员,不发给基础养老金;个人账户储存额一次性支付给本人,终止基本养老保险关系。

本决定实施前已经离退休的人员,仍按国家原来的规定发给基本养老金,同时执行基本养老金调整办法。

七、建立基本养老金正常调整机制。(略)

八、加快提高统筹层次。(略)

九、发展企业年金。(略)

十、做好退休人员社会化管理服务工作。(略)

十一、不断提高社会保险管理服务水平。(略)

完善企业职工基本养老保险制度是构建社会主义和谐社会的重要内容,事关改革发展稳定的大局。各地区和有关部门要高度重视,加强领导,精心组织实施,研究制定具体的实施意见和办法,并报劳动保障部备案。劳动保障部要会同有关部门加强指导和监督检查,及时研究解决工作中遇到的问题,确保本决定的贯彻实施。

本决定自发布之日起实施,已有规定与本决定不一致的,按本决定执行。

附件:个人账户养老金计发月数表

退休年龄	计发月数	退休年龄	计发月数
40	233	56	164
41	230	57	158
42	226	58	152
43	223	59	145
44	220	60	139
45	216	61	132
46	212	62	125
47	208	63	117
48	204	64	109
49	199	65	101
50	195	66	93
51	190	67	84
52	185	68	75
53	180	69	65
54	175	70	56
55	170		

【实务案例】到底能拿多少养老金

养老金被百姓俗称为"劳保",是劳动者年老之后生活的经济保障。退休之后每月可领取多少养老金是大家普遍关注的问题。尤其是灵活就业人员,基本养老保险费支出完全由个人负担,资金压力比较大。在参保缴费过程中人们常常纠结这样一个问题:每年交这么多钱,到时候能领多少?被这个问题困扰的灵活就业人员,往往会选择在缴费年限满15年之后停止缴费。关于养老金的计算,稍显复杂。一般情况下,企业职工退休之后,基本养老金由两部分组成:基础养老金和个人账户养老金。在国家实施统一的职工养老保险制度之前,也就是1997年之前参加工作的,在1997年之后退休的,会加发一部分过渡性养老金。我们暂不考虑这部分过渡性养老金,只看基础养老金和个人账户养老金如何计算。

先从简单的说起,个人账户养老金根据参保人员退休时个人账户全部储存额(包括本金和利息)除以国家规定的计发月数来计算,即:个人账户养老金＝退休时个人账户累计储存额÷计发月数。个人账户全部储存额,是由职工按月缴纳的基本养老保险费加上利息逐月累计起来的。职工退休之后,到底能领取多少个月的养老金,谁也无法预测。因此,计发月数并非退休人员从退休到离世的实际领取养老金的月数,而是根据职工退休时城镇人口平均预期寿命、本人退休年龄、利息等因素测算出来的一个系数,也就是通过采集大量数据进行汇总分析之后得出的一个概率参数。当然,这个参数会受到采集期间经济社会发展水平等各类因素的影响。但它是相对公平的,所有退休人员一律适用该参数。随着经济社会的发展进步,人口平均预期寿命会发生变化。届时,国家会适时调整计发月数。我们现在使用的计发月数,依据的是《国务院关于完善企业职工基本养老保险制度的决定》(国发〔2005〕38号)。该文件明确了从40岁到70岁区间31个年龄段的退休人员所适用的计发月数。例如,我们常见的退休年龄,55岁退休计发月数为170个月,60岁退休计发月数为139个月,65岁退休为计发月数为101个月。可见,退休时的年龄越大,计发月数的值越小。因此,在个人账户储存额规模相同的情况下,退休越晚,每月领到的个人账户养老金就越多,这体现了国家的政策倾向:鼓励晚退休。例如:王先生60岁退休,其基本养老保险个人账户累计储存额为100 000元,国家规定的计发月数为139个月,那么他退休时的养老金待遇中,每月领取的个人账户养老金为719.42元(100 000÷139)。

基础养老金计算比较复杂。具体的计算方法是按照参保人退休时上年度在岗职工月平均工资与本人指数化月平均缴费工资的平均值为基数,乘以本人的累计缴费年限,缴费年限每满1年发给1%。计算公式为:月基础养老金＝(退休时上年度当地在岗职工月平均工资＋本人指数化月平均工资)÷2×本人累计缴费年限×1%。或:月基础养老金＝退休时上年度当地在岗职工月平均工资×(1＋本人平均缴费指数)÷2×本人累计缴费年限×1%。公式中比较复杂的就是如何计算本人指数化月平均工资。

根据上述公式可知,本人指数化月平均工资＝退休时上年度当地在岗职工月平均工资×本人平均缴费指数。我们用字母 Q 来代替平均缴费指数,则 $Q=(X_1 \div A_1 + X_2 \div A_2 + X_3 \div A_3 + \cdots + X_n \div A_n) \div n$。其中,$X_1, X_2, X_3, \cdots, X_n$ 分别为首次实际缴费当月直至截止缴费当月的月缴费基数(不含未缴费月数);$A_1, A_2, A_3, \cdots, A_n$ 分别为缴费对应上年度当地城镇在岗职工月平均工资;n为首次实际缴费当月直至截止缴费当月的实际缴费月数(不含未缴费月数)。

从以上公式中可以看出,在缴费年限相同的情况下,基础养老金的高低取决于个人的平均缴费指数。个人的平均缴费指数就是自己实际的缴费基数与社会平均工资之比的历年平均值。该比值在缴费基数的上下限区间范围内,即最低标准为60%,最高限额为300%。

例如,假设张先生2007年1月开始参保缴费,到2021年12月60周岁时缴费年限为15年。根据表1-1计算张先生退休时可以领取多少养老金(暂不考虑个人账户利息问题)。

表1-1 个人月平均缴费指数表

年份	月缴费基数(元)	上年度在岗职工月平均工资(元)	月缴费指数
2007	1 500	1 495	1.003 3
2008	1 700	1 687	1.007 7
2009	1 800	1 787	1.007 3
2010	1 900	1 941	0.978 9
2011	2 200	2 116	1.039 7
2012	2 300	2 370	0.970 5
2013	2 500	2 730	0.915 8
2014	3 000	3 110	0.964 6
2015	3 000	3 557	0.843 4
2016	3 500	4 030	0.868 5
2017	4 000	4 470	0.894 9
2018	4 500	4 910	0.916 5
2019	5 000	5 300	0.943 4
2020	5 500	5 730	0.959 9
2021	6 000	6 360	0.943 4

个人账户累计储存额 = (1 500 + 1 700 + 1 800 + 1 900 + 2 200 + 2 300 + 2 500 + 3 000 + 3 000 + 3 500 + 4 000 + 4 500 + 5 000 + 5 500 + 6 000) × 8% × 12 = 46 464(元);

个人账户养老金 = 退休时个人账户累计储存额 ÷ 计发月数 = 46 464 ÷ 139 = 334.27(元);

平均缴费指数 = (1.003 3 + 1.007 7 + 1.007 3 + 0.978 9 + 1.039 7 + 0.970 5 + 0.915 8 + 0.964 6 + 0.843 4 + 0.868 5 + 0.894 9 + 0.916 5 + 0.943 4 + 0.959 9 + 0.943 4) ÷ 12 = 1.188 1;

月基础养老金＝退休时上年度当地在岗职工月平均工资×（1＋本人平均缴费指数）÷2×本人累计缴费年限×1％＝6 360×（1＋1.188 1）÷2×15×1％＝1 043.72(元)。

所以，张先生退休时每月可领取的养老金为1 043.72＋334.27＝1 377.99(元)。

假如张先生的平均缴费指数不变，而缴费年限为30年，则张先生月基础养老金为6 360×（1＋1.188 1）÷2×30×1％＝2 087.44(元)。

通过上述案例可以看出，影响养老金的因素虽然比较多，但是缴费年限越长，退休时可领取的基础养老金越多，体现了"多缴多得"的筹集原则。因此，对于灵活就业人员来说，缴费年限达到15年之后，在经济条件允许的情况下，建议继续缴费，年老之后可以得到一份更高的保障。同时，养老金的领取是无限期规定的，只要领取人健在，就可以享受按月领取养老金的待遇，即使个人账户养老金已经用完，仍然会继续按照原标准计发基础养老金，同时，个人养老金也会跟随社会在岗职工的月平均工资的增加而增长。到2022年，我国企业职工退休养老金已经十八连涨。

【背景案例】秒杀一众理财产品，保值增值的记账利率

在上述案例中，我们在计算个人账户全部储存额时，仅计算了累计存入账户的缴费金额，没有考虑利息金额。其实，个人账户中的利息金额对参保职工个人来说也是一笔不小的收入。我国职工基本养老保险个人账户的储存额按照"记账利率"计算利息。2016年以前，各省自行确定并公布记账利率。2017年，为进一步促进养老保险制度的公平统一，增强参保缴费的激励约束作用，人力资源社会保障部、财政部印发了《统一和规范职工养老保险个人账户记账利率办法》（人社部发〔2017〕31号），统一了机关事业单位和企业职工基本养老保险个人账户记账利率，规定每年6月由人力资源社会保障部和财政部统一公布记账利率。记账利率的确定主要考虑职工工资增长和基金平衡状况等因素，并通过合理的系数进行调整。根据该文件规定，记账利率不得低于银行定期存款利率。实际上，记账利率远超定期存款利率，并秒杀一众理财产品。2017年至2021年的记账利率分别为7.12％、8.29％、7.61％、6.04％、6.69％。而近几年的定期存款利率，均未跨越4％，遑论超过6％。所以说，"把钱自己存银行里和交养老保险是一样的"，这种说法就是一个伪命题。

2. 企业职工基本养老保险的参保范围

我国企业职工养老保险参保范围广泛，除机关事业单位编制内人员外，在城镇就业的各行各业工作人员均可参保。基本养老保险作为我国养老保险的第一支柱，由国家立法强制实施。因此，对于参加企业职工基本养老保险的人群，也就划分为必须强制参加的应参保群体、尊重个人选择的可参保群体和一事一议的特殊群体。

强制参加的应参保群体包括：①各类企业以及与之形成劳动关系的人员。②民办非企业单位、社会团体、基金会、会计师事务所和律师事务所等组织以及与之形成劳动关系的人员。③与国家机关、事业单位形成劳动关系的编制外人员。④有雇工的个体工商户以及其雇工。⑤法律、法规规定以及依照国家其他规定应当参加基本养老保险的其他人员。

《社会保险法》第十条第一款规定，职工应当参加基本养老保险，由用人单位和职工共同缴纳基本养老保险费。上述应参保人群均为有劳动雇佣关系的全日制从业者，都属于用人单位的"职工"。

尊重个人选择的可参保群体主要包括无雇工的个体工商户、未在用人单位参保的非全日制从业人员和各类灵活就业人员。这类参保人群是依据《社会保险法》第十条第二款规定划分的。

非全日制从业人员是指与用人单位依法订立非全日制劳动合同的劳动者。根据《劳动合同法》第六十八条规定，非全日制用工，是指以小时计酬为主，劳动者在同一用人单位一般平均每日工作时间不超过 4 小时，每周工作时间累计不超过 24 小时的用工形式。对于未在用人单位参加社会保险的非全日制从业人员，可以参加职工基本养老保险。一般来说，按照《劳动合同法》的规定，非全日制从业人员其实也属于职工。他们也应像全日制职工一样在所在单位参加基本养老保险。但是考虑到他们的就业形式灵活，时间长短不一，可能在某个单位就业时间很短，可能不足一个月，甚至只有几天，有的个人可能在多个用人单位从事非全日制劳动，所以，为了便于这类群体参保，并未要求非全日制从业人员强制参保，而是可以选择参加企业职工基本养老保险。

灵活就业，是区别于常规工作形态的一种就业状态。灵活就业的形式主要包括以下三种类型：一是家庭作坊式非正规部门就业；二是自己就业的个体经营者、合伙经营者；三是自主临时就业者，如自由职业者、家政小时工等形式就业。根据《国务院办公厅关于支持多渠道灵活就业的意见》（国办发〔2020〕27 号）列举的人群，灵活就业人员包括从事个体经营人员、非全日制从业人员、网络零售、移动出行、线上教育培训、互联网医疗、在线娱乐、快递投送、网约送餐等就业形态从业人员。数据显示，截至 2021 年年底，我国有 2 亿多名灵活就业人员，超过 1 亿名是新就业形态从业人员。此类群体在劳动时间、收入报酬、工作场所、劳动关系等方面与传统就业方式不同，所以在参加保险形式上也有别于对传统用人单位与职工的要求，可以尊重其个人选择。

一事一议的特殊群体包括两类情形：第一类是将来可能参加的人员。此类又包括两大群体。一是根据《人力资源社会保障部 财政部关于贯彻落实〈国务院关于机关事业单位工作人员养老保险制度改革的决定〉的通知》（人社部发〔2015〕28 号）规定，参加机关事业单位养老保险的事业单位是指根据《中共中央 国务院关于分类推进事业单位改革的指导意见》(中发〔2011〕5号)有关规定进行分类改革后的公益一类、二类事业单位。对于目前划分为生产经营类,但尚未转企改制到位的事业单位,已参加企业职工基本养老保险的仍继续参加;尚未参加的,暂参加机关事业单位基本养老保险,待其转企改制到位后,按有关规定纳入企业职工基本养老保险范围。二是根据《人力资源社会保障部 财政部 总参谋部 总政治部 总后勤部关于军人退役基本养老保险关系转移接续有关问题的通知》(后财〔2015〕1726号)规定,计划分配到企业工作的军队转业干部和军队复员干部,以及由人民政府安排到企业工作和自主就业的退役士兵,退出现役后参加企业职工或者城乡居民基本养老保险。第二类特殊群体是凭相关证明,或依据双边协定可不参保的群体。《香港澳门台湾居民在内地(大陆)参加社会保险暂行办法》(人力资源和社会保障部 国家医疗保障局令第41号)第十一条规定,已在中国香港、中国澳门、中国台湾参加当地社会保险,并继续保留社会保险关系的港澳台居民,可以持相关授权机构出具的证明,不在内地(大陆)参加基本养老保险和失业保险。在华短暂就业的外国人,若该国与我国签订了双边社会保险协定,可以不参加企业职工基本养老保险。自2001年以来,我国已与德国、韩国、丹麦、芬兰、加拿大、瑞士、荷兰、法国、西班牙、卢森堡、日本、塞尔维亚12个国家正式签署了社会保障协定。其中,除法国以外的11个社会保障协定已先后生效实施。

2001年7月12日,中德两国签署了《中华人民共和国与德意志联邦共和国社会保险协定》,这是新中国成立以来我国政府与外国政府签署的第一部社会保险方面的双边协定,标志着我国社会保险涉外工作开始走向规范化、制度化、国际化,为在加入世界贸易组织(WTO)的新形势下按国际惯例和对等原则与其他国家签署类似协议打下了良好的基础,这对加强中德在社会保险领域的友好合作,提高我国的国际地位和影响,维护国家和驻外机构、人员的合法权益,促进人员交流和经贸发展,具有重要的政治、经济意义。据不完全统计,自我国签署首部社会保障协定生效实施以来,有超过5万名出境工作人员从中获益,相关企业共节省境外社会保险费成本超过100亿元人民币。

政策链接:《中华人民共和国与德意志联邦共和国社会保险协定》

中华人民共和国与德意志联邦共和国为加强在社会保障领域的合作,为雇员在缔约另一国境内工作提供方便,特别是为避免雇员同时承担缔约两国法律规定的参保义务,经缔约两国政府代表协商,达成协议如下:

第一条 定义
一、本协定内:
(一)"法律规定"一词

在中华人民共和国,系指涉及本协定适用范围(第二条第一项)所包括社会保险体系的法律、规章、章程和其他规范性文件;

在德意志联邦共和国,系指涉及本协定适用范围(第二条第二项)所包括社会保险体系的法律、法规、规章和其他一般性具备法律效力的文件;

(二)"主管机关"一词

在中华人民共和国,系指劳动和社会保障部;

在德意志联邦共和国,系指联邦劳动和社会事务部;

(三)"经办机构"一词

在中华人民共和国,系指劳动和社会保障部社会保险事业管理中心或该部指定的其他机构;

在德意志联邦共和国,系指负责实施第二条第二项所述法律规定的保险机构;

二、其他词语具有各缔约国所适用的法律规定赋予的含义。

第二条 适用范围

本协定适用下列法律规定:

(一)在中华人民共和国:

法定养老保险,

失业保险;

(二)在德意志联邦共和国:

法定养老保险,

就业促进。

第三条 雇员的参保义务

除本协定另有规定外,雇员的参保义务按照雇员在其境内受雇的缔约一国的法律规定确定;这一规定也适用于雇主在缔约另一国境内时的情况。

第四条 被派遣时的参保义务

如果在缔约一国受雇的雇员依其雇佣关系由雇主派往缔约另一国境内为该雇主工作,则在此项工作的第一个四十八个日历月内继续仅适用首先提及的缔约国关于参保义务的法律规定,如同该雇员仍在该缔约国境内受雇一样。

第五条 在航海船舶上的参保义务

在悬挂任一缔约国船旗的航海船舶上受雇人员的参保义务适用该缔约国的法律规定。但是,若通常居住在缔约一国境内的雇员被临时派到船旗为缔约另一国的航海船舶上工作,对该雇员的参保义务仍适用首先提及的缔约国的法律规定,如同该雇员在该缔约国境内受雇一样。

第六条 其他人员的参保义务

第三条至第五条以及第八条关于参保义务的规定相应适用于本协定适用范围（第二条）所包括法律规定涉及的其他人员。

第七条 外交机构受雇人员的参保义务

本协定不影响一九六一年四月十八日《维也纳外交关系公约》或一九六三年四月二十四日《维也纳领事关系公约》所涉及的人员。

第八条 关于参保义务规定的例外

就参保义务而言，如果依照第三条至第五条以及第七条规定，缔约一国关于参保义务的法律规定适用于雇员，或依照第六条的规定适用于任何其他人员，该缔约国的主管机关或由其指定的机构可以根据雇员和雇主的共同申请或其他人员的申请免除对该雇员或该其他人员适用该法律规定，条件是该雇员或该其他人员受缔约另一国关于参保义务的法律规定的管辖。在作出免除适用的决定之前，缔约另一国的主管机关或由其指定的机构应有机会声明该雇员或该其他人员是否受其关于参保义务的法律规定的管辖。在作出该决定时，必须顾及其工作的性质和情形。前述规定特别适用于缔约一国企业的雇员被该企业的在缔约另一国的投资企业临时雇用并在此期间由投资企业负担其劳动报酬的情况。

第九条 证明书的出具

一、在第四条至第六条和第八条所述情况下，需适用其法律规定的缔约一国的主管经办机构，根据申请出具涉及有关雇佣关系的、说明雇员受其法律规定管辖的证明书。在第四和第八条所述情况下，此证明书必须注明有效期。

二、若适用德国的法律规定，由征收养老保险费的医疗保险经办机构出具证明书；在没有此类经办机构时，由联邦职员保险局（柏林）出具此证明书。

三、若适用中国的法律规定，则由劳动和社会保障部社会保险事业管理中心或由该部指定的其他机构出具证明书。

第十条 行政协助

实施本协定时，本协定所述缔约两国的机关和缔约两国的经办机构应相互提供协助，如同它们执行本国法律规定一样。这种协助应无偿提供。

第十一条 交流的语言和认证

一、在实施本协定时，本协定所述缔约两国的机关和缔约两国经办机构可以用其官方语言直接交流。

二、文件，特别是申请书和证明书不得因为用缔约另一国官方语言写成而拒绝受理。

三、适用本协定时所需提供的文件,特别是证明书,无需办理认证或者其他类似的手续。

第十二条 数据保护

若根据本协定传送个人数据,则应在顾及各缔约国适用的法律规定的情况下,适用下列规定:

(一)为实施本协定,允许向接收国有关机关或经办机构提供数据。接收国内的机关或经办机构可以为此目的处理和使用这些数据。若用于社会保障之目的,则允许在接收国法律允许范围内将收到的数据转给接收国其他机构或在接收国内使用。在其余情况下,只有在数据提供机关或经办机构事先同意时才允许将数据转送给其他机构。

(二)应数据提供机关或经办机构的请求,在个案的基础上,接收方应向其通报所传送的数据的使用情况及由此所获取的结果。

(三)数据提供机关或经办机构有义务顾及所提供的数据的正确性,以及就传送数据的目的而言,数据传送的必要性和适度性。在此情况下,应尊重各方国内法律和法律规定关于禁止传送个人数据的规定。若发现提供了不正确或根据提供国国内法律和法律规定不允许提供的数据,则必须立即将此情况通知接收方。接收方有义务更正或销毁有关数据。

(四)经当事人申请后,必须向其告知所提供的涉及他本人的数据以及预期的使用目的。在其他情况下,当事人获知与自己有关的数据的权利应依据应询的机关或经办机构所在缔约国的国内法律和法律规定。

(五)一旦被传送的涉及个人的数据已不再为原传送的目的所需要,也没有理由推定该数据的销毁会影响当事人在社会保障方面应受保护的利益,则应立即销毁。

(六)数据提供及接收机关或经办机构均有义务将涉及个人的数据的提供和接收情况记录在案。

(七)数据提供及接收机关或经办机构均有义务对传送的涉及个人的数据给予有效保护,以防止未经许可的调用、变更和公开。

第十三条 实施协议

一、为实施本协定,两国政府或者主管机关可以商定必要的协议。主管机关应相互通报本协定适用范围(第二条)内各自现行有效的法律规定的更改和补充。

二、为实施本协定,设立联络处如下:

(一)在中华人民共和国:

劳动和社会保障部国际合作司,北京;

(二) 在德意志联邦共和国：

德国医疗保险国际联络处，波恩。

三、联络处可在其权限内在主管机关参与下商定实施本协定必要和适当的行政措施。但本条第一款规定不受影响。

第十四条 争端的解决

缔约两国关于解释或适用本协定和议定书的争端应通过外交途径解决，必要时通过双方协商同意成立的特设联合委员会解决。

第十五条 议定书

所附议定书为本协定的组成部分。

第十六条 生效

本协定应自缔约两国相互通知已完成为生效所需国内程序之日后第三十天生效。相互通知之日是指收到最后通知之日。

第十七条 协定期限

本协定无限期有效。缔约任何一国可以提前三个月通过外交途径书面通知在年底终止本协定。

本协定于二〇〇一年七月十二日在北京签订，一式两份，每份均用中文、德文和英文写成，三种文本同等作准。如对中文和德文文本的解释发生分歧，应以英文本为准。

附：《中华人民共和国与德意志联邦共和国社会保险协定议定书》

值此中华人民共和国和德意志联邦共和国社会保险协定签字之际，缔约两国签字的全权代表声明议定如下各项：

一、关于协定第四条：

对在协定生效日已受雇的人员而言，规定的期限始于该日。

二、关于协定第八条：

在适用本协定第八条时，如果当事人处于缔约一国法律规定的管辖之下，则该当事人应被视为在该缔约国最后受雇或工作的地方受雇或工作；因以前适用本协定第四条而做出的任何其他安排应继续适用。如果该当事人以前不在该缔约国境内受雇或工作，他应被视为在该缔约国主管机关所在地受雇工作。

三、关于协定第八条和第十六条

如果在协定签署时尚未下达关于缴纳未结保费的最后通知书，则在协定生效前，协定第八条亦依据各自国内法律规定适用于雇员和雇主或协定第六条规定的人员。如果协定在签署后的合理时间内生效，则主管经办机构可自协定签署之时起搁置下达缴费通知书。

(二) 基本养老保险费缴费基数

1. 什么是"社平工资"

"社平工资"是社会职工平均工资的简称,通常是指某一地区或国家一定时期内(通常为一年)全部职工工资总额除以这一时期内职工人数后所得的平均工资。该指标反映一个地区全部职工的平均工资收入情况。"社平工资"是1995年之前的一个习惯叫法被沿用至今,在《国务院关于深化企业职工养老保险制度改革的通知》(国发〔1995〕6号)中,将其规范为"职工平均工资"。该指标广泛应用于劳动、司法等各个领域,例如用来确定各类社会保险费的缴费基数、确定养老待遇、核定职工伤亡补助金额与一次性救助金额等。但是最常见的还是被作为社会保险领域的一个参考指标。

"欲知平直,则必准绳;欲知方圆,则必规矩。""社平工资"是确认社会保险缴费基数的一个规矩准绳。参保单位和个人的缴费基数必须在"社平工资"的60%至300%的区间范围内。不同时期,作为社会保险缴费基数的"社平工资"涵盖的范围不同。2019年5月1日之前,"社平工资"实际上是城镇非私营单位在岗职工平均工资。这个数值偏大,出现了有些人"被收入""被平均"的现象,也导致企业和灵活就业人员缴费负担较重。为降低企业和个人缴费负担,2019年5月1日起,根据《国务院办公厅关于印发〈降低社会保险费率综合方案〉的通知》(国办发〔2019〕13号)规定,调整就业人员平均工资计算口径。各省应以本省城镇非私营单位就业人员平均工资和城镇私营单位就业人员平均工资加权计算的全口径城镇单位就业人员平均工资,核定社保个人缴费基数上下限,合理降低部分参保人员和企业的社保缴费基数。

> **政策链接:** 人力资源社会保障部 财政部 税务总局 国家医保局有关负责人就《降低社会保险费率综合方案》答记者问
>
> 问:《方案》对缴费基数政策也进行了调整,与之前政策相比有什么变化?
>
> 答:缴费基数也是影响企业和个人社保缴费负担的重要参数。根据《方案》,缴费基数政策也要进行调整:一是明确将城镇非私营单位和城镇私营单位就业人员平均工资加权计算的全口径城镇单位就业人员平均工资作为核定职工缴费基数上下限的指标。二是个体工商户和灵活就业人员参加养老保险,可在全口径城镇单位就业人员平均工资的60%至300%范围内选择适当的缴费基数。
>
> 主要考虑,全口径城镇单位就业人员平均工资,比原政策规定的非私营单位在岗职工平均工资,能够更合理地反映参保人员实际平均工资水平,以此来核定个人缴费基数上下限,工资水平较低的职工缴费基数可相应降低,缴费负担减轻。部分企业,

特别是部分小微企业或劳动密集型企业,不少职工按照缴费基数下限缴费,企业缴费负担也可进一步减轻,能更多受益。举个例子,假设某地区非私营单位在岗职工平均工资为6 000元,则原个人缴费基数下限为3 600元,如某职工月工资水平为3 000元,需按缴费基数下限3 600元计算缴费金额;计算口径调整后,全口径城镇单位就业人员平均工资为5 000元,则个人缴费基数下限相应降低到3 000元,该职工就可按3 000元计算缴费金额,前后对比,月缴费基数减少600元,个人缴费比例8%,月缴费负担相应减轻48元,如其所在企业以个人缴费基数之和确定单位缴费基数,则企业每月缴费基数也相应减少600元,缴费负担可进一步减轻。对个体工商户和灵活就业人员而言,政策调整后,不仅平均工资口径调整、标准降低,选择范围也变大,选择低基数的可以进一步减轻缴费负担,收入较高的人员也可以选择较高的缴费基数,来提高自己退休后的养老金水平。比如,按上例,如为灵活就业人员,月缴费基数可从6 000元改为以3 000元下限缴费,则月缴费基数减少3 000元,按20%比例缴费,月缴费负担相应减轻600元。

▶【典型案例】:"社平工资"确认的来去始终

"社平工资"是处理劳动关系实务中常见的一个用语,除了上述作为社会保险缴费基数参数,在劳动仲裁、司法裁判等方面也会经常用到。但是对于"社平工资"的具体内涵搞不清楚,就容易引发纠纷。在一起工伤保险待遇纠纷案中,仲裁部门提出适用"社平工资"作为劳动者的工伤待遇计算基数,却由于三方对"社平工资"的不同理解,引出新的争议。2019年10月,张先生在甲省乙市A公司刚入职不久就发生工伤事故(不足一个月,尚未领取工资),就工伤保险待遇与A公司发生争议,申请仲裁。在仲裁庭审过程中,张先生主张入职时口头约定月工资为7 000元,但无相关证据。A公司主张招聘时承诺的月工资不到5 000元,也没有相关证据。仲裁机关让A公司提供上年度本单位同岗位职工平均工资的证据,A公司表示无法提供。于是仲裁机关提出用"社平工资"作为基数来计算工伤保险待遇,双方均表示无异议。但是经查询相关数据,三方又出现了新的分歧。仲裁机关认为应参考社会保险缴费基数标准,即"2018年度甲省全口径城镇单位就业人员平均工资65 000元"作基数;张先生则认为应参考2018年度甲省在岗职工平均工资75 900元为基数;A公司则提出应以"乙市2018年度城镇非私营单位在岗职工年平均工资58 000元"作为基数。此案经调解,最后采取了折中的办法,协商确定基数。

通过上述案例,我们可以看出,在其他领域,如果没有精准的书面记录,当事各方对"社平工资"的确认还是存在较大争议的。在处理相关业务时,必须以书面形式来进行精准的明确,避免日后出现分歧和争议。

2. 企业职工基本养老保险费单位缴费基数如何确定

根据《社会保险法》第十二条的规定，用人单位应当按照国家规定的本单位职工工资总额的比例缴纳基本养老保险费。自基本养老保险制度建立以来，确定企业职工基本养老保险单位缴费基数一直沿用两种口径。一种是"本单位职工工资总额"，另一种是"职工个人缴费基数之和"。

2019年，人力资源社会保障部、财政部和国家税务总局下发《关于规范企业职工基本养老保险省级统筹制度的通知》（人社部发〔2019〕112号），对"双基数"模式进行逐步规范，要求各省统一全省单位缴费工资基数核定政策，逐步实现按"职工缴费工资基数之和"核定单位缴费基数，不得使用单位职工工资总额与职工缴费工资基数之和对比的方法。

> **政策链接："工资基数"的具体内容有哪些**
>
> 《劳动和社会保障部社会保险事业管理中心关于规范社会保险缴费基数有关问题的通知》（劳社险中心函〔2006〕60号）
>
> 近年来，在劳动保障行政部门的正确领导和有关部门的大力支持下，各级社会保险经办机构认真贯彻落实《社会保险费征缴暂行条例》（国务院令第259号）、《社会保险稽核办法》（劳动保障部令第16号）和相关政策规定，努力做好社会保险费征缴申报审核和稽核工作，取得了明显成绩，促进了社会保险费的应收尽收。但是，随着社会主义市场经济体制的逐步建立和完善，我国所有制结构、就业方式和收入分配形式发生了很大变化，当前一些地区在社会保险缴费申报审核和稽核工作中，存在着执行政策不统一、审核不够规范等问题，影响了缴费基数核定和稽核的整体效应。为做好新形势下社会保险缴费基数核定与稽核工作，现就规范社会保险费缴费基数有关问题通知如下：
>
> 一、关于缴费基数的核定依据
>
> 1990年，国家统计局发布了《关于工资总额组成的规定》（国家统计局令第1号），之后相继下发了一系列通知对有关工资总额统计作出了明确规定，每年各省区市统计局在劳动统计报表制度中对劳动报酬指标亦有具体解释。这些文件都应作为核定社会保险缴费基数的依据。凡是国家统计局有关文件没有明确规定不作为工资收入统计的项目，均应作为社会保险缴费基数。
>
> 二、关于工资总额的计算口径
>
> 依据国家统计局有关文件规定，工资总额是指各单位在一定时期内直接支付给本单位全部职工的劳动报酬总额，由计时工资、计件工资、奖金、加班加点工资、特殊

情况下支付的工资、津贴和补贴等组成。劳动报酬总额包括：在岗职工工资总额；不在岗职工生活费；聘用、留用的离退休人员的劳动报酬；外籍及港澳台方人员劳动报酬以及聘用其他从业人员的劳动报酬。

《国家统计局关于认真贯彻执行〈关于工资总额组成的规定〉的通知》（统制字〔1990〕1号）中对工资总额的计算作了明确解释：各单位支付给职工的劳动报酬以及其他根据有关规定支付的工资，不论是计入成本的还是不计入成本的，不论是按国家规定列入计征奖金税项目的还是未列入计征奖金税项目的，均应列入工资总额的计算范围。

【实务案例】如何把握单位缴费基数的计算口径

甲省乙市某美容护理工作室成立于2018年1月，共有工作人员11人。该工作室2018年度全年工资情况见表1-2。

表1-2　甲省乙市某美容护理工作室2018年度全年工资情况表　　　单位：元

岗位	人均基本工资总额	人均绩效工资总额	人均奖金总额	人数（人）
经理	120 000	28 000	10 000	1
美妆师	66 000	20 000	10 000	3
护理师	98 000	10 000	10 000	5
业务员	66 000	20 000	10 000	2

已知：甲省社会保险采取单基数模式，2018年城镇非私营单位就业人员平均工资为55 320元，2018年全口径社会平均工资为51 840元。

要求：请计算该工作室2019年度全年基本养老保险单位部分缴费金额。

参考答案：2019年1月至4月社会保险缴费基数上限为55 320÷12×300% = 13 830（元），下限为55 320÷12×60% = 2 766（元）；

2019年5月至12月社会保险缴费基数上限为51 840÷12×300% = 12 960（元），下限为51 840÷12×60% = 2 592（元）；

经理2019年月平均工资为(120 000 + 28 000 + 10 000)÷12 = 13 166.67（元）；

美妆师2019年月平均工资为(66 000 + 20 000 + 10 000)÷12 = 8 000（元）；

护理师2019年月平均工资为(98 000 + 10 000 + 10 000)÷12 = 9 833.33（元）；

业务员2019年月平均工资为(66 000 + 20 000 + 10 000)÷12 = 8 000（元）；

2019年5月至12月，由于经理的月平均工资高于缴费基数上限，所以应按上限12 960元执行。

2019年1月至4月工作室缴费基数为13 166.67 + 8 000×3 + 9 833.33×5 +

8 000×2＝102 333.32(元)；

2019 年 5 月至 12 月工作室缴费基数为 12 960＋8 000×3＋9 833.33×5＋8 000×2＝102 126.65(元)。

通过以上计算，我们可以看出，"职工缴费工资基数之和"既包括各类工资，也包括各类奖金、津贴。

【典型案例】："私车公用"取得的交通补贴如何进行社会保险费处理

经常在网上看到很多公司咨询关于"私车公用"如何处理的问题。比如有的公司问：私车公用的，每个月为职工报销汽油费，企业所得税和个人所得税税前扣除有什么标准？同样，这里还涉及社会保险费的问题。下面我们具体分析。

1. 个人所得税

《国家税务总局关于个人所得税有关政策问题的通知》(国税发〔1999〕58 号)规定，个人因公务用车和通讯制度改革而取得的公务用车、通讯补贴收入，扣除一定标准的公务费用后，按照"工资、薪金"所得项目计征个人所得税。按月发放的，并入当月"工资、薪金"所得计征个人所得税；不按月发放的，分解到所属月份并与该月份"工资、薪金"所得合并后计征个人所得税。公务费用的扣除标准，由省级地方税务局根据纳税人公务交通、通讯费用的实际发生情况调查测算，报经省级人民政府批准后确定，并报国家税务总局备案。

我们也看到很多省市的税务机关制定了交通补贴的扣除标准，对于这类地区的企业人员，在限额内取得的交通补贴是不征个人所得税的。但如果是没有制定标准的地方，则职工取得的交通补贴需要缴纳个人所得税。

2. 企业所得税

根据企业所得税法相关规定，企业发生的与取得收入直接相关的、符合生产经营活动常规的、必要和正常的支出可以申请税前扣除。目前我们看到有些地区也进行了详细规定，如《北京市地方税务局关于明确若干企业所得税业务政策问题的通知》(京地税企〔2003〕646 号)规定："三、对纳税人因工作需要租用个人汽车，按照租赁合同或协议支付的租金，在取得真实、合法、有效凭证的基础上，允许税前扣除；对在租赁期内汽车使用所发生的汽油费、过路过桥费和停车费，在取得真实、合法、有效凭证的基础上，允许税前扣除。其他应由个人负担的汽车费用，如车辆保险费、维修费等，不得在企业所得税税前扣除。"

3. 社会保险费

如前所述，"职工缴费工资基数之和"既包括各类工资，也包括各类奖金、津贴。那么，是否所有的职工收入都要并入缴费基数缴纳社会保险费呢？也不然。

《劳动和社会保障部社会保险事业管理中心关于规范社会保险缴费基数有关问题的通知》(劳社险中心函〔2006〕60号)规定，下列项目不计入工资总额，在计算缴费基数时应予剔除：

(1) 根据国务院发布的有关规定发放的创造发明奖、国家星火奖、自然科学奖、科学技术进步奖和支付的合理化建议和技术改进奖以及支付给运动员在重大体育比赛中的重奖。

(2) 有关劳动保险和职工福利方面的费用。职工保险福利费用包括医疗卫生费、职工死亡丧葬费及抚恤费、职工生活困难补助、文体宣传费、集体福利事业设施费和集体福利事业补贴、探亲路费、计划生育补贴、冬季取暖补贴、防暑降温费、婴幼儿补贴（即托儿补助）、独生子女牛奶补贴、独生子女费、"六一"儿童节给职工的独生子女补贴、工作服洗补费、献血员营养补助及其他保险福利费。

(3) 劳动保护的各种支出。这些支出包括工作服、手套等劳动保护用品，解毒剂、清凉饮料，以及按照国务院1963年7月19日劳动部等七单位规定的范围对接触有毒物质、矽尘作业、放射线作业和潜水、沉箱作业，高温作业等五类工种所享受的由劳动保护费开支的保健食品待遇。

(4) 有关离休、退休、退职人员待遇的各项支出。

(5) 支付给外单位人员的稿费、讲课费及其他专门工作报酬。

(6) 出差补助、误餐补助。这部分补助指职工出差应购卧铺票实际改乘座席的减价提成归已部分；因实行住宿费包干，实际支出费用低于标准的差价归已部分。

(7) 对自带工具、牲畜来企业工作的从业人员所支付的工具、牲畜等的补偿费用。

(8) 实行租赁经营单位的承租人的风险性补偿收入。

(9) 职工集资入股或购买企业债券后发给职工的股息分红、债券利息以及职工个人技术投入后的税前收益分配。

(10) 劳动合同制职工解除劳动合同时由企业支付的医疗补助费、生活补助费以及一次性支付给职工的经济补偿金。

(11) 劳务派遣单位收取用工单位支付的人员工资以外的手续费和管理费。

(12) 支付给家庭工人的加工费和按加工订货办法支付给承包单位的发包费用。

(13) 支付给参加企业劳动的在校学生的补贴。

(14) 调动工作的旅费和安家费中净结余的现金。

(15) 由单位缴纳的各项社会保险、住房公积金。

(16) 支付给从保安公司招用的人员的补贴。

(17) 按照国家政策为职工建立的企业年金和补充医疗保险，其中单位按政策规定比例缴纳部分。

上文第(7)项"对自带工具、牲畜来企业工作的从业人员所支付的工具、牲畜等的补偿费用",对应的就是交通补贴。交通补贴在个人所得税、企业所得税和社会保险费上的处理均有不同,建议一定要从不同的角度、按照不同的政策分别处理。

除以上17种不纳入社保缴纳基数的工资外,部分省份也进行了一些计算调整,以减轻单位的缴费负担。如黑龙江省率先发力,下发了《国家税务总局黑龙江省税务局关于用人单位聘用退休人员和已经由原单位缴纳基本养老保险费的兼职人员的劳务报酬不计入用人单位缴费基数的通告》(国家税务总局黑龙江省税务局通告2019年第2号),其中规定自2019年3月份(费款属期)起,用人单位聘用的退休人员和已经由原单位缴纳基本养老保险费的兼职人员的劳务报酬(包括工资薪金等各类劳动报酬)不计入用人单位缴纳基本养老保险费基数。类似发文的省份比较多。

3. 职工个人基本养老保险费缴费基数如何确定

经过多年的改革实践,我国在1997年决定建立全国统一的企业职工基本养老保险制度。现行关于企业职工基本养老保险的各项政策规定,都是在1997年制定下发的文件基础上逐步完善规范而来的。通常情况下,职工均以上一年度本人月平均工资为个人缴费工资基数。

《职工基本养老保险个人账户管理暂行办法》(劳办发〔1997〕116号)规定,职工本人一般以上一年度本人月平均工资为个人缴费工资基数(有条件的地区也可以本人上月工资收入为个人缴费工资基数,下同)。月平均工资按国家统计局规定列入工资总额统计的项目计算,包括工资、奖金、津贴、补贴等收入。本人月平均工资低于当地职工平均工资60%的,按当地职工月平均工资的60%缴费;超过当地职工平均工资300%的,按当地职工月平均工资的300%缴费,超过部分不计入缴费工资基数,也不计入计发养老金的基数。当然,并非所有项目均计入缴费基数,应当按照《劳动和社会保障部 社会保险事业管理中心关于规范社会保险缴费基数有关问题的通知》(劳社险中心函〔2006〕60号)确定的项目来确定。凡是国家统计局有关文件没有明确规定不作为工资收入统计的项目,均应作为社会保险缴费基数。

对于机关事业单位工作人员,其缴费基数也是参照上述规定确定的。《国务院关于机关事业单位工作人员养老保险制度改革的决定》(国发〔2015〕2号)规定,个人工资超过当地上年度在岗职工平均工资300%以上的部分,不计入个人缴费工资基数;低于当地上年度在岗职工平均工资60%的,按当地在岗职工平均工资的60%计算个人缴费工资基数。

上述应参保群体属于有单位的职工,其缴费基数同个人上年平均工资挂钩。那么,对于选择参加企业职工基本养老保险的个体工商户和灵活就业人员,没有稳定工资收入数据,如何确定缴费基数呢？根据《国务院办公厅关于印发〈降低社会保险费率综合方案〉的通知》(国办发〔2019〕13号)的规定,个体工商户和灵活就业人员参加企业职工基本养老保险,可以在本省全口径城镇单位就业人员平均工资的60%～300%选择适当的缴费基数。

【实务案例】计入、不计入、上限、下限,切勿傻傻分不清楚

甲省A公司共有普通员工39人,管理人员5人,总经理1人,上述人员基本工资均相同。2021年A公司共发放基本工资1 769 850元。另外,向普通员工发放劳动分红120 000元、防暑降温费40 000元、高温作业临时补贴52 000元,向管理人员发放集资入股分红360 000元,向总经理发放业绩奖励200 000元。（假设上述补贴和分红按人平均发放）

已知：甲省2021年城镇非私营单位职工月平均工资和在岗年末人数分别为6 500元、712万人；城镇私营单位就业人员平均工资和在岗年末人数分别为5 000元、1 125万人。该省执行单基数模式。

要求：请根据上述资料,计算A公司职工基本养老保险费月缴费基数。

参考答案：

根据《劳动和社会保障部社会保险事业管理中心关于规范社会保险缴费基数有关问题的通知》(劳社险中心函〔2006〕60号)第三条规定,劳动分红、高温作业临时补贴应计入缴费基数；第四条规定,集资股息分红、防暑降温费不列入缴费基数。因此,A公司缴费基数计算如下：

甲省2021年全口径月平均工资＝(6 500×712＋5 000×1 125)÷(712＋1 125)＝5 581.38(元),2022年月缴费基数下限为5 581.38×60%＝3 348.83(元),上限为5 581.38×300%＝16 744.14(元)；

A公司2021年普通员工收入应计入月缴费基数的平均工资金额＝[1 769 850÷45＋(120 000＋52 000)÷39]÷12＝3 645.02(元),不低于2022年月缴费基数下限,以3 645.02元为缴费基数；

管理人员收入应计入月缴费基数的平均工资金额＝1 769 850÷45÷12＝3 277.5(元),由于3 277.5元低于缴费基数下限,即低于3 348.83元,所以管理人员应执行3 348.83元缴费基数；

总经理收入应计入月缴费基数的平均工资金额＝(1 769 850÷45＋200 000)÷12＝19 944.17(元),高于缴费基数上限,即高于16 744.14元,应以16 744.14元为缴费基数；

A公司2022年职工基本养老保险费应执行的月缴费基数为3 645.02×39＋3 348.83×5＋16 744.14＝175 644.07(元)。

进行一下延伸分析，上述案例中，管理人员全年月平均收入包括两部分，一部分是基本工资 3 277.5 元，另一部分是入股分红，为 360 000÷5÷12＝6 000(元)，每月合计收入 9 277.5 元。根据上述计算可知，管理人员个人每月应缴纳基本养老保险费，为 3 348.83×8％＝267.91(元)，应缴纳个人所得税(利息、股息、红利所得)，为 6 000×20％＝1 200(元)。假设暂不考虑其他情况，管理人员每月实际取得收入，为 9 277.5－267.91－1 200＝7 809.59(元)。普通员工每月应缴纳基本养老保险费，为 3 645.02×8％＝291.6(元)。这一收入结构显然对管理人员非常不利。一方面，由于按照缴费下限缴纳基本养老保险费，计入个人账户金额较低，根据"多缴多得"的设计原理，管理人员退休后拿到的养老金肯定会低于普通员工。另一方面，利息、股息、红利所得无法享受各项扣除政策，全额按照 20％缴纳个人所得税。建议 A 公司修改集资入股合同与劳动合同，降低分红比例。同时，在管理人员劳动合同中增加绩效奖金条款，将部分分红金额转化为按公司业绩给予的绩效奖金，既可以充分享受个人所得税 6 万元减除费用以及专项扣除、专项附加扣除和依法确定的其他扣除，减轻纳税负担，又可以增加基本养老保险费缴费基数，实现养老金"多缴多得"。

【实务案例】 个人缴费基数过渡政策对缴费额的影响

甲省 2018 年全口径月平均工资为 5 500 元，2019 年和 2020 年增长率分别为 7％和 8％。个体工商户业主张先生和王先生以个人身份参加企业职工基本养老保险。2020 年，由于资金紧张，张先生仅缴纳了上半年费款，下半年选择费款在 2021 年补缴。王先生则选择全部在 2021 年补缴。2021 年甲省个人缴费基数下限可分两年过渡，二人均按下限缴费。

要求：请计算张先生和王先生 2020 年属期基本养老保险缴费金额的差异。

参考答案：

甲省 2019 年全口径月平均工资＝5 500×(1＋7％)＝5 885(元)；

2020 年全口径月平均工资＝5 885×(1＋8％)＝6 355.8(元)；

2019 年月缴费基数下限为 5 500×60％＝3 300(元)；

2021 年月缴费基数下限为(5 885＋6 355.8)÷2×60％＝3 672.24(元)；

张先生 2020 年上半年缴费为 3 300×20％×6＝3 960(元)；

2021 年补缴金额＝3 672.24×20％×6＝4 406.69(元)，合计缴费 8 366.69 元；

王先生补缴金额为 3 672.24×20％×12＝8 813.38(元)；

王先生比张先生多缴基本养老保险费的金额为 8 813.38－8 366.69＝446.69(元)。

答案解析：

《人力资源社会保障部 财政部 国家税务总局关于延长阶段性减免企业社会保险

费政策实施期限等问题的通知》(人社部发〔2020〕49号)第三条规定,各省2020年社会保险个人缴费基数下限可继续执行2019年个人缴费基数下限标准,个人缴费基数上限按规定正常调整;第五条规定,以个人身份参加企业职工基本养老保险的个体工商户和各类灵活就业人员,2020年缴纳基本养老保险费确有困难的,可自愿暂缓缴费。2021年可继续缴费,缴费年限累计计算;对2020年未缴费月度,可于2021年年底前进行补缴,缴费基数在2021年当地个人缴费基数上下限范围内自主选择。根据《人力资源社会保障部办公厅 财政部办公厅 国家税务总局办公厅关于2021年社会保险缴费有关问题的通知》(人社厅发〔2021〕2号)规定,各省2021年社会保险个人缴费基数上下限原则上根据2020年本省全口径城镇单位就业人员平均工资(以下简称全口径平均工资)确定。个人缴费基数下限增长过快、2021年当年调整到位确有困难的省份,个人缴费基数下限可分两年过渡,2021年个人缴费基数下限可根据2019年全口径平均工资和2020年全口径平均工资的算术平均值确定。

政策链接: 广东省企业职工基本养老保险缴费基数过渡政策

《广东省人力资源和社会保障厅 广东省财政厅 国家税务总局广东省税务局关于调整企业职工基本养老保险缴费基数下限片区的通知》(粤人社规〔2022〕2号)

一、从2022年7月1日起,调整我省企业职工基本养老保险缴费基数下限的片区划分。其中,广州市、深圳市和省直为第一类片区,珠海市、佛山市、东莞市、中山市为第二类片区,汕头市、惠州市、江门市、肇庆市为第三类片区,韶关市、河源市、梅州市、汕尾市、阳江市、湛江市、茂名市、清远市、潮州市、揭阳市、云浮市为第四类片区。

二、2022年7月至2023年6月期间,各片区的企业职工基本养老保险缴费基数下限,分别按本片区上年度城镇非私营单位就业人员月平均工资和城镇私营单位就业人员月平均工资加权计算的全口径城镇单位就业人员月平均工资的60%确定。本片区上年度全口径城镇单位就业人员月平均工资高于全省上年度全口径城镇单位就业人员月平均工资的,所在片区缴费基数下限按全省上年度全口径城镇单位就业人员月平均工资的60%确定。具体数值另行公布。

三、本通知自2022年7月1日起施行,有效期3年。

4. 纳入缴费基数的具体项目有哪些

在问题3中,我们说到并不是所有收入均纳入缴费基数,应当按照《劳动和社会保障部社会保险事业管理中心关于规范社会保险缴费基数有关问题的通知》(劳社险中心函〔2006〕60号)规定的项目来确定。

(1)计时工资,包括:对已完成工作按计时工资标准支付的工资,即基本工资部分;

新参加工作职工的见习工资(学徒的生活费);根据国家法律、法规和政策规定,因病、工伤、产假、计划生育假、婚丧假、事假、探亲假、定期休假、停工学习、执行国家或社会义务等原因按计时工资标准或时工资标准的一定比例支付的工资;实行岗位技能工资制的单位支付给职工的技能工资及岗位(职务)工资;职工个人按规定比例缴纳的社会保险费、职工受处分期间的工资、浮动升级的工资等;机关工作人员的职务工资、级别工资、基础工资;工人的岗位工资、技术等级(职务)工资。

(2) 计件工资,包括:实行超额累进计件、直接无限计件、限额计件、超定额计件等工资制,按劳动部门或主管部门批准的定额和计件单价支付给个人的工资;按工作任务包干方法支付给个人的工资;按营业额提成或利润提成办法支付给个人的工资。

(3) 奖金,包括:生产(业务)奖包括超产奖、质量奖、安全(无事故)奖、考核各项经济指标的综合奖、提前竣工奖、外轮速遣奖、年终奖(劳动分红)等;节约奖包括各种动力、燃料、原材料等节约奖;劳动竞赛奖包括发给劳动模范、先进个人的各种奖金;机关、事业单位各类人员的年终一次性奖金、机关工人的奖金、体育运动员的平时训练奖;其他奖金包括从兼课酬金和业余医疗卫生服务收入提成中支付的奖金,运输系统的堵漏保收奖,学校教师的教学工作量超额酬金,从各项收入中以提成的名义发给职工的奖金等。

(4) 津贴,包括:

① 补偿职工特殊或额外劳动消耗的津贴及岗位性津贴。这部分津贴包括高空津贴、井下津贴、流动施工津贴、高温作业临时补贴、艰苦气象台(站)津贴、微波站津贴、冷库低温津贴、邮电人员外勤津贴、夜班津贴、中班津贴、班(组)长津贴、环卫人员岗位津贴、广播电视天线工岗位津贴、盐业岗位津贴、废品回收人员岗位津贴、殡葬特殊行业津贴、城市社会福利事业岗位津贴、环境监测津贴、课时津贴、班主任津贴、科研辅助津贴、卫生临床津贴和防检津贴、农业技术推广服务津贴、护林津贴、林业技术推广服务津贴、野生动物保护工作津贴、水利防汛津贴、气象服务津贴、地震预测预防津贴、技术监督工作津贴、口岸鉴定检验津贴、环境污染监控津贴、社会服务津贴、特殊岗位津贴、会计岗位津贴、野外津贴、水上作业津贴、艺术表演档次津贴、演出场次津贴、艺术人员工种补贴、运动队班(队)干部驻队津贴、教练员培训津贴、运动员成绩津贴、运动员突出贡献津贴、责任目标津贴、领导职务津贴、岗位目标管理津贴、专业技术职务津贴、专业技术岗位津贴、技术等级岗位津贴、技术工人岗位津贴、普通工人作业津贴及其他为特殊行业和苦脏累险等特殊岗位设立的津贴。

机关工作人员岗位津贴。这部分津贴包括公安干警值勤津贴、警衔津贴、交通民警保健津贴、海关工作人员岗位津贴、审计人员外勤工作补贴、税务人员的税务征收津贴(包括农业税收)、工商行政管理人员外勤津贴、人民法院干警岗位津贴、人民检察院干警岗位津贴、司法助理员岗位津贴、监察、纪检部门办案人员补贴、人民武装部工作人员津贴、监狱劳教所干警健康补贴等。

② 保健性津贴。这部分津贴包括卫生防疫津贴、医疗卫生津贴、科技保健津贴、农业事业单位发放的有毒有害保健津贴以及其他行业职工的特殊保健津贴等。

③ 技术性津贴。这部分津贴包括特级教师津贴、科研课题津贴、研究生导师津贴、工人技师津贴、中药老药工技术津贴、特殊教育津贴、高级知识分子特殊津贴(政府特殊津贴)等。

④ 年功性津贴。这部分津贴包括工龄工资、工龄津贴、教龄津贴和护士护龄津贴等。

⑤ 地区津贴。这部分津贴包括艰苦边远地区津贴和地区附加津贴等。

⑥ 其他津贴。例如支付给个人的伙食津贴(火车司机和乘务员的乘务津贴、航行和空勤人员伙食津贴、水产捕捞人员伙食津贴补贴、汽车司机行车津贴、体育运动员和教练员伙食补助费、少数民族伙食津贴、小伙食单位补贴、单位按月发放的伙食补贴、补助或提供的工作餐等)、上下班交通补贴、洗理卫生费、书报费、工种粮补贴、过节费、干部行车补贴、私车补贴等。

(5) 补贴,包括为保证职工工资水平不受物价上涨或变动影响而支付的各种补贴,如副食品价格补贴、粮、油、蔬菜等价格补贴、煤价补贴、水电补贴、住房补贴、房改补贴等。

(6) 加班加点工资。

(7) 其他工资,如附加工资、保留工资以及调整工资补发的上年工资等。

(8) 特殊项目构成的工资,包括:

① 发放给本单位职工的"技术交易奖酬金"。

② 住房补贴或房改补贴。房改一次性补贴款,如补贴发放到个人,可自行支配的计入工资总额内;如补贴为专款专用存入专门的账户,不计入工资总额统计[《国家统计局关于房改补贴统计方法的通知》(统制字〔1992〕80号)]。

③ 单位发放的住房提租补贴、通信工具补助、住宅电话补助[《国家统计局关于印发1998年年报劳动统计新增指标解释及问题解答的通知》(国统办字〔1998〕120号)]。

④ 单位给职工个人实报实销的职工个人家庭使用的固定电话话费、职工个人使用的手机费(不含因工作原因产生的通讯费,如不能明确区分公用、私用均计入工资总额)、职工个人购买的服装费(不包括工作服)等各种费用[《国家统计局关于印发2002年劳动统计年报新增指标解释及问题解答的通知》(国统办字〔2002〕20号)]。

⑤ 为不休假的职工发放的现金或补贴[《国家统计局关于印发2002年劳动统计年报新增指标解释及问题解答的通知》(国统办字〔2002〕20号)]。

⑥ 以下属单位的名义给本单位职工发放的现金或实物(无论是否计入本单位财务账目)[《国家统计局关于印发2002年劳动统计年报新增指标解释及问题解答的通知》(国统办字〔2002〕20号)]。

⑦ 单位为职工缴纳的各种商业性保险[《国家统计局关于印发2002年劳动统计年报新增指标解释及问题解答的通知》(国统办字〔2002〕20号)]。

⑧ 实行企业经营者年薪制的经营者,其工资正常发放部分和年终结算后补发的部分[《国家统计局关于印发2002年劳动统计年报新增指标解释及问题解答的通知》(国统办字〔2002〕20号)]。

⑨ 商业部门实行的柜组承包,交通运输部门实行的车队承包、司机个人承包等,这部分人员一般只需定期上交一定的所得,其余部分归己。对这些人员的缴费基数原则上采取全部收入扣除各项(一定)费用支出后计算[《国家统计局关于印发劳动统计问题解答的通知》(制司字〔1992〕39号)]。

⑩ 使用劳务输出机构提供的劳务工,其人数和工资按照"谁发工资谁统计"的原则,如果劳务工的使用方不直接支付劳务工的工资,而是向劳务输出方支付劳务费,再由劳务输出方向劳务工支付工资,应由劳务输出方统计工资和人数;如果劳务工的使用方直接向劳务工支付工资,则应由劳务使用方统计工资和人数。输出和使用劳务工单位的缴费基数以谁发工资谁计算缴费基数的原则执行[《国家统计局关于印发2004年劳动统计年报新增指标解释及问题解答的通知》(国统办字〔2004〕48号)]。

⑪ 企业销售人员、商业保险推销人员等实行特殊分配形式参保人员的缴费基数原则上由各地依据国家统计局有关规定根据实际情况确定。

【实务案例】纳入缴费基数项目辨析

王先生为某国有企业A公司普通职工。2021年王先生取得基本工资36 000元,年终奖15 000元,伙食津贴5 000元、上下班交通补贴2 000元、可自行支配的住房补贴2 400元、手机费2 400元。另取得A公司发放的所属分公司试用产品智能保温杯,价值500元(未计入本单位财务账目)。张先生是A公司高管,月工资为10 000元。另外,2021年A公司为张先生报销实际发生的家庭固定电话费5 040元、业务推广专用手机费10 000元、探亲路费2 000元,发放误餐补助2 400元、按公司规定统一着装的工装费3 000元,为张先生专门账户存入房改一次性补贴50 000元。

要求:假设不考虑当地社会平均工资问题,请计算张先生和王先生基本养老保险费缴费基数。

参考答案:王先生月缴费基数金额为(36 000 + 15 000 + 5 000 + 2 000 + 2 400 + 2 400 + 500) ÷ 12 = 5 275(元);

张先生月缴费基数金额为10 000 + 5 040 ÷ 12 = 10 420(元)。

答案解析:

《劳动和社会保障部社会保险事业管理中心关于规范社会保险缴费基数有关问题

的通知》(劳社险中心函〔2006〕60号)规定,年终奖、伙食津贴、上下班交通补贴、可自行支配的住房补贴、单位给职工个人实报实销的职工个人家庭使用的固定电话话费、不能明确区分公用私用的手机费、以下属单位的名义发放给本单位职工的现金或实物(无论是否计入本单位财务账目)应计入缴费基数。缴费基数不含因工作原因产生的通讯费、购买工作服的服装费、专款专用存入专门账户的房改一次性补贴。第四条规定,探亲路费、误餐补助不计入缴费基数。

政策链接:甲市2022年社保缴费基数申报攻略

一、申报范围

甲市参加社会保险的机关企事业单位。

二、申报期限

机关事业单位申报期限:2022年1月4日—1月30日。

企业申报期限:2022年1月4日—3月31日。

三、申报标准

2022年职工社会保险缴费基数按照本人2021年度月平均工资总额(应付工资)如实申报。工资总额由计时工资、计件工资、奖金、津贴和补贴、加班加点工资以及特殊情况下支付的工资组成。待2021年度全省全口径城镇就业人员平均工资公布后,按照政策规定统一对参保单位职工缴费基数进行"保底封顶"调整,产生的缴费差额进行多退少补处理。

四、网上申报

社会保险缴费基数申报采用网上申报的方式,申报流程如下:

(1)登录甲市人力资源和社会保障局网站,通过"业务经办"中的"单位版社保就业网上申报",进入"社会保险网上服务系统"。

(2)点击"缴费基数申报"。

(3)录入单位信息,认真阅读"注意事项"。

(4)点击下一步,录入职工缴费基数并保存。

(5)打印《2022年参保单位申报社会保险缴费基数签字确认表》(以下简称《签字确认表》)。

(6)先打印,再提交申报。

五、申报方式

(1)非财政供养的机关事业单位严格按照《机关事业单位养老保险缴费及统筹项目清单》《暂不纳入机关事业单位养老保险缴费及统筹的项目清单》申报,并携带签字盖章齐全的《签字确认表》原件,到参保地社会保险经办机构进行申报审核。

(2)企业严格按照《关于工资总额组成的规定》(国家统计局令第1号)规定申报,并携带签字盖章齐全的《签字确认表》原件,到参保地社会保险经办机构进行申报审核。

六、缴费流程

(一)机关事业单位

参保机关事业单位社会保险缴费基数申报通过的,自1月份起按核定的应缴数额缴费;申报未通过的,须重新申报。

(二)企业

2022年1～2月,参保企业社会保险缴费基数未申报或申报未通过的,暂按2021年12月份职工缴费基数缴费。自3月份起,参保企业须在缴费基数申报完成后方可缴费。

七、其他事项

(1) 2022年申报缴费基数的职工是指截至2021年12月31日缴费的人员,社保系统与医保系统的参保人员须一致。

(2) 参保单位申报的职工缴费基数保留到整数位。

(3) 参保单位严格按照规定的操作流程进行申报,《签字确认表》须由本人签字。

5. "走出去"员工缴费基数如何确定

一般情况下,职工按照上一年度本人月平均工资为个人缴费工资基数缴纳基本养老保险费。那么,远赴海外的"走出去"员工,尤其是在境外工作时间跨度超过多个年度的员工,他们"上一年度本人月平均工资"数据如何取得?即使取得该数据,是否具有参考价值呢?是否可以按照其境外收入来确认缴费基数呢?根据改革开放政策,我国企业积极探索海外市场,数以万计的员工响应国家发展号召前往境外工作。改革开放以来,尤其是党的十八大以来,我国积极推动构建全面开放新格局,以"一带一路"建设为重点,我国企业"走出去"步伐明显加快。商务部数据显示,2021年,我国对外劳务合作派出各类劳务人员32.3万人,较上年同期增加2.2万人,其中承包工程项下派出13.3万人,劳务合作项下派出19万人,年末在外各类劳务人员59.2万人。同时,我国着眼于构建以国内大循环为主体、国内国际双循环相互促进的新发展格局,坚定不移加大开放合作力度,中央企业积极走出去。我国央企在全球180多个国家和地区拥有的机构和项目超过8000个,海外员工达到125万人。

1997年,我国在统一企业职工基本养老保险制度时,就已经考虑到了这样一个庞大的海外群体。《职工基本养老保险个人账户管理暂行办法》(劳办发〔1997〕116号)规定,单位派到境外、国外工作的职工,按本人出境(国)上年在本单位领取的月平均工资作为缴费工资基数;次年的缴费工资基数按上年本单位平均工资增长率进行调整。同时规定,"走出去"员工月平均缴费工资的基数也执行当地上限和下限标准。

【实务案例】"走出去"员工如何进行税费处理

张先生为 A 公司员工。2020 年,A 公司月平均工资为每人 6 500 元。其中,张先生每月工资为 7 500 元。2021 年 1 月 1 日起,张先生被公司派往 G 国工作,在 G 国每月工资为 24 000 元。2021 年 A 公司月平均工资为每人 8 000 元。根据 G 国税法规定,张先生每年在 G 国缴纳个人所得税 28 800 元。2022 年张先生通过网络为国内 B 公司进行技术指导取得报酬 10 000 元。

要求:假设张先生来源于我国境内的劳务报酬没有进行预扣预缴,且个人所得税扣除项目只考虑基本减除费用和基本养老保险费。请计算 2022 年张先生分别应缴基本养老保险费和个人所得税的金额。

参考答案:《职工基本养老保险个人账户管理暂行办法》(劳办发〔1997〕116 号)规定,单位派到境外、国外工作的职工,按本人出境(国)上年在本单位领取的月平均工资作为缴费工资基数;次年的缴费工资基数按上年本单位平均工资增长率进行调整。张先生 2022 年应缴基本养老保险费金额计算如下:

A 公司 2021 年平均工资增长率为 $(8\,000 - 6\,500) \div 6\,500 = 23.08\%$;

张先生 2022 年每月的缴费基数为 $7\,500 \times (1 + 23.08\%) = 9\,231(元)$;

2022 年缴费金额为 $9\,231 \times 8\% \times 12 = 8\,861.76(元)$。

个人所得税的计算,则以张先生的实际收入为基准计算,不考虑单位平均工资增长率。《财政部 税务总局关于境外所得有关个人所得税政策的公告》(财政部 税务总局公告 2020 年第 3 号)规定,居民个人在一个纳税年度内来源于中国境外的所得,依照所得来源国家(地区)税收法律规定在中国境外已缴纳的所得税税额允许在抵免限额内从其该纳税年度应纳税额中抵免。居民个人来源于一国(地区)的综合所得的应纳税额为其抵免限额,按照下列公式计算:来源于一国(地区)综合所得的抵免限额=中国境内和境外综合所得依照本公告第二条规定计算的综合所得应纳税额×来源于该国(地区)的综合所得收入额÷中国境内和境外综合所得收入额合计。

张先生 2022 年应缴个人所得税为 $(10\,000 \times 80\% + 24\,000 \times 12 - 60\,000 - 8\,861.76) \times 20\% - 16\,920 = 28\,507.65(元)$。

张先生工资薪金个人所得税的抵免限额为 $28\,507.65 \times 24\,000 \times 12 \div (24\,000 \times 12 + 8\,000) = 27\,737.17(元)$。

张先生在 G 国实际已缴纳个人所得税税款为 28 800 元,大于其可抵免的境外所得税收抵免限额27 737.17元。按照孰低原则,张先生在2022年来源于G国的境外所得仅可抵免个人所得税27 737.17元,尚未抵免完毕的1 062.83元可在以后5个纳税年度申报从G国取得的境外所得抵免限额的余额中结转抵免。

张先生在国内应补个人所得税为28 507.65 - 27 737.17 = 770.48(元)。

对于张先生的基本养老保险费个人缴费部分,由单位代扣即可,无需自行申报。但是对于在境内外取得综合所得,张先生需要进行自行申报个人所得税。

> **政策链接:"走出去"员工如何申报个人所得税**
>
> 《国家税务总局关于个人所得税自行纳税申报有关问题的公告》(国家税务总局公告2018年第62号)
>
> 四、取得境外所得的纳税申报
>
> 居民个人从中国境外取得所得的,应当在取得所得的次年3月1日至6月30日内,向中国境内任职、受雇单位所在地主管税务机关办理纳税申报;在中国境内没有任职、受雇单位的,向户籍所在地或中国境内经常居住地主管税务机关办理纳税申报;户籍所在地与中国境内经常居住地不一致的,选择其中一地主管税务机关办理纳税申报;在中国境内没有户籍的,向中国境内经常居住地主管税务机关办理纳税申报。
>
> 纳税人取得境外所得办理纳税申报的具体规定,另行公告。

6. 特殊情形缴费基数如何确定

一般情况下,职工以上一年度本人月平均工资为个人缴费基数。但是,有些特殊情形,例如失业后再就业的职工、新招录职工等,他们上一年没有工资收入,其缴费基数如何确定呢?

《职工基本养老保险个人账户管理暂行办法》(劳办发〔1997〕116号)规定,新招职工(包括研究生、大学生、大中专毕业生等)以起薪当月工资收入作为缴费工资基数;从第二年起,按上一年实发工资的月平均工资作为缴费工资基数。失业后再就业的职工,以再就业起薪当月的工资收入作为缴费工资基数;从第二年起,按上一年实发工资的月平均工资作为缴费工资基数。

从上述规定可以看出,"从头再来"的再就业者、"新人报到"的新录用职工,其缴费基数都是以就业之后,起薪当月工资作为当年的缴费基数,第二年起再按上一年实发工资的月平均工资作为缴费工资基数。两者的不同之处在于,再就业者之前已经进行过基本养老保险登记,个人账户有缴费记录,储存额不停止计息,缴费年限接续计算,再就业需要把两处甚至多处基本养老保险转移到一处,接续合并记录。而新招录的职工好比白纸一张,社保记录从零开始。

特殊群体还包括单位派出的长期脱产学习人员、经批准请长假的职工。对"脱产充电"和获批请长假的职工,保留工资关系的,以脱产或请长假的上年月平均工资作为缴费工资基数。

对于军队新招录聘用的文职人员,其缴费工资基数与一般的新入职企业或机关事业单位工作人员处理方式不同,是按照当年每月本人的工资收入来确定的。也就是逐月计算,并不只按起薪首月金额计算。次年起才按照上年度在军队工作期间的月平均工资确定。

政策链接: 社保关系转移接续

1. 社保关系转移接续需要办理什么手续(来源:忻州市人力资源和社会保障局,2021年12月14日)

问:企业效益差,单位让待岗不发工资,在待岗期间养老保险停缴。请问可以在不解除现单位的劳动合同的情况下让另一家公司给缴纳养老保险吗?还是需要办理什么手续?

答:您好,根据《关于在民营企业就业的国有企业下岗人员社保关系转移接续有关问题的通知》(晋人社厅发〔2019〕11号)精神,国有企业下岗人员在与原单位保留劳动关系的同时,经与民营企业协商订立劳动合同再就业,涉及有关社会保险关系转移接续的,按以下办法办理:①国有企业或国有企业下岗人员依据国有企业下岗人员与民营企业签订的劳动合同等相关材料,向国有企业参保地养老保险经办机构申请办理养老保险关系转移,参保地养老保险经办机构审核确认后,为国有企业下岗人员办理养老保险关系转移手续;②转入地养老保险经办机构对民营企业或国有企业下岗人员提供的转移相关材料进行审核,确认后为国有企业下岗人员办理养老保险关系接续手续。

上述规定同样适用于参加企业职工基本养老保险的其他各类企业和单位。

2. 停止缴费后个人账户积累额是否继续计息(来源:深圳市社会保险基金管理局)

问:职工在本市停止缴纳基本养老保险费后前往其他省市就业参保,但未及时转移基本养老保险关系的,其在本市的基本养老保险个人账户积累额是否会继续计息?

答:根据《〈深圳经济特区社会养老保险条例〉实施细则》第三十六条规定,参保人停止缴纳基本养老保险费,但基本养老保险关系未转移出本市的,其个人账户积累额继续计息。

【实务案例】 特殊情形缴费基数的计算

1."新人报到"且为军队文职人员"新人报到"

张先生2021年7月大学毕业应聘到C企业任职,7月份起薪当月工资为4 000元,试用一个月后转正,月薪为5 000元。2021年10月,张先生被当地军事科研机构聘用为文职人员。10月当月工资为7 200元,11月工资为7 850元,12月工资为8 500元。

要求:假设张先生取得上述收入均应计入缴费基数,并在当地缴费上下限之间。请计算2021年、2022年张先生个人应缴基本养老保险费的金额。

参考答案:

2021年7月至9月,张先生应缴基本养老保险费的金额为 $4\,000 \times 8\% \times 3 = 960$(元);

2021年10月至12月,张先生应缴基本养老保险费的金额为 $(7\,200 + 7\,850 + 8\,500) \times 8\% = 1\,884$(元);

2021年全年应缴企业职工基本养老保险费的金额为 $960 + 1\,884 = 2\,844$(元)。

2022年,张先生的缴费基数为 $(7\,200 + 7\,850 + 8\,500) \div 3 = 7\,850$(元);

全年应缴职工养老保险费的金额为 $7\,850 \times 8\% \times 12 = 7\,536$(元)。

答案解析:《人力资源社会保障部 财政部 退役军人事务部 国家税务总局 国家医疗保障局 中央军委政治工作部 中央军委后勤保障部关于军队文职人员参加社会保险有关问题的通知》(军后财〔2018〕287号)第五条规定,文职人员本人上年度工资收入,按照本人上年度在军队工作期间的月平均工资确定;新招录聘用文职人员的工资收入,按照当年每月本人的工资收入确定。原劳动部办公厅印发的《职工基本养老保险个人账户管理暂行办法》(劳国办发〔1997〕116号)第八条规定,新招职工(包括研究生、大学生、大中专毕业生等)以起薪当月工资收入作为缴费工资基数;从第二年起,按上一年实发工资的月平均工资作为缴费工资基数。

2."脱产充电"停薪留职者

张先生系甲省A公司高管。2022年1月,张先生经批准请长假,保留工资关系。2021年张先生工资总额为238 800元,且均属于应计入缴费基数项目。甲省2020年、2021年全口径月平均工资分别为6 600元、7 120元。

要求:请分别计算张先生2021年和2022年基本养老保险费缴费金额。

参考答案:

2021年甲省养老保险缴费基数上限为 $6\,600 \times 300\% = 19\,800$(元);

张先生2020年月平均工资为 $238\,800 \div 12 = 19\,900$(元),2021年缴费基数为

19 800元；

全年应缴费 19 800×8%×12＝19 008(元)。

2022年甲省养老保险缴费基数上限为 7 120×300%＝21 360(元)；

张先生2022年缴费基数为19 900元，全年应缴费 19 900×8%×12＝19 104(元)。

答案解析：《职工基本养老保险个人账户管理暂行办法》(劳办发〔1997〕116号)规定，单位派出的长期脱产学习人员、经批准请长假的职工，保留工资关系的，以脱产或请假的上年月平均工资作为缴费工资基数。本人月平均工资低于当地职工平均工资60%的，按当地职工月平均工资的60%缴费；超过当地职工平均工资300%的，按当地职工月平均工资的300%缴费，超过部分不记入缴费工资基数，也不记入计发养老金的基数。

(三) 基本养老保险费率历年变化

1. 企业职工基本养老保险单位费率的重大调整

我国基本养老保险制度是缴费型制度，由用人单位和职工共同缴纳基本养老保险费。单位费率经历了从最初宏观指导，到制定征收比例上限，再到执行全国统一标准的调整过程。目前，基本养老保险单位费率除个别省市低于16%外，其他省份全部为16%。

早在1991年，《国务院关于企业职工养老保险制度改革的决定》(国发〔1991〕33号)中就首次提出了单位和职工个人缴纳养老保险的概念，并提出养老保险基金实行以支定收、略有结余、留有部分累积的筹集原则，各省级行政区自行确定提取比例和累积率。1995年，《国务院关于深化企业职工养老保险制度改革的通知》(国发〔1995〕6号)提出，要严格控制基本养老保险费的收缴比例和基本养老金的发放水平，减轻企业和国家的负担。当时，仍未对单位缴费比例进行统一规定。最早对单位缴费比例进行明确规范的时间是1997年，《国务院关于建立统一的企业职工基本养老保险制度的决定》(国发〔1997〕26号)规定，企业缴纳基本养老保险费的比例，一般不得超过企业工资总额的20%，具体比例由省、自治区、直辖市人民政府确定。少数省、自治区、直辖市因离退休人数较多、养老保险负担过重，确需超过企业工资总额20%的，应报劳动部、财政部审批。

《国务院关于建立统一的企业职工基本养老保险制度的决定》(国发〔1997〕26号)的颁布实施，具有里程碑式的重要历史意义，标志着我国建立起了统一的企业职工基本养老保险制度。"一般不得超过企业工资总额的20%"这一标准，成为此后近20年基本养老保险单位费率确定的一个指导性标准。该文件中确定的基本养老保险制度原则架构，目前仍然具有重要的现实意义。文件中的很多内容，成为制定《社会保险法》的蓝本。

2000年,《国务院关于印发〈完善城镇社会保障体系试点方案〉的通知》(国发〔2000〕42号)指出,缴费比例一般为企业工资总额的20%左右,目前高于20%的地区,可暂维持不变。我国高度重视降低社会保险费率、减轻企业缴费负担工作,先后多次降低或阶段性降低企业职工基本养老保险、失业保险、工伤保险和生育保险费率。《人力资源社会保障部 财政部关于阶段性降低社会保险费率的通知》(人社部发〔2016〕36号)规定,从2016年5月1日起,企业职工基本养老保险单位缴费比例超过20%的省(区、市),可将单位缴费比例降至20%;单位缴费比例为20%且2015年年底企业职工基本养老保险基金累计结余可支付月数高于9个月的省(区、市),可以阶段性将单位缴费比例降低至19%,降低费率的期限暂按两年执行。具体方案由各省(区、市)确定。两年之后,我国继续实施阶段性降低社会保险费政策。根据《人力资源社会保障部 财政部关于继续阶段性降低社会保险费率的通知》(人社部发〔2018〕25号)规定,自2018年5月1日起,企业职工基本养老保险单位缴费比例超过19%的省(区、市),以及按照《人力资源社会保障部 财政部关于阶段性降低社会保险费率的通知》(人社部发〔2016〕36号)单位缴费比例降至19%的省(区、市),基金累计结余可支付月数(截至2017年年底)高于9个月的,可阶段性执行19%的单位缴费比例至2019年4月30日。

随着我国经济发展出现一系列新形势、新情况,企业对进一步降低社会保险费率的呼声更强。习近平总书记2018年11月在民营企业座谈会上强调,要根据实际情况,降低社保缴费名义费率,稳定缴费方式,确保企业社保缴费实际负担有实质性下降。2019年国务院《政府工作报告》明确提出各地可将养老保险单位缴费比例降至16%。为深入贯彻党中央、国务院的决策部署,2019年4月下发的《国务院办公厅关于印发〈降低社会保险费率综合方案〉的通知》(国办发〔2019〕13号)规定,自2019年5月1日起,降低城镇职工基本养老保险(包括企业和机关事业单位基本养老保险,以下简称养老保险)单位缴费比例。各省、自治区、直辖市及新疆生产建设兵团(以下统称省)养老保险单位缴费比例高于16%的,可降至16%;目前低于16%的,要研究提出过渡办法。

根据《降低社会保险费率综合方案》,基本养老保险单位缴费率高于16%的,可降至16%;目前低于16%的,要研究提出过渡办法。只有广东、浙江和厦门两省一市共三个地区费率低于16%,需要制定过渡办法。随着2022年开始实施企业职工基本养老保险全国统筹,推动了这"两省一市"加快调整步伐。

广东省采取了分步过渡的方式,逐步将单位缴费比例调整到16%。该省规定,单位缴费比例为13%的城市,2020年年底前将单位缴费比例调整为14%。2022年3月,广东省下发《关于印发广东省企业职工基本养老保险单位缴费比例过渡方案的通知》(粤人社发〔2022〕8号),决定按照平稳衔接、循序渐进的原则,采取分步过渡的方式,用两年时间将全省企业职工基本养老保险单位缴费比例从14%过渡至16%。具体安排是:

2022年1月起,全省企业职工基本养老保险单位缴费比例统一调整至15%;2023年1月起,全省企业职工基本养老保险单位缴费比例统一调整至16%。

浙江省原本计划一步到位,在2022年将单位缴费比例统一调整为16%,但为减轻企业压力,浙江省采取了逐步过渡的模式。《浙江省人力资源和社会保障厅 浙江省财政厅 国家税务总局浙江省税务局关于调整全省企业职工基本养老保险参保用人单位缴费比例的通知》(浙人社发〔2022〕6号)规定,从2022年1月1日起,全省企业职工基本养老保险参保用人单位(含有雇工的个体工商户)缴费比例调整为15%;从2023年1月1日起,全省企业职工基本养老保险参保用人单位(含有雇工的个体工商户)缴费比例执行全国统一标准,调整为16%。

在基本养老保险开始实施全国统筹的大环境下,厦门市企业职工基本养老保险管理回归福建省政策标准。2021年7月,《厦门市人民政府关于厦门市企业职工基本养老保险纳入省级统筹相关缴费政策的通知》(厦府规〔2021〕4号)规定,自2021年9月1日至12月31日,本市企业职工基本养老保险单位缴费费率按14%执行;自2022年1月1日起,本市企业职工基本养老保险单位缴费费率统一按福建省规定的标准(16%)执行。同时规定,自2022年1月1日起,本市企业职工基本养老保险各项缴费费率和缴费基数等缴费政策,均统一按福建省规定执行。其中,职工以本人工资作为缴费基数,本人工资采用上一年度本人月平均工资,并执行福建省统一缴费基数上下限规定。本通知实施后,中央、福建省出台的企业职工基本养老保险各项缴费费率和缴费基数等缴费政策与本通知不一致的,从其规定。

从2015年起至2019年4月30日阶段性降费率政策执行期满,我国共减轻企业社保缴费负担近5 000亿元。自2019年5月1日起将养老保险单位缴费比例降至16%,仅2019年当年即减轻企业养老保险的缴费负担1 900多亿元。

政策链接: 人力资源社会保障部 财政部 税务总局 国家医保局有关负责人就《降低社会保险费率综合方案》(以下简称《方案》)答记者问

问:《方案》提出城镇职工基本养老保险单位缴费比例可降至16%,这项措施会有什么效果?

答:目前,各省(含新疆生产建设兵团)的企业缴费比例不统一,高的省达20%,多数省阶段性降至19%,还有个别省为14%左右。单位缴费比例总体较高,有一定下调空间,且地区之间差异大,不同地区企业缴费负担不同,竞争不公平,也不利于养老保险制度的长远发展。

根据《方案》,各省单位缴费比例可降至16%,一是单位缴费比例最多可降低4个百分点,不设条件,也不是阶段性政策,而是长期性制度安排,政策力度大,普惠性强,减负效果明显,彰显了中央减轻企业社保缴费负担的鲜明态度和坚定决心。二是各地降费率后,全国费率差异缩小,有利于均衡企业缴费负担,促进形成公平的市场竞争环境,也有利于全国费率逐步统一,促进实现养老保险全国统筹。三是降低费率后,参保缴费"门槛"下降,有利于增强企业和职工的参保积极性,将更多的职工纳入职工养老保险制度中来,形成企业发展与养老保险制度发展的良性循环。

问:各省份城镇职工基本养老保险基金结余情况不一,有的省份基金支大于收,如何降低养老保险费率?

答:根据《方案》,城镇职工基本养老保险单位缴费比例高于16%的省份,都可将养老保险单位缴费比例降到16%。具体降低比例由各省提出,与目前省级政府承担确保养老金发放的主体责任是一致的。目前,我国养老保险基金结余分布的确存在着一定的结构性问题。受制度抚养比不同等因素影响,养老保险基金结余存在地区差异,各省份降费率面临的压力不同。一般来说,抚养比高的地区,基金结余情况较为乐观,降费率面临的困难较小;而抚养比低的地区,基金收支平衡压力较大,降费率面临着一定的现实困难,对此,中央将通过继续加大财政补助力度、提高企业职工基本养老保险基金中央调剂比例等措施给予支持,帮助这些地区降费率后能够确保养老金按时足额发放,为形成公平的市场竞争环境创造条件,促进企业发展与养老保险制度建设的良性循环。

问:降低养老保险费率后,养老金按时足额发放是否会受到影响?

答:降低养老保险费率在有效减轻企业社保缴费负担的同时,确实会减少养老保险基金收入,加大基金收支压力,但全国养老保险基金整体收大于支,滚存结余不断增加,总体上不会造成养老金支付风险,不会影响养老金按时足额发放。根据最新年报统计,2018年,企业职工基本养老保险基金各项收入3.7万亿元,支出3.2万亿元,2018年年底基金累积结余约4.8万亿元,有较强的支撑能力。据测算,降费后,未来一段时间仍能保持当期收支有结余。在确保发放的同时,随着经济社会发展,国家还将继续提高退休人员养老金水平。目前,人力资源社会保障部、财政部正按照国务院部署组织实施2019年基本养老金年度调整工作,这也是中央连续第15年提高企业退休人员基本养老金水平,今年总体提高比例为5%,预计将有1亿左右企业退休人员受益。

问:降低费率后,部分地区可能出现基金收支矛盾更加突出的问题,有何应对措施?

答:从结构上看,绝大部分省份在执行降费政策后,基金收支状况比较稳健,具有较好的支撑能力。对于降费后部分地区基金收支压力加大的问题,有关部门将采取有效措施妥善应对。一是继续加大中央财政对基本养老保险基金的补助力度。2019年,中央财政安排企业职工基本养老保险补助资金5 285亿元,同比增长9.4%,重点向基金收支矛盾较为突出的中西部地区和老工业基地省份倾斜。二是进一步加大基本养老保险基金中央调剂力度,2019年调剂比例提高到3.5%,今后还将逐步提高,将进一步缓解中西部地区和老工业基地省份养老金支付压力。三是压实省级政府的主体责任。省级政府要强化责任,建立健全省、市、县基金缺口分担机制,通过盘活存量资金、处置国有资产、财政预算安排等多渠道筹措资金弥补基金缺口。对特殊困难省份,在省级政府主体责任充分落实到位的基础上,中央可通过适当的方式给予帮助。此外,相关部门还将通过继续推进划转部分国有资本充实社保基金、积极稳妥开展养老保险基金投资运营、健全激励约束机制等措施,增强养老保险基金支撑能力,促进养老保险制度可持续发展。

【实务案例】降费率政策效应的核算

A公司2020年1月缴费职工为45人,较上年同期增加20人,人均缴费基数为4 536元,同比增长8%。2019年1月单位缴费比例为20%,2019年5月1日起降至16%。

A公司2019年1月基本养老保险单位部分缴费额为$4\,536 \div (1+8\%) \times (45-20) \times 20\% = 21\,000$(元),2020年1月单位部分缴费额为$4\,536 \times 45 \times 16\% = 32\,659.2$(元)。表面上看A公司缴费金额有所增加。关于基本养老保险缴费增加的原因,需要进一步进行分析。

首先,人员增加20人。人员增长带来的增费额=人员增加数×当期人均缴费工资×上年同期费率,即$20 \times 4\,536 \times 20\% = 18\,144$(元)。

其次,工资增长带来的增费额=当期人均缴费工资×上年同期缴费人数×上年同期费率-上年同期缴费金额,即$4\,536 \times (45-20) \times 20\% - 4\,536 \div (1+8\%) \times (45-20) \times 20\% = 1\,680$(元)。

再次,2019年的降率政策降费额=缴费基数×(降率前费率-实际执行费率),即$4\,536 \times 45 \times (20\% - 16\%) = 8\,164.8$(元)。

上述两项增费因素合计增费额为$1\,680 + 18\,144 = 19\,824$(元),大于降率政策的降费额,所以表面上看A公司缴费金额上涨了。实际上,微观缴费负担=某缴费单位报告期内缴纳社会保险费总额÷该企业报告期内单位及个人缴纳保险费的工资总额×100%,即A公司2019年1月基本养老保险缴费负担为28%,2020年1月缴费负担为24%,实际缴费负担下降。

2. 企业职工基本养老保险个人费率是多少

目前，职工基本养老保险个人缴费比例为本人缴费工资的8%。

基本养老保险个人缴费制度，是经过积极改革实践与探索建立起来的。最初，职工个人不缴费。1951年颁布的《中华人民共和国劳动保险条例》，规定了职工在遇到生、老、病、死、伤、残等困难时，有获得各项保险待遇的权利。这是我国首部全国统一的社会保险法规。该条例规定，本条例所规定之劳动保险的各项费用，全部由实行劳动保险的企业行政方面或资方负担，其中一部分由企业行政方面或资方直接支付，另一部分由企业行政方面或资方缴纳劳动保险金，交工会组织办理；凡根据本条例实行劳动保险的企业，其行政方面或资方须按月缴纳相当于各该企业全部工人与职员工资总额的3%，作为劳动保险金。此项劳动保险金不得在工人与职员工资内扣除，并不得向工人与职员另行征收。这一制度的局限性，随着我国经济社会的不断发展，特别是改革开放政策的实施逐步显现出来：覆盖面较窄、社会化程度低、发放层次单一、企业负担沉重。为解决上述问题，1986年，我国颁布《国营企业实行劳动合同制暂行规定》，文件规定，国家对劳动合同制工人退休养老实行社会保险制度。退休养老基金的来源，由企业和劳动合同制工人缴纳。劳动合同制工人缴纳的退休养老基金数额为不超过本人标准工资的3%，由企业按月在工资中扣除，向当地劳动行政主管部门所属的社会保险专门机构缴纳。这是我国首次明确养老保险个人缴费制度。

为适应经济体制改革需要，在总结经验的基础上，国务院于1991年下发《国务院关于企业职工养老保险制度改革的决定》（国发〔1991〕33号），其中提出的目标是建立起基本养老保险与企业补充养老保险和职工个人储蓄型养老保险相结合的制度；改变养老保险完全由国家、企业包下来的办法，实行国家、企业、个人三方共同负担，职工个人也要缴纳一定的费用。当时规定，职工个人缴纳基本养老保险费，缴费标准开始时可不超过本人标准工资的3%，以后随着经济的发展和职工工资的调整再逐步提高，由企业在发放工资时代为收缴。

1993年，《中共中央关于建立社会主义市场经济体制若干问题的决定》正式提出建立"统账结合"的养老保险模式，即城镇职工养老和医疗保险金由单位和个人共同负担，实行社会统筹和个人账户相结合。根据这一指导精神，1995年出台了《国务院关于深化企业职工养老保险制度改革的通知》（国发〔1995〕6号），在全国范围内开始试行"社会统筹与个人账户相结合"的基本养老保险制度，首次提出了"个人账户"概念。该通知规定，基本养老保险费用由企业和个人共同负担，实行社会统筹与个人账户相结合；在理顺分配关系，加快个人收入工资化、工资货币化进程的基础上，逐步提高个人缴费比例。随之下发的《企业职工基本养老保险社会统筹与个人账户相结合实施办法之一》第一条规定,自本办法实施之日起,职工按不低于个人缴费工资基数3%的比例缴费,以后一般每两年提高1个百分点,最终达到个人账户养老保险费的50%。但是,由于这项改革仍处在试点阶段,还存在基本养老保险制度不统一、企业负担重、统筹层次低、管理制度不健全等问题。为此,《国务院关于建立统一的企业职工基本养老保险制度的决定》(国发〔1997〕26号)进一步完善这项制度,在全国推广"社会统筹与个人账户相结合"的养老保险模式,建立统一的企业职工基本养老保险制度。关于个人缴费的主要内容包括,个人缴纳基本养老保险费的比例,1997年不得低于本人缴费工资的4%,1998年起每两年提高1个百分点,最终达到本人缴费工资的8%。有条件的地区和工资增长较快的年份,个人缴费比例提高的速度应适当加快。根据《国务院关于印发〈完善城镇社会保障体系试点方案〉的通知》(国发〔2000〕42号),2001年在辽宁省及其他省(自治区、直辖市)确定的部分地区进行试点。试点方案明确,调整和完善城镇企业职工基本养老保险制度,坚持社会统筹与个人账户相结合的基本养老保险制度,基本养老保险费由企业和职工共同负担。企业缴费部分不再划入个人账户,全部纳入社会统筹基金。职工依法缴纳基本养老保险费,缴费比例为本人缴费工资的8%,并全部计入个人账户。个人账户规模由本人缴费工资的11%调整为8%。在试点的基础上,《国务院关于完善企业职工基本养老保险制度的决定》(国发〔2005〕38号)规定,为与做实个人账户相衔接,从2006年1月1日起,个人账户的规模统一由本人缴费工资的11%调整为8%,全部由个人缴费形成,单位缴费不再划入个人账户。自此,个人缴纳基本养老保险费的比例统一为本人缴费工资的8%。

政策链接： 个人养老金来了！

《国务院办公厅关于推动个人养老金发展的意见》(国办发〔2022〕7号)

为推进多层次、多支柱养老保险体系建设,促进养老保险制度可持续发展,满足人民群众日益增长的多样化养老保险需要,根据《中华人民共和国社会保险法》《中华人民共和国银行业监督管理法》《中华人民共和国保险法》《中华人民共和国证券投资基金法》等法律法规,经党中央、国务院同意,现就推动个人养老金发展提出以下意见:

一、总体要求

以习近平新时代中国特色社会主义思想为指导,全面贯彻党的十九大和十九届历次全会精神,认真落实党中央、国务院决策部署,坚持以人民为中心的发展思想,完整、准确、全面贯彻新发展理念,加快构建新发展格局,推动发展适合中国国情、政府政策支持、个人自愿参加、市场化运营的个人养老金,与基本养老保险、企业(职业)年金相衔接,实现养老保险补充功能,协调发展其他个人商业养老金融业务,健全多层次、多支柱养老保险体系。

推动个人养老金发展坚持政府引导、市场运作、有序发展的原则。注重发挥政府引导作用,在多层次、多支柱养老保险体系中统筹布局个人养老金;充分发挥市场作用,营造公开公平公正的竞争环境,调动各方面积极性;严格监督管理,切实防范风险,促进个人养老金健康有序发展。

二、参加范围

在中国境内参加城镇职工基本养老保险或者城乡居民基本养老保险的劳动者,可以参加个人养老金制度。

三、制度模式

个人养老金实行个人账户制度,缴费完全由参加人个人承担,实行完全积累。参加人通过个人养老金信息管理服务平台(以下简称信息平台),建立个人养老金账户。个人养老金账户是参加个人养老金制度、享受税收优惠政策的基础。

参加人可以用缴纳的个人养老金在符合规定的金融机构或者其依法合规委托的销售渠道(以下统称金融产品销售机构)购买金融产品,并承担相应的风险。参加人应当指定或者开立一个本人唯一的个人养老金资金账户,用于个人养老金缴费、归集收益、支付和缴纳个人所得税。个人养老金资金账户可以由参加人在符合规定的商业银行指定或者开立,也可以通过其他符合规定的金融产品销售机构指定。个人养老金资金账户实行封闭运行,其权益归参加人所有,除另有规定外不得提前支取。

参加人变更个人养老金资金账户开户银行时,应当经信息平台核验后,将原个人养老金资金账户内的资金转移至新的个人养老金资金账户并注销原资金账户。

四、缴费水平

参加人每年缴纳个人养老金的上限为12 000元。人力资源社会保障部、财政部根据经济社会发展水平和多层次、多支柱养老保险体系发展情况等因素适时调整缴费上限。

五、税收政策

国家制定税收优惠政策,鼓励符合条件的人员参加个人养老金制度并依规领取个人养老金。

六、个人养老金投资

个人养老金资金账户资金用于购买符合规定的银行理财、储蓄存款、商业养老保险、公募基金等运作安全、成熟稳定、标的规范、侧重长期保值的满足不同投资者偏好的金融产品,参加人可自主选择。参与个人养老金运行的金融机构和金融产品由相关金融监管部门确定,并通过信息平台和金融行业平台向社会发布。

七、个人养老金领取

参加人达到领取基本养老金年龄、完全丧失劳动能力、出国（境）定居，或者具有其他符合国家规定的情形，经信息平台核验领取条件后，可以按月、分次或者一次性领取个人养老金，领取方式一经确定不得更改。领取时，应将个人养老金由个人养老金资金账户转入本人社会保障卡银行账户。

参加人死亡后，其个人养老金资金账户中的资产可以继承。

八、信息平台

信息平台由人力资源社会保障部组织建设，与符合规定的商业银行以及相关金融行业平台对接，归集相关信息，与财政、税务等部门共享相关信息，为参加人提供个人养老金账户管理、缴费管理、信息查询等服务，支持参加人享受税收优惠政策，为个人养老金运行提供信息核验和综合监管支撑，为相关金融监管部门、参与个人养老金运行的金融机构提供相关信息服务。不断提升信息平台的规范化、信息化、专业化管理水平，运用"互联网＋"创新服务方式，为参加人提供方便快捷的服务。

九、运营和监管

人力资源社会保障部、财政部对个人养老金发展进行宏观指导，根据职责对个人养老金的账户设置、缴费上限、待遇领取、税收优惠等制定具体政策并进行运行监管，定期向社会披露相关信息。税务部门依法对个人养老金实施税收征管。相关金融监管部门根据各自职责，依法依规对参与个人养老金运行金融机构的经营活动进行监管，督促相关金融机构优化产品和服务，做好产品风险提示，对产品的风险性进行监管，加强对投资者的教育。

各参与部门要建立和完善投诉机制，积极发挥社会监督作用，及时发现解决个人养老金运行中出现的问题。

十、组织领导

推动个人养老金发展是健全多层次、多支柱养老保险体系，增强人民群众获得感、幸福感、安全感的重要举措，直接关系广大参加人的切身利益。各地区要加强领导、周密部署、广泛宣传，稳妥有序推动有关工作落地实施。各相关部门要按照职责分工制定落实本意见的具体政策措施，同向发力、密切协同，指导地方和有关金融机构切实做好相关工作。人力资源社会保障部、财政部要加强指导和协调，结合实际分步实施，选择部分城市先试行1年，再逐步推开，及时研究解决工作中遇到的问题，确保本意见顺利实施。

(四) 机关事业单位基本养老保险

1. 机关事业单位基本养老保险何时起步

早在20世纪50年代,我国就建立了机关事业单位的退休制度。这项制度对保障退休人员生活、稳定干部队伍发挥了重要作用。但是经过近60年的运行,这项制度已不适用经济社会的发展形势,逐步暴露出一些矛盾和问题。机关事业单位工作人员退休制度常常被拿来与企业职工退休制度相比较。"不患寡而患不均"是为人所诟病的一个重要因素。到20世纪90年代,企业职工基本养老保险发展迅速,已经形成了规范化运转模式,随着《国务院关于建立统一的企业职工基本养老保险制度的决定》(国发〔1997〕26号)的颁布实施,我国建立起了统一的企业职工基本养老保险制度。反观机关事业单位职工养老保险,并未取得全局性实质进展。这两种制度的长期并行,在客观上形成了"双轨制"和"待遇差"的突出矛盾。一面是企业性质的单位和职工个人都缴纳养老保险费,且退休待遇水平与缴费时间长短、金额大小息息相关;另一面是机关事业单位及其工作人员游离在养老保险制度之外,不但不需要缴费,而且退休待遇可能还高于大部分企业职工,社会保障制度的公平性遭到质疑。同时,养老保险制度不同,无形中在两类人群之间设立了一道鸿沟,机关事业单位人员流动到企业,或者企业职工考入机关事业单位,养老保险关系转移接续问题无法解决,给职工带来了巨大困扰,在一定程度上制约了人力资源的合理流动。这些矛盾日益积累,引起了社会高度关注,要求加快改革、实行公平养老保障制度的呼声越来越高。

在这种形势下,2015年1月,为统筹城乡社会保障体系建设,建立更加公平、可持续的养老保险制度,国务院决定改革机关事业单位工作人员养老保险制度,印发了《国务院关于机关事业单位工作人员养老保险制度改革的决定》(国发〔2015〕2号),决定从2014年10月1日起,将全国机关事业单位工作人员的退休保障制度改革为社会化的养老保险制度。改革坚持"一个统一、五个同步"的基本思路,并遵循五项基本原则。"一个统一"是指机关事业单位与企业等城镇从业人员同样都纳入基本养老保险制度,统一实行社会统筹与个人账户相结合的基本养老保险制度。"五个同步"是指在此次改革中不分先后,机关与事业单位同步进行改革;在建立基本养老保险制度的同时,同步建立补充养老保险制度,即强制建立职业年金制度;进一步完善工资制度,实行养老保险制度改革与完善工资制度同步推进;根据职工工资增长和物价变动等情况,兼顾各类人员权益,实行待遇调整机制与计发办法同步改革;不分区域,改革在全国范围同步实施。改革遵循的五项基本原则是公平与效率相结合、权利与义务相对应、保障水平与经济发展水平相适应、改革前与改革后待遇水平相衔接、解决突出矛盾与保证可持续发展相促进。改革的方法是区分各类人员,实行"老人老办法、新人新制度、中人逐步过渡",保证改革平稳顺利落地。对改革前已退休的"老人",保持现有待遇并参加今后的待遇调整;对改革后参加工作的"新人",通过建立新机制,实现待遇的合理衔接;对改革前参加工作、改革后退休的"中人",通过将改革前的工作年限"视同缴费年限"和实行过渡性措施,保持待遇水平不降低。机关事业单位养老保险制度改革补齐了我国养老保险制度最后一块"非社会化"制度的短板,使我国基本社会保险制度覆盖全部法定人群成为现实,结束了两类群体养老保险"双轨制"的历史。

【背景案例】为什么推出机关事业单位养老保险制度改革

据人社部有关负责人介绍,可以从三个方面观察分析这一改革的背景。

第一,"双轨制"的形成有其特定的历史成因。20世纪80年代以前,机关事业单位和企业职工的退休制度虽然也是分别按照不同政策法规执行的,但都是单位自己负担退休费用,待遇确定和调整机制也大体一致,都是与计划经济相适应的。也就是说,那时,虽然也是"双轨",但矛盾并不突出。党的十二届三中全会后,经济体制改革转向以城市为中心、以国有企业改革为重点。随着社会主义市场经济体制的逐步建立,国有企业由原来的统收统支逐渐成为自主经营、自负盈亏的市场主体,被赋予用人和工资分配的充分自主权。在这一背景下,再延续企业自管职工退休的制度,难以适应市场平等竞争的需要,也无法为广大职工提供稳定、可靠的养老保障,由"企业保险"转向"社会保险"迫在眉睫,势在必行。因此,我国从20世纪80年代开始就进行了地方性改革探索。90年代以后,我国逐步在全国范围建立了统筹互济的社会化养老保险制度,均衡了企业之间的退休费用负担,最终形成了社会统筹与个人账户相结合的基本养老保险制度模式。后来,这一制度又扩大到各类所有制企业和城镇灵活就业人员等群体。到2014年年底,已覆盖城镇3.38亿名职工和退休人员。而机关事业单位,由于不像企业那样处于经济体制改革的最前沿,改革的重点是建立规范的公务员制度和事业单位人事管理制度,而养老保障改革的进程相对滞缓,总体仍维持单位退休制度。这是形成"双轨制"的历史原因。

第二,"双轨制"引发的矛盾愈加凸显。机关事业单位原有退休制度实行近60年,对保障退休人员生活、稳定干部队伍发挥了重要作用。但随着社会主义市场经济的发展,这种制度也逐步暴露出一些矛盾。从制度内部来看,主要有两个问题:一是机关事业单位的退休费用由财政或单位承担,单位之间负担畸轻畸重,一些地区和单位,特别是一些基层事业单位退休费不堪重负,甚至无法保证及时足额支付;二是机关事业单位工作人员退休费是按"最终工资"的一定比例分档计算的,难以充分体现工作人员整个职业生涯的劳动贡献。从全社会的角度来看,也有两个突出问题:一是由于制度模式不同,机关事业单位与企业之间养老保险关系相互转移接续困难,制约了人力资源合理流动和有效配置;二是机关事业单位与企业之间的退休费(养老金)待遇确定和调整难以统筹协调,同类人员之间的待遇差距拉大,产生不平衡。

第三,在实践探索中逐步积累改革经验。自20世纪90年代以来,一些地区和行业对改革机关事业单位养老保险制度进行了探索,先后有28个省市开展了局部试点,全国约2 100万人参加。按照国家统一部署,部分科研院所和经营性文化事业单位相继启动"事业转企业"改革。2008年,国务院决定在5个省市先行开展事业单位养老保险制度改革试点,与事业单位分类改革配套推进。这些改革,由于没有更高层次的整体设计,政策的统一性、规范性不足,因而并未从总体上、根本上改变原有退休制度;但把改革中的主要矛盾梳理得越来越清晰,也取得了一些局部经验,应该说,为全面实施改革奠定了实践基础。

政策链接: 机关事业单位养老保险制度启动

1. 人社部有关负责人就贯彻实施《国务院关于机关事业单位工作人员养老保险制度改革的决定》(以下简称《决定》)有关问题进行解答

问:这次改革具有根本性、制度性特点,而不是局部的政策调整,牵动面很大,制订改革方案一定是一个复杂的过程。请介绍一下国务院《决定》出台的经过。

答:党中央、国务院对机关事业单位养老保险制度改革问题高度重视,党的十八大和十八届三中全会明确提出要推进机关事业单位养老保险制度改革。按照这一决策部署,2013年3月以来,我部会同国家发展改革委、财政部、社保基金理事会、全国总工会组成部际研究工作小组,联合开展养老保险顶层设计研究,同时委托国务院发展研究中心、中国社会科学院、中国人民大学、浙江大学和国际劳工组织、世界银行、国际社会保障协会7家国内外研究机构开展平行研究,还部署省级有关部门结合实际开展研究,形成了多项研究成果,其中包括机关事业单位养老保险制度改革的初步思路。此外,全国人大、全国政协也分别组织了专门调研。

2014年,按照党中央部署,制定机关事业单位养老保险制度改革方案被列为全面深化改革的重点任务。我部会同有关部门对此集中进行了深入研究,总结地方探索和局部试点经验,广泛听取各方面意见,反复测算论证,形成了改革方案。2014年11月16日和12月11日,国务院常务会议和中共中央政治局常委会会议先后审议通过了改革方案。今年年初,印发了国务院《决定》。应该说,国务院《决定》的出台,是集思广益、群策群力的结果,从一个侧面反映了国家重大决策的科学化、民主化进程。

问:社会上呼吁尽快解决"双轨制"问题,焦点集中在社会公平性方面。从国务院行政主管部门的角度来看,您认为这次改革的主要意义是什么?

答:推进机关事业单位养老保险制度改革,是贯彻党中央全面深化改革、全面推进依法治国的决策在社会保障领域的具体实践,也是我国养老保险体系建设的一项重大突破,具有里程碑意义。具体说,我认为是四个"有利于"。

第一,有利于统筹推进城乡养老保障体系建设。党中央把全面建成覆盖城乡居民的社会保障体系作为全面建成小康社会的重要目标之一。近年来,随着城乡居民养老保险制度的全面建立,广大农村和城镇居民普遍参保,加上企业职工和其他就业群体,社会化的养老保险制度已经覆盖了全国8.3亿多人;只有5 000多家机关事业单位职工和退休人员游离在养老保险制度之外,成为制度全覆盖的"短板"和"空白"。现在距离全面建成小康社会的目标期只有6年时间,改革机关事业单位养老保险制度,是加快推进覆盖城乡居民的社会保障体系建设、确保实现第一个百年奋斗目标的重大举措。

第二,有利于促进机关事业单位深化改革。近年来,按照《中华人民共和国公务员法》的规定,开始实行公务员辞职辞退制度,部分地区还开展了公务员聘任制试点;事业单位也正在加快分类改革,推行全员聘用制。建立统筹互济、社会化管理的养老保险制度,有利于分散单位的退休费用负担,确保机关事业单位养老金发放,维护工作人员的合法权益,是形成能进能出、合理流动的用人机制的有力制度保证。

第三,有利于逐步化解"待遇差"的矛盾。机关事业单位工作人员个人不缴费而享受较高水平的退休费、权利与义务不对应,成为近年来社会热议的焦点矛盾之一。改革后,机关事业单位与企业实行相同的养老保险基本制度模式和政策,可以逐步化解同类人员待遇差距拉大的矛盾,更好地体现制度公平和规则公平。

第四,有利于全面体现工作人员的劳动贡献。将现行退休费计发办法改为按缴费水平、缴费年限确定基本养老金待遇,多缴多得、长缴多得,能够更加全面地体现机关事业单位工作人员整个职业生涯的劳动贡献,进一步增强激励性。

2. 中央国家机关事业单位养老保险政策问答

问:改革后的机关事业单位养老保险制度与原退休制度相比发生了哪些变化?

答:实施机关事业单位养老保险制度改革,与原有的退休制度相比,无论是制度模式,还是待遇确定模式等方面都有较大区别:

一是在基本制度模式方面,从原来的单位保障方式改为社会保险方式。

二是在待遇发放的筹资渠道方面,由财政或单位直接支付退休费改为单位和个人缴费,形成基金,由基金支付基本养老金。

三是在退休待遇确定机制方面,改革前,根据人员退休时的工作年限和所任职务(职称)按有关规定计发退休费,但是改革后,则主要按照参保职工本人历年缴费多少、缴费长短来计算基本养老金标准,与企业职工的基本养老金待遇计发办法相一致,体现基本规则的公平。

四是在养老保障体系结构方面,制度改革后,机关事业单位工作人员统一建立职业年金,由单一的退休费改为基本养老保险加补充养老保险的多层次结构。职业年金具有强制性,是机关事业单位工作人员养老保险待遇的组成部分。

2. 机关事业单位养老保险的参保范围

《国务院关于机关事业单位工作人员养老保险制度改革的决定》(国发〔2015〕2号)规定,本决定适用于按照公务员法管理的单位、参照公务员法管理的机关(单位)、事业单位及其编制内的工作人员。

参加机关事业单位养老保险的事业单位是指,根据《中共中央 国务院关于分类推进事业单位改革的指导意见》(中发〔2011〕5号)有关规定进行分类改革后的公益一类、二类事业单位。对于目前划分为生产经营类,但尚未转企改制到位的事业单位,已参加企业职工基本养老保险的仍继续参加;尚未参加的,暂参加机关事业单位基本养老保险,待其转企改制到位后,按有关规定纳入企业职工基本养老保险范围。编制外人员应依法参加企业职工基本养老保险。对于编制管理不规范的单位,要先按照有关规定进行清理规范,待明确工作人员身份后再纳入相应的养老保险制度。对目前尚未确定分类类型的事业单位,已参加当地企业职工基本养老保险的仍继续参加;尚未参加的,暂参加机关事业单位基本养老保险,待其分类类型确定并改革到位后,纳入相应的养老保险制度。

对于参加机关事业单位养老保险的单位中的编制内劳动合同制工人,按照相关规定,参加机关事业单位养老保险。对于计划分配到机关事业单位工作的军队转业干部和退役士兵,退出现役后参加机关事业单位基本养老保险。

政策链接: 分类推进事业单位改革的指导意见配套文件

《国务院办公厅关于印发分类推进事业单位改革的指导意见》(国办发〔2011〕37号)

关于事业单位分类的意见

合理划分事业单位类别,是事业单位改革的基础和重要内容。根据《中共中央国务院关于分类推进事业单位改革的指导意见》(中发〔2011〕5号)精神,现就事业单位分类提出如下意见:

一、原则要求

坚持政事分开、事企分开,以社会功能为依据,合理划分现有事业单位类别;坚持根据职责和特点,细分从事公益服务事业单位;坚持实事求是,严格掌握标准,不以机构名称、经费来源、人员管理方式等作为分类依据;坚持分类指导,对不同类别事业单位实施不同的改革和管理办法。

二、类别划分

按照社会功能,将现有事业单位划分为承担行政职能、从事生产经营活动和从事公益服务三个类别。

(一)承担行政职能的事业单位。即承担行政决策、行政执行、行政监督等职能的事业单位。认定行政职能的主要依据是国家有关法律法规和中央有关政策规定。这类单位逐步将行政职能划归行政机构,或转为行政机构。今后,不再批准设立承担行政职能的事业单位。

(二)从事生产经营活动的事业单位。即所提供的产品或服务可以由市场配置资源、不承担公益服务职责的事业单位。这类单位要逐步转为企业或撤销。今后,不再批准设立从事生产经营活动的事业单位。

(三)从事公益服务的事业单位。即面向社会提供公益服务和为机关行使职能提供支持保障的事业单位。改革后,只有这类单位继续保留在事业单位序列。根据职责任务、服务对象和资源配置方式等情况,将从事公益服务的事业单位细分为两类。

公益一类事业单位。即承担义务教育、基础性科研、公共文化、公共卫生及基层的基本医疗服务等基本公益服务,不能或不宜由市场配置资源的事业单位。这类单位不得从事经营活动,其宗旨、业务范围和服务规范由国家确定。

公益二类事业单位。即承担高等教育、非营利医疗等公益服务,可部分由市场配置资源的事业单位。这类单位按照国家确定的公益目标和相关标准开展活动,在确保公益目标的前提下,可依据相关法律法规提供与主业相关的服务,收益的使用按国家有关规定执行。

在划分从事公益服务事业单位类型时,对完全符合某一类型条件的,直接确定其类型;对基本符合某一类型条件的,经过相应调整后确定其类型;对兼有不同类型特征的事业单位,可按主要职责任务和发展方向确定其类型。

三、工作程序

(一)清理规范现有事业单位。分类前,要对现有事业单位的机构编制、实有人数、经费来源等情况全面调查摸底。对未按规定设立或原承担特定任务已完成的事业单位,予以撤销;对布局结构不合理、设置过于分散、工作任务严重不足或职责相同相近的事业单位,予以整合,并相应核减编制。

(二)制定分类方案。各省(区、市)机构编制部门在听取行业管理部门和市(地)、县(市、区)党委、政府意见的基础上,商财政、人力资源社会保障、法制等部门,结合实际研究细化分类标准,拟订分类目录,制定分类方案,并征求中央机构编制部门意见后,报省级党委政府批准。

(三)组织实施分类。各省(区、市)直属事业单位的分类,由直属事业单位提出初步意见,省级机构编制部门商财政、人力资源社会保障等部门提出审核意见,按规定程序报批;省(区、市)部门所属事业单位的分类,由相关主管部门提出初步意见,机构编制部门商财政、人力资源社会保障等部门提出审核意见,按规定程序报批。各省(区、市)要将确定为承担行政职能事业单位的名单报中央机构编制部门备案。省级以下直属和部门所属事业单位的分类工作,由省级机构编制部门组织协调,分级实施。

中央各部门要按照本意见要求,研究提出所属事业单位分类的意见,经中央机构编制部门商财政、人力资源社会保障部门提出审核意见后,按规定程序报批。

【实务案例】"对号入座"准确参保

根据规定,机关事业单位工作人员基本养老保险的实施范围,与编制管理和经费保障相匹配。参加机关事业单位基本养老保险要满足两个基本条件:所在单位为机关事业单位、属于编制内工作人员。所以,同在机关事业单位工作,由于编制不同,应当参加的基本养老保险就不相同,只有"对号入座",才能准确参保。

资料一:甲省乙市某公立幼儿园为事业单位。现有园长和人事主管各1人,均为事业编制;有15位幼师,其中事业编制8人、编外合同制职工7人;有保育员10人,均为编制内劳动合同制工人。2020年6月,2名编外合同制幼师通过转编专项招聘考试转入编制内,从次月享受编制内各项待遇。幼儿园同一岗位工资待遇相同,2019年各岗位工资见表1-3。2020年工资和补贴未发生变化。

表1-3 甲省乙市某幼儿园2019年各岗位工资   金额单位:元

职务	基本工资	地区津贴	交通补贴	文体宣传费	取暖补贴	未休假补贴
园长	36 000	26 400	9 000	1 200	3 000	6 000
编制内幼师	33 600	24 000	6 960	1 200	2 500	4 800
编制外幼师	33 600			1 200	2 500	4 800
人事及保育员	30 000	24 000	6 000		2 500	4 800

资料二:保育员刘女士2021年3月从该幼儿园退休。上年度当地在岗职工月平均工资为6 800元,其本人指数化月平均缴费工资为7 650元,缴费年限累计为35年,其中28年为视同缴费年限。

资料三:2021年5月,幼儿园人事小张外出旅游未归,不能按规定期限申报缴纳社会保险费,向主管税务机关申请暂缓缴费。

资料四:该省2018年、2019年全口径社会平均工资分别为70 032元、75 816元。机关事业单位基本养老保险单位部分费率同企业职工基本养老保险费率一致,均为16%。

要求：根据上述材料，回答以下问题。

1. 请计算该幼儿园2020年应缴的基本养老保险费。

参考答案：

2020年缴费上限为75 816÷12×300% = 18 954(元)，下限为70 032÷12×60% = 3 501.6(元)；

园长月平均工资为(36 000 + 26 400 + 9 000 + 6 000)÷12 = 6 450(元)，缴费基数为6 450元；

编制内幼师月平均工资为(33 600 + 24 000 + 6 960 + 4 800)÷12 = 5 780(元)，缴费基数为5 780元；

编制外幼师月平均工资为(33 600 + 4 800)÷12 = 3 200(元)，缴费基数为3 501.6元；

人事及保育员月平均工资为(30 000 + 24 000 + 6 000 + 4 800)÷12 = 5 400(元)，缴费基数为5 400元。

该幼儿园园长、人事、保育员、编制内幼师应参加机关事业单位基本养老保险，编制外幼师应参加企业职工基本养老保险。

机关事业单位基本养老保险费缴费基数为[(6 450 + 5 780×8 + 5 400×11)×12 + 5 780×2×6] = 1 414 440(元)；

应缴机关事业单位基本养老保险费为1 414 440×16% = 226 310.4(元)。

企业职工基本养老保险费缴费基数为3 501.6×5×12 + 3 501.6×2×6 = 252 115.2(元)；

应缴企业职工基本养老保险费为252 115.2×16% = 40 338.43(元)。

2. 请计算刘女士退休后可取得的月基础养老金。

参考答案：《国务院关于机关事业单位工作人员养老保险制度改革的决定》(国发〔2015〕2号)规定，退休时的基础养老金月标准以当地上年度在岗职工月平均工资和本人指数化月平均缴费工资的平均值为基数，缴费每满1年发给1%。

刘女士退休后的月基础养老金为(6 800 + 7 650)÷2×35×1% = 2 528.75(元)。

3. 该幼儿园是否可享受2020年减免三项社会保险费单位缴费部分优惠？请说明理由。如果不能，那么该幼儿园可享受的社会保险费优惠政策有哪些。

参考答案：《人力资源社会保障部办公厅 财政部办公厅 国家税务总局办公厅关于印发〈关于阶段性减免企业社会保险费有关问题的实施意见〉的通知》(人社厅发〔2020〕18号)规定，减免三项社会保险单位缴费部分的单位或人员不包括机关事业单位(含参加企业基本养老保险的单位)、以个人身份参保的个体工商户和灵活就业人员；受疫情影响生产经营出现严重困难的参保单位(含参加企业基本养老保险的事业单位)，可按有关规定对应缴三项社会保险费申请缓缴。缓缴执行期为2020年内，缓缴期限原则上不超过6个月,缓缴期间免收滞纳金。因此,该幼儿园不能享受减免三项社会保险费单位缴费部分优惠。虽然编制外人员参加的是企业职工基本养老保险,但是由于该幼儿园属于机关事业单位,所以不能享受减免三项社会保险费单位缴费部分的优惠。

该幼儿园可以享受的优惠政策有两项:一是基本医疗保险2020年2月至6月单位部分减半征收;二是可对应缴三项社会保险费申请缓缴,用人单位与职工协商一致,可同时缓缴代扣代缴个人缴费部分。

3. 机关事业单位基本养老保险缴费基数如何确定

《人力资源社会保障部 财政部关于贯彻落实〈国务院关于机关事业单位工作人员养老保险制度改革的决定〉的通知》(人社部发〔2015〕28号)规定,根据机关事业单位工资制度特点,决定规定的本单位工资总额为参加机关事业单位养老保险工作人员的个人缴费工资基数之和。

机关单位(含参公管理的单位)工作人员的个人缴费工资基数包括:本人上年度工资收入中的基本工资、国家统一的津贴补贴(艰苦边远地区津贴、西藏特贴、特区津贴、警衔津贴、海关津贴等国家统一规定纳入原退休费计发基数的项目)、规范后的津贴补贴(地区附加津贴)、年终一次性奖金。

事业单位工作人员的个人缴费工资基数包括:本人上年度工资收入中的基本工资、国家统一的津贴补贴(艰苦边远地区津贴、西藏特贴、特区津贴等国家统一规定纳入原退休费计发基数的项目)、绩效工资。其余项目暂不纳入个人缴费工资基数。也就是说,并不是所有工资收入项目均计入基本养老保险缴费基数,只有列举的项目才计入。

机关事业单位工作人员同参加企业职工缴费规则与原理一致,其缴纳基本养老保险费的基数为职工本人上一年度本人月平均工资。本人月平均工资低于当地职工平均工资60%的,按当地职工月平均工资的60%缴费;超过当地职工平均工资300%的,按当地职工月平均工资的300%缴费,超过部分不计入缴费工资基数,也不计入计发养老金的基数。新招职工(包括研究生、大学生、大中专毕业生等)以起薪当月工资收入作为缴费工资基数;从第二年起,按上一年实发工资的月平均工资作为缴费工资基数。

> **政策链接: 在京机关事业单位工作人员参保政策**
>
> 《人力资源社会保障部 财政部关于印发〈在京中央国家机关事业单位工作人员养老保险制度改革实施办法〉的通知》(人社部发〔2015〕112号)
>
> 三、基本养老保险基金筹集
>
> 实行社会统筹与个人账户相结合的基本养老保险制度。基本养老保险费由单位和个人共同负担。用人单位应当及时申报、按时足额缴纳养老保险费。单位缴纳基本

养老保险费(以下简称单位缴费)的比例为本单位上年度工资总额的20%,计入社会统筹基金。个人缴纳基本养老保险费(以下简称个人缴费)的比例为本人上年度缴费工资的8%,由单位代扣。本单位工资总额为参加机关事业单位养老保险工作人员的个人缴费工资基数之和。

机关单位(含参公管理的单位)工作人员的个人缴费工资基数包括:本人上年度工资收入中的基本工资、国家统一的津贴补贴(警衔津贴、海关津贴等国家统一规定纳入原退休费计发基数的项目)、规范后的津贴补贴(地区附加津贴)、工改保留补贴、在京中央国家机关适当补贴、年终一次性奖金。

事业单位工作人员的个人缴费工资基数包括:本人上年度工资收入中的基本工资、国家统一的津贴补贴(国家统一规定纳入原退休费计发基数的项目)、工改保留补贴、绩效工资(限高线以下部分)。

其余项目暂不纳入个人缴费工资基数。

2014年10月1日至2014年12月31日的个人缴费基数按照2013年度本人工资收入中包含的个人缴费基数项目确定。2015年度及以后年度的个人缴费基数按上年度本人工资收入中包含的个人缴费基数项目确定。个人缴费工资基数超过北京市上年度职工平均工资300%以上的部分以及事业单位绩效工资超过限高线的部分,不计入个人缴费工资基数;低于北京市上年度职工平均工资60%的,按北京市上年度职工平均工资的60%计算个人缴费工资基数。

在京中央国家机关事业单位外派到国(境)外的工作人员,由原单位以其档案工资中包含的个人缴费基数项目并参照本单位同类人员的国内工资标准确定个人缴费基数。

【实务案例】事业单位缴费基数如何计算

A省S单位为事业单位,现有职员6名。2021年职工个人月平均工资中,1人为4 000元(小张),3人为9 000元,1人为12 000元,1人为23 800元。2022年1月末,小张被当地军事院校聘用为文职人员,从2月份起薪并转移社保关系。小张2022年2月至4月份工资分别为6 000元、6 800元、7 600元。

已知:A省基本养老保险执行单基数模式,各项社会保险费缴费基数按养老保险基数执行,2021年A省全口径平均工资为93 720元。

要求:根据上述资料,依次回答以下问题。

1. 请计算S单位2022年1月基本养老保险费缴费基数。

参考答案:

A省2022年缴费基数上下限分别为93 720÷12×300% = 23 430(元),93 720÷

12×60%=4 686(元);

S单位2022年1月基本养老保险费缴费基数为4 686+9 000×3+12 000+23 430=67 116(元)。

2. 请计算S单位2022年2月份基本养老保险费缴费金额(单位缴费部分和个人缴费部分之和)。

参考答案:

S单位2022年2月基本养老保险费缴费基数为9 000×3+12 000+23 430=62 430(元);

基本养老保险费为62 430×(16%+8%)=14 983.2(元)。

3. 请计算小张2022年2月至4月可获得的基本养老保险个人缴费补助金额。

参考答案:

小张2022年2月至4月可获得的基本养老保险个人缴费补助金额为(6 000+6 800+7 600)×8%=1 632(元)。

答案解析:根据劳动部办公厅印发的《职工基本养老保险个人账户管理暂行办法》(劳办发〔1997〕116号)规定,新招职工(包括研究生、大学生、大中专毕业生等)以起薪当月工资收入作为缴费工资基数;从第二年起,按上一年实发工资的月平均工资作为缴费工资基数。

《关于军队文职人员参加社会保险有关问题的通知》(军后财〔2018〕287号)规定,新招录聘用文职人员的工资收入,按照当年每月本人的工资收入确定。军队文职人员的社会保险个人缴费,采取补助方式随本人工资发放,由军队用人单位代扣代缴。补助标准,按照文职人员个人缴费工资基数乘以国家统一规定的基本养老保险、职业年金、基本医疗保险和失业保险个人缴费比例之和确定。

4. 机关事业单位和企业退休养老金算法有区别吗

现行的机关事业单位养老保险制度改革,与原有的退休制度相比发生了巨大变化。改革之前,退休人员根据工作年限和职务或职称相关规定计发退休费。改革以后,按照公平与效率相结合的原则,也是按照多缴多得、长缴多得的原理来计算基本养老金,与企业职工的基本养老金待遇计发办法相一致。一般情况下,基本养老金均由基础养老金和个人账户养老金两部分构成。同时,对特殊时点之前参加工作并在该时点之后退休的人员,都会加发过渡性养老金。那么,机关事业单位工作人员和企业职工退休计算养老金还有区别吗?

根据现行政策规定,无论是机关事业单位工作人员还是企业职工退休之后基本养老金领取标准,都是按照新人、中人、老人来区分制定的,即"新人新制度、中人逐步过渡、老人老办法"。但是企业职工中的"老、中、新"和机关事业单位中的"老、中、新"又有不同的含义。对于企业职工来说，区分"老、中、新"的标准来自《国务院关于建立统一的企业职工基本养老保险制度的决定》(国发〔1997〕26号)实施的时点。文件实施之后参加工作并参保的企业职工属于"新人"；文件实施前参加工作、实施后退休的参保职工属于"中人"；文件实施前已经退休的参保职工属于"老人"。对于机关事业单位工作人员来说，划分的标准要依据《国务院关于机关事业单位工作人员养老保险制度改革的决定》(国发〔2015〕2号)。改革后(2014年10月1日后)参加工作的人员为"新人"；改革之前参加工作，改革之后退休的人员为"中人"；改革之前已经退休的人员为"老人"。

对于"老人"，由于都要各自继续执行原来的规定发放基本养老金，因此，机关事业单位工作人员和企业职工中的"老人"的养老金计发仍然存在差异，只是随着时间的推移进一步调整。对于"新人"，都是按照改革之后的标准和规定统一执行，计发方法一致。对于"中人"，除了会取得基础养老金和个人账户养老金之外，还会取得过渡性养老金。原因是这一群体最初没有个人账户，设立个人账户之后积累金额较少，完全按照个人账户计发养老金显失公平，国家通过发放"过渡性养老金"来进行弥补，保证新旧制度的平稳衔接和改革前后退休人员待遇水平的基本平衡。对于机关事业单位工作人员和企业职工而言，身份不同，"过渡性养老金"计发标准具有较大的差异。

前面介绍过企业职工的基础养老金和个人账户养老金的计算方法。机关事业单位工作人员这两部分养老金计算原理和方法与之一致。这里重点介绍一下过渡性养老金的计算方法。过渡性养老金是保证新旧制度平稳衔接的一项措施，通过设立视同缴费年限，来弥补参保人员个人账户尚未设立期间涉及的金额。企业职工过渡性养老金的月标准为，本人指数化月平均工资乘以视同缴费年限再乘以确定的计发系数。计发系数的取值范围为1%至1.4%，各省不尽相同。而机关事业单位工作人员，其过渡性养老金同企业职工过渡性养老金计算标准一致：过渡性养老金＝退休时当地上年度在岗职工月平均工资×本人视同缴费指数×视同缴费年限×过渡系数。其中，过渡系数与机关事业单位养老保险统筹地区企业职工基本养老保险过渡系数保持一致，视同缴费指数由各省级地区统一确定。虽然计算公式一致，但是机关事业单位工作人员过渡性养老金增加了"保低限高"条款，计算比较复杂。根据《人力资源社会保障部 财政部关于贯彻落实〈国务院关于机关事业单位工作人员养老保险制度改革的决定〉的通知》(人社部发〔2015〕28号)规定，对于2014年10月1日前(后称改革前)参加工作、改革后退休的"中人"设立10年过渡期，过渡期内实行新老待遇计发办法对比，保低限高，即新办法(含职业年金待遇)计发待遇低于老办法待遇标准的，按老办法待遇标准发放，保持待遇不降低；高于老办法待遇标准的，超出的部分，第一年退休的人员(2014年10月1日至2015年12月31日)发放超出部分的10%，第二年退休的人员(2016年1月1日至

2016年12月31日)发放20%,依此类推,到过渡期末年退休的人员(2024年1月1日至2024年9月30日)发放超出部分的100%,过渡期结束后退休的人员执行新办法。

根据机关事业单位强制建立职业年金的特点,除了领取基本养老金以外,机关事业单位工作人员中的"中人"和"新人",退休后都可以领取职业年金。由于企业年金不属于强制建立,企业职工退休之后不一定会有企业年金。

> **政策链接：养老保险"双轨制"变"单轨制"的探索**
>
> 《关于印发甘肃省机关事业单位工作人员养老保险制度改革实施细则的通知》(甘人社通〔2021〕481号)
>
> 五、关于待遇标准
>
> (十三)过渡期内(2014年10月1日至2024年9月30日)职务(技术职称)升降后退休的工作人员,其老办法养老金计发标准参照升降后同等条件(如职务、技术职称等)的退休人员老办法养老金计发标准确定,实行新老办法对比计发养老金。过渡期后职务(技术职称)升降的工作人员退休时,严格按照甘政发〔2015〕86号文件规定计发养老金。
>
> (十四)过渡期内退休的人民警察,其老办法养老金计发标准中的"B"项,包含其本人2014年9月警衔津贴标准。其中"B"项指的是2014年9月参保人员本人的职务职级(技术职称)等对应的退休补贴标准。
>
> (十五)《人力资源社会保障部 财政部关于完善艰苦边远地区津贴增长机制和调整艰苦边远地区津贴标准的通知》(人社部发〔2016〕12号)规定,2014年12月31日前已退休人员按当地同职务在职人员艰苦边远地区津贴增加额的85%相应增加的额度,计入其养老金;2015年1月1日以后退休的人员,按改革后的待遇确定办法计发养老金时,按当地同职务在职人员艰苦边远地区津贴增加额的85%相应增加的额度,纳入过渡期内老办法养老金计发标准。
>
> (十六)退休"中人"养老金计发办法中享受特殊人群调节金待遇的人员,是指改革前在艰苦边远地区、高海拔地区和特殊行业岗位工作,享受国家和我省规定的艰苦边远地区津贴、高海拔地区折算工龄补贴、警衔津贴、海关津贴、教龄津贴、护龄津贴、中小学老师和护士基本工资标准提高10%、野外地质勘探队和测绘地理信息系统测绘队工作人员基本工资标准高出部分等项目的参保人员。
>
> (十七)改革前已退休(职)人员纳入统筹基金发放的待遇项目包括:按国家和我省规定计发的退休费、退休补助费或退职生活费;按国家和我省规定增加的退休费、退职生活费;按国家和经国家批准由省级人民政府规定的地区类别差、高原补贴、保留补贴、退休生活补贴、艰苦边远地区津贴、高海拔折算工龄补贴、高龄补贴等。

（十八）机关事业单位工作人员及退休（职）人员采暖费补贴和死亡后的丧葬补助费、一次性抚恤金、遗属生活困难补助费仍按原渠道支付。

六、关于领取待遇条件

（十九）参保人员养老保险缴费年限（含视同缴费年限，下同）累计满15年及以上，符合规定的退休年龄和其他条件的，可办理退休（职）手续并按月领取养老金。在国家出台新政策后，按新政策执行。

1. 正常退休

（1）男性工作人员年满60周岁退休。地厅级及以上级别男干部退休时间以任免机关批准时间为准。

（2）女性工作人员

① 女干部

地厅级及以上级别女干部退休时间以任免机关批准时间为准。

党政机关和人民团体中的正、副县处级及相应职务层次的女干部，事业单位中聘任在管理岗位的相当于正、副县处级的女干部和具有高级职称的女性专业技术人员，年满60周岁退休。如本人申请，经组织同意，可以在年满55周岁时自愿退休。

其他女干部年满55周岁退休。

② 女工人

机关事业单位中，身份为工人且具有高级职称的女性工作人员，其退休年龄按照上款具有高级职称的女性专业技术人员退休年龄规定执行；身份为工人且受聘在事业单位管理岗位或专业技术岗位的女性工作人员，年满50周岁时已受聘在事业单位管理岗位或专业技术岗位满10年的，55周岁退休，并按所聘岗位计发养老金。

其他女工人年满50周岁退休。

2. 提前退休

（1）公务员（含参照公务员法管理人员）：工作年限满30年；距国家规定的退休年龄不足5年且工作年限满20年。

（2）机关事业单位工作人员因病或非因工致残退休：男年满50周岁以上、女年满45周岁以上，且完全丧失劳动能力。

（3）特殊工种退休：男年满55周岁以上、女年满45周岁以上，且从事高空、特别繁重体力劳动工作累计满10年，或从事井下、高温工作累计满9年，或从事其他有害身体健康工作累计满8年。

3. 退职

机关单位工人和事业单位工作人员，男不满50周岁、女不满45周岁，且完全丧失劳动能力。

（二十）参保人员退休（职）年龄的确认实行居民身份证与本人档案相结合的办法。本人身份证与档案记载的出生时间不一致的，以本人档案最先记载的出生时间为准。档案中填写的出生时间视为公历时间，不再进行农历和公历的换算。按干部管理权限，经组织人事部门审核认定出生时间的参保人员，以审核认定的时间为准。

《广东省人力资源和社会保障厅关于贯彻落实完善企业职工基本养老保险过渡性养老金计发办法等事项处理意见的通知》（粤人社规〔2021〕24号）
三、关于5年过渡期待遇发放办法
（一）对过渡期内首次领取基本养老金的参保人，按新办法计算的过渡性养老金高于按原办法计算的过渡性养老金的，其待遇按以下办法过渡：

1.按新办法计算的过渡性养老金高于按原办法计算的过渡性养老金和本人按粤人社发〔2014〕8号文规定计算的缴费年限津贴之和的，其加发的过渡性养老金按本通知第一条规定的过渡比例，逐年过渡到全额发放；其需减发的缴费年限津贴，按本通知第二条规定的过渡比例过渡。具体计算公式如下：

过渡期加发待遇发放标准＝（退休当年按新办法计算的过渡性养老金－退休当年按原办法计算的过渡性养老金）×当年过渡性养老金发放比例－缴费年限津贴×当年地方性养老金项目减发比例

2.按新办法计算的过渡性养老金小于或等于按原办法计算的过渡性养老金和本人按粤人社发〔2014〕8号文规定计算的缴费年限津贴之和的，继续按原办法计算的过渡性养老金和按粤人社发〔2014〕8号文规定计算的缴费年限津贴发放。

（二）对2020年12月31日及以前已按月领取基本养老金的参保人，按新办法计算的过渡性养老金高于按原办法计算的过渡性养老金的部分（含按国家和省规定的历年基本养老金年度定比调整比例计算的增长额，下同），其待遇按以下办法过渡：

1.按新办法计算的过渡性养老金高于按原办法计算的过渡性养老金和本人按粤人社发〔2014〕8号文规定计算的缴费年限津贴之和的，过渡期内，其加发的过渡性养老金按本通知第一条规定的过渡比例，逐年过渡到全额发放；其需减发的缴费年限津贴，按本通知第二条规定的过渡比例过渡。具体计算公式如下：

过渡期加发待遇发放标准＝（2021年按新办法计算的过渡性养老金－2021年按原办法计算的过渡性养老金）×当年过渡性养老金发放比例－缴费年限津贴×当年地方性养老金项目减发比例

2.按新办法计算的过渡性养老金小于或等于按原办法计算的过渡性养老金和本人按粤人社发〔2014〕8号文规定计算的缴费年限津贴之和的，继续按本人2020年12月过渡性养老金和按粤人社发〔2014〕8号文规定计算的缴费年限津贴发放。

【实务案例】 机关事业单位退休人员过渡性养老金的计算

张先生为某机关事业单位退休人员,1986年10月参加工作,退休时间为2021年10月,上年度社平工资为6 123元,视同缴费月数为360个月,实际缴费月数为48个月,视同缴费指数为1.877 8,平均缴费指数为1.985,过渡系数为1.4%。根据以上条件可知,张先生属于机关事业单位退休的"中人"。其每月可以领取的过渡性养老金＝退休人员上年度社会平均工资×本人视同缴费指数×本人视同缴费年限×过渡系数；即,过渡性养老金为6 123×1.877 8×360÷12×1.4%＝4 829.06(元)。

5. 特殊情形如何与改革机关事业单位基本养老保险相衔接

细节决定成败,细节同样决定基本养老保险改革能否顺利实施。机关事业单位基本养老保险改革对诸多细节性问题进行了梳理,确定了特殊情形的处理规则,确保规则基本公平。

首先是关于视同缴费年限的认定。所谓的视同缴费年限,其实就是实际上没有缴费的年限,但是要看作已经缴费年限来处理,因此称为视同缴费年限。企业职工和机关事业单位工作人员都存在视同缴费年限。视同缴费年限是职工档案材料中记载的职工从参加工作时间,到当地建立单位与个人共同缴费、形成"统账结合"的养老保险制度之间的时间段。由于在企业职工基本养老保险中,单位与个人共同缴费的养老保险制度并不是在一个统一时间点建立的,因此视同缴费年限的截止时间也不尽相同。早的省份或地区是截至1992年1月,稍晚的省份和地区是1996年1月。假如某省是1992年建立"统账结合"的养老保险制度,对于该省企业职工来说,其视同缴费年限就是1992年之前参加工作到1992年的年限。当然,并不是1992年之前参加工作即有视同缴费年限,要根据职工档案来进一步确认。而实际上,目前在企业工作的大部分职工都是1992年或1996年之后参加工作的,所以目前大部分企业职工就没有视同缴费年限。对于机关事业单位人员而言,基本养老保险制度实行是统一时点开始的,是从2014年10月开始实施的。那么在此之前就已经参加工作,同时具有行政事业编制的人员,在2014年9月份之前的工作年限,即被认定为视同缴费年限。同样,机关事业单位工作人员的视同缴费年限的认定方式也需要根据个人档案来认定。由于2014年距目前时间较近,目前大部分机关事业单位工作人员都存在视同缴费年限。具体视同缴费年限的认定,《人力资源社会保障部 财政部关于贯彻落实〈国务院关于机关事业单位工作人员养老保险制度改革的决定〉的通知》(人社部发〔2015〕28号)规定,对于改革前曾参加企业职工基本养老保险、改革后参加机关事业单位基本养老保险的工作人员,其参加企业职工基本养老保险的实际缴费年限应予确认，不认定为视同缴费年限，并与参加机关事业单位基本养老保险的实际缴费年限合并计算。其他情形视同缴费年限的认定，按照国家有关规定执行。在本人退休时，根据其实际缴费年限、视同缴费年限及对应的视同缴费指数等因素计发基本养老金。有的省根据实际情况进一步作出明确：对于从机关事业单位辞职和按规定辞退的编制内工作人员，辞职、辞退后参加企业职工基本养老保险的，其改革前原在机关事业单位的连续工龄，按规定认定为视同缴费年限，并与参加企业职工基本养老保险的实际缴费年限合并计算。在本人退休时，按照企业基本养老金计发办法计发基本养老金。

其次是调整部分工作人员退休时加发退休费的政策。改革后获得省部级以上劳模、有重大贡献的高级专家等荣誉称号的工作人员，在职时给予一次性奖励，退休时不再提高基本退休费计发比例，奖励所需资金不得从养老保险基金中列支。对于改革前已获得此类荣誉称号的工作人员，本人退休时给予一次性退休补贴并支付给本人，资金从原渠道列支。退休补贴标准由各省（区、市）根据平衡衔接的原则予以确定。符合原有加发退休费情况的其他人员，按照上述办法处理。

最后是明确了延迟退休人员参保政策。改革后，按照国家有关政策和干部管理权限，经批准可适当延长退休年龄的工作人员，继续参保缴费。其中少数人员年满70岁时仍继续工作的，个人可以选择继续缴费，也可以选择不再继续缴费。待正式办理退休手续时，按规定计发养老待遇。此处提及的延长退休年龄，并非我国正在积极探索的"渐进式延迟法定退休年龄"政策，而是一项由来已久的人才队伍建设政策。根据《国务院关于高级专家离休退休若干问题的暂行规定》（国发〔1983〕141号，以下简称《规定》）介绍，为了充分发挥高级专家的作用，为社会主义建设事业多作贡献，并有利于新生力量的成长和队伍的更新，特制定本规定。《规定》称，高级专家离休退休年龄，一般应按国家统一规定执行。对其中少数高级专家，确因工作需要，身体能够坚持正常工作，征得本人同意，经下属机关批准，其离休退休年龄可以适当延长：副教授、副研究员以及相当这一级职称的高级专家，经所在单位报请上一级主管机关批准，可以适当延长离休退休年龄，但最长不超过65周岁；教授、研究员以及相当这一级职称的高级专家，经所在单位报请省、直辖市、自治区人民政府或中央、国家机关的部委批准，可以延长离休退休年龄，但最长不超过70周岁；学术上造诣高深、在国内外有重大影响的杰出高级专家，经国务院批准，可以暂缓离休退休，继续从事研究或著述工作。《规定》指出，延长离休退休年龄的高级专家中，担任行政领导职务或管理职务的，在达到国家统一规定的离休退休年龄时，应当免去其行政领导职务或管理职务，使他们集中精力继续从事科学技术或文化艺术等工作。特殊情况经过任免机关批准的除外。上述可以延长退休年龄的高级专家是指：正副教授、正副研究员、高级工程师、高级农艺师、正副主任医师、正副编审、正副译审、正副研究馆员、高级经济师、高级统计师、高级会计师、特级记者、高级记者、高级工艺美术师,以及文艺六级以上的专家。

目前正在探索的渐进式延迟退休政策,尚未公开确定具体的方案,将来实施后将对所有参保人群适用。

政策链接:企业职工基本养老保险视同缴费年限的确定(来源:成都人社局)

现行基本养老保险制度是经过多年实践与探索建立起来的。最初,我国企业职工个人不缴费,全部由企业负担职工退休金。1991年,《国务院关于企业职工养老保险制度改革的决定》(国发〔1991〕33号)明确规定,基本养老保险基金由企业和职工共同缴费。1995年,国务院下发《关于深化企业职工养老保险制度改革的通知》(国发〔1995〕6号),确立了基本养老保险待遇与缴费年限和缴费工资挂钩的制度,明确"实行个人缴费制度前,职工的连续工龄可视同缴费"年限。

(1)国有企业、包括改制后的企业原固定职工,1992年7月职工个人缴纳基本养老保险费之前,职工符合规定计算的连续工龄视同缴费年限。

(2)国有企业原劳动合同制工人,包括机关事业单位劳动合同制工人,其在企业工作前有军龄或有知青年限的,视同缴费年限。

(3)经原劳动部门批准办理了招工手续的城镇集体所有制企业、包括改制后的企业职工,从市或区(市)县政府实施城镇集体所有制企业退休费用社会统筹之月以前符合规定计算的连续工龄,视同缴费年限。

(4)非公有制企业或单位的职工,原有军龄或有知青年限的,视同缴费年限。如原系国有企业、城镇集体企业职工,原有的视同缴费年限累计计算。

(5)个体参保人员原有军龄或有知青年限的,视同缴费年限。如原系国有企业、城镇集体企业职工,原有的视同缴费年限累计计算。

(6)转业、退役军人和按国家规定未实行基本养老保险的机关、事业单位、人民团体编制内职工,到企业工作并参加基本养老保险的,原军龄或连续工作年限视同缴费年限。

(7)转业、退役军人和按国家规定未实行基本养老保险的机关、事业单位、人民团体编制内职工分流自谋职业,其以个体参保人员身份参加基本养老保险的,原军龄或连续工作年限视同缴费年限。

(8)符合《印发〈关于自主择业的军队转业干部安置管理若干问题的意见〉》的通知》(国转联〔2001〕8号)规定的自主择业军队转业干部,参加基本养老保险后,只计算实际缴费年限,原军龄不视同缴费年限。

(9)职工、个体参保人员服刑或劳教之前的实际缴费年限和刑释解教后的实际缴费年限合并计算,其原实际缴费年限前的原连续工龄,按国家有关规定不视同缴费年限。

(10) 企业职工被开除、除名的,开除、除名前后的实际缴费年限累计计算;原连续工龄按国家有关规定不作为视同缴费年限。

附:《人力资源社会保障部关于城镇企业职工基本养老保险关系转移接续若干问题的通知》(人社部规〔2016〕5号)

一、关于视同缴费年限计算的问题。参保人员待遇领取地按照《城镇企业职工基本养老保险关系转移接续暂行办法》(国办发〔2009〕66号,以下简称《暂行办法》)第六条和第十二条执行,即,基本养老保险关系在户籍所在地的,由户籍所在地负责办理待遇领取手续;基本养老保险关系不在户籍所在地,而在其基本养老保险关系所在地累计缴费年限满10年的,在该地办理待遇领取手续;基本养老保险关系不在户籍所在地,且在其基本养老保险关系所在地累计缴费年限不满10年的,将其基本养老保险关系转回上一个缴费年限满10年的原参保地办理待遇领取手续;基本养老保险关系不在户籍所在地,且在每个参保地的累计缴费年限均不满10年的,将其基本养老保险关系及相应资金归集到户籍所在地,由户籍所在地按规定办理待遇领取手续。缴费年限,除另有特殊规定外,均包括视同缴费年限。

一地(以省、自治区、直辖市为单位)的累计缴费年限包括在本地的实际缴费年限和计算在本地的视同缴费年限。其中,曾经在机关事业单位和企业工作的视同缴费年限,计算为当时工作地的视同缴费年限;在多地有视同缴费年限的,分别计算为各地的视同缴费年限。

二、关于缴费信息历史遗留问题的处理。由于各地政策或建立个人账户时间不一致等客观原因,参保人员在跨省转移接续养老保险关系时,转出地无法按月提供1998年1月1日之前缴费信息或者提供的1998年1月1日之前缴费信息无法在转入地计发待遇的,转入地应根据转出地提供的缴费时间记录,结合档案记载将相应年度计为视同缴费年限。

【实务案例】视同缴费年限可以"转移"

张先生为一名高级工程师,原在北京市参加工作,并参加企业职工基本养老保险,工作年限为25年。其企业职工基本养老保险视同缴费年限为10年,实际缴费年限为15年。之后张先生应聘到广东省一家单位工作,又继续参保缴费15年。

要求:请回答张先生在达到退休年龄时,不同缴费地的年限能否合并计算?其视同缴费年限是否一同转移?

参考答案：根据《国务院办公厅关于转发人力资源社会保障部　财政部〈城镇企业职工基本养老保险关系转移接续暂行办法〉的通知》（国办发〔2009〕66号，以下简称国办发〔2009〕66号），跨地区流动就业人员在各地的参保缴费年限合并计算，个人账户储存额累计计算。因此，张先生在北京和广东两地的缴费年限应合并计算为40年，两地的个人账户储存额也累计计算，据此可以计算出他每月应领取的基本养老金水平。国办发〔2009〕66号文件第三条规定，参保人员跨省流动就业的，由原参保所在地社会保险经办机构开具参保缴费凭证，其基本养老保险关系应随同转移到新参保地；第十二条规定，本办法所称缴费年限，除另有特殊规定外，均包括视同缴费年限。《人力资源社会保障部办公厅关于职工基本养老保险关系转移接续有关问题的函》（人社厅函〔2013〕250号）规定，对于跨地区流动就业人员达到法定退休年龄后人事档案所在地与养老保险待遇领取地不一致的，应按照属地化管理原则，将其人事档案调转至养老保险待遇领取地，由待遇领取地人力资源社会保障部门负责对其人事档案及视同缴费年限进行核查认定。

综上，张先生不同缴费地点的缴费年限应当合并计算，包括其中的视同缴费年限。但是视同缴费年限并不是随着养老保险关系直接转移的，而是由待遇领取地的社保部门根据张先生的档案进行核查认定确认的。

政策链接：原有加发退休费的人群有哪些

1.《国务院关于工人退休、退职的暂行办法》（国发〔1978〕104号）

第四条　获得全国劳动英雄、劳动模范称号，在退休时仍然保持其荣誉的工人；省、市、自治区革命委员会认为在革命和建设中有特殊贡献的工人；部队军以上单位授予战斗英雄称号的转业、复员军人，在退休时仍保持其荣誉的，其退休费可以酌情高于本办法所定标准的5%～15%，但提高标准后的退休费，不得超过本人原标准工资。

2.《国务院关于高级专家离休退休若干问题的暂行规定》（国发〔1983〕141号）

第四条　高级专家离休退休的待遇，按国家统一规定办理。符合以下情况的，退休费标准可以适当提高：

（一）有重大贡献的高级专家，经省、市、自治区人民政府或中央、国家机关的部委批准，其退休费标准可以酌情提高5%～15%。提高标准后的退休费，不得超过本人原标准工资。

（二）新中国成立后从国外或者从香港、澳门、台湾回来定居工作的高级专家，其退休费均按新中国成立后参加革命工作退休干部的最高标准发给。其中有重大贡献的，再按本条（一）项规定提高退休费。

政策链接：各地对延迟退休的探索

《江苏省人力资源社会保障厅关于印发江苏省企业职工基本养老保险实施办法的通知》（苏人社规〔2022〕1号）

第十三条 参保人员的退休年龄按以下办法确定：

（一）男满60周岁，女干部满55周岁，女工人满50周岁，女灵活就业人员满55周岁。以下情形从其特殊规定：

1. 女工人，50周岁时在管理技术岗位上工作，或者在管理技术岗位上工作累计满5年且45周岁后在管理技术岗位上工作过的，按照女干部退休年龄执行；

2. 女灵活就业参保人员和女失业人员，曾为原固定工的，或者原在国有企业工人岗位上工作且在原劳动保障部劳社部发〔2001〕20号文件下发之前依法解除劳动关系的，或者50周岁时其曾在用人单位工人岗位上的视同缴费年限和实际缴费年限合计满15年的，按照女工人退休年龄执行。不符合上述规定的女失业人员，退休年龄按55周岁执行。

（二）男满55周岁，女满45周岁，且符合国务院国发〔1978〕104号文件规定，从事国家明确的提前退休特殊工种工作并达到规定年限。符合特殊工种提前退休条件的参保人员，经职工与企业协商一致，可在本项规定的退休年龄与上一项规定的退休年龄期间选择退休时间。

（三）男满50周岁，女满45周岁，因病或者非因工致残，经设区市劳动能力鉴定委员会确认，完全丧失劳动能力。

（四）经本人申请、用人单位同意，报人力资源社会保障行政部门备案，参保人员可推迟退休，推迟退休的时间最短不少于一年。

本实施办法实施后，符合第（一）项第2目条件的超龄人员，可以按其现申报时间办理退休手续，经批准后从申报次月起领取基本养老金。

国家对退休年龄另有规定的，从其规定。

《山东省人力资源和社会保障厅关于进一步规范企事业单位高级专家延长退休年龄有关问题的通知》（鲁人社字〔2019〕242号）

为进一步调动企事业单位高级专家工作积极性，充分发挥高级专家服务我省新旧动能转换等重大发展战略的作用，规范高级专家延长退休年龄（以下简称延退）行为，统一办理程序，现就有关问题通知如下：

一、延退条件

企事业单位中在相应岗位从事专业技术工作的副高级及以上高级专家（其中，事业单位工作人员应聘用在专业技术七级及以上专业技术岗位），确因工作需要、身体能

够坚持正常工作且具备下列条件之一的,可以申请延退:

(一)承担的重要工作(如重点攻关科研项目)和带研究生等任务尚未完成,退休后将对工作带来较大影响的;

(二)新学科和特殊专业、重点学科急需的;

(三)技术力量薄弱的单位确系工作需要的;

(四)在业务上起把关作用或在学科中起带头作用,退休后无人接替的;

(五)我省新旧动能转换重大工程十强产业领域发展培育新动能、现代管理急需的;

(六)其他助推我省乡村振兴、海洋强省等重大发展战略和创新驱动发展战略急需、紧缺的。

二、申报程序

符合申请条件的人员,应当在达到国家规定退休年龄前两个月,由本人向用人单位提出延退的书面申请,用人单位研究同意并填写《延长退休年龄申报表》,报基本养老保险参保地人力资源社会保障行政部门批准。其中,有主管部门的企事业单位,应按照人事管理权限报主管机关(单位)审核;正高级专家仍按国家现行政策规定,报省人力资源社会保障厅批准。

经批准延退的高级专家,延退期限一般为一至三年。对于确需继续延退的,应按程序再次申报延退。高级专家经批准继续延退的,原则上不超过65周岁退休;延退期间因身体健康或其他原因不能胜任岗位工作的,可提出退休申请,办理退休手续。

《上海市人力资源和社会保障局关于本市企业各类人才柔性延迟办理申领基本养老金手续的试行意见》(沪人社养发〔2010〕47号)

为了充分发挥本市企业各类人才的作用,结合本市企业发展的实际需要,现就本市企业各类人才柔性延迟办理申领基本养老金手续有关问题提出如下试行意见:

一、范围对象

参加本市城镇养老保险的企业中具有专业技术职务资格人员,具有技师、高级技师证书的技能人员和企业需要的其他人员,到达法定退休年龄、符合在本市领取基本养老金条件,如企业工作需要,本人身体健康,能坚持正常工作;经本人提出申请,与企业协商一致后,可以延迟申领基本养老金。

二、延迟期限

符合本试行意见的人员,延迟办理申领基本养老金手续的年龄,男性一般不超过65周岁,女性一般不超过60周岁。

6. 机关事业单位基本养老保险个人账户有什么作用

《国务院关于机关事业单位工作人员养老保险制度改革的决定》（国发〔2015〕2号，以下简称《决定》）第三条规定，实行社会统筹与个人账户相结合的基本养老保险制度；按本人缴费工资8%的数额建立基本养老保险个人账户，全部由个人缴费形成；个人账户储存额只用于工作人员养老，不得提前支取，每年按照国家统一公布的记账利率计算利息，免征利息税；参保人员死亡的，个人账户余额可以依法继承。因此，个人账户是退休之后领取基本养老金的主要依据。

那么，个人账户应如何建立呢？《人力资源社会保障部关于印发〈机关事业单位工作人员基本养老保险经办规程〉的通知》（人社部发〔2015〕32号）中，对个人账户作了详细的介绍。参保人员个人账户由社保经办机构建立，用于记录个人缴费及利息等社会保险权益。个人账户包括个人基本信息、缴费信息和支付信息、转移接续信息、终止注销信息等内容。关于个人账户的建立时间，以《决定》实施的时间点为标准时间点。《决定》实施前或实施时已经参加工作并有编制的在职机关事业单位工作人员，个人账户建立时间从《决定》实施当月，也就是2014年10月开始；在标准时间点以后参加工作的人员，按照其实际参加工作时间的当月建立个人账户。相当于对"存量"工作人员全部以《决定》实施日期为起点建立个人账中，"增量"工作人员按实际参加工作日期建户。而对于企业职工来说，其时间节点在1997年，全国统一企业职工基本养老保险制度颁布实施的节点，在此之前参加工作的，其个人账户的建立时间按照当地社会统筹与个人账户相结合制度实施时间开始，之后参加工作的也是从参加工作当月建立个人账户。

个人账户号码，即个人社会保障号码，采用个人身份证号码编制，跟随个人终身不变。每个人都只能拥有一个唯一的个人账户。由于工作变动等原因，参保人员可能存在两个或者多个个人账户，这种情况大多存在于跨地区流动的企业职工当中，且2022年之前基本养老保险尚未实施全国统筹，无法发现各省重复信息，参保人在工作地参保，跨省更换工作时未将原养老保险关系迁移。对此，社保机构发现后将及时给予清理合并。对原有个人账户中的储存额部分，合并到现在正在使用的个人账户中，统一计算。如果存在重复缴费的情况，由当前参保地社保经办机构与参保人本人协商，确定只保留其中一个基本养老保险关系和个人账户，同时对其他关系予以清理。清理时个人账户储存额退还本人，相应的个人缴费年限不重复计算，以避免多记缴费年限。

个人账户记账同会计上的"收付实现制"类似，又不完全一致。没收到钱的时候不记账，收到欠账时又执行"权责发生制"标准，补记到欠费月份。不得采取"先记账、后缴费"的做法。参保单位和参保人员如果按时足额缴费,那么社保经办机构按月记入个人账户。参保单位或参保人员未按时足额缴费,视为欠缴,暂不记入个人账户,等到参保单位补齐欠缴费款和相应利息之后,按补缴时段补记入个人账户。随着工作(参保)年限的增加,逐月计入个人账户的资金相当于个人的蓄水池,慢慢积聚起将来退休时可按月领取的"活水"。对于"蓄水池"中的资金,国家会给付利息,每年的1月1日至12月31日为一个结息年度。在一个结息年度结束后,社保经办机构根据上年度个人账户记账额和储存额计算个人账户利息,并记入个人账户。根据前述问题可知,记账利率是由国家确定并公布的,远高于当前的定期存款利率。参保人退休之后,如果按月领取基本养老金,根据其退休时个人账户养老金,按月冲减个人账户储存额。由于国家每年都会调整养老金待遇,对于待遇调整增加的基本养老金,按参保人退休时月个人账户养老金占月基本养老金的比例,来计算个人账户应该支付的金额,按月冲减个人账户储存额。参保人员办理退休或一次性领取个人账户储存额时,经办机构对其个人账户储存额进行即时计息结转,以后每年按规定对退休人员个人账户支付养老金后的余额部分进行计息结转。为了避免双重计息或漏记利息,对办理跨统筹区、跨制度转移手续的参保人员,文件规定,转出地在关系转出当年不计息结转,转入地从关系转入当年起计息。由于记账利率在每年固定时点公布,对于当年个人记账利率公布之前发生待遇支付的,个人账户储存额按照公布的上一年度记账利率计算利息。当年个人账户记账利率公布之后,不进行追溯调整。因为各种原因,参保人可能存在中断缴费的情况。对中断缴费的个人账户采取封存处理,中断缴费期间,"蓄水池"资金仍然按规定计算利息。参保人恢复缴费之后,个人账户同时恢复记录,与中断缴费之前的个人账户储存额合并起来计算。参保人员对个人账户记录的信息有异议时,可凭相关资料申请核查。经核实确需调整的,按规定程序予以修改,同时保留调整前的记录。

万事万物,有开始,就有终结。个人账户终身不变,并不意味着没有终止。当法定事项发生时,会随之终止。参保人员养老保险关系发生跨统筹、跨制度范围转移时,转出地在基金转出后,会终止参保人员个人账户,由转入地在转入基金到账后,为转入人员记录个人账户。办理参保人员终止登记手续之后,参保单位可代参保人员或继承人向社保经办机构申领个人账户储存额(退休人员为个人账户余额)。社保经办机构完成支付手续后,终止参保人员基本养老保险关系。

前面说过,个人账户是退休之后领取基本养老金的主要依据。有人会担心:万一个人储存额领完了怎么办?这个问题不必担心。退休时,个人账户养老金优先从个人账户累计储存额中支付。当个人账户累计储存额支付完毕之后,再从社保基金支付。领完个人养老账户个人储存额以后,还可以继续领取,所以,不需要担心这个问题。

政策链接：个人账户如何转移

《人力资源社会保障部办公厅关于印发〈机关事业单位基本养老保险关系和职业年金转移接续经办规程(暂行)〉的通知》(人社厅发〔2017〕7号)

第七条 参保人员在机关事业单位之间跨省流动的、从机关事业单位流动到企业的，按以下流程办理：

(一)出具参保缴费凭证。参保人员转移接续前，参保单位或参保人员到基本养老保险关系所在地(以下简称转出地)社会保险经办机构申请开具《养老保险参保缴费凭证》。转出地社会保险经办机构核对相关信息后，出具《参保缴费凭证》，并告知转移接续条件。

(二)转移接续申请。参保人员新就业单位或本人向新参保地(以下简称转入地)社会保险经办机构提出转移接续申请并出示《参保缴费凭证》，填写《养老保险关系转移接续申请表》。如参保人员在离开转出地时未开具《参保缴费凭证》，由转入地社会保险经办机构与转出地社会保险经办机构联系补办。

(三)发联系函。转入地社会保险经办机构对符合转移接续条件的，应在受理之日起15个工作日内生成《基本养老保险关系转移接续联系函》，并向参保人员转出地社会保险经办机构发出。

(四)转出基本养老保险信息表和基金。转出地社会保险经办机构在收到《基本养老保险联系函》之日起15个工作日内完成以下手续：

1. 核对有关信息并生成《基本养老保险关系转移接续信息表》；机关事业单位之间转移接续的，转出地社会保险经办机构应将缴费工资基数、相应年度在岗职工平均工资等记录在《基本养老保险信息表附表》；

2. 办理基本养老保险基金划转手续。其中：个人缴费部分按记入本人个人账户的全部储存额计算转移。单位缴费部分以本人改革后各年度实际缴费工资为基数，按12%的总和转移；参保缴费不足1年的，按实际缴费月数计算转移。当发生两次及以上转移的，原从企业职工基本养老保险转入的单位缴费部分和个人账户储存额随同转移；

3. 将《基本养老保险信息表》和《基本养老保险信息表附表》传送给转入地社会保险经办机构；

4. 终止参保人员在本地的基本养老保险关系。

(五)基本养老保险关系转入。转入地社会保险经办机构收到《基本养老保险信息表》和转移基金，在信息、资金匹配一致后15个工作日内办结以下接续手续：

1. 核对《基本养老保险信息表》及转移基金额；

2. 将转移基金额按规定分别记入统筹基金和参保人员个人账户;

3. 根据《基本养老保险信息表》及参保单位或参保人员提供的材料,补充完善相关信息;机关事业单位之间转移接续的,根据《基本养老保险信息表附表》按照就高不就低的原则核实参保人员的实际缴费指数。

4. 将办结情况告知新参保单位或参保人员。

第八条　参保人员从企业流动到机关事业单位的,其流程按本规程第七条规定办理。转移基金按以下办法计算:

(一)个人账户储存额:1998年1月1日之前个人缴费累计本息和1998年1月1日之后个人账户的全部储存额。个人账户储存额与按规定计算的资金转移额不一致的,1998年1月1日之前的,转入地和转出地均保留原个人账户记录;1998年1月1日至2005年12月31日期间,个人账户记账比例高于11%的部分不计算为转移基金,个人账户记录不予调整,低于11%的,转出地按11%计算转移资金并相应调整个人账户记录;2006年1月1日之后的个人账户记账比例高于8%的部分不转移,个人账户不予调整,低于8%的,转出地按8%计算转移资金,并相应调整个人账户记录。

(二)统筹基金(单位缴费):以本人1998年1月1日后各年度实际缴费工资为基数,按12%的总和转移;参保缴费不足1年的,按实际缴费月数计算转移。

【实务案例】如何计算个人的希望与保障——个人账户累计储存额

个人账户累计储存额到底有多少?每年年底个人账户累计储存额的计算方法有两种:一种是年度计算法,另一种是月积数计算法。《劳动和社会保障部办公厅关于规范企业职工基本养老保险个人账户管理有关问题的通知》(劳社厅发〔2001〕5号)规定,计息使用"年度计算法"的地区应逐步统一使用"月积数计算法"计息。

月积数法,是指本年年底止个人账户累计储存额在一个缴费年度内按月计算。计算公式如下:

至本年年底止个人账户累计储存额=上年年底止个人账户累计储存额×(1+本年记账利率)+本年记账额本金+本年记账额利息

其中:本年记账额利息=本年记账月积数×本年记账利率×1/12

本年记账月积数=$\sum[n$月份记账额×$(12-n+1)]$(n为本年各记账月份,且$1\leqslant n \leqslant 12$)

我们根据"+"符号把上述公式分成三个部分。第一部分"上年年底止个人账户累计储存额×(1+本年记账利率)"是截至上年年底的累计存储额,也就是上年年末的期末数加上这部分金额的本年"全年"计算的利息;第二部分"本年记账本金"是职工本年每个月缴存的本金总和;第三部分"本年记账额利息"是计算的一个难点,因为本金是按月缴纳的,那么每月的本金在一年当中所占的时间是不同的:1月份缴存的本金需要计算12个月的利息、2月份的本金应计算11个月的利息、3月份的本金应计算10个月的利息,依此类推。假设本年每月的缴存额为A,全年未中断缴费,共缴存12个月,那么本年记账额利息为A×年利率/12×(12+11+10+9+8+7+6+5+4+3+2+1)。其中,A×(12+11+10+9+8+7+6+5+4+3+2+1)就是本年记账月积数。

来看一则实例。截至2020年年底,张先生基本养老保险个人账户累计储存额为80 000元。2021年月平均工资为7 000元,国家公布的个人账户记账利率为6.69%,则到2021年年底,张先生个人账户累计储存额可通过上述公式来计算。

其中,本年记账额利息=本年记账月积数×本年记账利率×1/12;

本年记账月积数为(12+11+10+…+1)×8%×7 000=43 680(元);

本年记账额利息为本年记账月积数×本年记账利率×1/12=43 680×6.69%×1/12=243.52(元);

个人账户累计储存额=80 000×(1+6.69%)+7 000×8%×12+243.52=92 315.52(元)。

如果是刚参加工作的职场新人呢?例如,2021年7月小李刚参加工作,从8月1日开始起薪并参保,每月工资4 000元。到2021年年末,小李个人账户累计储存额是多少呢?还是套用上述公式来计算。

本年记账月积数为(5+4+3+2+1)×8%×4 000=4 800(元);

本年记账额利息=本年记账月积数×本年记账利率×1/12=4 800×6.69%×1/12=26.76(元);

个人账户累计储存额为0+4 000×8%×5+26.76=1 626.76(元)。

2022年年底,小李上年年底个人账户累计储存额就不再是"零"了,就换成1 626.76元了。以后逐年计算,雪球越滚越大。随着参保时间的增长,工资的增加,个人账户这个"蓄水池"中的金额越来越高,小李靠个人的努力奋斗,会为自己的将来积蓄出下一份美好的希望与坚实的保障。

7. 基本养老保险参保人的幸运数字是什么

基本养老保险参保人的幸运数字是15,即"累计缴费满15年"。我们都知道幸运数字不过是一种心理暗示,一种自我激励的方式。累计缴费满15年,则是参保职工将来退休之后可以享受退休待遇的最低缴费年限。

《社会保险法》第十六条规定,参加基本养老保险的个人,达到法定退休年龄时累计缴费满15年的,按月领取基本养老金。

为什么要确定15年的最低缴费年限？新中国成立之初颁布的《中华人民共和国劳动保险条例》规定："一般工龄已满二十五年，本企业工龄已满十年者，由劳动保险基金项下按其本企业工龄的长短，付给养老补助费。"当时享受待遇的最低年限都是服务满10年。《国务院关于建立统一的企业职工基本养老保险制度的决定》（国发〔1997〕26号）规定，本决定实施后参加工作的职工，个人缴费年限累计满15年的，退休后按月发给基本养老金。自1997年起，国家就确认了缴费满15年的最低标准。之所以提高最低缴费年限标准，是因为到20世纪90年代，经过40多年的发展，我国经济社会发生翻天覆地的变化，人口预期寿命已经从新中国成立之初的不足40岁提高到70多岁。由于缴费年限不强调连续缴费，而是累计缴费，因此在每个人的职业生涯中，累计缴费15年的年限，大多数人能够比较容易实现。如果仅缴费10年即可享受长期的退休待遇，那么很快就会出现缴费人员偏少、领取待遇人员不断增多的不利局面，从而出现入不敷出、难以为继的困境。规定最低缴费年限，是吸取国际缴费型养老保险制度国家经验，对缴费与待遇领取进行长期资金平衡精算的结果。同时，国际劳工组织建议养老保险的最低缴费年限也是15年。经过认真地调查研究，借鉴国际经验，我国于2011年公布施行的《社会保险法》继续维持了最低缴费满15年的规定。

要注意的是，最低缴费年限为15年，并不是缴满15年就可以停止缴费了。无论是对用人单位还是对参保人员来说，缴纳基本养老保险费都是一项必须履行的法定强制性义务，不是可以依据个人意志来自行选择的。只要仍处于就业期间，就应当依法缴纳养老保险费。同时，根据基本养老金"长缴多得、多缴多得"的计算规则，个人退休后可享受的待遇与个人缴费年限、缴费基数息息相关，缴费年限越长退休后领取的养老金就越高。

那么，如果达到退休年龄，累计缴费未满15年应该怎么办呢？在《社会保险法》立法之前，对达到退休年龄累计缴费不满15年的处理办法，执行的是《国务院关于完善企业职工基本养老保险制度的决定》（国发〔2005〕38号）所作出的规定，决定实施后达到退休年龄但缴费年限累计不满15年的人员，不发给基础养老金，个人账户储存额一次性支付给本人，终止基本养老保险关系。而在现实当中，因缴费不足15年而无法按月领取养老保险待遇的情况确实存在，个人养老问题也因此没得到有效保障。为解决这一问题，部分省市进行了积极的探索，有的地区允许这部分人员退休时一次性补缴或者继续缴费至满15年，然后按月享受基本养老保险待遇，也有的地区将其权益转入城乡居民养老保险制度，按照规定领取相应的待遇。

在总结各地实践经验的基础上，《社会保险法》明确，参加基本养老保险的个人，达到法定退休年龄时累计缴费不足15年的，可以缴费至满15年，按月领取基本养老金；也可以转入新型农村社会养老保险或者城镇居民社会养老保险，按照国务院规定享受相应的养老保险待遇。

《实施〈中华人民共和国社会保险法〉若干规定》(人力资源社会保障部令第13号)对这一问题进行了细化解读。其第二条规定,参加职工基本养老保险的个人达到法定退休年龄时,累计缴费不足15年的,可以延长缴费至满15年。但是也有特殊情形,对于在《社会保险法》实施前,也就是2011年7月1日之前就已经参加基本养老保险的,在延长缴费5年后仍不足15年的,可以一次性缴费至满15年。对于参加职工基本养老保险的个人达到法定退休年龄后,累计缴费不足15年,包括按规定延长缴费之后仍然不足15年的,还提供了另一种的选择,即可以申请转入户籍所在地城乡居民基本养老保险,享受相应的养老保险待遇。当然,城乡居民基本养老保险的待遇标准要低于职工基本养老保险待遇。如果参加职工基本养老保险的个人达到法定退休年龄后,累计缴费不足15年(含依照第二条规定延长缴费),又不选择转入城乡居民基本养老保险,其本人可以书面申请终止职工基本养老保险关系。对此类申请,经办机构应当书面告知其转入城乡居民基本养老保险的权利以及终止职工基本养老保险关系的后果。如果经书面告知提示,仍然坚持终止基本养老保险关系的,经其本人书面确认后,终止其职工基本养老保险关系,并将个人账户储存额一次性支付给本人。对于跨省流动就业的参保人员,其达到法定退休年龄时累计缴费不足15年的,首先应当按照《国务院办公厅关于转发人力资源社会保障部 财政部〈城镇企业职工基本养老保险关系转移接续暂行办法〉的通知》(国办发〔2009〕66号)有关待遇领取地的规定,确定其继续缴费地,然后可以延长缴费至满15年。同时,《社会保险法》实施前参保、延长缴费5年后仍不足15年的,可以一次性缴费至满15年。

> **政策链接:缴费年限特殊情况的处理**
>
> 《人力资源社会保障部办公厅 财政部办公厅关于机关事业单位养老保险制度改革有关问题的通知》(人社厅发〔2016〕38号)
>
> 二、关于改革后达到退休年龄但个人缴费年限累计不足15年人员的养老金计发问题。
>
> 参加机关事业单位养老保险制度的工作人员达到退休年龄但个人缴费年限(含视同缴费年限)累计不足15年的,可由单位和个人按其退休时的缴费基数一次性缴费(含职业年金)至满15后,按照规定计发养老保险待遇。
>
> 三、关于从事特殊工种等工作人员的缴费年限计算问题。
>
> 机关事业单位养老保险制度改革之前,工作人员从事国家确定的特殊工种的工作年限是否折算工龄和视同缴费年限,可综合考虑与企业职工基本养老保险有关政策相衔接,由各地自行确定。如果折算工龄,其折算后增加的视同缴费年限,最长不得超过5年。实行机关事业单位养老保险制度改革之后,工作人员从事特殊工作的工作年限在计发养老保险待遇时不再折算工龄。

【实务案例】 缴费不足 15 年的抉择

张先生在 2011 年以前参加职工基本养老保险,期间曾中断缴费多年。2022 年张先生年满 65 周岁时累计缴费仍不足 15 年。

要求:请回答张先生有哪些可选择的处理方式?

参考答案:根据《实施〈中华人民共和国社会保险法〉若干规定》(人力资源社会保障部令第 13 号)第二条的规定,参加职工基本养老保险的个人达到法定退休年龄时,累计缴费不足 15 年的,可以延长缴费至满 15 年。《社会保险法》实施前参保、延长缴费 5 年后仍不足 15 年的,可以一次性缴费至满 15 年。第三条规定,参加职工基本养老保险的个人达到法定退休年龄后,累计缴费不足 15 年的(含延长缴费),可以申请转入户籍所在地新型农村社会养老保险或者城镇居民社会养老保险,享受相应的养老保险待遇。未转入新型农村社会养老保险或者城镇居民社会养老保险的,个人可以书面申请终止职工基本养老保险关系。

因此,张先生可以有四种选择。第一种选择是可以继续缴费满 15 年。因为张先生已经 65 周岁了,已经延长缴费 5 年,又是在《社会保险法》实施前参加职工基本养老保险的,所以他的第二种选择是可以一次性缴满 15 年,从而能够尽早领取退休待遇。张先生如果不愿意继续缴费,那么他的第三种选择是转入户籍所在地的城乡居民基本养老保险,享受相应的养老保险待遇。如果张先生放弃上述三种选择,可以书面申请终止职工基本养老保险关系,一次性领取个人账户储存额。当然,最后一种选择是我们都不愿意看到的,张先生个人养老问题没有得到有效保障。

(五) 城乡居民基本养老保险

1. 城乡居民基本养老保险经历了怎样的前世今生

基本养老保险制度在我国社会保障体系中占据着重要地位。早在 1997 年《国务院关于建立统一的企业职工基本养老保险制度的决定》(国发〔1997〕26 号)就提出了城镇企业职工基本养老保险制度改革的总体架构和主要思路;2009 年通过的《国务院关于开展新型农村社会养老保险试点的指导意见》(国发〔2009〕32 号),真正使农村社会养老保险制度的发展步入正轨;2011 年,《国务院关于开展城镇居民社会养老保险试点的指导意见》(国发〔2011〕18 号)将不符合职工基本养老保险参保条件的城镇居民纳入基本养老保险统筹范围之内;2014 年,《国务院关于建立统一的城乡居民基本养老保险制度的意见》(国发〔2014〕8 号)明确提出将新农保和城居保两项制度合并实施,在全国范围内建立统一的城乡居民基本养老保险制度。至此,我国实现了建立覆盖城乡全体居民的养老保险制度目标,促进了制度整合,城乡居民也实现了社会养老保险权利的平等。

那么,城乡居民基本养老保险又经历了怎样的前世今生呢?

1992年1月,《民政部关于印发〈县级农村社会养老保险基本方案(试行)〉的通知》(民办发〔1992〕2号),标志着全国统一的农村社会养老保险制度("老农保")的建立。保险对象主要面向的是非城镇户口和不由国家供应商品粮的农村人口。一般以村为单位参保(包括村办企业职工、私营企业、个体户、外出人员等),或以乡镇和企业为单位参保(乡镇企业职工、民办教师、乡镇招聘干部、职工等)。缴纳养老保险年龄为20周岁至60周岁,月缴费标准设10个档次,可以按月缴纳,也可以按年缴纳。但是由于种种原因,"老农保"效果并未达到预期,1999年发布的《国务院批转〈整顿保险业工作小组保险业整顿与改革方案〉的通知》(国发〔1999〕14号)中要求整顿和规范农村养老保险,停止了"老农保"这一制度。直至10年后,在总结自1992年开始在全国推行的农村社会养老保险政策及2003年以后部分地区"新农保"经验的基础上,明确了"新农保"试点的基本原则、制度架构、筹资方式、资金管理等重要内容,国务院推行了"新农保"的试点意见。

《国务院关于开展新型农村社会养老保险试点的指导意见》(国发〔2009〕32号)规定,原来已经开展以个人缴费为主、完全个人账户的农村社会养老保险的地区,要在妥善处理老农保基金债权问题的基础上,做好与新农保制度的衔接。在新农保试点地区,凡已参加了老农保、年满60周岁且已领取老农保养老金的参保人,可直接享受新农保基础养老金;对已参加老农保、未满60周岁且没有领取养老金的参保人,应将老农保个人账户资金并入新农保个人账户,按新农保的缴费标准继续缴费,待符合规定条件时享受相应待遇。新农保面向的人群主要为年满16周岁(不含在校学生)和未参加城镇职工基本养老保险的农村居民。

新老农保最重要的一点区别就是资金筹集。新农保在原来老农保只有个人缴费和集体补助的基础上加入了政府补贴,即政府对符合领取条件的参保人全额支付新农保基础养老金,其中中央财政对中西部地区按中央确定的基础养老金标准给予全额补助,对东部地区给予50%的补助。地方政府应当对参保人缴费给予补贴,补贴标准不低于每人每年30元;对选择较高档次标准缴费的,可给予适当鼓励,具体标准和办法由省(区、市)人民政府确定。对农村重度残疾人等缴费困难群体,地方政府为其代缴部分或全部最低标准的养老保险费。

至此,从制度覆盖面上讲,仅有不符合职工基本养老保险参保条件的城镇居民还未被纳入制度保障范围内。因此,《国务院关于开展城镇居民社会养老保险试点的指导意见》(国发〔2011〕18号)规定,年满16周岁(不含在校学生)、不符合职工基本养老保险参保条件的城镇非从业居民,可以在户籍地自愿参加城镇居民养老保险。这一文件提出了在有条件的地方,城镇居民养老保险应与新农保合并实施。其他地方应积极创造条件将两项制度合并实施。同年发布的《社会保险法》中也提出了省、自治区、直辖市人民政府根据实际情况,可以将城镇居民社会养老保险和新型农村社会养老保险合并实施。

2014年,在总结新型农村社会养老保险和城镇居民社会养老保险试点经验的基础上,国务院决定,将新农保和城居保两项制度合并实施,在全国范围内建立统一的城乡居民基本养老保险制度。2014年2月21日发布的《国务院关于建立统一的城乡居民基本养老保险制度的意见》(国发〔2014〕8号),明确提出了建立统一的城乡居民养老保险制度的任务目标。坚持和完善社会统筹与个人账户相结合的制度模式,巩固和拓宽个人缴费、集体补助、政府补贴相结合的资金筹集渠道,完善基础养老金和个人账户养老金相结合的待遇支付政策,强化"长缴多得、多缴多得"等制度的激励机制,建立基础养老金正常调整机制,健全服务网络,提高管理水平,为参保居民提供方便快捷的服务。

政策链接: 城乡居民养老保险制度

1.《国务院关于开展新型农村社会养老保险试点的指导意见》(国发〔2009〕32号)

第二条 探索建立个人缴费、集体补助、政府补贴相结合的新农保制度,实行社会统筹与个人账户相结合,与家庭养老、土地保障、社会救助等其他社会保障政策措施相配套,保障农村居民老年基本生活。

2.《国务院关于开展城镇居民社会养老保险试点的指导意见》(国发〔2011〕18号)

第二条 建立个人缴费、政府补贴相结合的城镇居民养老保险制度,实行社会统筹和个人账户相结合,与家庭养老、社会救助、社会福利等其他社会保障政策相配套,保障城镇居民老年基本生活。2011年7月1日启动试点工作,实施范围与新型农村社会养老保险(以下简称新农保)试点基本一致,2012年基本实现城镇居民养老保险制度全覆盖。

3.《国务院关于建立统一的城乡居民基本养老保险制度的意见》(国发〔2014〕8号)

按照党的十八大精神和十八届三中全会关于整合城乡居民基本养老保险制度的要求,依据《中华人民共和国社会保险法》有关规定,在总结新型农村社会养老保险(新农保)和城镇居民社会养老保险(城居保)试点经验的基础上,国务院决定,将新农保和城居保两项制度合并实施,在全国范围内建立统一的城乡居民基本养老保险(城乡居民养老保险)制度。

【背景案例】 后来者居上？覆盖全民的城乡居民基本养老保险蓬勃发展

我国在"十四五"规划中提出,要坚持"应保尽保"原则,按照兜底线、织密网、建机制的要求,加快健全覆盖全民、统筹城乡、公平统一、可持续的多层次社会保障体系。根据历年人力资源和社会保障部统计公报中的统计数据,自 2014 年城乡居民养老保险政策实施以来,参保人数及城乡居民基本养老保险基金收入和支出均呈现逐年上升趋势(表 1-4)。截至 2022 年 2 月,我国城乡居民基本养老保险参保人数已达到 54 467 万人,超过了城镇职工基本养老保险参保人数的 48 255 万人。由此可见,公平、统一、规范的城乡居民养老保险制度在中国得到更加广泛的运用,与社会救助、社会福利等其他社会保障政策相配套,充分发挥家庭养老等传统保障方式的积极作用,更好地保障参保城乡居民的老年基本生活。

表 1-4 2014 年至 2021 年城乡居民基本养老保险参保情况表

年份	统计指标		
	期末参保人数(万人)	基金收入(亿元)	基金支出(亿元)
2021	54 797	5 207.2	3 724.5
2020	54 244	4 770.2	3 374
2019	53 266	4 020.2	3 113.9
2018	52 392	3 808.6	2 919.5
2017	51 255	3 288.0	2 398.7
2016	50 847	3 038.5	2 291.9
2015	50 472	2 951.8	2 230.4
2014	50 107	2 386.9	1 656.7

2. 城乡居民基本养老保险的参保范围

城乡居民基本养老保险是由新农保和城居保两项制度合并实施的保险制度,参保范围也是结合了两个险种的规定,三种类社会保险参保范围如表 1-5 所示。

表 1-5 三种类社会保险参保范围和参保地的规定

项目	险种		
	新型农村社会养老保险	城镇居民社会养老保险	城乡居民基本养老保险
参保范围	年满 16 周岁(不含在校学生)、未参加城镇职工基本养老保险的农村居民	年满 16 周岁(不含在校学生)、不符合职工基本养老保险参保条件的城镇非从业居民	年满 16 周岁(不含在校学生),非国家机关和事业单位工作人员及不属于职工基本养老保险制度覆盖范围的城乡居民
参保地	户籍地	户籍地	户籍地

不同于企业为职工缴纳基本养老保险的强制性,城乡居民基本养老保险是自愿参保,除文件中明确规定的上述人群外,还有一部分人群也在城乡居民基本养老保险覆盖范围之内:一是参加城镇职工基本养老保险但到达法定退休年龄时,不符合待遇领取条件无法享受退休待遇的,可以申请转入城乡居民基本养老保险;二是新农保或城居保制度实施时已年满60周岁,在2014年2月21日前未领取国家规定的基本养老保障待遇的,不用缴费,自2014年2月起,可以按月领取城乡居民养老保险基础养老金;三是对年满60周岁,未领取国家规定的基本养老保险待遇的建档立卡贫困人口、低保对象、特困人员等困难群体,自2018年12月起,可以将其纳入城乡居民基本养老保险制度,并按月发放城乡居民基本养老保险待遇,该项政策终止日期暂定为2020年12月31日。

实现贫困人口城乡居民基本养老保险"应保尽保"是贯彻落实党中央国务院打赢脱贫攻坚战决策部署的重要举措。由此可见,城乡居民基本养老保险和扶贫工作密切相关。城乡居民基本养老保险的参保地一般都是在户籍地。未参加基本养老保险,户籍地不在本省的年满16周岁(非在校学生),不属于职工基本养老保险参保范围的建档立卡贫困人员应由建档立卡贫困户认定的社保经办机构按规定协助参保人员填报相关材料并进行审核。建档立卡贫困户认定的社保经办机构及时向户籍地推送信息,户籍地人社部门在收到参保人材料后应会同当地财政、扶贫部门及时办理参保手续。

> **政策链接:直接享受待遇的城乡居民基本养老保险参保人**
>
> 1.《国务院关于建立统一的城乡居民基本养老保险制度的意见》(国发〔2014〕8号)
>
> 第七条 新农保或城居保制度实施时已年满60周岁,在本意见印发之日前未领取国家规定的基本养老保障待遇的,不用缴费,自本意见实施之月起,可以按月领取城乡居民养老保险基础养老金。
>
> 2.《人力资源社会保障部 财政部关于印发〈城乡养老保险制度衔接暂行办法〉的通知》(人社部发〔2014〕17号)
>
> 第三条 城镇职工养老保险缴费年限不足15年的,可以申请从城镇职工养老保险转入城乡居民养老保险,待达到城乡居民养老保险规定的领取条件时,按照城乡居民养老保险办法计发相应待遇。
>
> 3.《人力资源社会保障部 财政部 国务院扶贫办关于切实做好社会保险扶贫工作的意见》(人社部发〔2017〕59号)
>
> 第一条 支持帮助建档立卡贫困人口、低保对象、特困人员等困难群体及其他社会成员参加社会保险,基本实现法定人员全覆盖。

4.《人力资源社会保障部办公厅关于加快实现贫困人员城乡居民基本养老保险应保尽保的通知》(人社厅发〔2018〕111号)

第一条 到2020年实现贫困人口基本养老保险全覆盖。实现贫困人口城乡居民基本养老保险应保尽保是贯彻落实党中央国务院打赢脱贫攻坚战决策部署的重要举措。要加大工作力度,确保城乡居民养老保险代缴政策落实到位。对年满60周岁、未领取国家规定的基本养老保险待遇的贫困人员,自本通知印发次月起,可以将其纳入城乡居民基本养老保险制度,并按月发放城乡居民基本养老保险待遇。该项政策终止日期暂定2020年12月31日,已按规定发放城乡居民基本养老保险待遇的贫困老人,支付终身。各级人力资源社会保障部门要结合全民参保计划,切实落实贫困人员各项参保优惠及代缴补贴政策,推动应保尽保。

5.《人力资源社会保障部办公厅 民政部办公厅 财政部办公厅 国务院扶贫办综合司关于进一步做好贫困人员养老保险应保尽保工作的通知》(人社厅发〔2020〕61号)

第二条 推动户籍不在本省的建档立卡贫困户参加城乡居民基本养老保险。未参加基本养老保险,户籍地不在本省的年满16周岁(非在校学生),不属于职工基本养老保险参保范围的建档立卡贫困人员应在户籍地参加城乡居民养老保险。建档立卡贫困户认定的社保经办机构应按规定协助参保人员填报相关材料并进行审核,及时向户籍地推送信息,户籍地人社部门在收到参保人材料后应会同当地财政、扶贫部门及时办理参保手续、落实代缴保费政策,为符合条件的贫困老人发放城乡居民养老保险待遇。

【背景案例】城乡居民基本养老保险为打赢脱贫攻坚战贡献力量

社会保险扶贫是打赢脱贫攻坚战部署的重要组成部分,城乡居民基本养老保险又是社会保险扶贫的重点。各级人力资源和社会保障部门结合全民参保计划,深入基层摸清、核实贫困人员参保情况,积极主动为贫困人群开展社会保险的宣传和参保登记工作,落实贫困人员的各项参保优惠和代缴补贴工作。采用大数据对比或者实地走访的方式,主动核查60周岁以上未享受任何基本养老保险待遇人员的基本信息和原因,确保国家的政策能够落实到位。社会保障部门与税务部门通力合作,定期梳理贫困人员代缴保费情况,与建档立卡贫困人口信息进行数据比对,把社保扶贫工作落实到每一位贫困群众。

甲省乙市为落实城乡居民基本养老保险"应保尽保",提出了如下举措:

一是加强宣传动员,确保"应晓尽晓"。开展社保扶贫政策宣传,向广大群众特别是建档立卡贫困户、低保户和特困户讲解政策,算清长远账、厘清经济账。利用多种形式进村入户开展贫困人口社会保险政策宣传宣讲,引导并提醒未缴费或未申领待遇的人员及时办理业务、享受待遇。

二是数据精准识别,确保"应保尽保"。将建档立卡贫困人口、低保对象、特困人员、重度残疾人、计划生育特别扶助对象等特殊困难群体作为城乡居民基本养老保险扶贫对象。加强与扶贫、民政、卫健等部门的实时数据核实比对,准确掌握贫困人口的基本情况,对符合参保代缴条件的及时录入系统,做好贫困人员的动态参保清零工作,确保不少一村、不漏一户、不落一人,实现应保尽保。

三是全面落实政策,确保"应代尽代"。对符合参加城乡居民基本养老保险条件的贫困人员,按政策规定的代缴标准为其代缴保费。对符合参加城乡居民基本养老保险条件但不符合代缴条件的贫困人员,为其办理参保登记并积极引导其参保缴费。对户籍在省内市外未参保且符合城乡居民基本养老保险代缴条件的贫困人员,由贫困人员身份认定的组织参加城乡居民基本养老保险,并落实代缴政策。对建档立卡贫困人口等五类困难群体,保留最低100元的缴费档次,并全部实现财政代缴保费。

四是优化服务水平,确保"应发尽发"。对年满60周岁的建档立卡贫困人口、低保对象、特困人员,及时纳入城乡居民基本养老保险待遇发放范围,按时足额发放基本养老金。针对部分行动不便的群众,组织专门人员开展上门参保服务行动。对符合代缴条件的建档立卡贫困户、五保户、低保户、重度残疾户等群众,积极做好政策解释并落实相关政策。在社保业务大厅、市民服务中心和乡镇(街道)、村(社区)基层服务站(所)设置社保自助服务终端,打通城乡居保群众服务"最后一公里"。

3. 城乡居民基本养老保险基金如何筹集

国家为每个参保人员建立终身记录的养老保险个人账户,个人缴费、地方人民政府对参保人的缴费补贴、集体补助及其他社会经济组织、公益慈善组织、个人对参保人的缴费资助,全部记入个人账户。个人账户储存额按国家规定计息。城乡居民养老保险基金纳入社会保障基金财政专户,实行收支两条线管理,单独记账、独立核算,任何地区、部门、单位和个人均不得挤占挪用、虚报冒领。各地在整合城乡居民养老保险制度的基础上,逐步推进城乡居民养老保险基金省级管理。城乡居民养老保险基金按照国家统一规定投资运营,实现保值增值。

《财政部关于印发〈社会保险基金财务制度〉的通知》(财社〔2017〕144号)明确规定,城乡居民基本养老保险基金收入包括个人缴费收入、集体补助收入、财政补贴收入、利息收入、委托投资收益、转移收入、上级补助收入、下级上解收入、其他收入。其中,个人缴费收入是指参保城乡居民按照规定标准缴纳的城乡居民基本养老保险费收入,包括财政资金代参保对象缴纳的基本养老保险费收入。

我国规定参加城乡居民养老保险的个人,累计缴费至少为15年,到达法定退休年龄时累计缴费不足15年的,可以逐年缴费,也可以补缴。地方人民政府可以结合当地实际情况,为参加城乡居民养老保险的贫困人员按照最低缴费档次代缴部分或全部保费。各地在提高城乡居民养老保险费档次时,对贫困人员,包括已脱贫的建档立卡贫困人员可保留现行最低的缴费档次。要建立个人缴费档次标准调整机制和缴费补贴调整机制,根据实际情况合理调整。

由于城乡居民基本养老保险是由新农保和城居保制度合并而来,表1-6所示为三种社会保险基金筹集方式的异同。

表1-6 三种社会保险基金筹集方式

项目		新型农村社会养老保险	城镇居民社会养老保险	城乡居民基本养老保险
基金筹集	个人缴费	每年100元、200元、300元、400元、500元5个档次,地方可以根据实际情况增设缴费档次	每年100元、200元、300元、400元、500元、600元、700元、800元、900元、1 000元10个档次,地方人民政府可以根据实际情况增设缴费档次	设为每年100元、200元、300元、400元、500元、600元、700元、800元、900元、1 000元、1 500元、2 000元12个档次,省(区、市)人民政府可以根据实际情况增设缴费档次,最高缴费档次标准原则上不超过当地灵活就业人员参加职工基本养老保险的年缴费额
	集体补助	有条件的村集体应当对参保人缴费给予补助,补助标准由村民委员会召开村民会议民主确定。鼓励其他经济组织、社会公益组织和个人为参保人缴费提供资助	无	有条件的村集体经济组织应当对参保人缴费给予补助,补助标准由村民委员会召开村民会议民主确定,鼓励有条件的社区将集体补助纳入社区公益事业资金筹集范围。鼓励其他社会经济组织、公益慈善组织和个人为参保人缴费提供资助。补助、资助金额不超过当地设定的最高缴费档次标准
	政府补贴	政府对符合领取条件的参保人全额支付新农保基础养老金,其中中央财政对中西部地区按中央确定的基础养老金标准给予全额补助,对东部地区给予50%的补助。地方政府应当对参保人缴费给予补贴,补贴标准不低于每人每年30元;对选择较高档次标准缴费的,可给予适当鼓励,具体标准和办法由省(区、市)人民政府确定。对农村重度残疾人等缴费困难群体,地方政府为其代缴部分或全部最低标准的养老保险费	政府对符合待遇领取条件的参保人全额支付城镇居民养老保险基础养老金。其中,中央财政对中西部地区按中央确定的基础养老金标准给予全额补助,对东部地区给予50%的补助。地方人民政府应对参保人员缴费给予补贴,补贴标准不低于每人每年30元;对选择较高档次标准缴费的,可给予适当鼓励,具体标准和办法由省(区、市)人民政府确定。对城镇重度残疾人等缴费困难群体,地方人民政府为其代缴部分或全部最低标准的养老保险费。鼓励其他经济组织、社会组织和个人为参保人缴费提供资助	政府对符合领取城乡居民养老保险待遇条件的参保人全额支付基础养老金,其中,中央财政对中西部地区按中央确定的基础养老金标准给予全额补助,对东部地区给予50%的补助。地方人民政府应当对参保人缴费给予补贴,对选择最低档次标准缴费的,补贴标准不低于每人每年30元;对选择较高档次标准缴费的,适当增加补贴金额;对选择500元及以上档次标准缴费的,补贴标准不低于每人每年60元,具体标准和办法由省(区、市)人民政府确定。对重度残疾人等缴费困难群体,地方人民政府为其代缴部分或全部最低标准的养老保险费

由此可见，城乡居民基本养老保险的基金筹集方式集新农保和城居保的优势于一身，总结了两种保险的特点，统一了政策标准，是我国统筹城乡社会保障体系改革的重要一步。城乡居民基本养老保险费的缴纳包含四个特点：一是城乡居民养老保险按年度缴费，原则上当年费用当年缴纳，也可以补缴以前年度的费用；二是与企业职工基本养老保险费是按缴费基数核定缴费金额不同的是，城乡居民基本养老保险费缴费标准按固定金额的形式设定；三是设置多个缴费档次，由居民依据自身经济能力自主选择；四是国家既设置了全国统一的缴费标准档次，又允许各省在此基础根据自身情况增设缴费档次。

政策链接：城乡居民基本养老保险基金缴费档次

1.《人力资源社会保障部 财政部 国务院扶贫办关于切实做好社会保险扶贫工作的意见》（人社部发〔2017〕59号）

（一）要减轻贫困人员参保缴费负担。对建档立卡未标注脱贫的贫困人口、低保对象、特困人员等困难群体，参加城乡居民基本养老保险的，地方人民政府为其代缴部分或全部最低标准养老保险费，并在提高最低缴费档次时，对其保留现行最低缴费档次。

2.《人力资源社会保障部 财政部关于建立城乡居民基本养老保险待遇确定和基础养老金正常调整机制的指导意见》（人社部发〔2018〕21号）

（二）建立个人缴费档次标准调整机制。各地要根据城乡居民收入增长情况，合理确定和调整城乡居民基本养老保险缴费档次标准，供城乡居民选择。最高缴费档次标准原则上不超过当地灵活就业人员参加职工基本养老保险的年缴费额。对重度残疾人等缴费困难群体，可保留现行最低缴费档次标准。

（三）建立缴费补贴调整机制。各地要建立城乡居民基本养老保险缴费补贴动态调整机制，根据经济发展、个人缴费标准提高和财力状况，合理调整缴费补贴水平，对选择较高档次缴费的人员可适当增加缴费补贴，引导城乡居民选择高档次标准缴费。鼓励集体经济组织提高缴费补助，鼓励其他社会组织、公益慈善组织和个人为参保人缴费加大资助。

【背景案例】 "入口补贴"和"出口补贴"，谁的补贴最有力

截至2020年年末，我国实际享受代缴城乡居民基本养老保险保费的建档立卡贫困人员、低保对象和特困人员共计3 856万人，比2019年年末增加了47.9万人；国家代缴城乡居民基本养老保险的资金达到43亿元，比2019年年末增加了1亿元。对于城乡

居民基本养老保险,我国有着从"入口"到"出口"全方位的补贴。表1-7所示为城乡居民基本养老保险政府补贴的具体对比。

表1-7 城乡居民基本养老保险政府补贴

类别	补贴对象	补贴项目	补贴来源	补贴标准
出口补贴	符合领取城乡居民养老保险待遇条件的参保人	基础养老金	中央财政对东部地区补助50% 中央财政对中西部地区补助100%	全额补贴
	对65岁及以上参保老年居民	基础养老金	地方财政	予以适当倾斜
	长期缴费、超过最低缴费年限的	基础养老金	地方财政	适当加发年限基础养老金
入口补贴	一般人群	最低档次标准缴费	地方财政	不低于每人每年30元
		较高档次标准缴费的	地方财政	适当增加补贴金额
		选择500元及以上档次标准缴费的	地方财政	补贴标准不低于每人每年60元
	建档立卡未标注脱贫的贫困人口、低保对象、特困人员、重度残疾人等缴费困难群体	最低档次标准缴费	地方财政	代缴部分或全部社会保险费;提高最低缴费档次时,对其保留现行最低缴费档次

有力的政府补贴政策是城乡居民基本养老保险"应保尽保"的制度保障,补贴政策由地方政府自行决定。以下是甲省乙市丙县城乡居民基本养老保险给予的各项补贴。

一是政府对参保人员给予缴费补贴(不含补缴)。省级财政对于选择100元至400元档次缴费的,每人每年补贴30元,对选择500元至2 000元(含500元)档次缴费的,每人每年补贴60元,对选择2 500元、3 000元缴费档次的,每人每年补贴90元;县级财政对选择300元至2 000元缴费档次的,按照缴费金额的5%进行补贴,对选择2 500元、3 000元缴费档次的,按照10%补贴,并对"计生两户"家庭的夫妻缴费后,在享受省级、县级缴费补贴的基础上,另享受由县财政给予每人每年50元的缴费补贴。政府鼓励参保居民选择较高档次缴纳保费,多缴多得,长缴多得。

二是政府对困难群体实行代缴保费政策。政府对一、二级重度残疾人,城乡低保户,建档立卡贫困人口,五保户,特困户困难群体代缴保费,代缴标准为每人每年100元。

三是政府全额发放基础养老金。政府对符合领取养老金条件的参保人员全额支付基础养老金,支付终身。目前,我县基础养老金标准为153元,其中:中央财政补助93元,省级财政补助20元,县级财政补助40元;65岁以上县级基础养老金加发5元,达到 158 元,其中:中央财政补助 93 元,省级财政补助 20 元,县级财政补助 45 元。

四是政府对高龄老人发放生活补贴。高龄老年人生活补贴目前的执行标准为:80~89 周岁每人每月 100 元,90~99 周岁每人每月 200 元,100 周岁以上每人每月 400 元,以上标准自到达对应年龄的次月起开始与养老金合并发放。

从该县城乡居民基本养老保险的补贴可以看出,单人"出口补贴"力度要大于"入口补贴",因此,社会保障部门和税务部门应引导激励符合条件的城乡居民早参保、多缴费,增加个人账户资金积累,优化养老保险待遇结构,保障城乡居民基本养老保险基金平稳运转。

4. 城乡居民基本养老保险如何进行转移接续与制度衔接

随着国民参保意识的增强,养老保险制度覆盖面不断扩大,但城乡居民基本养老保险、企业职工基本养老保险以及机关事业单位基本养老保险等多险并存,各类保险待遇悬殊,如果互相不能衔接,不仅损害了社会保障的公平性,也影响了部分群体的参保积极性。尤其是城乡居民基本养老保险与企业职工基本养老保险之间的制度隔离,造成大量在城市间、城乡间"候鸟式"流动的农民工,不得不重复参保,甚至断保、停保。

实现城乡基本养老保险制度的衔接,是进一步完善养老保险制度的重要内容。做好城乡基本养老保险制度衔接工作,有利于促进劳动力的合理流动,保障广大城乡参保人员的权益,对于健全和完善城乡统筹的社会保障体系具有重要意义。

为了解决城乡养老保险制度衔接问题,维护参保人员的养老保险权益,依据《社会保险法》和《实施〈中华人民共和国社会保险法〉若干规定》(人力资源社会保障部令第 13 号),2014 年 2 月 24 日发布的《人力资源社会保障部 财政部关于印发〈城乡养老保险制度衔接暂行办法〉的通知》(人社部发〔2014〕17 号),适用于参加城镇职工基本养老保险、城乡居民基本养老保险两种制度需要办理衔接手续的人员。已经按照国家规定领取养老保险待遇的人员,不再办理城乡养老保险制度衔接手续。该办法对城镇职工养老保险和城乡居民养老保险互转、如何确定待遇领取地的问题进行了规定。参加城镇职工基本养老保险、城乡居民基本养老保险两种制度的人员办理跨制度衔接养老保险关系,由县级以上社会保险经办机构负责办理。城乡居民基本养老保险和城镇职工基本养老保险转移衔接如表 1-8、表 1-9、表 1-10 所示。

表 1-8 城乡居民基本养老保险和城镇职工基本养老保险转移衔接

转移类型	转移条件	转移方式
城乡居民基本养老保险→城乡居民基本养老保险	户籍迁移且未领取城乡居民养老保险待遇	迁入地申请转移养老保险关系,一次性转移个人账户全部储存额,缴费年限累计计算

(续表)

转移类型	转移条件	转移方式
城乡居民基本养老保险→城镇职工基本养老保险	达到法定退休年龄,符合城镇职工基本养老保险待遇领取条件	城乡居民养老保险个人账户全部储存额并入企业职工养老保险个人账户,城乡居民养老保险缴费年限不合并计算或折算为城镇职工养老保险缴费年限
城镇职工基本养老保险→城乡居民基本养老保险	城镇职工基本养老保险缴费年限不足15年,不符合城镇职工基本养老保险待遇领取条件	城镇职工养老保险个人账户全部储存额并入城乡居民养老保险个人账户,参加城镇职工养老保险的缴费年限合并计算为城乡居民养老保险的缴费年限

表1-9 转移衔接申请地

转移类型	转移申请地
城乡居民基本养老保险→城乡居民基本养老保险	城乡居民养老保险待遇领取地提出申请
城乡居民基本养老保险→城镇职工基本养老保险	如果有多个城镇职工基本养老保险待遇领取地,需要先按照规定将城镇职工养老保险归集至一处,在最后的城镇职工基本养老保险待遇领取地(归集地)提出申请
城镇职工基本养老保险→城乡居民基本养老保险	城乡居民养老保险待遇领取地提出申请

表1-10 城乡居民基本养老保险和城镇职工基本养老保险转移衔接流程

转移类型	参保人	转入地社保经办机构	转出地社保经办机构	转入地社保经办机构
城乡居民基本养老保险→城乡居民基本养老保险	向转入地提出申请	受理并审核申请,如符合条件,向转出地发出联系函;如不符合条件,向申请人说明	接到联系函后传递缴费信息并划转基金	收到转移资金后,办结手续,告知参保人员
城乡居民基本养老保险→城镇职工基本养老保险	向转入地提出申请,填写申请表	受理并审核申请,如符合条件,向转出地发出联系函;如不符合条件,向申请人说明	收到联系函后,生成信息表,传送给转入地并划转基金	收到信息表和转移基金后录入信息;如有重复缴费,按规定予以清退,合并账户后告知参保人员
城镇职工基本养老保险→城乡居民基本养老保险	向转入地提出申请,填写申请表,提供城镇职工养老保险关系归集地开具的缴费凭证	受理并审核申请,如符合条件,向转出地发出联系函;如不符合条件,向申请人说明	收到联系函后生成信息表,将信息表传送给转入地并划转基金	收到信息表和转移基金后录入信息;如有重复缴费,按规定予以清退,合并账户后告知参保人员

参保人员在同一年度内同时参加城镇职工养老保险和城乡居民养老保险的,转入地社保机构进行信息比对,确定重复缴费时段。重复缴费时段为城乡居民养老保险各

年度与城镇职工养老保险重复缴费的月数,转入地社保机构将重复缴费时段相应个人缴费和集体补助退还本人。重复缴费清退金额计算公式:年度重复缴费清退金额=(年度个人缴费本金+年度集体补助本金)÷12×重复缴费月数;清退总额=各年度重复缴费清退金额之和。

> **政策链接: 城乡居民养老保险转移**
>
> 1.《国务院关于建立统一的城乡居民基本养老保险制度的意见》(国发〔2014〕8号)
>
> 参加城乡居民养老保险的人员,在缴费期间户籍迁移、需要跨地区转移城乡居民养老保险关系的,可在迁入地申请转移养老保险关系,一次性转移个人账户全部储存额,并按迁入地规定继续参保缴费,缴费年限累计计算;
>
> 已经按规定领取城乡居民养老保险待遇的,无论户籍是否迁移,其养老保险关系不转移。
>
> 城乡居民养老保险制度与职工基本养老保险、优抚安置、城乡居民最低生活保障、农村五保供养等社会保障制度以及农村部分计划生育家庭奖励扶助制度的衔接,按有关规定执行。
>
> 2.《人力资源社会保障部 财政部关于印发〈城乡养老保险制度衔接暂行办法〉的通知》(人社部发〔2014〕17号)
>
> 第三条 参加城镇职工养老保险和城乡居民养老保险人员,达到城镇职工养老保险法定退休年龄后,城镇职工养老保险缴费年限满15年(含延长缴费至15年)的,可以申请从城乡居民养老保险转入城镇职工养老保险,按照城镇职工养老保险办法计发相应待遇;城镇职工养老保险缴费年限不足15年的,可以申请从城镇职工养老保险转入城乡居民养老保险,待达到城乡居民养老保险规定的领取条件时,按照城乡居民养老保险办法计发相应待遇。
>
> 第四条 参保人员需办理城镇职工养老保险和城乡居民养老保险制度衔接手续的,先按城镇职工养老保险有关规定确定待遇领取地,并将城镇职工养老保险的养老保险关系归集至待遇领取地,再办理制度衔接手续。
>
> 参保人员申请办理制度衔接手续时,从城乡居民养老保险转入城镇职工养老保险的,在城镇职工养老保险待遇领取地提出申请办理;从城镇职工养老保险转入城乡居民养老保险的,在转入城乡居民养老保险待遇领取地提出申请办理。

【实务案例】 "打工人"交了"双保险",能否享受"双待遇"

甲省乙市的王先生在就业地丙省缴纳了15年城镇职工基本养老保险,为了退休能够多领一份待遇,提高退休金,又在户籍地乙市缴纳了15年的城乡居民基本养老保险。现到达法定退休年龄,王先生同时领取城乡居民基本养老保险和城镇职工基本养老保险的待遇,请问相关部门应如何处理。

参考答案:参保人员不得同时领取城镇职工养老保险和城乡居民养老保险待遇。对于同时领取城镇职工养老保险和城乡居民养老保险待遇的,终止并解除城乡居民养老保险关系,除政府补贴外的个人账户余额退还本人,已领取的城乡居民养老保险基础养老金应予以退还;本人不予退还的,由社会保险经办机构负责从城乡居民养老保险个人账户余额或者城镇职工养老保险基本养老金中抵扣。参保人员个人账户余额不足抵扣的,城乡居民养老保险待遇领取地社保机构向其领取城镇职工养老保险待遇的社保机构发送《重复领取养老保险待遇协助抵扣通知单》,通知其协助抵扣。参保人员城镇职工养老保险待遇领取地社保机构完成抵扣后,应将协助抵扣款项全额划转至城乡居民养老保险待遇地社保机构指定银行账户,同时传送《重复领取养老保险待遇协助抵扣回执》。

(六) 补充养老保险

1. 补充养老保险制度包括哪些内容

补充养老保险是我国构建社会养老保障体系的重要组成部分。1991年,《国务院关于企业职工养老保险制度改革的决定》(国发〔1991〕33号)中指出,随着经济的发展,逐步建立起基本养老保险与企业补充养老保险和职工个人储蓄性养老保险相结合的制度。企业补充养老保险由企业根据自身经济能力,为本企业职工建立,所需费用从企业自有资金中的奖励、福利基金内提取。个人储蓄性养老保险由职工根据个人收入情况自愿参加。国家提倡、鼓励企业实行补充养老保险和职工参加个人储蓄性养老保险,并在政策上给予指导。同时,允许试行将个人储蓄性养老保险与企业补充养老保险挂钩的办法。补充养老保险基金,由社会保险管理机构按社会保障号码记入职工个人账户。在这一文件当中,国家提出了"企业补充养老保险"和"职工个人储蓄性养老保险"与基本养老保险相结合的意见,将补充养老保险作为完善企业职工养老保险制度重要组成部分。

1994年发布的《中华人民共和国劳动法》提出"国家鼓励用人单位根据本单位实际情况为劳动者建立补充保险",为建立我国企业补充养老保险制度提供了法律依据。1995年,《国务院关于深化企业职工养老保险制度改革的通知》(国发〔1995〕6号)再次提出国家在建立基本养老保险、保障离退休人员基本生活的同时,鼓励建立企业补充养老保险和个人储蓄性养老保险。企业按规定缴纳基本养老保险费后,可以在国家政策指导下,根据本单位经济效益情况,为职工建立补充养老保险。企业补充养老保险和个人储蓄性养老保险,由企业和个人自主选择经办机构。各地劳动部门和社会保险机构积极开展企业补充养老保险试点工作,取得了一定的成效和经验。一些企业和行业也在建立企业补充养老保险方面进行了有效的探索。为加快建立企业补充养老保险制度的步伐,尽快完善多层次的养老保险体系,我国在总结各地试点经验和借鉴国外做法的基础上,提出了《劳动部关于印发〈关于建立企业补充养老保险制度的意见〉的通知》(劳部发〔1995〕464号),该意见中提出要积极推动建立企业补充养老保险制度,特别是首先抓好大中型企业的补充养老保险试点工作。在当时企业补充养老保险的实施范围限于城镇各类企业,其中,外商投资企业可以限于中方职工。规模较大的企业可以在国家政策指导下单独实行企业补充养老保险制度;中小企业可以联合建立基金管理理事会,实行补充养老保险制度;有条件的行业,也可以实行全行业统一的补充养老保险制度。商业性保险公司等金融机构和企业、企业集团、行业经办补充养老保险业务,应有一定形式的再保险,并定期向劳动行政部门报告情况。非国有金融机构经办补充养老保险业务和企业、企业集团、行业自行经办补充养老保险业务,须经当地劳动行政部门批准。

1995—1999年,中央和地方经济效益较好的企业纷纷根据自身情况建立了不同层次的企业补充养老保险业务,社会劳动保障部门、商业保险公司和部分有实力的企业机构利用自保机制涉足补充养老保险业务领域。国家允许地方根据自身财力状况,给予补充养老保险不超过上年工资总额4%～15%企业所得税税前扣除优惠,使得补充养老保险业务获得了有力的政策支持。

补充养老保险业务属于新生事物,经验不足,在发展中出现了一些监管真空及部分职工权益难以得到保障等诸多问题。1999年年底,国务院对补充养老保险市场进行了清理整顿,将包括石油、煤炭等11个部门和单位经办的企业补充养老保险纳入社会养老保险,由劳动和社会保障部管理;其他行业的企业补充养老保险归属商业保险,由中国保监会监管。此后,社会保障部门提出了企业年金的经办模式。2003年,劳动和社会保障部联合中国证监会、中国银监会和中国保监会等各有关部门出台了《企业年金试行办法》(劳动和社会保障部令第20号)、《企业年金基金管理试行办法》(劳动和社会保障部、中国银行业监督管理委员会、中国证券监督管理委员会、中国保险监督管理委员会令第23号)等若干规范性文件,逐渐形成了企业年金的政策框架。《企业年金试行办法》(劳动和社会保障部令第20号)规定,企业年金,是指企业及其职工在依法参加基本养老保险的基础上,自愿建立的补充养老保险制度。企业年金所需费用由企业和职工个人共同缴纳。企业缴费的列支渠道按国家有关规定执行;职工个人缴费可以由企业从职工个人工资中代扣。企业缴费每年不超过本企业上年度职工工资总额的1/12。企业和职工个人缴费合计一般不超过本企业上年度职工工资总额的1/6。

这一期间,社会保障部门受托管理的11个部门和单位的企业补充养老保险业务均转制为企业年金,超百亿元的托管资金规模使得企业年金成为补充养老保险业务的绝对主体，导致社会普遍认为企业年金是唯一的补充养老保险业务。商业保险领域的补充养老保险业务，则难以享受各地给予企业年金税收政策优惠。为推动社会多层次养老保障体系的完善，2007年，中国保监会印发了《保险公司养老保险业务管理办法》（保监会令〔2007〕第4号），解决养老保险行业的规范问题，使商业养老保险业务具有显著的养老特色，具备了与企业年金等同的功能。该办法将养老保险业务分为三类——个人养老年金保险业务、团体养老年金保险业务和企业年金管理业务，并积极争取中央和地方的补充养老保险业务扶持政策，先后在天津滨海新区试点享受财政奖励的补充养老保险业务，在上海试行税延型个人补充养老保险业务。上述举措的实施，使补充养老保险逐渐呈现企业年金、商业养老保险业务共同发展的格局。

2008年，事业单位改革试点启动后的几年时间内，我国对建立职业年金制度进行了许多有益的尝试和探索，也做了大量的摸底测算工作。2011年我国出台了《企业年金基金管理办法》（人力资源和社会保障部、中国银行业监督管理委员会、中国证券监督管理委员会、中国保险监督管理委员会令第11号），对企业年金基金进行规范管理。2015年年初，《国务院关于机关事业单位工作人员养老保险制度改革的决定》（国发〔2015〕2号）要求，机关事业单位在参加基本养老保险的基础上，应当为其工作人员建立职业年金。在此基础之上，《机关事业单位职业年金办法》（国办发〔2015〕18号）正式印发实施。职业年金是在国家基本养老保障体系之外，按照不同职业建立的一种补充性保障制度。机关事业单位及其工作人员在参加机关事业单位基本养老保险的基础上，建立了职业年金的补充养老保险制度。

2017年，《国务院办公厅关于加快发展商业养老保险的若干意见》（国办发〔2017〕59号）提出，发展商业养老保险，对于健全多层次养老保障体系，促进养老服务业多层次多样化发展，应对人口老龄化趋势和就业形态新变化，进一步保障和改善民生，促进社会和谐稳定等具有重要意义。充分发挥商业养老保险在健全养老保障体系、推动养老服务业发展、促进经济提质增效升级等方面的生力军作用。鼓励商业保险机构发展与企业（职业）年金领取相衔接的商业保险业务，强化基金养老功能。充分发挥商业保险机构在精算管理和服务资源等方面的优势，为养老保险制度改革提供技术支持和相关服务。

2018年，我国出台了《企业年金办法》（人力资源和社会保障部　财政部令第36号），对企业年金这一补充养老保险作出了更细致的规定，并要求参加企业职工基本养老保险的其他用人单位及其职工建立补充养老保险的，参照本办法执行。

2022年4月，为推进多层次、多支柱养老保险体系建设，促进养老保险制度可持续发展，满足人民群众日益增长的多样化养老保险需要，《国务院办公厅关于推动个人养老金发展的意见》（国办发〔2022〕7号）就推动个人养老金发展提出意见。该意见主要面对在中国境内参加城镇职工基本养老保险或者城乡居民基本养老保险的劳动者。该意见中的个人养老金实行个人账户制度,缴费完全由参加人个人承担,实行完全积累。参加人每年缴纳个人养老金的上限为12 000元。人力资源社会保障部、财政部根据经济社会发展水平和多层次、多支柱养老保险体系发展情况等因素适时调整缴费上限。参加人达到领取基本养老金年龄、完全丧失劳动能力、出国(境)定居,或者具有其他符合国家规定的情形,经信息平台核验领取条件后,可以按月、分次或者一次性领取个人养老金,领取方式一经确定不得更改。领取时,应将个人养老金由个人养老金资金账户转入本人社会保障卡银行账户。参加人死亡后,其个人养老金资金账户中的资产可以继承。人力资源社会保障部、财政部加强指导和协调,结合实际分步实施,选择部分城市先试行1年,再逐步推开。

我国养老保险体系近年来收支缺口逐年扩大,实行多层次的养老保险制度,大力发展补充养老保险,能够健全社保体系,有利于减轻政府基本养老保险金支付压力,保障社会养老保险制度的顺利实施,有利于分散保险责任,适应我国向老龄化社会快速发展的需要。我国人口快速老龄化已成为不可逆转的历史趋势,随着人口的老龄化,我国养老保险费用供给与需求之间的矛盾也会越来越尖锐。补充养老保险作为养老保险的一个重要组成部分,发挥着分散养老保险责任的重要作用。

> **政策链接:职业年金和企业年金参保范围**
>
> 1.《机关事业单位职业年金办法》(国办发〔2015〕18号)
>
> 第二条 本办法所称职业年金,是指机关事业单位及其工作人员在参加机关事业单位基本养老保险的基础上,建立的补充养老保险制度。本办法适用的单位和工作人员范围与参加机关事业单位基本养老保险的范围一致。
>
> 2.《企业年金办法》(人力资源和社会保障部 财政部令第36号)
>
> 第二条 本办法所称企业年金,是指企业及其职工在依法参加基本养老保险的基础上,自主建立的补充养老保险制度。国家鼓励企业建立企业年金。建立企业年金,应当按照本办法执行。

【典型案例】:补充基本养老保险真的能"补充"退休工资吗

当前,人社部正在对渐进式延迟退休年龄的政策进行研究,这无疑引发了一部分人对养老的焦虑。当前我国的养老保险主要有三大层次:第一层次是基本养老保险;第二层次是补充养老保险,即企业年金和职业年金;第三层次包括个人储蓄型性养老保险和商业养老保险。建立多层次的养老保险体系,被认为是应对人口老龄化、促进养老保险制度可持续发展的重要举措。

作为第一个层次的基本养老保险,制度基本健全,职工基本养老保险和城乡居民养老保险目前已经覆盖10.3亿人。作为第二层次的企业年金、职业年金,制度初步建立,并且在逐步完善。企业年金和职业年金投资比较注重安全性,和社保基金一样,偏向价值投资和长期投资,实现资产长期保值增值。

2011年8月,珠海市在全国范围率先实施高层次人才补充养老保险,即由政府财政全额出资为符合条件的高层次人才向商业保险机构投保团体养老保险。凡依法参加城镇职工基本养老保险的珠海市高层次人才都可以申请参加补充养老保险。高层次人才参加补充养老保险的月补贴额分为三个档次:高层次人才(一级)为当年广东省在岗职工月平均工资的3倍×10%;高层次人才(二级)为当年广东省在岗职工月平均工资的2倍×10%;高层次人才(三级)为当年广东省在岗职工月平均工资的1.5倍×10%。如按最长补贴30年和保底利率计算,一、二、三级高层次人才退休时,可领取一次性补充养老金分别为279万元、186万元和139万元。特别是拥有较多高层次人才的格力电器和中航通用飞机等企业,均表示这一措施有利于企业更好地吸引人才、留住人才。由此可见,补充养老保险不仅仅可以补充基本养老金的退休待遇,也有利于企业留住人才,长远发展。

假设甲省乙市的张先生每月社保的缴费基数是6 000元。除了五险一金以外,还要缴纳企业年金,其中个人按照4%的比例缴费,需要每月从本人工资中扣除240元的企业年金,企业按照8%缴费,单位每月需要为工作人员缴纳480元的企业年金。达到法定退休年龄时,职工企业年金个人账户中企业缴费及其投资收益完全归属于职工个人。假设月缴费基数不变,合计每月计入企业年金个人账户的本金为720元,每年8 640元,假如缴纳企业年金的年限为20年,那么企业年金个人账户本金余额为172 800元,加上每年记账利息收入,预计企业年金个人账户在20万元左右。假设按照60周岁办理退休,那么每月的企业年金就是20万元除以139个月,每月企业年金为1 439元。这1 439元的企业年金收入是独立于基本养老金之外的,139个月领取完毕之后不再领取。

补充养老保险是我国多层次养老保险制度体系中第二支柱的重要组成部分。职工参加补充养老保险,有利于在基本养老保险的基础上另外增加一份养老积累,进一步提高退休后的收入水平和生活质量。

2. 什么是企业年金

为建立多层次的养老保险制度,更好地保障企业职工退休后的生活,完善社会保障体系,我国高度重视多层次养老保险体系建设。20世纪90年代初企业养老保险制度改革时,就提出要建立多层次的养老保险体系。经过多年不断的改革探索和实践,企业职工多层次的养老保险体系已初步建立并取得一定发展。根据《劳动法》和国务院的有关规定,劳动和社会保障部在2003年12月30日公布《企业年金试行办法》(劳动和社会保障部令第 20 号),自 2004 年 5 月 1 日起施行企业年金制度。2017 年 12 月,我国又出台了《企业年金办法》,对企业年金进行了更完善的规定。

企业年金是企业及其职工在依法参加基本养老保险的基础上,通过集体协商自主建立的补充养老保险制度。经过多年的改革发展,企业职工基本养老保险已覆盖城镇各类企业及其职工、社会组织及其专职工作人员、机关事业单位编制外工作人员等。《企业年金办法》规定,参加企业职工基本养老保险的其他用人单位及其职工建立补充养老保险的,参照本办法执行。因此,只要参加了企业职工基本养老保险的用人单位及其职工,都可以建立企业年金。

2011—2020 年,我国企业年金参保情况如表 1-11 所示。

表 1-11 2011—2020 年我国企业年金基本情况

年份	参与企业年金户数(万户)	参与企业年金人数(万人)	年末累计基金结存(亿元)
2011	4.49	1 577	3 570
2012	5.47	1 847	4 821
2013	6.61	2056	6 035
2014	7.33	2 293	7 689
2015	7.55	2 316	9 526
2016	7.63	2 325	11 075
2017	8.04	2 331	12 880
2018	8.74	2 388	14 470
2019	9.60	2 548	17 958
2020	10.50	2 718	22 497

企业年金实行完全积累,为每个参加企业年金的职工建立企业年金个人账户。职工企业年金个人账户下设企业缴费子账户和个人缴费子账户,分别记录企业缴费分配给个人的部分及其投资收益、本人缴费及其投资收益。企业年金基金按照国家有关规定进行投资运营,投资运营收益并入企业年金基金。

企业和职工建立企业年金,应当依法参加基本养老保险并履行缴费义务,企业具有相应的经济负担能力。企业和职工一方通过集体协商确定建立企业年金,而后制定企业年金方案。企业年金方案应当提交职工大会或者职工代表大会讨论通过,并报送所在地县级以上人力资源社会保障行政部门。

企业年金遵循信托法原则。企业年金方案备案后,企业和职工(合称委托人)应当选定企业年金受托人(符合国家规定的法人受托机构或者企业按照国家规定成立的企业年金理事会),由企业代表委托人与受托人签订受托管理合同。受托管理合同签订后,受托人应当委托具有企业年金管理资格的账户管理人、投资管理人和托管人,负责企业年金基金的账户管理、投资运营和托管。企业年金基金管理人按照国家规定分工协作,共同实现企业年金基金的依法运营和保值增值。

《企业年金办法》兼顾了企业和职工双方的权利和义务，规定企业与职工一方协商，可以规定职工企业年金个人账户中的企业缴费及其投资收益自始归属于职工个人，也可以规定随着职工在本企业工作年限的增加逐步归属于职工个人，全部归属于职工的期限不超过8年。

> **政策链接：企业年金的筹集**
>
> 《企业年金办法》（人力资源和社会保障部 财政部令第36号）
>
> 第三条 企业年金所需费用由企业和职工个人共同缴纳。企业年金基金实行完全积累，为每个参加企业年金的职工建立个人账户，按照国家有关规定投资运营。企业年金基金投资运营收益并入企业年金基金。
>
> 第七条 企业应当与职工一方通过集体协商确定，并制定企业年金方案。企业年金方案应当提交职工代表大会或者全体职工讨论通过。
>
> 第八条 企业年金方案应当包括以下内容：
>
> （一）参加人员；
>
> （二）资金筹集与分配的比例和办法；
>
> （三）账户管理；
>
> （四）权益归属；
>
> （五）基金管理；
>
> （六）待遇计发和支付方式；
>
> （七）方案的变更和终止；
>
> （八）组织管理和监督方式；
>
> （九）双方约定的其他事项。
>
> 企业年金方案适用于企业试用期满的职工。

【背景案例】 从"五险一金"到"六险二金"，"超强保障"时代来临

近年来，在各大招聘会上，很多企业在招聘的时候打出"六险二金"的招牌来吸引人才。通常企业都会为员工提供"五险一金"的福利待遇。"五险一金"指的是企业职工基本养老保险、职工基本医疗保险、失业保险、工伤保险、生育保险和住房公积金。一些企业为了吸引人才，打出了超强保障牌，"六险二金"出现在招聘企业的福利待遇中。"六险二金"指的是企业职工基本养老保险、职工基本医疗保险、补充医疗保险、失业保险、工伤保险、生育保险、住房公积金和企业年金。对一些人才需求缺口较大的职业，招聘企业明确社会保障待遇等内容，也是吸引人才的手段之一。由此可见用人单位建立企业年金，有利于完善职工薪酬体系，展现企业良好文化、增强人才吸引力、稳定职工队伍。

在中国当前庞大的企业职工群体当中，拥有企业年金的职工人数只占不到7%，而且这部分人员大多集中在大型企业和国有企业。更大部分企业由于负担过重，自愿交企业年金的比例相当低。对于更大数目的普通企业职工而言，企业年金还是个稀罕物。当前企业年金的设立仍然有两方面障碍：一方面是缴费的费率，五项社会保险费率合计较高，有些中小企业利润比较薄，不愿意或者没有能力再设立企业年金，为员工构建补充保险；另一方面，企业年金是市场化运作，经办机构的管理服务费是按户头收取的，摊到中小企业头上的成本比较高，所以中小企业没有开展的积极性。近几年我国多次降低各项社会保险费率，减轻企业负担，这也给企业腾出了空间，有利于中小企业建立企业年金。

尽管目前企业年金只能惠及部分职工，但"六险二金"体系一定能充分发挥提高职工社保水平的正向效应。首先，有利于推动各类用人单位依法缴纳"五险一金"，推动相关职能部门、监管部门加大劳动监管执法力度，严肃查处用人单位不依法缴纳"五险一金"的行为。其次，有利于倒逼用人单位加大对职工社保的投入力度，把"六险二金"打造成为吸引人才、留住人才的竞争优势。

企业年金可以减轻政府的社会养老保险压力，提高整个社会的保障程度，完善我国的社会保障体系，所以政府大力倡导企业年金的发展，通过减免税收优惠政策引导和调节企业行为，并对市场运作实施严格的监督管理。企业年金是一种延时的待遇支付，通过对转移或支付条件的设定，可以鼓励员工长期为企业服务；企业年金是企业薪酬福利体系的一部分，企业缴款的分配原则，能够有效增强员工的工作积极性；企业年金将职工待遇与企业经营状况紧密联系在一起，当前利益与长远利益相结合，将使员工关心企业的长远发展；企业年金有利于推动企业人事制度的改革和完善，能够增强企业凝聚力和吸引力；企业年金可以提高员工退休后的生活水平，使老年生活有所保障。无论是"五险一金"还是"六险二金"，都是国家通过公益和市场手段为职工建立的社会保障机制，目的是为职工提供稳定坚实的社会保障。从这个意义上说，国家鼓励用人单位为职工缴纳企业年金，就是要从总体上提高社会保障水平。

3. 职业年金的征缴范围有哪些

为建立多层次养老保险体系，保障机关事业单位工作人员退休后的生活水平，促进人力资源合理流动，我国从2014年10月1日起开始实施机关事业单位工作人员职业年金制度。这是机关事业单位养老保险制度改革的重要组成部分，对于建立多层次、可持续养老保险制度具有重要意义，也意味着中国养老并轨又向前推进了一步。职业年金是在国家基本养老保障体系之外，按照不同职业建立的一种补充性保障制度，它既不是完全意义上的社会保险，也不是商业保险，而是中国机关事业单位人力资源管理、薪酬福利管理的重要组成部分。

2008年事业单位改革试点启动后的几年时间内,我国对建立职业年金制度进行了许多有益的尝试和探索,也做了大量的摸底测算工作。2015年年初,《国务院关于机关事业单位工作人员养老保险制度改革的决定》(国发〔2015〕2号)要求,机关事业单位在参加基本养老保险的基础上,应当为其工作人员建立职业年金。在此基础之上,《机关事业单位职业年金办法》(国办发〔2015〕18号)正式印发实施。

改革后的机关事业单位及其人员都要参加养老保险,缴费标准和待遇发放与城镇职工基本养老保险基本一致,这部分养老金的替代率只有59%左右,而改革前机关事业单位人员养老金替代率在70%~90%。为了保障机关事业单位人员退休待遇不降低,职业年金将发挥至关重要的作用,通过投资运营等方式,预计能将替代率提高20个百分点以上。通过综合测算,个人缴费4%、单位缴费8%的职业年金可以满足条件,职业年金与基本养老金一道成为机关事业单位养老体系的两大支柱。

职业年金制度是机关事业单位及其工作人员在参加机关事业单位基本养老保险的基础上,建立的补充养老保险制度,能够为养老并轨后公务员退休收入不出现大幅下降提供保证。职业年金的强制建立发挥着机关事业单位基本养老保险的补充作用。职业年金的适用范围和缴费基数均与机关事业单位基本养老保险的相关规定一致,切实地维护了制度统一。职业年金的征缴范围包括:

(1)按照公务员法管理的单位、参照公务员法管理的机关(单位)。

(2)行政类事业单位,根据有关规定进行分类改革后的公益一类、二类事业单位及其编制内的工作人员。

(3)军队用人单位及其文职人员、计划分配到机关事业单位工作的军队转业干部和退役士兵、自主择业的军队转业干部被党和国家机关、人民团体或者财政拨款的事业单位选用为正式工作人员。

职业年金实行单位和个人共同缴费,采取个人账户方式管理,个人账户资金随同工作变动转移,促进了人员的合理流动。职工根据本人退休时的个人账户储存额确定待遇水平,缴费与待遇挂钩。社保经办机构负责职业年金的经办管理,不断提高管理服务水平。职业年金基金实行市场化投资运营,实现保值增值,政府部门加强监管,确保职业年金资金的安全。职业年金制度作为机关事业单位养老保险制度改革的配套政策,对于顺利推进机关事业单位养老保险制度改革有重要意义。

> **政策链接: 机关事业单位基本养老保险参保范围**
>
> 1.《国务院关于机关事业单位工作人员养老保险制度改革的决定》(国发〔2015〕2号)
>
> 本决定适用于按照公务员法管理的单位、参照公务员法管理的机关(单位)、事业单位及其编制内的工作人员。

2.《人力资源社会保障部 财政部关于贯彻落实〈国务院关于机关事业单位工作人员养老保险制度改革的决定〉的通知》(人社部发〔2015〕28号)

参加机关事业单位养老保险的事业单位是指,根据《中共中央 国务院关于分类推进事业单位改革的指导意见》(中发〔2011〕5号)有关规定进行分类改革后的公益一类、二类事业单位。

3.《关于军人退役基本养老保险关系转移接续有关问题的通知》(后财〔2015〕1726号)

计划分配到机关事业单位工作的军队转业干部和退役士兵参加机关事业单位养老保险。自主择业的军队转业干部被党和国家机关、人民团体或者财政拨款的事业单位选用为正式工作人员的,按照国家规定参加机关事业单位养老保险。

4.《人力资源社会保障部 财政部 退役军人事务部 国家税务总局 国家医疗保障局 中央军委政治工作部 中央军委后勤保障部关于军队文职人员参加社会保险有关问题的通知》(军后财〔2018〕287号)

军队用人单位及其文职人员,按照国发〔2015〕2号文件规定参加军队用人单位所在省(自治区、直辖市)机关事业单位养老保险。

【背景案例】机关事业单位编制外人员的职业年金何去何从

机关事业单位的职业年金是强制性的,通过各级财力确保全面推进。现有机关事业单位的正式员工,无需担心自己的养老保障问题。但是,对于大量机关事业单位的"编制外人员",职业年金改革带来的益处并不清晰。

建立职业年金制度是机关事业单位养老保险改革的一个组成部分,主要针对编制内的人员。事业单位分类改革将现有事业单位按照社会功能划分为承担行政职能、从事生产经营活动和从事公益服务三个类别。改革主要是针对事业单位分类改革的公益一类和二类。自收自支的从事生产经营活动的事业单位基本就跟企业一样,对他们来说,现有政策对企业年金不是强制缴纳的。编制外职工能不能享受年金福利还要看单位的财力,因为文件规定,对于财政全额供款的单位,单位缴费部分由财政支出,根据单位提供的信息采取记账方式;而对于非全额供款的单位,单位缴费由单位实际承担,采取实账积累。由此形成的职业年金基金实行市场化投资运营,按实际收益计息。职业年金和企业年金都属于员工福利,给编制内员工建立职业年金之后,从公平的角度也应该给编制外员工缴纳企业年金,因为这两者本质上都是补充养老保险。

4. 如何确定年金的缴费基数和比例

同为补充养老保险的企业年金和职业年金,在缴费基数和缴费比例的规定上各不相同,具体如表1-12所示。

表1-12 企业年金和职业年金缴费基数和缴费比例

年金	缴费	缴费基数	缴费比例
企业年金	单位缴费	企业自主建立,缴费基数没有强制规定,但企业当期缴费计入职工企业年金个人账户的最高额与平均额不得超过5倍	试行阶段为不超过本企业上年度职工工资总额的十二分之一,现阶段为每年不超过本企业职工工资总额的8%
	个人缴费		试行阶段为企业和职工个人缴费合计不超过本企业上年度职工工资总额的六分之一,现阶段为企业和职工个人缴费合计不超过本企业职工工资总额的12%
职业年金	单位缴费	与机关事业单位工作人员基本养老保险缴费基数一致,公务员和参照公务员管理人员,缴费基数是上一年的基本工资、国家统一的津贴补贴和已经规范后的津补贴;事业单位人员,缴费基数是基本工资、国家统一的津贴补贴以及绩效工资	本单位工资总额的8%
	个人缴费		本人缴费工资的4%

企业年金与职业年金不同的是,企业与职工一方可以根据本企业情况,按照国家政策规定,经协商一致,变更企业年金方案。变更后的企业年金方案应当经职工代表大会或者全体职工讨论通过,并重新报送人力资源社会保障行政部门。也就是说,企业年金的缴费比例是可以经过协商一致变更的,体现了企业年金的自主性。

除此之外,企业年金在特殊情况下是可以终止缴费的。实行企业年金制度后,企业因依法解散、被依法撤销或者被依法宣告破产等原因,致使企业年金方案无法履行的;因不可抗力等原因致使企业年金方案无法履行的;企业年金方案约定的其他终止条件出现导致当期不能继续缴费的情况,经与职工一方协商,可以终止缴费。不能继续缴费的情况消失后,企业和职工恢复缴费,并可以根据本企业实际情况,按照终止缴费时的企业年金方案予以补缴。补缴的年限和金额不得超过实际终止缴费的年限和金额。企业年金方案终止后,职工原企业年金个人账户由法人受托机构发起的集合计划设置的保留账户暂时管理;原受托人是企业年金理事会的,由企业与职工一方协商选择法人受托机构管理。

在企业年金中企业缴费应当按照企业年金方案确定的比例和办法计入职工企业年金个人账户,职工个人缴费计入本人企业年金个人账户。企业年金暂时未分配至职工企业年金个人账户的企业缴费及其投资收益,以及职工企业年金个人账户中未归属于职工个人的企业缴费及其投资收益,计入企业年金企业账户。企业年金企业账户中的企业缴费及其投资收益应当按照企业年金方案确定的比例和办法计入职工企业年金个人账户。

职业年金的个人缴费实行实账积累。个人缴费直接计入本人职业年金个人账户。职业年金基金投资运营收益,按规定计入职业年金个人账户。对财政全额供款的单位,单位缴费根据单位提供的信息采取记账方式,每年按照国家统一公布的记账利率计算利息,工作人员退休前,本人职业年金账户的累计储存额由同级财政拨付资金记实;对非财政全额供款的单位,单位缴费实行实账积累。实账积累形成的职业年金基金,实行市场化投资运营,按实际收益计息。由此可见,对于财政全额供款的单位来说,单位缴费是"虚账",只有到退休前才由同级财政拨付资金记实,因此这类单位缴费8%的职业年金将不参加市场化的投资运营,而是根据记账利率计息。

> **政策链接:企业年金基金和职业年金基金组成**
>
> 1.《企业年金办法》(人力资源和社会保障部 财政部令第36号)
>
> 第十四条 企业年金基金由下列各项组成:
>
> (一)企业缴费;
>
> (二)职工个人缴费;
>
> (三)企业年金基金投资运营收益。
>
> 第十九条 职工企业年金个人账户中个人缴费及其投资收益自始归属于职工个人。职工企业年金个人账户中企业缴费及其投资收益,企业可以与职工一方约定其自始归属于职工个人,也可以约定随着职工在本企业工作年限的增加逐步归属于职工个人,完全归属于职工个人的期限最长不超过8年。
>
> 第二十条 有下列情形之一的,职工企业年金个人账户中企业缴费及其投资收益完全归属于职工个人:
>
> (一)职工达到法定退休年龄、完全丧失劳动能力或者死亡的;
>
> (二)有本办法第十二条规定的企业年金方案终止情形之一的;
>
> (三)非因职工过错企业解除劳动合同的,或者因企业违反法律规定职工解除劳动合同的;
>
> (四)劳动合同期满,由于企业原因不再续订劳动合同的;
>
> (五)企业年金方案约定的其他情形。
>
> 2.《机关事业单位职业年金办法》(国办发〔2015〕18号)
>
> 第五条 职业年金基金由下列各项组成:
>
> (一)单位缴费;
>
> (二)个人缴费;
>
> (三)职业年金基金投资运营收益;
>
> (四)国家规定的其他收入。

【实务案例】军队文职人员职业年金如何核算

甲省 A 事业单位现有职员 6 名。2021 年月平均工资中,1 人为 4 000 元(张先生),3 人为 9 000 元,1 人为 12 000 元,1 人为 23 800 元。2022 年 1 月末,张先生被当地军事院校聘用为文职人员,从 2 月份起薪并转移社会保险关系。张先生 2022 年 2 月至 4 月份工资分别为 6 000 元、6 800 元、7 600 元,其余月份人员无增减变动。

已知:甲省基本养老保险执行单基数模式,各项社会保险费缴费基数按基本养老保险基数执行,2021 年全口径平均工资 93 720 元。甲省机关事业单位社会保险缴费比例见表 1-13。

表 1-13 甲省机关事业单位社会保险缴费比例

类别	单位缴费比例	个人缴费比例	备注
基本养老保险	16.0%	8.0%	
失业保险	0.5%	0.5%	
工伤保险	0.2%		
医疗保险(含生育保险)	7.5%	2.0%	生育保险为 0.5%

要求:根据以上资料,依次回答下列问题。

1. 请计算 A 事业单位 2022 年应缴纳的职业年金金额。

参考答案:甲省 2022 年缴费基数上限为 93 720÷12×300% = 23 430(元);

2022 年缴费基数下限为 93 720÷12×60% = 4 686(元)。

A 事业单位 2022 年 1 月社会保险费缴费基数为 4 686 + 9 000×3 + 12 000 + 23 430 = 67 116(元)。

2022 年 1 月份职业年金为 67 116×(8% + 4%) = 8 053.92(元);

2022 年 2~12 月职业年金为 62 430×11×(8% + 4%) = 82 407.60(元)。

2022 年全年职业年金为 8 053.92 + 82 407.6 = 90 461.52(元)。

2. 计算张先生 2022 年 2 月至 4 月可获得的社会保险和职业年金个人缴费补助金额。

参考答案:张先生 2022 年 2 月至 4 月可获得的社会保险和职业年金个人缴费补助金额为(6 000 + 6 800 + 7 600)×(8% + 2% + 0.5% + 4%) = 2 958(元)。

答案解析:《关于军队文职人员参加社会保险有关问题的通知》(军后财〔2018〕287 号)规定,新招录聘用文职人员的工资收入,按照当年每月本人的工资收入确定。军队文职人员的社会保险个人缴费,采取补助方式随本人工资发放,由军队用人单位代扣代缴。补助标准,按照文职人员个人缴费工资基数乘以国家统一规定的基本养老保险、职业年金、基本医疗保险和失业保险个人缴费比例之和确定。

5. 参加企业年金和职业年金在领取时有何异同

企业年金和职业年金作为基本养老保险的补充,其最终的目的都是享受相应的待遇。职业年金和企业年金领取的异同如表 1-14 所示。

表 1-14 企业年金和职业年金领取异同

异同	企业年金	职业年金
不同点	职工在达到国家规定的退休年龄或者完全丧失劳动能力时可以领取	达到国家规定的退休条件并依法办理退休手续时可以领取
	可以按企业年金计划分次领取	按照本人退休时对应的计发月数分次领取
	可以一次性领取	不可以一次性领取
	可以部分购买商业养老保险产品	不可以部分购买商业养老保险产品
相同点	都可以选择按月领取	
	都可以选择全部购买商业养老保险产品	
	出国(境)定居人员,一次性支付	
	在职或退休死亡的,个人账户余额可以继承	

由此可见,企业年金的规定更加自主,可以通过集体协商确定,并制定企业年金方案,提交职工代表大会或者全体职工讨论通过。在方案中约定企业年金待遇计发和支付方式,也可以根据本企业情况,按照国家政策规定,经协商一致,变更企业年金方案。变更后的企业年金方案应当经职工代表大会或者全体职工讨论通过,并重新报送人力资源社会保障行政部门备案。而职业年金在这方面显然不具备企业年金的灵活性,待遇领取和支付的规定更加严格。

政策链接: 领取职业年金和企业年金的条件

1.《机关事业单位职业年金办法》(国办发〔2015〕18 号)

第九条 符合下列条件之一的可以领取职业年金:

(一) 工作人员在达到国家规定的退休条件并依法办理退休手续后,由本人选择按月领取职业年金待遇的方式。可一次性用于购买商业养老保险产品,依据保险契约领取待遇并享受相应的继承权;可选择按照本人退休时对应的计发月数计发职业年金月待遇标准,发完为止,同时职业年金个人账户余额享有继承权。本人选择任一领取方式后不再更改。

(二) 出国(境)定居人员的职业年金个人账户资金,可根据本人要求一次性支付给本人。

（三）工作人员在职期间死亡的，其职业年金个人账户余额可以继承。

未达到上述职业年金领取条件之一的，不得从个人账户中提前提取资金。

2.《企业年金办法》（人力资源和社会保障部 财政部令第36号）

第二十四条 符合下列条件之一的，可以领取企业年金：

（一）职工在达到国家规定的退休年龄或者完全丧失劳动能力时，可以从本人企业年金个人账户中按月、分次或者一次性领取企业年金，也可以将本人企业年金个人账户资金全部或者部分购买商业养老保险产品，依据保险合同领取待遇并享受相应的继承权；

（二）出国（境）定居人员的企业年金个人账户资金，可以根据本人要求一次性支付给本人；

（三）职工或者退休人员死亡后，其企业年金个人账户余额可以继承。

第二十五条 未达到上述企业年金领取条件之一的，不得从企业年金个人账户中提前提取资金。

【典型案例】企业年金含"金"量到底有多高

甲省乙市的A公司为国有企业，现有员工110人，公司于2005年全员加入了社会保险，并为员工参加了企业年金，该公司企业年金计划如下：

员工的企业年金缴费比例按照工龄分4个等级，职工工作不满10年的，单位缴费比例为5%；工龄满10年不满20年的，单位缴费比例为6%；工龄满20年不满30年的，单位缴费比例为7%；职工工龄满30年以上的，单位缴费比例为8%。个人缴费比例均为4%。由于高层领导的奖金比较多，为了体现公平的原则，方案规定缴费基数为全体员工的基本工资和绩效工资，不包含奖金等其他补贴。职工必须达到法定退休年龄后才可以领取企业年金，个人账户一次性支付给职工，为确保企业年金真正用于提升退休人员待遇，禁止提前提取。如果员工与公司解除劳动合同，单位缴费部分按照工作年限确定归属比例，工作不满10年单位缴费部分不予支付，工作满10年不满20年的，单位缴费部分归属比例为50%，工作超过20年的全额归属。如果员工因病或者因工伤原因无法胜任工作，也可以全额归属。

根据A公司的企业年金计划，假设张先生为该单位员工，2005年参加工作，假定工资为每月5 000元，每10年涨一次工资，涨幅1 000元。参加工作20年后，张先生企业年金账户金额为5 000×（5%＋4%）×12×10＋（5 000＋1 000）×（6%＋4%）×12×10＝126 000（元），工龄满20年后单位缴费部分全额归属，那么张先生退休时一次性可提取126 000元的企业年金本金及运营收益。如果按照基本养老保险计发月数139个月算,张先生每个月退休工资补充了 906.47 元,相当于张先生的养老金替代率增加了 15%。

6. 离职或者调动后年金如何转移接续

随着当前人员的频繁流动,很多人面临着调动工作、离职后年金的转移接续问题。企业年金和职业年金由于管理方式的不同,转移接续的处理办法也有所不同,具体如表 1-15 所示。

表 1-15　企业年金和职业年金转移异同

项目	相同点	不同点
新单位有年金	个人账户权益均可以随同转移	无
新单位无年金	均可以暂时由原管理机构继续管理	企业年金可以由法人受托机构发起的集合计划设置的保留账户暂时管理
升学、参军、失业期间		

前面提到过对于财政全额供款的机关事业单位来说,单位缴费是"虚账",只有到退休前才由同级财政拨付资金记实,因此职业年金的单位缴费部分在不同的人员流动方式下,资金转移也各不相同。如果转入单位缴费是"实账"的单位,需要将这部分资金由相应的同级财政保障拨付计实后转移。具体情况如表 1-16 所示。

表 1-16　职业年金单位部分转移接续

项目	人员流动方式	如何转移
单位缴费	同级财政全额供款单位之间	转移单位缴费部分累计记账额,由转入单位记账管理
	机关事业单位到企业	转出单位相应的同级财政保障拨付资金记实后转移
	非同级财政全额供款的单位之间	
	财政全额供款单位到非财政全额供款单位	
	非财政全额供款单位到财政全额供款单位	单位缴费部分由转入单位记账管理
个人账户	实账部分按照国办发〔2015〕18 号文件的规定转移接续(即表 1-15)	

政策链接：年金转移接续

1.《机关事业单位职业年金办法》(国办发〔2015〕18 号)

第八条　工作人员变动工作单位时,职业年金个人账户资金可以随同转移。工作人员升学、参军、失业期间或新就业单位没有实行职业年金或企业年金制度的,其职业年金个人账户由原管理机构继续管理运营。新就业单位已建立职业年金或企业年金制度的,原职业年金个人账户资金随同转移。

2.《企业年金办法》(人力资源和社会保障部 财政部令第 36 号)

第二十二条 职工变动工作单位时,新就业单位已经建立企业年金或者职业年金的,原企业年金个人账户权益应当随同转入新就业单位企业年金或者职业年金。职工新就业单位没有建立企业年金或者职业年金的,或者职工升学、参军、失业期间,原企业年金个人账户可以暂时由原管理机构继续管理,也可以由法人受托机构发起的集合计划设置的保留账户暂时管理;原受托人是企业年金理事会的,由企业与职工协商选择法人受托机构管理。

3.《人力资源社会保障部 财政部关于机关事业单位基本养老保险关系和职业年金转移接续有关问题的通知》(人社部规〔2017〕1 号)

二、关于机关事业单位参保人员养老保险关系转移接续后的职业年金补记

(一)参保人员办理了正式调动或辞职、辞退手续离开机关事业单位的,根据改革前本人在机关事业单位工作的年限长短补记职业年金,以实账方式划转至本人职业年金个人账户,所需资金由其原所在单位按现行经费保障渠道解决。

(二)参保人员从企业再次流动到机关事业单位的,本人退休时,按照机关事业单位养老保险办法计发待遇,同时补记职业年金的本金及投资收益划转到待遇领取地机关事业单位基本养老保险统筹基金。若参保人员在退休前从机关事业单位又流动到企业的,不再重复补记职业年金,原补记的职业年金转移和管理运营按照国办发〔2015〕18 号文件规定执行。

六、关于职业年金转移接续

职业年金个人账户实账部分按照国办发〔2015〕18 号文件的规定转移接续,职业年金单位缴费采取记账方式管理的部分,按以下办法转移接续:

(一)参保人员在由相应的同级财政全额供款的单位之间流动时,可转移本人的职业年金单位缴费部分的累计记账额,继续由转入单位采取记账方式管理。

(二)参保人员由机关事业单位流动到企业、在非同级财政全额供款的单位之间流动,或者由财政全额供款单位流动到非财政全额供款单位的,应当由转出单位相应的同级财政保障拨付资金记实后转移接续。

(三)参保人员由非财政全额供款单位流动到财政全额供款单位后,原实账积累的个人账户资金按规定转移接续,同时其到新就业单位后的职业年金单位缴费部分可采取记账方式管理。

补充养老保险最受关注的就是待遇计发问题,人员在企业和机关事业单位之间流动后,年金的待遇如何计发也是改革的重中之重。由于企业年金和职业年金待遇领取的制度不一致,对于那些既缴纳过职业年金又缴纳过企业年金的人,退休时如何领取待遇问题,在《人力资源社会保障部 财政部关于机关事业单位基本养老保险关系和职业年金转

移接续有关问题的通知》(人社部规〔2017〕1号)中也有了具体的规定,如表1-17所示。

表1-17 人员在机关事业单位和企业之间流动退休待遇计发

机关事业单位到企业	企业有年金	正常缴费、补记缴费和企业年金累计储存额合并计算,按照规定领取企业年金待遇,将划转缴费累计储存额一次性支付给本人
	企业无年金	由原管理机构管理运营的,将正常缴费和补记缴费累计储存额合并计算,按照规定领取职业年金待遇,将划转缴费累计储存额一次性支付给本人
企业到机关事业单位	过渡期之内	企业年金部分领取企业年金待遇,职业年金部分领取职业年金待遇
	过渡期之后	职业年金、企业年金累计储存额合并计算,按规定领取职业年金待遇

政策链接:职业年金、企业年金个人账户管理和待遇计发

《人力资源社会保障部 财政部关于机关事业单位基本养老保险关系和职业年金转移接续有关问题的通知》(人社部规〔2017〕1号)

七、关于职业年金、企业年金个人账户管理和待遇计发

(一)参保人员在机关事业单位与企业之间流动时,本人职业年金或者企业年金个人账户包含的按照规定正常缴费形成的职业年金(简称正常缴费)、参加本地机关事业单位养老保险试点的个人缴费本息划转的资金(简称划转缴费)、补记的职业年金(简称补记缴费)和企业年金分别管理并计算收益。

(二)参保人员从机关事业单位流动到企业并在企业职工养老保险制度内达到退休年龄,参加所在企业建立企业年金计划的,将正常缴费、补记缴费和企业年金累计储存额合并计算,按照企业年金制度相关规定领取企业年金待遇,同时将划转缴费累计储存额一次性支付给本人。

(三)参保人员从机关事业单位流动到企业并在企业职工养老保险制度内达到退休年龄,所在企业没有建立企业年金计划并由原管理机构管理运营正常缴费、划转缴费和补记缴费的,将正常缴费和补记缴费累计储存额合并计算,按照国办发〔2015〕18号文件规定领取职业年金待遇,同时将划转缴费累计储存额一次性支付给本人。

(四)参保人员从企业流动到机关事业单位的,原在企业建立的企业年金按规定转移并投资运营。在机关事业单位养老保险制度内达到退休年龄的,过渡期内,企业年金累计储存额不计入新老办法标准对比范围,按照企业年金制度相关规定领取企业年金待遇,同时按照国办发〔2015〕18号文件规定领取职业年金待遇;过渡期之后,将职业年金、企业年金累计储存额合并计算,按照国办发〔2015〕18号文件规定领取职业年金待遇。

(五)参保人员在职期间或退休后死亡的,其正常缴费、划转缴费、补记缴费和企业年金累计储存余额可以继承。

> **【实务案例】** 高级技术人员离职创业，职业年金该怎么办

当前我国出台了各种优惠政策鼓励支持高校、科研院所等事业单位优秀专业技术人员参与到改革发展的第一线，主动投身大众创业、万众创新，促进我国经济结构转型升级。

甲省乙市 A 科研所李先生就是其中的一员，在离岗创业成功之后，他选择从科研所辞职，全力创办自己的企业。李先生到相关部门咨询自己在科研所缴纳过的职业年金如何处理，职业年金退休待遇如何领取，工作人员作出了下列答复：

首先，如果李先生新创办的企业没有设立企业年金，李先生的职业年金可以暂时由原管理机构继续管理；如果李先生在新企业设立企业年金计划，李先生职业年金个人账户资金可以随同转移，单位缴费部分应当由转出单位相应的同级财政保障拨付资金记实后转移接续。转移接续之前还要根据改革前李先生在科研所工作的年限长短补记职业年金，以实账方式划转至本人职业年金个人账户，所需资金由科研所按现行经费保障渠道解决。

其次，如果李先生达到法定退休年龄时，新创办企业也设立了企业年金，本人企业年金个人账户包含的按照规定正常缴费形成的职业年金、参加本地机关事业单位养老保险试点的个人缴费本息划转的资金、补记的职业年金和企业年金分别管理并计算收益。将正常缴费、补记缴费和企业年金累计储存额合并计算，按照企业年金制度相关规定领取企业年金待遇，同时将划转缴费累计储存额一次性支付给本人。

最后，如果李先生达到法定退休年龄时，新创办企业没有企业年金，职业年金由原管理机构管理运营的，将正常缴费和补记缴费累计储存额合并计算，按照规定领取职业年金待遇，将划转缴费累计储存额一次性支付给本人。

（七）特殊人员或特殊行业的养老保险

1. 外籍人士如何参加基本养老保险

随着中国经济的飞速发展，来中国工作的外国友人也越来越多。截至 2016 年年末，持外国人就业证在中国工作的外国人达到 23.5 万人。为了维护在中国境内就业的外国人依法参加社会保险和享受社会保险待遇的合法权益，加强社会保险管理，根据《社会保险法》，人力资源和社会保障部在 2011 年 9 月 6 日公布《在中国境内就业的外国人参加社会保险暂行办法》（人力资源和社会保障部令第 16 号），作为在中国境内就业的外国人参保事宜的规范性文件。

在中国境内就业的外国人的参保范围是在中国境内依法注册或者登记的企业、事业单位、社会团体、民办非企业单位、基金会、律师事务所、会计师事务所等组织（以下称用人单位）依法招用的外国人，应当依法参加职工基本养老保险、职工基本医疗保险、工

伤保险、失业保险和生育保险，由用人单位和本人按照规定缴纳社会保险费。与境外雇主订立雇佣合同后，被派遣到在中国境内注册或者登记的分支机构、代表机构（以下称境内工作单位）工作的外国人，应当依法参加职工基本养老保险、职工基本医疗保险、工伤保险、失业保险和生育保险，由境内工作单位和本人按照规定缴纳社会保险费。用人单位招用未依法办理就业证件或者持有《外国人永久居留证》的外国人的，按照《外国人在中国就业管理规定》（人力资源和社会保障部第7号，人力资源和社会保障部令第32号修正）处理。

用人单位招用外国人的，应当自办理就业证件之日起30日内为其办理社会保险登记。受境外雇主派遣到境内工作单位工作的外国人，应当由境内工作单位按照前款规定为其办理社会保险登记。依法办理外国人就业证件的机构，应当及时将外国人来华就业的相关信息通报当地社会保险经办机构。社会保险经办机构应当定期向相关机构查询外国人办理就业证件的情况。

参加社会保险的外国人，符合条件的，依法享受社会保险待遇。在达到规定的领取养老金年龄前离境的，其社会保险个人账户予以保留，再次来到中国就业的，缴费年限累计计算；经本人书面申请终止社会保险关系的，也可以将其社会保险个人账户储存额一次性支付给本人。外国人死亡的，其社会保险个人账户余额可以依法继承。

依法参加社会保险的外国人与用人单位或者境内工作单位因社会保险发生争议的，可以依法申请调解、仲裁、提起诉讼。用人单位或者境内工作单位侵害其社会保险权益的，外国人也可以要求社会保险行政部门或者社会保险费征收机构依法处理。

社会保险行政部门应当按照《社会保险法》的规定，对外国人参加社会保险的情况进行监督检查。用人单位或者境内工作单位未依法为招用的外国人办理社会保险登记或者未依法为其缴纳社会保险费的，按照《社会保险法》《劳动保障监察条例》等法律、行政法规和有关规章的规定处理。

> **政策链接：在中国境内就业的外国人定义**
>
> 《在中国境内就业的外国人参加社会保险暂行办法》（人力资源和社会保障部令第16号）
>
> 第二条　在中国境内就业的外国人，是指依法获得《外国人就业证》《外国专家证》《外国常驻记者证》等就业证件和外国人居留证件，以及持有《外国人永久居留证》，在中国境内合法就业的非中国国籍的人员。

【背景案例】 "双边互免"是哪"双边"，"互免"的是什么

社会保障协定的发展历程与经济全球化进程相生相伴。它们有效保护了跨国企业

和劳动者的社会保障权益,极大便利了国际经贸合作和人员往来,成为国际社会保障事务举足轻重的协调机制。社会保障协定重点要解决两个问题:一是跨国就业人员在流动过程中因两国社会保障制度覆盖而产生的双重缴费问题;二是跨国就业人员社会保障待遇享受问题。针对上述问题,协定缔约国在对等、互惠、协作的原则下,明确了诸如缴费互免、年限互认、待遇累加等开放包容的解决方案。

2001年7月,《中华人民共和国与德意志联邦共和国社会保险协定》正式签署。这是我国签署的第一部社会保障协定。随后,我国在社会保障领域的"朋友圈"不断拓展,与世界30多个国家和地区进行了技术磋商和双边谈判。目前,我国已与德国、韩国、丹麦、芬兰、加拿大、瑞士、荷兰、法国、西班牙、卢森堡、日本、塞尔维亚12个国家正式签署了社会保障协定。其中11个社会保障协定已先后生效实施。此外,我国和奥地利、罗马尼亚、捷克、葡萄牙、俄罗斯、印度等近20个国家和地区进行或者即将启动社会保障协定谈判,有的国家谈判即将完成。12个国家双边互免协议签订情况如表1-18所示。

表1-18 "十二国"双边互免情况一览表

国家	互免险种	时间	文件	免缴期限
中国	职工养老保险、失业保险	签订日期:2001年7月12日;2002年2月18日	《中华人民共和国与德意志联邦共和国社会保险协定》《关于实施中华人民共和国与德意志联邦共和国社会保险协定参保义务规定的行政协议》《关于实施中德社会保险协定的通知》(劳社厅发〔2002〕2号)	5年
德国	法定养老保险、失业保险(就业促进费)	生效日期:2002年4月4日		
中国	城镇职工基本养老保险、新型农村社会养老保险、城镇居民养老保险、失业保险	签订日期:2012年10月29日;2012年12月26日	《中华人民共和国政府和大韩民国政府社会保险协定》《中华人民共和国政府和大韩民国政府社会保险协定议定书》《关于实施中华人民共和国政府和大韩民国政府社会保险协定的行政协议》《关于实施中华人民共和国政府和大韩民国政府社会保险协定议定书的谅解备忘录》《人力资源社会保障部办公厅关于实施中韩社会保险协定和议定书的通知》(人社厅发〔2012〕120号)	5年
韩国	韩国国民年金、政府公务员年金、私立学校教职员工年金、雇佣保险	生效日期:2013年1月16日		
中国	职工基本养老保险	签订日期:2013年12月9日	《中华人民共和国政府和丹麦王国政府社会保障协定》《关于实施中华人民共和国政府和丹麦王国政府社会保障协定的行政协议》《人力资源社会保障部办公厅关于实施中丹社会保险协定的通知》(人社厅发〔2014〕42号)	5年
丹麦	社会养老金、劳动力市场补充养老金	生效日期:2014年5月14日		

(续表)

国家	互免险种	时间	文件	免缴期限
中国	职工基本养老保险、城乡居民基本养老保险	签订日期：2015年4月2日	《中华人民共和国政府和加拿大政府社会保障协定》《中华人民共和国人力资源和社会保障部与加拿大就业和社会发展部关于实施中华人民共和国政府和加拿大政府社会保障协定的行政协议》《人力资源社会保障部办公厅关于实施中加社会保障协定的通知》（人社厅发〔2016〕190号）	6年
加拿大	老年保障法案及据此制定的法规、加拿大养老金计划及据此制定的法规	生效日期：2017年1月1日		
中国	职工基本养老保险和失业保险	签订日期：2014年9月22日；2016年10月18日	《中华人民共和国政府和芬兰共和国政府社会保障协定》《关于实施中华人民共和国政府和芬兰共和国政府社会保障协定的行政协议》《人力资源社会保障部办公厅关于实施中芬社会保障协定的通知》（人社厅发〔2017〕6号）	5年
芬兰	与收入相关的年金计划下的老年、残疾和遗属年金及失业保险	生效日期：2017年2月1日		
中国	职工基本养老保险、城乡居民基本养老保险、失业保险	签订日期：2015年9月30日	《中华人民共和国政府和瑞士联邦政府社会保障协定》《人力资源社会保障部办公厅关于实施中国瑞士社会保障协定的通知》（人社厅发〔2017〕69号）	6年
瑞士	养老和遗属保险、残疾保险。根据瑞士法律规定，适用或免除瑞士养老和遗属保险以及残疾保险的雇员将自动适用或免除瑞士失业保险	生效日期：2017年6月19日		
中国	职工基本养老保险、失业保险	签订日期：2016年9月12日	《中华人民共和国政府和荷兰王国政府社会保障协定》《关于实施中华人民共和国政府和荷兰王国政府社会保障协定的谅解备忘录》《人力资源社会保障部办公厅关于实施中国—荷兰社会保障协定的通知》（人社厅发〔2017〕93号）	5年
荷兰	养老保险、失业保险和遗属保险	生效日期：2017年9月1日		
中国	职工养老保险、失业保险	签订日期：2017年5月19日	《中华人民共和国和西班牙王国社会保障协定》《关于实施中华人民共和国西班牙王国社会保障协定的行政协议》《人力资源社会保障部办公厅关于实施中国—西班牙社会保障协定的通知》（人社厅发〔2018〕7号）	6年
西班牙	社会保障制度中适用于雇员的缴费型养老金，其中不包含工伤和职业病保险；雇员的失业保险缴费与待遇	生效日期：2018年3月20日		

(续表)

国家	互免险种	时间	文件	免缴期限
中国	职工基本养老保险	签订日期：2017年11月12日	《中华人民共和国政府和卢森堡大公国政府社会保障协定》《关于实施中华人民共和国政府和卢森堡大公国政府社会保障协定的行政协议》《人力资源社会保障部办公厅关于实施中国—卢森堡社会保障协定的通知》（人社厅发〔2019〕36号）	5年
卢森堡	涉及养老、病残和遗属的养老保险	生效日期：2019年5月1日		
中国	职工基本养老保险、失业保险	签订日期：2018年6月8日；2020年1月6日	《中华人民共和国政府和塞尔维亚共和国政府社会保障协定》《关于实施中华人民共和国政府和塞尔维亚共和国政府社会保障协定的行政协议》《人力资源社会保障部办公厅关于实施中国—塞尔维亚社会保障协定的通知》（人社厅发〔2021〕5号）	5年
塞尔维亚	强制养老和残疾保险、失业保险	生效日期：2021年2月1日		
中国	职工基本养老保险	签订日期：2018年5月9日；2019年4月18日	《中华人民共和国政府和日本国政府社会保障协定》《关于实施中华人民共和国政府和日本国政府社会保障协定的行政协议》《人力资源社会保障部办公厅关于实施中国—日本社会保障协定的通知》（人社厅发〔2019〕81号）	5年
日本	国民年金（国民年金基金除外）和厚生年金（厚生年金基金除外）	生效日期：2019年9月1日		
中国		签订日期：2016年10月31日；2019年9月16日	《中华人民共和国政府和法兰西共和国政府社会保障协定》《关于实施中华人民共和国政府和法兰西共和国政府社会保障协定的行政协议》	
法国		生效日期：暂未生效		

　　双边社会保障协定的签署和实施，便利了国际经贸往来和人员交往，有效保障了我国出境工作人员的社会保障权益，切实减轻了我国企业在境外的社会保险缴费负担，为服务我国对外开放大局发挥了重要作用。目前，我国签署社会保障协定的出发点是保护在外就业的劳动者权益，聚焦跨国企业和劳动者在派出国和工作国双重缴纳社会保险费的问题，重点采用互免缴费的方式减轻我国外派企业和人员负担。我国已签署的社会保障协定，从覆盖的人员范围来看，主要是派遣人员、船员和航空器上人员、外交官和其他公职人员等群体；从主要内容来看，主要是双重缴费的豁免；从险种来看，主要是养老保险和失业保险，有的只有养老保险，不含医疗、工伤和生育保险。

　　今后，我国将会与更多的国家和地区开展社会保障协定谈判工作，更好地服务以国内大循环为主体、国内国际双循环相互促进的新发展格局；适应全球新冠肺炎疫情形势，改进和完善社会保障协定谈判方式；加强对协定覆盖人群等问题的研究，完善升级协定文本，更好地适应我国社会保障制度的改革发展，更好地维护我国"走出去"企业和员工的社会保障权益。

2. 退役士兵如何参加基本养老保险

2012年为规范军人保险关系，维护军人合法权益，我国发布了《中华人民共和国军人保险法》(中华人民共和国主席令第五十六号)。与企业职工基本养老保险和城乡居民基本养老保险不同的是，军人养老保险工作是由中国人民解放军军人保险主管部门负责。国务院社会保险行政部门、财政部门和军队其他有关部门在各自职责范围内负责有关的军人保险工作。军队后勤(联勤)机关财务部门负责承办军人保险登记、个人权益记录、军人保险待遇支付等工作。军队后勤(联勤)机关财务部门和地方社会保险经办机构，按照各自职责办理军人保险与社会保险关系转移接续手续。军人保险基金包括军人伤亡保险基金、军人退役养老保险基金、军人退役医疗保险基金和随军未就业的军人配偶保险基金。各项军人保险基金按照军人保险险种分别建账，分账核算，执行军队的会计制度。

军人应当缴纳的保险费，由其所在单位代扣代缴。军人保险基金由个人缴费、中央财政负担的军人保险资金以及利息收入等资金构成。

2015年，为了维护军人养老保险权益，实现军地政策顺畅衔接，我国又公布了《人力资源社会保障部、财政部、总参谋部、总政治部、总后勤部关于军人退役基本养老保险关系转移接续有关问题的通知》(后财〔2015〕1726号)，规定了军人退出现役参加基本养老保险的，国家给予军人退役基本养老保险补助。军人服现役期间单位和个人应当缴纳的基本养老保险费由中央财政承担，所需经费由总后勤部列年度军费预算安排。军队各级后勤(联勤、保障)机关财务部门，负责军人退役基本养老保险关系的建立、转移和军人退役基本养老保险补助的计算、审核、划转工作。各级人民政府人力资源社会保障部门负责军人退役基本养老保险关系接续和补助资金接收，以及基本养老保险待遇落实等工作。各级人民政府财政部门按职责做好军人退役基本养老保险关系转移接续的相关工作。

军人退出现役基本养老保险补助由军人所在单位财务部门在军人退出现役时一次算清记实。补助标准如表1-19、表1-20所示。

军人入伍前已经参加基本养老保险的，其基本养老保险关系和相应资金不转移到军队，由原参保地社会保险经办机构开具参保缴费凭证交给本人，并保存其全部参保缴费记录。军人本人应当将原参保地社会保险经办机构开具的参保缴费凭证，交给军人所在单位财务部门存档，在军人退出现役时，随军人退役基本养老保险关系一并交还给本人。军人退出现役后继续参加基本养老保险的，按照国家规定接续基本养老保险关系；退出现役采取退休、供养方式安置的，经本人申请，由原参保地社会保险经办机构依据军人所在团级以上单位出具的《军人退休(供养)证明》和参保缴费凭证等，退还原基本养老保险个人账户储存额，终止基本养老保险关系。

表 1-19 军人退休基本养老保险补助

类别	参加险种	补助标准	缴费比例
计划分配到企业工作的军队转业干部和军队复员干部、由人民政府安排到企业工作和自主就业的退役士兵	企业职工基本养老保险或者城乡居民基本养老保险	军官、文职干部和士官,按本人服现役期间各年度月缴费工资20%乘以服现役月数	单位缴费12%,个人缴费8%
		义务兵和供给制学员,按本人退出现役时当年下士月缴费工资起点标准的20%乘以服现役月数	
计划分配到机关事业单位工作的军队转业干部和退役士兵	机关事业单位基本养老保险	军官、文职干部和士官,按2014年10月1日后服现役期间各年度月缴费工资20%的总和乘以2014年10月1日后服现役月数	
		义务兵和供给制学员,按本人退出现役时当年下士月缴费工资起点标准的20%乘以2014年10月1日后服现役月数计算	
被党和国家机关、人民团体或者财政拨款的事业单位选用为正式工作人员的自主择业的军队转业干部	从选用下月起停发退役金,按照国家规定参加机关事业单位基本养老保险	2014年10月1日前个人服现役年限视同缴费年限;根据《军队自主择业转业干部缴费工资基数表》,以其在军队服现役期间各年度月缴费工资之和为基数的20%乘以2014年10月1日后服现役月数	
未被党和国家机关、人民团体或者财政拨款的事业单位选用为正式工作人员的自主择业的军队转业干部	按照国家规定依法参加当地企业职工基本养老保险的	由安置地人民政府逐月发给退役金,退出现役时不给予军人退役基本养老保险补助,其养老保险缴费年限从在当地缴纳养老保险费之日算起	
采取退休方式安置的退役军人	实行退休金保障制度	退出现役时不给予军人退役基本养老保险补助	

表 1-20 军人退役基本养老保险补助的月工资项目

时间	类别	基数	
2014年10月1日前	军官、文职干部和士官	本人月工资数额	基本工资、军人职业津贴、工作性津贴、生活性补贴和奖励工资
	义务兵和供给制学员	本人退出现役当年下士月工资	
2014年10月1日后	军官、文职干部和士官	本人月工资数额乘以1.136	基本工资、军人职业津贴、工作性津贴、生活性补贴、艰苦边远地区津贴、驻西藏部队特殊津贴、高山海岛津贴、地区附加津贴和奖励工资
	义务兵和供给制学员	本人退出现役当年下士月工资乘以1.136	

军人退出现役后按规定办理基本养老保险关系转移接续手续的,军人退役基本养老保险补助年限与入伍前和退出现役后参加企业职工或者机关事业单位基本养老保险

的缴费年限合并计算。军人退出现役后参加机关事业单位基本养老保险的,2014年10月1日前的军人服现役年限视同机关事业单位基本养老保险缴费年限。军人退役基本养老保险补助年限(含视同缴费年限)计算为军人退役时首次安置地企业职工或者机关事业单位基本养老保险参保缴费年限。

2016年,在《人力资源社会保障部关于城镇企业职工基本养老保险关系转移接续若干问题的通知》(人社部规〔2016〕5号)中,规定了军人退役基本养老保险关系转移至安置地后,安置地应为其办理登记手续并接续养老保险关系,退役养老保险补助年限计算为安置地的实际参保缴费年限。

2019年,为了解决一些退役士兵未能及时参加基本养老、基本医疗保险或参保后因企业经营困难、下岗失业等原因缴费中断,享受养老、医疗保障待遇面临困难,中共中央办公厅、国务院办公厅印发了《关于解决部分退役士兵社会保险问题的意见》(厅字〔2019〕3号,对以政府安排工作方式退出现役的退役士兵在2019年4月28日以前未参加基本养老保险和基本医疗保险或参保后缴费中断的,可以按不超过本人军龄的年限补缴。缴费工资基数由安置地按照补缴时上年度职工平均工资的60%予以确定,单位和个人缴费费率按补缴时安置地规定执行,相应记录个人权益。

以政府安排工作方式退出现役的退役士兵参保和补缴所需资金由政府和中央财政予以补助,补助的标准和范围如表1-21所示。

表1-21 部分退役士兵基本养老保险政府及中央财政补助范围

项目			政府补助	中央财政补助
单位部分			所在单位负担	中西部兵员大省补助50% 中西部非兵员大省补助40% 东部兵员大省补助30% 东部非兵员大省补助20%
	所在单位缴纳困难或原单位已不存在		原单位上级主管部门负责	
		上级主管部门不存在	安置地退役军人事务主管部门申请财政资金	
		上级主管部门无力缴纳		
个人部分			由个人承担	
	最低生活保障对象、特困人员		地方财政予以适当补助	无

各部门各司其职,退役军人事务部门负责做好人员摸排、身份审核确认、补助资金审核申请等工作,并切实承担起统筹协调责任。人力资源社会保障、医保、税务部门负责根据部门职责,做好历史参保记录核查、费用补缴和征收、参保权益确认等工作。民政部门负责积极协助做好最低生活保障对象、特困人员等身份确认工作。财政部门负责及时安排拨付基本养老保险和基本医疗保险补缴所需补助资金,切实做好资金保障,

会同相关部门加强资金管理,确保资金使用安全、规范、高效。

> **政策链接:军人保险基金**
>
> 1.《中华人民共和国军人保险法》(中华人民共和国主席令第五十六号)
>
> 第三十三条 中央财政负担的军人保险资金,由国务院财政部门纳入年度国防费预算。
>
> 第三十四条 军人保险基金按照国家和军队的预算管理制度,实行预算、决算管理。
>
> 第三十五条 军人保险基金实行专户存储,具体管理办法按照国家和军队有关规定执行。
>
> 第三十六条 军人保险基金由中国人民解放军总后勤部军人保险基金管理机构集中管理。军人保险基金管理机构应当严格管理军人保险基金,保证基金安全。
>
> 2.《关于军人退役基本养老保险关系转移接续有关问题的通知》(后财〔2015〕1726号)
>
> 军人退出现役参加基本养老保险的,国家给予军人退役基本养老保险补助。军人服现役期间单位和个人应当缴纳的基本养老保险费由中央财政承担,所需经费由总后勤部列年度军费预算安排。
>
> 3.《人力资源社会保障部关于城镇企业职工基本养老保险关系转移接续若干问题的通知》(人社部规〔2016〕5号)
>
> 军人退役基本养老保险关系转移至安置地后,安置地应为其办理登记手续并接续养老保险关系,退役养老保险补助年限计算为安置地的实际参保缴费年限。
>
> 退役军人跨省流动就业的,其在1998年1月1日至2005年12月31日间的退役养老保险补助,转出地应按11%计算转移资金,并相应调整个人账户记录,所需资金从统筹基金中列支。
>
> 4.《中共中央办公厅 国务院办公厅印发〈关于解决部分退役士兵社会保险问题的意见〉的通知》(厅字〔2019〕3号)
>
> 以政府安排工作方式退出现役的退役士兵,允许参保和补缴。
>
> 未参加社会保险的允许参保。退役士兵入伍时未参加城镇职工基本养老、基本医疗保险的,入伍时间视为首次参保时间;2012年7月1日《中华人民共和国军人保险法》实施前退役的,军龄视同为基本养老保险、基本医疗保险缴费年限;在《中华人

民共和国军人保险法》实施后退役、国家给予军人退役基本养老保险补助的,军龄与参加基本养老保险、基本医疗保险的缴费年限合并计算。

参保后缴费中断的允许补缴。退役士兵参加基本养老保险出现欠缴、断缴的,允许按不超过本人军龄的年限补缴,补缴免收滞纳金。达到法定退休年龄、基本养老保险累计缴费年限(含军龄)未达到国家规定最低缴费年限的,允许延长缴费至最低缴费年限;2011年7月1日《中华人民共和国社会保险法》实施前首次参保、延长缴费5年后仍不足最低缴费年限的,允许一次性缴费至最低缴费年限。达到法定退休年龄、城镇职工基本医疗保险累计缴费年限(含军龄)未达到国家规定年限的,可以缴费至国家规定年限。

5.《财政部 退役军人部 人力资源社会保障部 医保局 民政部 税务总局关于解决部分退役士兵社会保险问题中央财政补助资金有关事项的通知》(财社〔2019〕81号)

以政府安排工作方式退出现役的退役士兵,在《通知》实施前,未参加基本养老保险和基本医疗保险或参保后缴费中断的,可以按不超过本人军龄的年限补缴。

【背景案例】随军未就业军嫂的社会保险如何保障

为了解决军人配偶随军未就业期间的基本生活保障和社会保险补贴待遇及关系衔接问题,解除军人后顾之忧,激励军人安心服役,我国结合军队实际,于2003年12月25日发布《国务院办公厅 中央军委办公厅关于印发〈中国人民解放军军人配偶随军未就业期间社会保险暂行办法〉的通知》(国办发〔2003〕102号),建立了军人配偶随军未就业期间基本生活补贴制度和养老、医疗保险个人账户,并给予个人账户补贴。军人配偶随军未就业期间,军队后勤(联勤)机关财务部门按规定为其建立养老保险个人账户,记录其在部队期间的养老保险缴费情况。

军嫂们的社会保险由军人所在单位后勤机关按照缴费基数11%的规模,建立养老保险个人账户,所需资金由个人和国家共同负担,其中,个人按6%的比例缴费,国家按5%的比例给予个人账户补贴。缴费基数参照上年度全国城镇职工月平均工资60%的比例确定。个人缴费和国家给予个人账户补贴的比例,根据企业职工个人缴费比例的变动情况,由总后勤部商国务院有关部门适时调整。

未就业随军配偶随军随队前,已经参加地方企业职工基本养老保险或机关事业单位养老保险并建立个人账户的,按照国家关于职工跨统筹地区调动的有关规定,由地方社会保险经办机构,将其基本养老保险关系和个人账户资金转入军人所在单位后勤机关;已经参加地方机关事业单位养老保险但未建立个人账户的,按本办法建立养老保险个人账户。其中,已参加养老保险的,由地方社会保险经办机构将其养老保险关系转入军人所在单位后勤机关。

未就业随军配偶就业后,参加基本养老保险的,按照国家关于职工跨统筹地区调动的有关规定,由军人所在单位后勤机关办理养老保险关系和个人账户资金转出手续,在军队期间建立养老保险个人账户后的缴费年限,与到地方后参加养老保险的缴费年限合并计算,地方劳动保障部门及其社会保险经办机构,应当及时按规定办理未就业随军配偶养老保险关系和个人账户接续工作。

政策链接: 未就业随军配偶基本养老保险补贴

1.《国务院办公厅 中央军委办公厅关于印发〈中国人民解放军军人配偶随军未就业期间社会保险暂行办法〉的通知》(国办发〔2003〕102号)

国家建立军人配偶随军未就业期间基本生活补贴制度和养老、医疗保险个人账户,并给予个人账户补贴。

2.《中华人民共和国人力资源和社会保障部 中华人民共和国财政部 中国人民解放军总政治部 中国人民解放军总后勤部关于未就业随军配偶基本养老保险关系转移接续有关问题的通知》(后联〔2011〕3号)

二、未就业随军配偶随军前已经参加城镇企业职工基本养老保险的,基本养老保险关系和资金不转移到军队,原参保地社会保险经办机构(以下简称社保机构)保存其全部参保缴费记录,个人账户储存额继续按规定计息。

三、未就业随军配偶实现就业并参加城镇企业职工基本养老保险的,由军队后勤(联勤)机关财务部门将其养老保险关系和相应资金,转移到新参保地社保机构。转移养老保险关系时,未就业随军配偶不受男性年满50周岁和女性年满40周岁的条件限制,不建立临时基本养老保险缴费账户。其到地方再次跨省流动就业的,应按照国办发〔2009〕66号文件规定办理。

四、未就业随军配偶在军人退役随迁安置时暂未就业的,由军队后勤(联勤)机关财务部门将其养老保险关系和相应资金,转移到随迁安置户籍所在地社保机构。转移养老保险关系时,未就业随军配偶不受男性年满50周岁和女性年满40周岁的条件限制,不建立临时基本养老保险缴费账户。其到地方再次跨省流动就业的,应按照国办发〔2009〕66号文件规定办理。

五、未就业随军配偶达到国家规定的退休年龄的,由军队后勤(联勤)机关财务部门将其养老保险关系和相应资金,转移到户籍所在地社保机构,符合城镇企业职工基本养老保险待遇领取条件的,在户籍所在地办理退休手续并领取城镇企业职工基本养老保险待遇。

六、未就业随军配偶随军前已经参加城镇企业职工基本养老保险,并按规定在原参保地办理基本养老保险关系和个人账户封存手续的,在符合本通知第三、第四、第五条规定情形时,应同时持原参保地或者户籍所在社保机构办理养老保险关系和相应资金的转移接续手续。

七、办理本通知第三、第四、第五条规定情形的养老保险关系转移时,按下列方法计算个人账户储存额和军队补助的转移资金:

(一)个人账户储存额:1998年1月1日之前按个人缴费累计本息计算转移;1998年1月1日以后按记入个人账户的全部储存额计算转移。

(二)军队补助:按1998年1月1日以后本人各年度实际缴费基数的12%的总和计算并转移,参保不足1年的,按实际缴费月数计算转移。

3.《人力资源社会保障部　财政部　退役军人事务部　国家税务总局　国家医疗保障局　中央军委政治工作部　中央军委后勤保障部关于军队文职人员参加社会保险有关问题的通知》(军后财〔2018〕287号)

军队用人单位及其文职人员,按照规定参加军队用人单位所在省(自治区、直辖市)机关事业单位养老保险,军队用人单位在参加基本养老保险的基础上,应当为其文职人员建立职业年金。

【典型案例】:军队文职人员的社会保险该怎么交

张先生在今年的招考公告上发现甲省乙市A部队医院招聘会计,张先生各方面都符合招聘条件,但是对文职人员的福利待遇没有了解,遂到相关部门去了解情况。

军队文职人员的参保范围是指按照《中国人民解放军文职人员条例》(国务院、中央军事委员会令第438号,国务院、中央军事委员会令第689号修订)新招录聘用的文职人员和纳编的原社会招聘文职人员,以及按照《关于改革期间现役干部转改文职人员的实施意见》由现役干部转改的文职人员;军队用人单位,是指与文职人员建立人事关系的军队团级以上建制单位。

军队用人单位及其文职人员分别按照本单位文职人员的工资总额和本人的缴费工资基数,以及国家和所在统筹地区规定的缴费比例缴纳社会保险费。军队用人单位的工资总额为本单位参加社会保险文职人员缴费工资基数之和。文职人员参加社会保险的缴费工资基数包括:本人上年度工资收入中的基本工资、工作性津贴、生活性补贴、军队服务津贴、特殊地区津贴(艰苦边远地区津贴、高山海岛津贴、地区生活津贴、西藏特殊津贴和驻港澳部队津贴等国家统一规定纳入社会保险缴费基数的项目)和奖励工资。文职人员本人上年度工资收入,按照本人上年度在军队工作期间的月平均工资确定。新招录聘用文职人员的工资收入,按照当年每月本人的工资收入确定。文职人员的社会保险个人缴费,采取补助方式随本人工资发放,由军队用人单位代扣代缴。补助标准,按照文职人员个人缴费工资基数乘以国家统一规定的基本养老保险、职业年金、基本医疗保险和失业保险个人缴费比例之和确定。文职人员个人缴费工资基数,超过所在地上年度在岗职工月平均工资300%以上的部分,不计入个人缴费工资基数;低于所在地上年度在岗职工月平均工资60%的,按照所在地在岗职工月平均工资的60%计算个人缴费工资基数。

3. 宗教人员也参保吗

宗教教职人员在宣传贯彻党的宗教信仰自由政策方面发挥着重要作用。2010年2月,我国就宗教教职人员社会保障问题发布了《关于妥善解决宗教教职人员社会保障问题的意见》(国宗发〔2010〕8号),妥善解决好宗教人员的社会保障问题,消除他们的后顾之忧,使他们病有所医、老有所养,具有重要意义。经过一年的工作开展,解决宗教教职人员社会保障问题取得了重要进展,受到了宗教界的广泛欢迎。2011年国家又发布了《关于进一步解决宗教教职人员社会保障问题的通知》(国宗发〔2011〕63号),深入落实解决了存在的一些问题,继续推动解决宗教教职人员社会保障,使宗教教职人员病有所医、老有所养,共享改革发展成果。

宗教教职人员符合当地最低生活保障条件的,应纳入城乡最低生活保障范围,做到应保尽保。不符合低保条件,但生活确有困难的,应通过临时救助等方式保障其基本生活。户籍不在其任职的宗教活动场所所在地的宗教教职人员,应按照有关规定,向户籍所在地民政部门提出申请。户籍所在地民政部门应及时受理申请,将符合条件的宗教教职人员及时纳入当地最低生活保障,并按照动态管理规定,每年复核一次。宗教教职人员申请低保,应向户籍所在地民政部门提交由宗教活动场所出具并经场所所在地宗教工作部门、民政部门确认的本人收入证明、在现任职宗教活动场所连续居住一年以上(含一年)的证明等材料,长期脱离家庭独立生活的宗教教职人员还应提交本人脱离家庭独立生活的时间证明。

按照各宗教团体宗教教职人员认定办法认定并报政府宗教事务部门备案的宗教教职人员可以参加社会保险。宗教团体、宗教院校和宗教活动场所所在的地区,要按照属地管理原则,将宗教教职人员纳入当地社会保障覆盖范围。宗教团体、宗教院校和宗教活动场所可作为一个单位参加社会保障。宗教教职人员应履行缴费义务,按时足额缴纳社会保险费,按国家有关规定享受社会保险待遇。

宗教团体、宗教院校、宗教活动场所的宗教教职人员和宗教团体、宗教院校不具备宗教教职人员身份的专职工作人员可以参照《劳动和社会保障部 民政部关于社会组织专职工作人员参加养老保险有关问题的通知》（劳社部发〔2008〕11号）的规定参加企业职工基本养老保险，或按规定参加户籍所在地城乡居民基本养老保险。宗教教职人员也可以个人身份参保。城镇居民社会养老保险或新型农村社会养老保险制度实施时，已年满60岁且未按月享受职工基本养老保险养老金的宗教教职人员，可按规定在户籍所在地社会保险经办机构申请享受城镇居民社会养老保险或新型农村社会养老保险养老金。宗教教职人员享受基本养老金的年龄为年满60周岁。

宗教教职人员参加社会保障的缴费基数、比例，由各地按照国家有关规定确定。对参加城镇居民基本医疗保险、新型农村合作医疗和新型农村社会养老保险的宗教教职人员，政府按规定给予补助，个人按规定缴费并享受相应待遇。地方政府可对宗教教职人员参加企业职工基本养老保险给予一定支持，具体办法由各省、自治区、直辖市制定。相关部门在为宗教教职人员办理基本养老、基本医疗保险手续时，要充分尊重各宗教习俗，不得捆绑、强制宗教教职人员办理失业、工伤、生育保险。

政策链接： 宗教教职人员如何办理社会保险

《关于进一步解决宗教教职人员社会保障问题的通知》（国宗发〔2011〕63号）

城乡低保和农村五保供养申请的提出可采取邮寄材料或家人代为申请的方式，救助资金原则上实行社会化发放，通过银行、信用社等金融机构代理直接发放到人。申请办理养老保险可采取邮寄材料或家人代为申请的方式，基本养老金原则上实行社会化发放，通过银行、信用社等金融机构代理直接发放到人。参加城镇居民基本医疗保险或新型农村合作医疗，可由宗教活动场所统一办理。宗教活动场所指定专人负责，提出本场所参加城镇居民基本医疗保险或新型农村合作医疗的人员名单，经宗教工作部门确认后，提交相关部门。

【背景案例】 宗教教职人员参加社会保险国家也有扶持政策吗

广大宗教教职人员实行养老、医疗保险制度，使其"老有所养、病有所医"，既是宗教教职人员自身的需求，也体现党和国家的关怀。

宗教团体、宗教院校、宗教活动场所的宗教教职人员和宗教团体、宗教院校不具备宗教教职人员身份的专职工作人员参加基本医疗保险和基本养老保险缴费特别困难的，地方政府要采取积极措施予以妥善解决。对生活特别困难的，可按规定给予生活补助。具体办法由各省、自治区、直辖市人民政府制定。对在非户籍地参加城镇居民基本医疗保险、新型农村合作医疗的宗教教职人员，由非户籍地按国家规定给予补贴。

国家对宗教教职人员社会保险的扶持,充分体现了党和政府对宗教界人士的关爱之情,切实解决了部分低收入宗教教职人员的实际困难,增进了同宗教界的感情,将我国民族团结进步事业的繁荣发展、宗教和顺、社会和谐起了良好的推动作用。

4. 港澳台同胞如何在内地参保

近年来随着内地(大陆)经济迅速发展,港澳台与内地(大陆)交流合作不断深化,两岸人民往来日益密切,到内地(大陆)发展的港澳台居民人数规模越来越大。截至2017年年末,持港澳台居民就业证在内地(大陆)工作的港澳台人员共9.7万人。对于在内地(大陆)就业、居住、就读的港澳台居民而言,参加社会保险和享受相应待遇成为他们最关注的问题。为落实党中央、国务院要求,回应港澳台居民的诉求,进一步保障在内地(大陆)就业、居住、就读的港澳台人员社会保险权益,我国在2019年印发了《香港澳门台湾居民在内地(大陆)参加社会保险暂行办法》(人力资源社会保障部 国家医疗保障局令第41号)。

新出台的办法主要适用于依法在内地(大陆)就业、居住和就读的香港特别行政区、澳门特别行政区居民中的中国公民和台湾地区居民(以下简称港澳台居民)。港澳台居民内地(大陆)参加社会保险的办理方式如表1-22所示。

表1-22 港澳台居民内地(大陆)参加社会保险的办理方式

类别	办理材料	可以参加的社会保险
在内地(大陆)依法注册或者登记的企业、事业单位、社会组织、有雇工的个体经济组织等用人单位依法聘用、招用的港澳台居民	持港澳居民来往内地通行证或港澳台居民居住证,劳动合同或聘用合同等证明材料	应当依法参加企业职工基本养老保险、职工基本医疗保险、生育保险、工伤保险和失业保险,社会保险费由用人单位和职工按规定缴纳
在内地(大陆)依法从事个体工商经营的港澳台居民	个体工商营业执照	按照注册地有关规定参加企业职工基本养老保险和职工基本医疗保险
在内地(大陆)灵活就业	港澳台居民居住证	按照居住地有关规定参加企业职工基本养老保险和职工基本医疗保险
在内地(大陆)未就业并长期居住	港澳台居民居住证	按照居住地有关规定参加城乡居民基本养老保险和城乡居民基本医疗保险
港澳台居民在内地(大陆)就业参保的,其子女和新生儿在内地(大陆)就读全日制中小学、幼儿园或托儿所	港澳台居民居住证	按照居住地有关规定参加城乡居民基本医疗保险
在内地(大陆)各类普通高等院校、中职技校接受全日制教育的港澳台居民	与内地(大陆)大学生执行同等医疗保障政策,由学校统一组织参保	按规定参加高等教育机构所在地城乡居民基本医疗保险

参加企业养老保险的港澳台居民达到法定退休年龄时,累计缴费不足15年的,可以延长缴费至满15年。2011年7月前参保,且延长缴费5年后仍不足15年的,可以一

次性缴费至满15年。参加城乡居民基本养老保险的港澳台居民,符合领取待遇条件的,在居住地按照有关规定领取城乡居民基本养老保险待遇。达到待遇领取年龄时,累计缴费不足15年的,可以按照有关规定延长缴费或者补缴。

参加社会保险的港澳台居民在内地(大陆)跨统筹地区流动就业的按国家规定办理社保关系转移。注意,已领取企业养老保险定期待遇或享受退休医疗保险待遇的,不再办理企业养老保险或基本医疗保险转移手续。港澳台居民办理社保关系转移手续与内地参保人的办理手续一致,可转移的险种包括企业养老保险、基本医疗保险和失业保险。

社会保险行政部门或者社会保险费征收机构应当按照《社会保险法》的规定,对港澳台居民参加社会保险的情况进行监督检查。用人单位未依法为聘用、招用的港澳台居民办理社会保险登记或者未依法为其缴纳社会保险费的,按照《社会保险法》等法律、行政法规和有关规章的规定处理。

政策链接: 港澳台居民参保

《香港澳门台湾居民在内地(大陆)参加社会保险暂行办法》(人力资源社会保障部 国家医疗保障局令第41号)

第二条 在内地(大陆)依法注册或者登记的企业、事业单位、社会组织、有雇工的个体经济组织等用人单位(以下统称用人单位)依法聘用、招用的港澳台居民,应当依法参加职工基本养老保险、职工基本医疗保险、工伤保险、失业保险和生育保险,由用人单位和本人按照规定缴纳社会保险费。

在内地(大陆)依法从事个体工商经营的港澳台居民,可以按照注册地有关规定参加职工基本养老保险和职工基本医疗保险;在内地(大陆)灵活就业且办理港澳台居民居住证的港澳台居民,可以按照居住地有关规定参加职工基本养老保险和职工基本医疗保险。

在内地(大陆)居住且办理港澳台居民居住证的未就业港澳台居民,可以在居住地按照规定参加城乡居民基本养老保险和城乡居民基本医疗保险。在内地(大陆)就读的港澳台大学生,与内地(大陆)大学生执行同等医疗保障政策,按规定参加高等教育机构所在地城乡居民基本医疗保险。

第三条 用人单位依法聘用、招用港澳台居民的,应当持港澳台居民有效证件,以及劳动合同、聘用合同等证明材料,为其办理社会保险登记。在内地(大陆)依法从事个体工商经营和灵活就业的港澳台居民,按照注册地(居住地)有关规定办理社会保险登记。

已经办理港澳台居民居住证且符合在内地(大陆)参加城乡居民基本养老保险和城乡居民基本医疗保险条件的港澳台居民,持港澳台居民居住证在居住地办理社会保险登记。

【背景案例】 港澳台居民离开内地（大陆），社会保险可以退吗

港澳台居民在达到规定的领取养老金条件前离开内地（大陆）的，其社会保险个人账户予以保留，再次来内地（大陆）就业、居住并继续缴费的，缴费年限累计计算；经本人书面申请终止社会保险关系的，可以将其社会保险个人账户储存额一次性支付给本人。已获得香港、澳门、台湾居民身份的原内地（大陆）居民，离开内地（大陆）时选择保留社会保险关系的，返回内地（大陆）就业、居住并继续参保时，原缴费年限合并计算；离开内地（大陆）时已经选择终止社会保险关系的，原缴费年限不再合并计算，可以将其社会保险个人账户储存额一次性支付给本人。

5. 灵活就业人员如何参加基本养老保险

2022年国务院《政府工作报告》指出，要加强灵活就业服务，完善灵活就业社会保障政策，开展新就业形态职业伤害保障试点。截至2021年，我国养老金已经是连续17年上涨，这无疑给老百姓的退休生活带来了更多的保障，社保的覆盖面也越来越广。有一类群体是自由职业者，也就是城市中的灵活就业人员。灵活就业是指在劳动时间、收入报酬、工作场所、保险福利、劳动关系等方面不同于建立在工业化和现代工厂制度基础上的传统主流就业方式的各种就业形式的总称。这类群体的一个显著的特点就是没有固定的工作，收入波动也比较大，而且人数还处在一个上升趋势。早在2001年，我国发布了《劳动和社会保障部关于完善城镇职工基本养老保险政策有关问题的通知》（劳社部发〔2001〕20号），对灵活就业人员社会保险作出了规定。城镇个体工商户等自谋职业者以及采取各种灵活方式就业的人员，在其参加养老保险后，按照省级政府规定的缴费基数和比例，一般应按月缴纳养老保险费，也可以按季、半年、年度合并缴纳养老保险费；缴费时间可累计折算。

2005年，《国务院关于完善企业职工基本养老保险制度的决定》（国发〔2005〕38号）规定了要扩大基本养老保险覆盖范围。城镇各类企业职工、个体工商户和灵活就业人员都要参加企业职工基本养老保险。要以非公有制企业、城镇个体工商户和灵活就业人员参保工作为重点，扩大基本养老保险覆盖范围。要进一步落实国家有关社会保险补贴政策，帮助就业困难人员参保缴费。

城镇个体工商户和灵活就业人员参加基本养老保险的缴费基数为当地上年度在岗职工平均工资，缴费比例为20%。《劳动和社会保障部社会保险事业管理中心关于规范社会保险缴费基数有关问题的通知》（劳社险中心函〔2006〕60号）中对企业职工缴费基数规定，单位职工本人缴纳基本养老保险费的基数原则上以上一年度本人月平均工资

为基础,在当地职工平均工资的 60%～300% 的范围内进行核定。以个人身份参保缴费基数的核定,根据各地贯彻《国务院关于完善职工基本养老保险制度的决定》(国发〔2005〕38 号)的有关规定核定。由此可见,在早些年灵活就业人员的缴费基数与企业职工不同,没有上下限范围的规定,也没有分缴费档次。

2011 年颁布的《社会保险法》规定,无雇工的个体工商户、未在用人单位参加基本养老保险的非全日制从业人员以及其他灵活就业人员可以参加基本养老保险,由个人缴纳基本养老保险费。自愿参加社会保险的无雇工的个体工商户、未在用人单位参加社会保险的非全日制从业人员以及其他灵活就业人员,应当向社会保险经办机构申请办理社会保险登记,可以直接向社会保险费征收机构缴纳社会保险费。2019 年,《国务院办公厅关于印发〈降低社会保险费率综合方案〉的通知》(国办发〔2019〕13 号)中对个体工商户和灵活就业人员缴费基数政策有了新的规定。个体工商户和灵活就业人员参加企业职工基本养老保险,可以在本省全口径城镇单位就业人员平均工资的 60% 至 300% 之间选择适当的缴费基数。2021 年《人力资源社会保障部办公厅 财政部办公厅 国家税务总局办公厅关于 2021 年社会保险缴费有关问题的通知》(人社厅发〔2021〕2 号)中规定,灵活就业人员可在本省规定的个人缴费基数上下限范围内选择适当的缴费基数,选择按月、按季、按半年、按年缴费。

政策链接: 灵活就业人员参保

《国务院关于完善企业职工基本养老保险制度的决定》(国发〔2005〕38 号)

扩大基本养老保险覆盖范围。城镇各类企业职工、个体工商户和灵活就业人员都要参加企业职工基本养老保险。当前及今后一个时期,要以非公有制企业、城镇个体工商户和灵活就业人员参保工作为重点,扩大基本养老保险覆盖范围。要进一步落实国家有关社会保险补贴政策,帮助就业困难人员参保缴费。城镇个体工商户和灵活就业人员参加基本养老保险的缴费基数为当地上年度在岗职工平均工资,缴费比例为 20%,其中 8% 记入个人账户,退休后按企业职工基本养老金计发办法计发基本养老金。

【实务案例】灵活就业人员基本养老保险险费核算

甲省乙市灵活就业人员赵先生,自愿参加企业职工基本养老保险,自参保以来,一直按全省社平工资 60% 缴纳养老保险费,2019 年正常缴纳,2020 年受新冠肺炎疫情影响选择缓缴社会保险费,2021 年缴纳当年的社会保险费同时补缴了上年的社会保险费。

已知:该省养老保险实行省级统筹,灵活就业人员基本养老保险费率为 20%,甲省 2020 年执行国家规定的最低缴费基数标准,该省 2018 年至 2020 年各类就业人员月平均工资见表 1-23。

表 1-23　甲省 2018 年至 2020 年各类就业人员月平均工资统计表　　　单位：元

所属年度	城镇非私营单位就业人员月平均工资	城镇私营单位就业人员月平均工资	全口径城镇单位就业人员月平均工资
2018	7 238	4 928	5 859
2019	7 659	5 221	6 365
2020	8 240	5 710	6 826

要求：请根据上述资料，依次回答下列问题。（计算结果保留两位小数）

1. 请计算赵先生 2019 年应缴纳的基本养老保险费额。

参考答案：赵先生 2019 年应缴纳的基本养老保险费额为 (7 238×4+5 859×8)×60%×20%=9 098.88(元)。

2. 请计算 2020 年甲省企业职工基本养老保险全年缴费基数的上、下限。

参考答案：2020 年甲省企业职工基本养老保险个人缴费基数的上限为 6 365×12×300%=229 140(元)；

2020 年甲省企业职工基本养老保险个人缴费基数的下限为 5 859×12×60%=42 184.80(元)。

3. 请计算赵先生 2021 年应补缴的 2020 年基本养老保险费额。

参考答案：赵先生 2021 年应补缴的 2020 年基本养老保险费额为 6 826×12×60%×20%=9 829.44(元)。

4. 请计算赵先生 2021 年应缴纳的基本养老保险费额。

参考答案：赵先生 2021 年缴纳的基本养老保险费额为 6 826×12×60%×20%=9 829.44(元)。

答案解析：《国务院办公厅关于印发〈降低社会保险费率综合方案〉的通知》（国办发〔2019〕13 号）规定，调整社保缴费基数政策。调整就业人员平均工资计算口径。各省应以本省城镇非私营单位就业人员平均工资和城镇私营单位就业人员平均工资加权计算的全口径城镇单位就业人员平均工资，核定社保个人缴费基数上下限，合理降低部分参保人员和企业的社保缴费基数。本规定自 2019 年 5 月 1 日起执行，则 2019 年 1 月至 4 月适用的缴费基数为上年城镇非私营单位就业人员月平均工资，5 月至 12 月适用的缴费基数为上年全口径城镇单位就业人员月平均工资。

《人力资源社会保障部　财政部　国家税务总局关于延长阶段性减免企业社会保险费政策实施期限等问题的通知》（人社部发〔2020〕49 号）规定，各省 2020 年社会保险个人缴费基数下限可继续执行 2019 年个人缴费基数下限标准，个人缴费基数上限按规定正常调整。以个人身份参加企业职工基本养老保险的个体工商户和各类灵活就业人员,2020 年缴纳基本养老保险费确有困难的,可自愿暂缓缴费。2021 年可继续缴费,缴费年限累计计算;对 2020 年未缴费月度,可于 2021 年年底前进行补缴,缴费基数在 2021 年当地个人缴费基数上下限范围内自主选择。而 2021 年的养老保险费计算基数按上年全口径城镇单位就业人员月平均工资计算。

6. 建筑行业的农民工是否参加养老保险

农民工是我国改革开放和工业化、城镇化进程中涌现的一支新型劳动大军。大量农民进城务工或在乡镇企业就业,对我国现代化建设作出了重大贡献。建筑行业的农民工作为特殊人群,其社会保险有着与其他行业不同的特点。

首先,当前建筑企业的用工形式较为复杂,包括直接雇佣、与劳务公司签订劳务派遣合同、劳务分包合同、与个人包工头签订建筑劳务承包经营合同等多种形式;而农民工跨地域、流动性大、短期工种多等特质,也是参保率低的重要原因。

其次,社保缴纳费用中工伤保险和生育保险全部由企业缴纳,企业职工基本养老保险、失业保险和职工基本医疗保险也由企业缴纳主要部分。节约用人成本,构成了建筑企业"铤而走险"的动机;农民工对于社会保险的认识缺乏,也是其"自愿"放弃自身权益的原因。

统筹城乡发展,保障农民工合法权益,改善农民工就业环境,应积极稳妥地解决农民工社会保障问题。2006 年,《国务院关于解决农民工问题的若干意见》(国发〔2006〕5 号)要求高度重视农民工社会保障工作。根据农民工最紧迫的社会保障需求,坚持分类指导、稳步推进,优先解决工伤保险和大病医疗保障问题,逐步解决养老保障问题。农民工的社会保障,要适应流动性强的特点,保险关系和待遇能够转移接续,使农民工在流动就业中的社会保障权益不受损害;要兼顾农民工工资收入偏低的实际情况,实行低标准进入、渐进式过渡,调动用人单位和农民工参保的积极性。要探索适合农民工特点的养老保险办法。抓紧研究低费率、广覆盖、可转移,并能够与现行的养老保险制度衔接的农民工养老保险办法。有条件的地方,可以直接将稳定就业的农民工纳入城镇职工基本养老保险。已经参加城镇职工基本养老保险的农民工,用人单位要继续为其缴费。劳动保障部门要抓紧制定农民工养老保险关系异地转移与接续的办法。

2009 年 2 月,人力资源和社会保障部发布《农民工参加基本养老保险办法》面向社会公开征求意见。为维护广大农民工的养老保险权益,针对农民工的劳动就业特点,按照低费率、广覆盖、可转移和能衔接的要求,制定农民工参加基本养老保险办法。该办法中规定在城镇就业并与用人单位建立劳动关系的农民工,应当参加基本养老保险。用人单位和农民工个人共同缴纳基本养老保险费。缴费基数按基本养老保险有关规定确定。单位缴费比例为 12%;农民工个人缴费比例为 4%~8%。后来该文件最终没有正式出台,原因在于是否单独出台一个针对农民工的养老保险制度,是否尽快建立一个打破城乡分割的大一统的社保体系等议题仍存在争议。因此,目前尚未有针对农民工参加基本养老保险的专门文件规定。

2009年年末,《国务院办公厅关于转发人力资源社会保障部 财政部〈城镇企业职工基本养老保险关系转移接续暂行办法〉的通知》(国办发〔2009〕66号),对农民工流动性强、基本养老保险转移困难的问题提出了解决办法。农民工中断就业或返乡没有继续缴费的,由原参保地社保经办机构保留其基本养老保险关系,保存其全部参保缴费记录及个人账户。农民工返回城镇就业并继续参保缴费的,累计计算其缴费年限,合并计算其个人账户储存额;不再返回城镇就业的,其在城镇参保缴费记录和个人账户全部有效。

2011年颁布的《社会保险法》中规定,进城务工的农村居民依照本法规定参加社会保险,明确了农民工参加社会保险的相关规定。2014年12月,人社部发布《关于进一步做好建筑业工伤保险工作的意见》,提出了符合建筑业特点的工伤保险参保政策,农民工的工伤保险缴纳机制由按单位参保改为按项目参保。鉴于工伤保险机制创新的良好效果,2017年2月,《国务院办公厅关于促进建筑业持续健康发展的意见》(国办发〔2017〕19号)就"保护工人合法权益"提出应建立健全与建筑业相适应的社会保险参保缴费方式,进一步做好建筑业农民工按项目参加工伤保险工作。用人单位招用农民合同制工人应当依法缴纳失业保险费,农民合同制工人本人不缴纳失业保险费,依法将包括农民工在内的合同制工人纳入生育保险。紧随其后,住建部于2017年4月印发的《建筑业发展"十三五"规划》中明确要"探索与建筑业相适应的社会保险参保缴费方式"。2017年11月,住建部就《关于培育新时期建筑产业工人队伍的指导意见》向社会征求意见,拟探索适合建筑业特点的社会保险缴纳机制、健全社会保险缴费机制。

针对建筑业农民工的特点,很多地区舍弃五项社会保险齐头并进的制度建立方式,转而依据险种属性强弱,按照工伤、医疗、养老、失业、生育的顺序逐项推进。目前为止,我国对针对建筑业农民工参加基本养老保险暂时没有具体的明确规定,仍然按照《社会保险法》相关规定参加企业职工基本养老保险。

> **政策链接: 农民工养老保险转移接续**
>
> 《国务院办公厅关于转发人力资源社会保障部 财政部〈城镇企业职工基本养老保险关系转移接续暂行办法〉的通知》(国办发〔2009〕66号)
>
> 第九条 农民工中断就业或返乡没有继续缴费的,由原参保地社保经办机构保留其基本养老保险关系,保存其全部参保缴费记录及个人账户,个人账户储存额继续按规定计息。农民工返回城镇就业并继续参保缴费的,无论其回到原参保地就业还是

到其他城镇就业,均按前述规定累计计算其缴费年限,合并计算其个人账户储存额,符合待遇领取条件的,与城镇职工同样享受基本养老保险待遇;农民工不再返回城镇就业的,其在城镇参保缴费记录及个人账户全部有效,并根据农民工的实际情况,或在其达到规定领取条件时享受城镇职工基本养老保险待遇,或转入新型农村社会养老保险。

【背景案例】 农民工参加基本养老保险的"难点"

农民工参加基本养老保险主要有两难:"缴费难"和"转移难"。农民工参加基本养老保险,如何解决他们缴费难和转移难的问题,更好地保障他们的养老保险权益,一直是社会关注的热点。现行的企业职工基本养老保险和城乡居民基本养老保险在制度上已经覆盖了所有在城镇企业就业的劳动者,也包括农民工,但在实际执行中,农民工参保的比例很低。

"缴费难"是因为农民工工资收入普遍较低,使用农民工较多的企业经济承受能力也普遍较低;而现行企业职工基本养老保险制度规定缴费标准为用人单位缴纳工资总额的16%,个人缴纳工资的8%,许多农民工和使用农民工较多的企业不愿意承受,导致一些农民工没有参保。

"转移难"是因为农民工就业的流动性很强,而且转移目标地不确定,今年在这个城市打工,明年可能转到另一个城市,也可能回到家乡,许多参加了基本养老保险的农民工不能肯定自己现在缴费以后在哪里能领到养老金,因而往往只看重眼前的利益,要求企业将社会保险的费用以工资的形式发放到个人手里,这实际上损害了农民工的养老保险权益。进城务工的1.5亿名农民工,他们参加基本养老保险的积极性之所以不高,或者即使参加,一旦离开工作的城镇也纷纷暂停缴纳保险费,关键就在于他们的养老保险关系转移接续困难。

针对劳动力资源跨省、区流动养老保险关系转移接续困难的问题,党的十七大明确我国完善社会保障制度中长期发展目标,实现基本养老保险关系在全国的无缝隙地转移接续。中央在论述加快建立覆盖城乡居民的社会保障体系,保障人民基本生活问题时特别指出:促进企业、机关、事业单位基本养老保险制度改革,提高统筹层次,制定全国统一的社会保险关系转移接续办法。农民工基本养老保险转移接续办法如表1-24所示。

表1-24 农民工基本养老保险转移接续

类别	转移接续
农民工中断就业或返乡没有继续缴费	由原参保地社保经办机构保留其基本养老保险关系,保存其全部参保缴费记录及个人账户,个人账户储存额继续按规定计息

(续表)

类别	转移接续
农民工返回城镇就业并继续参保缴费	无论其是回到原参保地就业还是到其他城镇就业,累计计算其缴费年限,合并计算其个人账户储存额,符合待遇领取条件的,与企业职工同样享受基本养老保险待遇
农民工不再返回城镇就业	其在城镇参保缴费记录及个人账户全部有效,并根据农民工的实际情况,或在其达到规定领取条件时享受企业职工基本养老保险待遇,或转入城乡居民基本养老保险

有人认为,农民工在经济发达地区工作、缴费时间长,之后到经济不发达地区就业,退休后返回家乡领取养老金得不偿失。《国务院办公厅关于转发人力资源社会保障部财政部〈城镇企业职工基本养老保险关系转移接续暂行办法〉的通知》(国办发〔2009〕66号)规定,基本养老保险关系不在户籍所在地,而在其基本养老保险关系所在地累计缴费年限满10年的,在该地办理待遇领取手续,享受当地基本养老保险待遇。根据该项规定,如果职工在经济发达地区工作,且缴纳基本养老保险时间长超过10年的,其退休后的待遇可以在经济发达地区领取养老金,这样就不会存在降低养老保险待遇的问题。职工退出基本养老保险,得到的仅仅是自己缴纳、计入个人账户部分金额,退休后无法领取退休待遇,生活也没有了保障。随着社会的不断进步,在不久的将来,我国会探索出适合建筑业特点的社会保险缴纳机制。

7. 劳务派遣员工如何缴纳社会保险费

劳务派遣是指具有法定经营资质的人才派遣服务机构与劳动者个人建立劳动关系,从而拥有人才的劳动力使用权并承担雇主责任,将签约人员外派至使用单位提供的工作场所从事相关工作,并向被外派的单位收取相关费用的营利性经营行为。派遣服务单位与劳动者之间构成了劳动合同关系,派遣服务单位与用工单位之间形成了合作关系,由此,三方共同构成一个完整的劳动法律关系。

由于签订劳动合同的单位和实际用工单位不是同一家,这就可能给劳动者带来困扰:自己的社会保险到底该由谁来缴纳?从法律关系上讲,劳务派遣组织与劳务人员是企业和员工的关系,故应由派遣单位为被派遣劳动者缴纳各项社会保险费用。同时,《劳动合同法》也规定:劳务派遣单位是本法所称用人单位,应当履行用人单位对劳动者的义务,故为劳动者缴纳社会保险是劳务派遣单位的法定义务。如因用工单位违反劳务派遣协议,未向劳务派遣单位及时、足额支付社会保险费款项,导致劳务派遣单位未能依法向社会保险经办机构缴纳社会保险费的,劳动者可以本条为依据将用工单位和劳务派遣单位作为共同被申请人或被告向劳动仲裁机构或人民法院提出主张。

2013年我国出台了《劳务派遣暂行规定》(人力资源和社会保障部令第22号),对劳务派遣单位社会保险费的缴纳做出了规定,即劳务派遣单位应当按照国家规定和劳务派遣协议约定,依法为被派遣劳动者缴纳社会保险费,并办理社会保险相关手续。

> **政策链接: 劳务派遣跨地区派遣劳动者社会保险费缴纳规定**
>
> 《劳务派遣暂行规定》(人力资源和社会保障部令第22号)
>
> 　　第十八条　劳务派遣单位跨地区派遣劳动者的,应当在用工单位所在地为被派遣劳动者参加社会保险,按照用工单位所在地的规定缴纳社会保险费,被派遣劳动者按照国家规定享受社会保险待遇。
>
> 　　第十九条　劳务派遣单位在用工单位所在地设立分支机构的,由分支机构为被派遣劳动者办理参保手续,缴纳社会保险费。
>
> 　　劳务派遣单位未在用工单位所在地设立分支机构的,由用工单位代劳务派遣单位为被派遣劳动者办理参保手续,缴纳社会保险费。

【实务案例】劳务派遣公司社会保险费核算

资料一:甲省A公司有职工30人。2020年甲公司月平均工资为6 500元/人,其中金牌员工赵先生月平均工资为7 500元。赵先生2021年1月被派往国外工作,在国外月平均工资为24 000元。2021年A公司月平均工资为7 800元/人。

资料二:2022年2月1日,乙省B劳务派遣公司派往A公司10名保安。10名保安2021年月平均工资为4 800元/人,每月工资均衡发放,2022年工资待遇无变化。2022年4月,韩国S企业将其职工韩国人朴先生派驻A公司工作。

资料三:甲省和乙省2022年基本养老保险个人缴费基数下限分别为5 000元、4 500元。两省各险种缴费比例见表1-25。

表1-25　各险种的缴纳比例情况

类别	单位缴费比例	个人缴费比例	备注
基本养老保险	16.0%	8.0%	
失业保险	0.5%	0.5%	
工伤保险	0.2%		
医疗保险(含生育保险)	7.5%	2.0%	生育保险为0.5%

要求:请根据上述资料,依次回答下列问题。(计算结果保留两位小数)

1.请计算赵先生2022年基本养老保险个人月缴费金额。

参考答案:A公司2021年平均工资增长率为(7 800-6 500)÷6 500=20%;

赵先生2022年缴费基数为7 500×(1+20%)=9 000(元);

赵先生2022年基本养老保险个人月缴费额为9 000×8%=720(元)。

2.劳务派遣的10名保安应在何地参保,按照何地规定缴纳社会保险费。

参考答案:10名保安应当在甲省参加社会保险,按照甲省的规定缴纳社会保险费,被派遣劳动者按照国家规定享受社会保险待遇。

3.请计算劳务派遣的10名保安2021年基本养老保险个人月缴费金额。

参考答案:保安到甲省参加基本养老保险为新参保人员,缴费基数为首月工资,根据题目保安上年月平均工资为4 800元,2022年工资待遇无变化,低于甲省缴费下限5 000元的标准,所以应按照5 000元作为2021年养老保险月缴费基数。

劳务派遣的10名保安2021年基本养老保险个人月缴费金额=5 000×10×8%=4 000(元)。

4.韩国人朴先生是否应在我国缴纳全部社会保险费。

参考答案:应根据不同情况来确定朴先生应当在我国缴纳的社会保险费险种。

韩国已与我国签订社会保险缴费双边协议。该国就业人员,在其依法获得在我国境内就业证件3个月内提供韩国出具参保证明的,应按协议规定免除其规定险种在规定期限内的缴费义务。

对于依法获得在我国境内就业证件3个月后不能提供协议国出具的参保证明的,应按规定征收社会保险费并收取相应的滞纳金。

对于协议之外的险种和协议规定险种超过规定期限的,应要求其按规定缴纳社会保险费。

根据中韩双边互免协议,互免险种为基本养老保险,因此,朴先生应在中国参加失业保险、基本医疗保险、工伤保险和生育保险,如果可以提供韩国的参保证明,则可以不用参加基本养老保险。

5.请计算A公司正式职工2022年1月应缴各项社会保险费金额(含代扣代缴个人部分)。

参考答案:A公司2022年1月度应缴各项社会保险费金额(含代扣个人部分)为(7 800×29+9 000)×(16%+0.5%+0.2%+7.5%)+(7 800×29+9 000)×(8%+0.5%+2%)=81 614.4(元)。

答案解析:《职工基本养老保险个人账户管理暂行办法》(劳办发〔1997〕116号)规定,单位派到境外、国外工作的职工,按本人出境(国)上年在本单位领取的月平均工资作为缴费工资基数;次年的缴费工资基数按上年本单位平均工资增长率进行调整。

《劳务派遣暂行规定》(人力资源和社会保障部令第22号)第十八条规定,劳务派遣单位跨地区派遣劳动者的,应当在用工单位所在地为被派遣劳动者参加社会保险,按照用工单位所在地的规定缴纳社会保险费,被派遣劳动者按照国家规定享受社会保待遇。

《职工基本养老保险个人账户管理暂行办法》(劳办发〔1997〕116号)规定,本人月平均工资低于当地职工平均工资60%的,按当地职工月平均工资的60%缴费;超过当地职工月平均工资300%的,按当地职工月平均工资300%缴费,超过部分不计入缴费工资基数。

《人力资源社会保障部关于做好在我国境内就业的外国人参加社会保险工作有关问题的通知》(人社厅发〔2011〕113号)规定,具有与我国签订社会保险缴费双边或多边协议(或协定,以下简称协议)国家国籍的就业人员,在其依法获得在我国境内就业证件3个月内提供协议国出具参保证明的,应按协议规定免除其规定险种在规定期限内的缴费义务。对于依法获得在我国境内就业证件3个月后不能提供协议国出具的参保证明的,应按规定征收社会保险费并收取相应的滞纳金。对于协议之外的险种以及协议规定险种超过规定期限的,应要求其按规定缴纳社会保险费。《关于执行中韩互免养老保险缴费临时措施协议的通知》规定,互免险种为基本养老保险。

三、失业保险

(一) 失业保险参保范围

1. 哪些群体需要参加失业保险

1) 相关概念

失业是指在劳动年龄内,有就业能力并有求职要求的劳动者未能找到或者丧失工作岗位情况。国际上,根据造成失业的原因是主观的还是客观的,将失业分为自愿失业和非自愿失业。自愿失业为劳动者自行提出离开工作岗位而导致的失业。非自愿失业,是指非因本人意愿而导致的失业。按照造成失业的客观原因不同,又可分为摩擦性失业、技术性失业、结构性失业、周期性失业和季节性失业。

失业与待业。在20世纪八九十年代改革开放过程中,我国政府文件长期使用"待业"这一概念。1982年人口普查的相关文件规定,"待业人员"是指在劳动年龄内、有劳动能力的人要求就业而无任何职业者。从这一定义上看,"待业"与"失业"是没有区别的。1986年国务院发布的《国营企业职工待业保险暂行规定》(以下简称1986年《暂行规定》)和1993年国务院发布的《国有企业职工待业保险规定》(以下简称1993年《待业保险规定》)中均使用"待业"这一概念。这一概念带有从计划经济的角度对失业这一社会现象认识的色彩。

失业与下岗。失业与下岗都表现为劳动者离开原单位的工作岗位。但是不同的是,下岗是指由于用人单位的生产和经营发生特殊困难等客观原因,劳动者离开所在单位的具体工作岗位,但与所在单位未解除或者终止劳动关系,又没有找到新的工作岗位的现象。20世纪90年代末下岗人员大量增多是我国在经济转轨过程中出现的社会经济现象,主要表现为国有企业的职工大量下岗。而失业,则是劳动者与用人单位已解除或者终止劳动关系,而没有新的工作岗位的现象。所以,失业与下岗是有区别的。

失业与就业、再就业。失业是与就业相对应而存在的概念。就业是指在国家规定的劳动年龄内,有劳动能力的人,从事一定的社会劳动并取得劳动报酬或者经营收入的状态。再就业是失业后重新获得就业岗位的状况。

失业保险是指国家通过立法强制实行的,由社会集中建立基金,对因失业而暂时中断生活来源的劳动者提供物质帮助进而保障失业人员失业期间的基本生活,促进其再就业的制度。

2)失业保险制度的立法沿革

我国失业保险制度的建立经历了一个由失业救济到待业保险,再到失业保险的历史演变过程。

第一时期:新中国成立初期的失业救济制度。新中国成立初期面临千疮百孔的国民经济和大量失业人员。1950年6月,经政务院批准,劳动部及时发布了《救济失业工人暂行办法》,确定了我国新中国成立初期的失业救济制度。办法中规定了救济失业工人的范围、失业救济标准和失业救济资金的来源。这一制度对于妥善安置失业工人、稳定社会、促进国民经济的恢复和发展起到重要作用。

第二时期:20世纪80年代中期到90年代初期的待业保险制度。20世纪80年代以后,我国开始了由农村到城市经济体制的全面改革,企业改革是城市改革的中心环节。为了适应企业进入市场的需要,劳动用工领域进行了重大改革。1986年7月国务院同时发布4个劳动用工改革的行政法规,其中之一为《国营企业职工待业保险暂行规定》(以下简称为《暂行规定》)。这个《暂行规定》规定了国营企业中的4类职工为待业人员,并对待业救济金的来源、筹集与使用作了规定。1986年《暂行规定》与国务院同时颁布的3个劳动用工制度改革规定一起,成为我国计划经济向市场经济转轨中劳动用工制度改革的重要标志。1993年《待业保险规定》在1986年《暂行规定》的基础上,将待业保险制度的覆盖范围由国营企业扩大到城镇各类所有制企业,调整了基金收缴基数,设立了有一定幅度的基金收缴比例,提高了救济金的发放标准,并进一步完善了待业保险基金的管理、监督制度。国务院上述两个规定的执行,既推动了企业改革的深化,也建立了失业保险制度的雏形。

第三时期:国务院于1999年1月发布了《失业保险条例》,是我国失业保险制度由不规范走向比较规范、从计划走向市场的重要标志,是适应我国社会主义市场济经体制建立的社会保障体系的组成部分。《失业保险条例》与1993年《待业保险规定》相比,有以下几个方面的重要变化:一是扩大了失业保险的覆盖范围,将1993年《待业保险规定》规定的待业保险范围由城镇企业扩大到城镇所有企业和事业单位;二是提高了失业保险费的费率,将企业缴费费率由0.6%~1%提高到2%,并增加了1%的个人缴费,同时增加了关于事业单位及其缴费的规定;三是提高了失业保险基金的统筹层次,由县级统筹提高到地市级统筹,并建立了省级失业保险调剂金制度;四是重新确定了失业保险金发放的标准,使其更好地与最低工资制度和城市居民最低生活保障制度相接;五是明确规定了失业保险基金的支出项目,以保证基金的安全,防止基金流失;六是确定了收支两条线管理的机制,这一机制的确定是我国社会保障管理监督体制改革的重要成果,是防止基金挪用、流失的有效措施;七是规定了社会化管理的发放制度。在总结以往经验和梳理现存问题的基础上,《社会保险法》设专章对失业保险作了规定,为失业保险的长远发展提供了法律保障。

3) 需要参加失业保险的群体

我国失业保险制度建立以来,覆盖范围在逐步扩大。在《失业保险条例》发布以前,失业保险费由单位缴纳,职工个人不缴费。1999年国务院颁布了《失业保险条例》,进一步扩大了失业保险的覆盖范围,将城镇企业事业单位及其职工都纳入了失业保险范围,并且规定各省、自治区、直辖市人民政府可以确定将社会团体及其专职人员、民办非企业单位及其职工、城镇有雇工的个体工商户及其雇工纳入失业保险范围。目前,公务员和参照《中华人民共和国公务员法》(中华人民共和国主席令第二十号,以下简称《公务员法》)管理的工作人员未纳入失业保险范围。而失业保险费的征缴范围主要包括国有企业、城镇集体企业、外商投资企业、城镇私营企业和其他城镇企业及其职工,失业单位及职工。

按照应该参加和可以参加以及特殊情况可以进行如下划分:

应参加人员包括城镇企业事业单位、城镇企业事业单位职工。其中,城镇企业是指国有企业、城镇集体企业、外商投资企业、城镇私营企业以及企业城镇企业。

可以参加人员包括省、自治区、直辖市人民政府根据当地情况,可以决定失业保险适用于社会团体专职人员、民办非企业职工、城镇个体工商户雇工。

特殊情况包括符合与中国签订双边社保规定的在华短暂就业的外国人可以不参加失业保险。

按照用人单位类型具体划分如下六类:

第一类:包括国有、集体、私营、外资、合资、乡镇等所有企业及与之形成劳动关系的劳动者。私营企业业主自愿参加失业保险。

第二类:经费核拨、核补、自筹和企业化管理的事业单位及与之形成劳动关系的劳动者(不包括参照、依照国家公务员管理的职工)。

第三类：学会、研究会、联合会等社会团体及与之形成劳动关系的劳动者(指社会团体设立的常设工作机构的专职工作人员,不是指参加社团活动的会员)。

第四类：民办非企业(指企业事业单位、社会团体和其他社会力量以及公民个人利用非国有资产举办的,从事非营利性社会服务活动的组织,如民办学校、民办医院、民办科研机构等),及与之形成劳动关系的劳动者。

第五类：机关单位及与之形成劳动关系的工勤人员。

第六类：个体工商户的雇工;雇主自愿参加失业保险。

政策链接： 失业保险参保范围

1.《中华人民共和国社会保险法》(中华人民共和国主席令第三十五号)

第四十四条　职工应当参加失业保险,由用人单位和职工按照国家规定共同缴纳失业保险费。

2.《失业保险条例》(国务院令第258号)

第二条　城镇企业事业单位、城镇企业事业单位职工依照本条例的规定,缴纳失业保险费。城镇企业事业单位失业人员依照本条例的规定,享受失业保险待遇。本条所称城镇企业,是指国有企业、城镇集体企业、外商投资企业、城镇私营企业以及其他城镇企业。

第三十二条　省、自治区、直辖市人民政府根据当地实际情况,可以决定本条例适用于本行政区域内的社会团体及其专职人员、民办非企业单位及其职工、有雇工的城镇个体工商户及其雇工。

3.《社会保险费征缴暂行条例》(国务院令第259号)

第三条　失业保险费的征缴范围：国有企业、城镇集体企业、外商投资企业、城镇私营企业和其他城镇企业及其职工,事业单位及其职工。

省、自治区、直辖市人民政府根据当地实际情况,可以规定将城镇个体工商户纳入基本养老保险、基本医疗保险的范围,并可以规定将社会团体及其专职人员、民办非企业单位及其职工以及有雇工的城镇个体工商户及其雇工纳入失业保险的范围。

社会保险费的费基、费率依照有关法律、行政法规和国务院的规定执行。

▶【典型案例】：参加失业保险是一种不可逃避的责任

2001年3月,A省B高校劳资处收到了劳动保障部门的失业保险催缴通知单。通知单中核定了该高校1999年以来的失业保险金和滞纳金总额。劳资处处长刘先生觉得不服,马上打电话到劳动保障部门称其学校是事业单位,不存在失业人员,怎么还要缴纳失业保险。劳动保障部门的工作人员认真解释,学校虽然是事业单位,但按国务院《失业保险条例》的规定仍然要参加失业保险。

那么,劳动保障部门工作人员的解释到底对不对呢?

本案涉及的是事业单位是否缴纳失业保险的问题。失业保险是指国家通过立法强制实行的,由社会集中建立资金,对因失业而暂时中断生活来源的劳动者提供物质帮助的制度。它是社会保障体系的重要组成部分,是社会保险的主要项目之一。失业保险具有普遍性,它主要是为了保障有工资收入的劳动者失业后的基本生活而建立的,其覆盖范围包括劳动力队伍中的大部分成员。因此,确定适用范围时,参保单位应不分部门和行业,不分所有制性质。失业保险的适用范围呈逐步扩大的趋势,从1986年《国营企业职工待业保险暂行规定》(国发〔1986〕77号)中规定的四种人到1993年《国有企业职工待业保险规定》(国务院令第110号)中规定的七类九种人和企业化管理的事业单位职工,再到《失业保险条例》中规定的城镇企业事业单位。将事业单位纳入失业保险范围,是根据中央关于事业单位改革的精神,事业单位要进行人事制度的改革,势必要按照市场原则优化人员结构、减员增效。将事业单位及其职工纳入失业保险的范围,对事业单位,特别是国有事业单位市场用人机制的形成和自身发展具有重要意义。所以,本案例中,该高校虽然为事业单位,仍然要缴纳失业保险。此案告诉我们,城镇企业事业单位不管是否存在失业人员都应该参加失业保险,这是国家规定的不可逃避的责任。

【实务案例】社会保险费征收位阶最高的法律是什么

现阶段,我国关于社会保险费征收位阶最高的法律是(   )。

A.《社会保险法》   B.《社会保险费征缴暂行条例》
C.《失业保险条例》   D.《企业年金办法》

参考答案:B

答案解析:1999年1月国务院常务会议通过的《社会保险费征缴暂行条例》,其他选项或不是关于社会保险费征收,或是部委文件。

2. 失业人员如何进行失业登记

失业人员想领取失业金,就必须进行失业登记,而这也需要从失业保险的立法目的说起。失业保险立法目的,是保障失业人员失业期间的基本生活,促进其再就业。这里所称的失业人员失业期间,是指失业人员按照本法规定享受失业保险待遇的期间;这里所称保障失业人员失业期间的基本生活,是指失业人员按照规定领取失业保险金对其生活的保障。按照《失业保险条例》等现行失业保险制度的规定,保障基本生活的水平应高于社会救济对救济失业人员生活的保障水平,立法目的中还包括促进失业人员的就业。促进失业人员尽快找到新的工作岗位,实现再就业,是从根本上解决失业问题的措施。而失业保险基金是开展失业保险的物质基础。《失业保险条例》中明确指出,失业保险基金由下列各项构成:城镇企业事业单位、城镇企业事业单位职工缴纳的失业保险费;失业保险基金的利息;财政补贴;依法纳入失业保险基金的其他资金。其中,参保单位和个人的缴费是失业保险基金的主要来源。

那么失业保险的缴费义务人、缴费基数、费率都有哪些呢?

缴费义务人。《社会保险法》第四十四条规定,失业保险由用人单位和职工按照国家规定共同缴纳失业保险费。

失业保险费的缴费基数和费率。《社会保险法》未对失业保险费的缴费基数和费率作具体规定,只是规定"按照国家规定"。这里的国家规定,主要是指《失业保险条例》的规定。《失业保险条例》第六条规定,城镇企业事业单位按照本单位工资总额的2%缴纳失业保险费,城镇企业事业单位职工按照本人工资的1%缴纳失业保险费。城镇企业事业单位招用的农民合同工本人不缴纳失业保险费。此外,《失业保险条例》还规定,省、自治区、直辖市人民政府根据本行政区域失业人员数量和失业保险基金数额,报经国务院批准,可以适当调整本行政区域失业保险费的费率。

那失业人员应该如何进行失业登记呢?《社会保险法》明确规定,用人单位应当及时为失业人员出具终止或者解除劳动关系的证明,并将失业人员的名单自终止或者解除劳动关系之日起15日内告知社会保险经办机构。失业人员应当持本单位为其出具的终止或者解除劳动关系的证明,及时到指定的公共就业服务机构办理失业登记。失业人员凭失业登记证明和个人身份证明,到社会保险经办机构办理领取失业保险金的手续。失业保险金领取期限自办理失业登记之日起计算。

目前,全国各地失业保险经办机构的设置并不统一,有的地区设立了单独的失业保险经办机构,有的地区则失业保险与养老保险、工伤保险由同一机构经办,还有的地区失业保险由公共就业服务机构经办,但是无论经办机构如何设置,一般都履行以下六项职能:一是负责失业人员的登记、调查、统计。二是负责失业保险基金的管理。三是核定失业保险的待遇,开具失业人员在指定银行领取失业保险金和其他补助金的单证。四是拨付失业人员职业培训和职业介绍补贴费用。五是为失业人员提供免费咨询服务。六是国家规定由其履行的其他职责。

办理失业保险登记的最终目的就是领取失业保险金,但是失业人员可以领取失业保险金需要满足以下条件:一是按照规定参加失业保险,所在单位和本人已按照规定履行缴费义务满1年。二是非本人意愿中断就业。三是已办理失业登记,并有求职要求。

办理失业登记最简便的方法是通过线上办理,符合条件的参保职工可通过安装掌上"12333"App,进入后找到并打开右下角(我的)页面进行注册、登录并绑定电子社保卡。随后返回主页,找到并打开(失业登记),按步骤填写信息,并提交申请即可。除此之外,也可以通过线下途径办理,符合条件的参保人可携带本人身份证和其他有关材料前往当地失业保险经办机构办理失业登记,经审批通过后即可完成。

办理领取失业保险金待遇,企业与失业人员都要有相应的办理程序。在企业端,城镇企业事业单位应当及时为失业人员出具终止或者解除劳动关系的证明,告知其按照规定享受事业保险待遇的权力,并将失业人员的名单自终止或解除劳动关系之日起7日内报社会保险经办机构备案。在失业人员端,职工失业后,应当持本单位为其出具的终止或解除劳动关系的证明,及时到指定的社会保险经办机构办理失业登记。失业保险金自办理失业登记之日起开始计算。失业保险金由社会保险经办机构按月发放。社会保险经办机构为失业人员开具领取失业保险金的单证,失业人员凭单证到指定银行领取失业保险金。

政策链接: 失业保险登记和缴费

1.《中华人民共和国社会保险法》(中华人民共和国主席令第三十五号)

第四十四条 职工应当参加失业保险,由用人单位和职工按照国家规定共同缴纳失业保险费。

第五十条 用人单位应当及时为失业人员出具终止或者解除劳动关系的证明,并将失业人员的名单自终止或者解除劳动关系之日起十五日内告知社会保险经办机构。

失业人员应当持本单位为其出具的终止或者解除劳动关系的证明,及时到指定的公共就业服务机构办理失业登记。

失业人员凭失业登记证明和个人身份证明,到社会保险经办机构办理领取失业保险金的手续。失业保险金领取期限自办理失业登记之日起计算。

2.《失业保险条例》(国务院令第258号)

第五条 失业保险基金由下列各项构成:

(一)城镇企业事业单位、城镇企业事业单位职工缴纳的失业保险费;

(二)失业保险基金的利息;

(三)财政补贴;

(四)依法纳入失业保险基金的其他资金。

> 第六条　城镇企业事业单位按照本单位工资总额的百分之二缴纳失业保险费。城镇企业事业单位职工按照本人工资的百分之一缴纳失业保险费。城镇企业事业单位招用的农民合同制工人本人不缴纳失业保险费。
>
> 第三十二条　省、自治区、直辖市人民政府根据当地实际情况，可以决定本条例适用于本行政区域内的社会团体及其专职人员、民办非企业单位及其职工、有雇工的城镇个体工商户及其雇工。

【典型案例】：懂得如何进行失业登记对失业人员的重要性

2012年2月，甲省乙市的王先生工作了15年的食品加工厂由于市场不断缩小而宣布破产，王先生等职工也失去了工作。失业后，王先生找工作四处碰壁，没有单位愿意录用年纪大、学历低的人。王先生因压力过大而一度患上轻度抑郁症。后来，王先生听朋友说如果之前缴纳过失业保险超过一年，失业后可以领取失业保险金，同时有失业登记、求职意愿的失业人员才能领取失业保险金。

事实上，王先生只需要失业后携带食品厂出具的失业证明和自己的身份证明就可以到当地的社会保险经办机构办理失业登记手续了，非常简单、便捷。依据我国《社会保险法》第五十条的相关规定，公民失业后，其原所在用人单位应当及时将失业人员名单告知当地的社会保险经办机构，并为需要办理失业登记的人员出具终止或者解除劳动关系的证明，失业人员只要携带这份证明以及个人的身份证明，就可以到当地的社会保险经办机构办理失业登记手续。办理失业登记手续后，公民就可以每月到指定银行领取自己的失业保险金，并享受其他失业保险相关待遇。因此，在本案例中，王先生只需到食品厂开具一份解除劳动合同关系的证明，并带上自己的身份证，就可以到社会保险经办机构办理失业登记手续，享受失业保险相关待遇，从而避免因压力过大而产生的负面影响。

【实务案例】领取失业保险需要满足的条件

失业人员要从失业保险基金中领取失业保险金，需要满足的条件包括（　　）。

A. 失业前用人单位和本人已经缴纳失业保险费满1年的

B. 非因本人意愿中断就业的

C. 已经进行失业登记，并有求职要求的

D. 已失业半年以上的

参考答案：ABC

答案解析：《失业保险条例》第十四条规定："具备下列条件的失业人员，可以领取失业保险金：（一）按照规定参加失业保险，所在单位和本人已按照规定履行缴费义务满1年的；（二）非因本人意愿中断就业的；（三）已办理失业登记，并有求职要求的。"

3. 失业人员参加基本医疗保险还有优惠政策吗

关于失业人员参加基本医疗保险的问题,需要分别从失业保险待遇的构成、标准和享受条件说起。失业保险待遇是指参加失业保险的劳动者因失业而暂时中断生活来源时,由失业保险基金提供的、以现金为基本形式的各种帮助。失业保险待遇主要有三个方面的基本功能:一是保障基本生活功能;二是预防失业功能;三是促进就业功能。在我国,按照《失业保险条例》的规定,失业保险待遇主要包括以下项目:失业保险金;失业人员领取失业保险金期间参加职工基本医疗保险的费用;领取失业保险金期间死亡的失业人员的丧葬补助金和其供养的配偶、直系亲属的抚恤金;领取失业保险金期间接受职业培训、职业介绍的补贴;国务院规定或者批准的与失业保险有关的其他费用。随着我国失业保险制度的完善,现金以外的失业保险待遇和职业技能培训等,正在逐步发挥越来越重要的作用。

失业保险的待遇标准主要有以下几点:一是失业保险金的标准,由省、自治区、直辖市人民政府确定,不得低于城市居民最低生活保障标准。二是失业人员在领取失业保险金期间,参加职工基本医疗保险,享受基本医疗保险待遇。失业人员应当缴纳的基本医疗保险费从失业保险基金中支付,个人不缴纳基本医疗保险费。三是失业人员在领取失业保险金期间死亡的,参照当地对在职职工的规定,向其遗属发给一次性丧葬补助金和抚恤金,所需资金从失业保险基金中支付。四是对开展失业人员职业培训、介绍的机构或接受职业培训、介绍的失业人员本人给予补贴,帮助其再就业,补贴的办法和标准由省、自治区、直辖市人民政府确定。

《社会保险法》也有关于失业人员参加医疗保险的明确规定:失业人员在领取失业保险金期间,参加职工基本医疗保险,享受基本医疗保险待遇。失业人员应当缴纳的基本医疗保险费从失业保险基金中支付,个人不缴纳基本医疗保险费。该条款是关于失业人员领取失业保险金期间有关基本医疗保险问题的规定。

1998年12月,《国务院关于建立城镇职工基本医疗保险制度的决定》,将城镇所有用人单位和职工都纳入了基本医疗保险的覆盖范围,建立了由用人单位和职工共同负担的费用筹措机制,明确了统筹基金和个人账户的支付范围。根据这一决定,失业人员在领取失业保险金期间患病就医的医疗费用,可以在其医疗保险个人账户结余中支付,但对失业人员是否继续缴纳医疗保险费,并未作出规定。由于失业人员医疗保险个人账户余额必然数量有限,很难保障失业人员在领取失业保险金期间的基本医疗需求。1999年,《失业保险条例》规定,失业人员在领取失业保险金期间患病就医的,可以按照规定向社会保险经办机构申请领取医疗补助金。医疗补助金的标准由省、自治区、直辖市人民政府规定。实践中,有的地区采用定额补助的办法,规定失业人员在领取失业保险金期间，每月领取一定数额的医疗补助金；也有的地区规定，失业人员在领取失业保险金期间患病并在社会保险经办机构指定医院治疗的，可以按照住院治疗费用的一定比例发放医疗补助金。

失业人员由于没有供职在任何单位，又不知道如何参加医疗保险，因此往往处于无保险的状态。通过前文的梳理、总结，不难发现失业人员参加医疗保险是没有问题的。详细了解一下失业人员医疗缴费标准和失业人员的医疗保险待遇标准。

失业人员参加医疗保险缴费标准是什么？领取失业金的失业人员由当地社保机构统一办理医保参保手续，失业人员可以在办理失业登记的时候一并办理医疗保险，参保手续按照现行灵活就业人员参保程序办理；领取失业保险金的失业人员参加医疗保险应缴纳的医疗保险费用由失业保险基金支付，个人不进行缴纳；领取失业保险金的人员参加职工医疗保险的缴费标准按照灵活就业人员参加职工医疗保险的最低缴费标准来确定。

失业人员的医疗保险待遇标准是什么？其享受职工医疗保险待遇不设等待期限；领取失业保险金的人员由失业保险基金缴纳职工医疗保险期限与领取失业保险金期限相一致，并按月对应，不再享受原由失业保险基金支付的医疗补助金待遇。符合计划生育规定的失业人员可按规定申领一次性生育补助金；领取失业保险金的人员未按规定到失业保险经办机构接受失业状态确认和就业指导，不符合领取失业保险金条件的，失业保险经办机构暂停为其缴纳职工医保费，并将有关信息告知经办机构及其失业人员本人。自重新办理按月申领起恢复其缴费和享受待遇；领取失业保险金的人员领取期满或者出现法律、法规规定的情形而停止领取失业保险金的，职工医保费由本人承担，失业保险经办机构将有关信息告知经办机构；失业人员停止领取失业保险金的，可按规定相应参加职工医保、城乡居民医疗保险、职工基本养老保险。

在《社会保险法》草案公开征求意见期间，有意见提出，只有缴纳医疗保险费才可以享受当期的医疗保险待遇，失业人员一旦在失业期间生病，在个人账户余额用完后，就只能由个人承担高昂的医疗费用，负担很重。建议医疗保险能以人为本，关注、容纳失业者。立法机关对这些意见进行了认真研究后规定：失业人员在领取失业保险金期间，参加职工基本医疗保险，享受基本医疗保险待遇。同时，考虑到失业人员失业期间生活负担较重，《社会保险法》进一步规定：失业人员应当缴纳的基本医疗保险费从失业保险基金中支付，失业人员本人不缴纳基本医疗保险费。需要特别说明的是，由于我国地区辽阔、地区之间情况差别较大，加上失业人员参加职工基本医疗保险尚无实践基础，所以《社会保险法》只作了原则规定。至于失业人员以什么方式参加职工基本医疗保险、缴费基数和费率的确定、失业保险制度与职工基本医疗保险制度的衔接，以及失业人员参加职工基本医疗保险后的待遇与《失业保险条例》规定的医疗补助金待遇的衔接等,涉及比较复杂的具体操作问题,还需要国家制定具体的实施办法。

> **政策链接: 失业保险待遇政策**
>
> 1.《中华人民共和国社会保险法》(中华人民共和国主席令第三十五号)
>
> 第五十一条 失业人员在领取失业保险金期间有下列情形之一的,停止领取失业保险金,并同时停止享受其他失业保险待遇:
>
> (一)重新就业的;
>
> (二)应征服兵役的;
>
> (三)移居境外的;
>
> (四)享受基本养老保险待遇的;
>
> (五)无正当理由,拒不接受当地人民政府指定部门或者机构介绍的适当工作或者提供的培训的。
>
> 2.《失业保险条例》(国务院令第258号)
>
> 第十九条 失业人员在领取失业保险金期间患病就医的,可以按照规定向社会保险经办机构申请领取医疗补助金。医疗补助金的标准由省、自治区、直辖市人民政府规定。
>
> 3.《国务院关于建立城镇职工基本医疗保险制度的决定》(国发〔1998〕44号)
>
> 二、覆盖范围和缴费办法
>
> 城镇所有用人单位,包括企业(国有企业、集体企业、外商投资企业、私营企业等)、机关、事业单位、社会团体、民办非企业单位及其职工,都要参加基本医疗保险。乡镇企业及其职工、城镇个体经济组织业主及其从业人员是否参加基本医疗保险,由各省、自治区、直辖市人民政府决定。
>
> 基本医疗保险原则上以地级以上行政区(包括地、市、州、盟)为统筹单位,也可以县(市)为统筹单位,北京、天津、上海3个直辖市原则上在全市范围内实行统筹(以下简称统筹地区)。所有用人单位及其职工都要按照属地管理原则参加所在统筹地区的基本医疗保险,执行统一政策,实行基本医疗保险基金的统一筹集、使用和管理。铁路、电力、远洋运输等跨地区、生产流动性较大的企业及其职工,可以相对集中的方式异地参加统筹地区的基本医疗保险。
>
> 基本医疗保险费由用人单位和职工共同缴纳。用人单位缴费率应控制在职工工资总额的6%左右,职工缴费率一般为本人工资收入的2%。随着经济发展,用人单位和职工缴费率可作相应调整。

4.《人力资源和社会保障部　财政部关于领取失业保险金人员参加职工基本医疗保险有关问题的通知》(人社部发〔2011〕77号)

一、领取失业保险金人员应按规定参加其失业前失业保险参保地的职工医保,由参保地失业保险经办机构统一办理职工医保参保缴费手续。

二、领取失业保险金人员参加职工医保应缴纳的基本医疗保险费从失业保险基金中支付,个人不缴费。

三、领取失业保险金人员参加职工医保的缴费率原则上按照统筹地区的缴费率确定。缴费基数可参照统筹地区上年度职工平均工资的一定比例确定,最低比例不低于60%。

失业保险经办机构为领取失业保险金人员缴纳基本医疗保险费的期限与领取失业保险金期限相一致。

四、领取失业保险金人员出现法律规定的情形或领取期满而停止领取失业保险金的,失业保险经办机构为其办理停止缴纳基本医疗保险费的相关手续。

失业保险经办机构应将缴费金额、缴费时间等有关信息及时告知医疗保险经办机构和领取失业保险金人员本人。

停止领取失业保险金人员按规定相应参加职工医保、城镇居民基本医疗保险或新型农村合作医疗。

五、领取失业保险金人员参加职工医保的缴费年限与其失业前参加职工医保的缴费年限累计计算。

六、领取失业保险金人员参加职工医保当月起按规定享受相应的住院和门诊医疗保险待遇,享受待遇期限与领取失业保险金期限相一致,不再享受原由失业保险基金支付的医疗补助金待遇。

七、领取失业保险金人员失业保险关系跨省、自治区、直辖市转入户籍所在地的,其职工医保关系随同转移,执行转入地职工医保政策。应缴纳的基本医疗保险费按转出地标准一次性划入转入地失业保险基金。转入地失业保险经办机构按照当地有关规定为领取失业保险金人员办理职工医保参保缴费手续。

转出地失业保险基金划转的资金缴纳转入地职工医保费的不足部分,由转入地失业保险基金予以补足,超出部分并入转入地失业保险基金。

八、各地要高度重视领取失业保险金人员参加职工医保工作,切实加强组织领导,统筹规划,认真测算,抓紧研究制定适合本地区的实施办法,自2011年7月1日起开始实施。要通过多种形式加强政策宣传,大力开展业务培训。要进一步规范管理,加强信息系统建设。已经实行失业人员参加职工医保的地区,要按照《中华人民共和国社会保险法》的规定及本通知要求进一步完善政策。

【典型案例】：失业人员重新就业后的医疗保险如何处理

甲省乙市的张先生从 A 公司失业后，经参保地失业保险经办机构审核，可享受 18 个月的失业保险待遇，并按规定为张先生按月缴纳职工基本医疗保险费。张先生在领取完第 10 个月失业保险待遇后找到新工作，来到 B 公司上班。B 公司的财务人员认为张先生来之前是失业人员，一直在领取失业金，其缴纳医疗保险的费用由失业保险机构代为缴纳，那就先不通知失业机构，等到失业保险机构达到帮助张先生缴费的上限后再继续为张先生缴纳，这样既没有让张先生有所损失，B 公司也可以省下一部分费用。最终 B 公司财务人员的行为被失业保险经办机构发现而被处罚。

其实，在张先生入职后，职工基本医疗保险费就不能继续由失业保险机构代为缴纳。应由新就业单位和本人共同缴纳职工基本医疗保险费。《社会保险法》明确规定：失业人员重新就业后，停止领取失业保险金，同时停止享受其他失业保险待遇。张先生就业期间的基本医疗保险费应由新就业单位和本人共同缴纳。

（二）失业保险费历年变化

失业保险费经历几次降费率

《失业保险条例》规定，失业保险单位费率为 2%，个人费率为 1%。省、自治区、直辖市人民政府根据本行政区域失业人员数量和失业保险基金数额，报经国务院批准，可以适当调整本行政区域失业保险费的费率。

2015 年以来，国家先后多次阶段性降低失业保险费率。

从 2015 年 3 月 1 日起，失业保险费率暂由 3% 降至 2%，单位和个人缴费的具体费率由各省、自治区、直辖市人民政府确定。在省、自治区、直辖市行政区域内，单位及职工的费率应当统一。

从 2016 年 5 月 1 日起，失业保险总费率在 2015 年已降低 1 个百分点的基础上可以阶段性降至 1%～1.5%，其中个人费率不超过 0.5%，降低费率的期限暂按两年执行。具体方案由各省（区、市）确定。

从 2017 年 1 月 1 日起，失业保险总费率为 1.5% 的省（区、市），可以将总费率降至 1%，降低费率的期限执行至 2018 年 4 月 30 日。在省（区、市）行政区域内，单位及个人的费率应当统一，个人费率不得超过单位费率。自 2018 年 5 月 1 日起，按照《人力资源社会保障部 财政部关于阶段性降低失业保险费率的通知》（人社部发〔2018〕25 号），实施失业保险总费率 1% 的省（区、市），延长阶段性降低费率的期限至 2019 年 4 月 30 日。按照《国务院办公厅关于印发〈降低社会保险费率综合方案〉的通知》（国办发〔2019〕

13号),实施失业保险总费率1%的省,延长阶段性降低失业保险费率的期限至2020年4月30日。按照《国务院关于进一步做好稳就业工作的意见》(国发〔2019〕28号),阶段性降低失业保险费率的政策实施期限延长至2021年4月30日。在2021年2月,《人力资源社会保障部办公厅 财政部办公厅 国家税务总局办公厅关于2021年社会保险缴费有关问题的通知》(人社厅发〔2021〕2号)规定,阶段性降低失业保险费率政策2021年4月30日到期后,延续实施1年至2022年4月30日。

> **政策链接: 失业保险费率调整的依据有哪些**
>
> 1.《人力资源社会保障部 财政部关于调整失业保险费率有关问题的通知》(人社部发〔2015〕24号)
>
> 从2015年3月1日起,失业保险费率暂由现行条例规定的3%降至2%,单位和个人缴费的具体比例由各省、自治区、直辖市人民政府确定。在省、自治区、直辖市行政区域内,单位及职工的费率应当统一。
>
> 2.《人力资源社会保障部 财政部关于阶段性降低社会保险费率的通知》(人社部发〔2016〕36号)
>
> 从2016年5月1日起,失业保险总费率在2015年已降低1个百分点基础上可以阶段性降至1%~1.5%,其中个人费率不超过0.5%,降低费率的期限暂按两年执行。具体方案由各省(区、市)确定。
>
> 3.《人力资源社会保障部 财政部关于阶段性降低失业保险费率有关问题的通知》(人社部发〔2017〕14号)
>
> 从2017年1月1日起,失业保险总费率为1.5%的省(区、市),可以将总费率降至1%,降低费率的期限执行至2018年4月30日。在省(区、市)行政区域内,单位及个人的费率应当统一,个人费率不得超过单位费率。具体方案由各省(区、市)研究确定。
>
> 4.《人力资源社会保障部 财政部关于继续阶段性降低社会保险费率的通知》(人社部发〔2018〕25号)
>
> 自2018年5月1日起,按照《人力资源社会保障部 财政部关于阶段性降低失业保险费率的通知》(人社部发〔2017〕14号)实施失业保险总费率1%的省(区、市),延长阶段性降低费率的期限至2019年4月30日。具体方案由各省(区、市)研究确定。

5.《国务院办公厅关于印发〈降低社会保险费率综合方案〉的通知》(国办发〔2019〕13号)

自2019年5月1日起,实施失业保险总费率1%的省,延长阶段性降低失业保险费率的期限至2020年4月30日。自2019年5月1日起,延长阶段性降低工伤保险费率的期限至2020年4月30日,工伤保险基金累计结余可支付月数在18至23个月的统筹地区可以现行费率为基础下调20%,累计结余可支付月数在24个月以上的统筹地区可以现行费率为基础下调50%。

6.《国务院关于进一步做好稳就业工作的意见》(国发〔2019〕28号)

二、支持企业稳定岗位

(一)加大援企稳岗力度。阶段性降低失业保险费率、工伤保险费率的政策,实施期限延长至2021年4月30日。参保企业面临暂时性生产经营困难且恢复有望、坚持不裁员或少裁员的失业保险稳岗返还政策,以及困难企业开展职工在岗培训的补贴政策,实施期限均延长至2020年12月31日。

7.《人力资源社会保障部办公厅 财政部办公厅 国家税务总局办公厅关于2021年社会保险缴费有关问题的通知》(人社厅发〔2021〕2号)

阶段性降低失业保险、工伤保险费率政策2021年4月30日到期后,延续实施1年至2022年4月30日。

【实务案例】易忽略的疫情防控期间失业保险优惠政策

1.甲省乙市的A公司为大型企业,该企业2020年所属期2月至6月和7月至12月的职工工资总额分别为15万元、20万元。

要求:请计算A公司2020年度可享受的失业保险费减免金额是多少并说明原因。

参考答案:$150\ 000 \times 0.5\% \div 2 = 375(元)$。

答案解析:根据《人力资源社会保障部 财政部 税务总局关于阶段性减免企业社会保险费的通知》(人社部发〔2020〕11号)的规定,自2020年2月起,各省、自治区、直辖市(除湖北省外)及新疆生产建设兵团可根据受疫情影响情况和基金承受能力,免征中小微企业三项社会保险单位缴费部分,免征期限不超过5个月;对大型企业等其他参保单位(不含机关事业单位)三项社会保险单位缴费部分可减半征收,减征期限不超过3个月。

《人力资源社会保障部 财政部 税务总局关于延长阶段性减免企业社会保险费政

策实施期限等问题的通知》（人社部发〔2020〕49号）规定，对大型企业等其他参保单位（不含机关事业单位）三项社会保险费单位缴费部分减半征收的政策延长至2020年6月底。

2. 下列选项中，关于阶段性减免缓缴企业社会保险费政策的说法错误的是（   ）。

A. 2020年2月至4月，各类大型企业、民办非企业单位、社会团体等各类社会组织养老保险、失业保险、工伤保险单位缴费部分减半征收

B. 减免三项社会保险单位缴费部分的单位包括机关事业单位

C. 受疫情影响生产经营出现严重困难的参保单位（含参加企业基本养老保险的事业单位），可按相关规定申请缓缴三项社会保险费。缓缴期间，免收滞纳金和利息

D. 以单位方式参保的个体工商户参照企业执行阶段性减免缓缴企业社会保险费政策

参考答案：B

答案解析：《人力资源社会保障部 财政部 税务总局关于阶段性减免企业社会保险费的通知》（人社部发〔2020〕11号）规定，对大型企业等其他参保单位（不含机关事业单位）三项社会保险单位缴费部分可减半征收，减征期限不超过3个月。

（三）特殊人群的失业保险

1. 外国人在中国就业是否也能参加失业保险

随着国际经贸的发展和我国利用外资规模的扩大，在华外资企业和办事机构越来越多，来华就业的外国人也越来越多。据统计，截至2021年在华常住外籍人员已从2008年的21.7万人增长至59.4万人，多分布在东部沿海地域，韩国、美国、日本为外国人来源国前三名。官方统计口径中的外籍人员，是指第六次人口普查标准时点在我国境内居住3个月以上或能够确定将居住3个月以上的外籍人员。

随着我国社会保险制度的建立和完善，在华就业的外国人是否应纳入职工社会保险制度中，这个问题需要予以研究。建立了强制性社会保险制度的国家，法律都规定外国人在本国境内就业的要强制性参保缴费。因此，《社会保险法》对在华就业的外国人参加社会保险作了明确规定。根据《社会保险法》规定，外国人在中国境内就业的，参照本法规定参加社会保险。所谓参照，是指原则依照本法执行，但允许有所变通。在没有变通规定时，外国人应当依照本法参加社会保险。在有权机关作出变通规定时，外国人参加社会保险按照变通规定执行，这些变通规定主要是指有关社会保险的双边协定，变通的内容包括是否需要参加社会保险以及参加哪几项社会保险。所谓外国人，是指依

照《国籍法》规定不具有中国国籍的人员,包括具有外国国籍人员和无国籍人员。按照《外国人在中国就业管理规定》的规定,外国人在中国就业,是指没有取得定居权的外国人在中国境内依法从事社会劳动并获取劳动报酬的行为,包括在中国企业和外资企业及其子公司、办事机构就业的。台湾、香港和澳门居民属于中国公民,适用《香港澳门台湾居民在内地(大陆)参加社会保险暂行办法》(人力资源和社会保障部 国家医疗保障局令第41号),按照《社会保险费征缴暂行条例》的规定缴纳社会保险费,不适用《社会保险法》中关于外国人的规定。

首先,需要明确的是外国人在中国境内就业,应当参照《社会保险法》规定参加社会保险。外国人在我国境内就业,需要向我国劳动部门申请办理外国人就业证后才可就业,原则上依照《社会保险法》规定,作为职工参加相关的社会保险。第一,按照《社会保险法》适用范围,除了外交使领馆享有外交豁免权外,在我国境内所有的外资企业、外国企业驻华机构及在我国就业的外国人都应当适用本法。第二,1999年《社会保险费征缴暂行条例》明确规定,外商投资企业及其职工应当缴纳基本养老保险费、基本医疗保险费和失业保险费。2003年《工伤保险条例》规定,中华人民共和国境内的各类企业都应当参加工伤保险。有的地方规定,外国人可以参照相关规定参加社会保险,享受相关社会保险待遇。第三,切实保护外国人在华就业过程中的合法权益。外国人来华就业,应当允许其参保,依法享受相应的社会保险待遇。《移民就业公约》等国际条约规定,外国人就业在社会保险方面应当实行国民待遇原则,享受与本国公民同等的权利。我国尽管没有参加有关国际条约,但允许外国人参加我国社会保险,顺应国际发展潮流,符合国际通行做法,有利于保护外国劳动者的合法权益。

其次,有双边协定或者多边协定的,要按照协定执行。外国人在中国境内就业,特别是由外国企业派到中国工作,外国就业人员就可能同时被两国的社会保险制度所覆盖,需要缴纳双重的社会保险费,加大了用人单位的负担和成本,削弱企业竞争力。同时,各国社会保险制度不尽相同,社会保险关系跨国接续存在客观障碍。另外,在国外缴费时间往往较短,难以达到领取社会保险待遇门槛。为了解决跨国就业社会保险制度的衔接,同时不损害职工的合法权益,国际公约建议各国签订双边或者多边协定来解决。例如,早在2011年美国就与17个国家签订了社会保险协定。2001年,我国与德国签署了《中华人民共和国与德意志联邦共和国社会保险协定》,规定对五类人员相互免除缴纳法定养老保险费和失业保险社会保险费,免除期限一般为60个月,经批准可延长为96个月。在特殊情况下,经批准可给予最后一次免除。对于外交机构及其工作人员雇用的人员,免除期限不限。2003年,我国与韩国签署了《中华人民共和国与大韩民国互免养老保险缴费临时措施协议》,规定在该协议有效期内互相免除养老保险费。根据上述两个双边协定,德国公民和韩国公民在我国境内就业的,可以分别不参加基本养老保险、失业保险,但还应当参加基本医疗保险和工伤保险。《在中国境内就业的外国人参加社会保险暂行办法》(人力资源和社会保障部令第16号)中也明确指出,由用人单位和本人按照规定缴纳社会保险费。与境外雇主订立雇佣合同后,被派遣到在中国境内注册或者登记的分支机构、代表机构工作的外国人,应当依法参加职工基本养老保险、职工基本医疗保险、工伤保险、失业保险和生育保险,由境内工作单位和本人按照规定缴纳社会保险费。《在中国境内就业的外国人参加社会保险暂行办法》(人力资源和社会保障部令第16号)还指出,用人单位招用外国人的,应当自办理就业证件之日起30日内为其办理社会保险登记。

> **政策链接:外国人在中国就业的相关规定**
>
> 1.《在中国境内就业的外国人参加社会保险暂行办法》(人力资源和社会保障部令第16号)
>
> 第三条 在中国境内依法注册或者登记的企业、事业单位、社会团体、民办非企业单位、基金会、律师事务所、会计师事务所等组织(以下称用人单位)依法招用的外国人,应当依法参加职工基本养老保险、职工基本医疗保险、工伤保险、失业保险和生育保险,由用人单位和本人按照规定缴纳社会保险费。
>
> 与境外雇主订立雇佣合同后,被派遣到在中国境内注册或者登记的分支机构、代表机构(以下称境内工作单位)工作的外国人,应当依法参加职工基本养老保险、职工基本医疗保险、工伤保险、失业保险和生育保险,由境内工作单位和本人按照规定缴纳社会保险费。
>
> 第四条 用人单位招用外国人的,应当自办理就业证件之日起30日内为其办理社会保险登记。
>
> 受境外雇主派遣到境内工作单位工作的外国人,应当由境内工作单位按照前款规定为其办理社会保险登记。
>
> 依法办理外国人就业证件的机构,应当及时将外国人来华就业的相关信息通报当地社会保险经办机构。社会保险经办机构应当定期向相关机构查询外国人办理就业证件的情况。
>
> 第五条 参加社会保险的外国人,符合条件的,依法享受社会保险待遇。
>
> 在达到规定的领取养老金年龄前离境的,其社会保险个人账户予以保留,再次来到中国就业的,缴费年限累计计算;经本人书面申请终止社会保险关系的,也可以将其社会保险个人账户储存额一次性支付给本人。
>
> 第六条 外国人死亡的,其社会保险个人账户余额可以依法继承。
>
> 第七条 在中国境外享受按月领取社会保险待遇的外国人,应当至少每年向负责

支付其待遇的社会保险经办机构提供一次由中国驻外使领馆出具的生存证明,或者由居住国有关机构公证、认证并经中国驻外使领馆认证的生存证明。

外国人合法入境的,可以到社会保险经办机构自行证明其生存状况,不再提供前款规定的生存证明。

第八条 依法参加社会保险的外国人与用人单位或者境内工作单位因社会保险发生争议的,可以依法申请调解、仲裁、提起诉讼。用人单位或者境内工作单位侵害其社会保险权益的,外国人也可以要求社会保险行政部门或者社会保险费征收机构依法处理。

2.《外国人在中国就业管理规定》(劳部发〔1996〕29号发布,2017年3月13日第二次修订)

第三条 本规定适用于在中国境内就业的外国人和聘用外国人的用人单位。本规定不适用于外国驻华使领馆和联合国驻华代表机构、其他国际组织中享有外交特权与豁免的人员。

第四条 各省、自治区、直辖市人民政府劳动行政部门及其授权的地市级劳动行政部门负责外国人在中国就业的管理。

第二章 就业许可

第五条 用人单位聘用外国人须为该外国人申请就业许可,经获准并取得《中华人民共和国外国人就业许可证书》(以下简称许可证书)后方可聘用。

第六条 用人单位聘用外国人从事的岗位应是有特殊需要,国内暂缺适当人选,且不违反国家有关规定的岗位。用人单位不得聘用外国人从事营业性文艺演出,但符合本规定第九条第三项规定的人员除外。

第七条 外国人在中国就业须具备下列条件:

(一)年满18周岁,身体健康;
(二)具有从事其他工作所必需的专业技能和相应的工作经历;
(三)无犯罪记录;
(四)有确定的聘用单位;
(五)持有有效护照或能代替护照的其他国际旅行证件(以下简称代替护照的证件)。

第八条 在中国就业的外国人应持Z字签证入境(有互免签证协议的,按协议办理),入境后取得《外国人就业证》(以下简称就业证)和外国人居留证件,方可在中国境内就业。

未取得居留证件的外国人(即持F、L、C、G字签证者)、在中国留学、实习的外国人及持Z字签证外国人的随行家属不得在中国就业。特殊情况,应由用人单位按本规定的审批程序申领许可证书,被聘用的外国人凭许可证书到公安机关改变身份,办理就业证、居留证后方可就业。

外国驻中国使、领馆和联合国系统、其他国际组织驻中国代表机构人员的配偶在中国就业,应按《中华人民共和国外交部关于外国驻中国使领馆和联合国系统组织驻中国代表机构人员的配偶在中国任职的规定》执行,并按本条第二款规定的审批程序办理有关手续。

许可证书和就业证由劳动部统一制作。

第九条 凡符合下列条件之一的外国人可免办就业许可和就业证:

(一)由我国政府直接出资聘请的外籍专业技术和管理人员,或由国家机关和事业单位出资聘请,具有本国或国际权威技术管理部门或行业协会确认的高级技术职称或特殊技能资格证书的外籍专业技术和管理人员,并持有外国专家局签发的《外国专家证》的外国人;

(二)持有《外国人在中华人民共和国从事海上石油作业工作准证》从事海上石油作业、不需登陆、有特殊技能的外籍劳务人员;

(三)经文化部批准持《临时营业演出许可证》进行营业性文艺演出的外国人。

第十条 凡符合下列条件之一的外国人可免办许可证书,入境后凭Z字签证及有关证明直接办理就业证:

(一)按照我国与外国政府间、国际组织间协议、协定,执行中外合作交流项目受聘来中国工作的外国人;

(二)外国企业常驻中国代表机构中的首席代表、代表。

第六章 附则

第三十一条 中国的台湾和香港、澳门地区居民在内地就业按《台湾和香港、澳门居民在内地就业管理规定》执行。

第三十二条 外国人在中国的台湾和香港、澳门地区就业不适用本规定。

第三十三条 禁止个体经济组织和公民个人聘用外国人。

第三十四条 省、自治区、直辖市劳动行政部门可会同公安等部门依据本规定制定本地区的实施细则,并报劳动部、公安部、外交部、对外贸易经济合作部备案。

第三十五条 本规定由劳动部解释。

第三十六条 本规定自1996年5月1日起施行。原劳动人事部和公安部1987年10月5日发布的《关于未取得居留证件的外国人和来中国留学的外国人在中国就业的若干规定》同时废止。

【典型案例】：外国国籍是参加我国社会保险的阻碍吗

2016年2月，外国公民朱莉女士与A外资科技公司签订了为期3年的劳动合同，科技公司为朱莉女士办理了《外国人就业证》。2017年5月，朱莉女士因患病在北京公立医院治疗，产生了高额的医疗费用。在与病友闲聊过程中得知，中国公民就业缴纳基本医疗保险，大部分医疗费用均可由基本医疗保险实时结算报销。出院后，朱莉女士找到A科技公司询问，为何其在北京就业不享有与中国公民同等的基本社会保障。A科技公司答复，因朱莉女士不是中国公民，故无法缴纳社会保险。2017年6月，朱莉女士以未依法缴纳社会保险为由提出解除劳动合同。2017年7月，朱莉女士提出仲裁申请，要求A科技公司支付解除劳动合同经济补偿，并按基本医疗保险报销比例向其支付医疗费用。仲裁委审理后认为，朱莉女士取得了《外国人就业证》，属于合法就业，受我国法律法规的保护及约束，其应与我国公民在我国就业一样，享有参加社会保险和享受社会保险待遇的合法权益。A科技公司未依法为朱莉女士缴纳基本社会保险，故裁决支持了朱莉女士的仲裁请求。

通过这个案例我们不难发现，外国国籍并非参加社会保险的障碍。《外国人在中国就业管理规定》第二十二条规定，在中国就业的外国人的工作时间、休息、休假劳动安全卫生以及社会保险按国家有关规定执行。《社会保险法》第九十七条亦明确规定，外国人在中国境内就业的，参照本法规定参加社会保险。《在中国境内就业的外国人参加社会保险暂行办法》（人力资源和社会保障部令第16号）第三条第一款规定，在中国境内依法注册或者登记的企业、事业单位、社会团体、民办非企业单位、基金会、律师事务所、会计师事务所等组织（以下称用人单位）依法招用的外国人，应当依法参加职工基本养老保险、职工基本医疗保险、工伤保险、失业保险和生育保险，由用人单位和本人按照规定缴纳社会保险费。此外，按照北京市社会保险基金管理中心办公室发布的《关于进一步做好在本市就业的外国人参加社会保险工作有关问题的通知》规定，具有与中国签订社会保险双边或者多边协议的国家国籍的外国人，可依协议规定免除规定险种在规定期限内的缴费义务，但不能提供协议国出具参保证明的、协议规定之外的险种以及协议规定险种超过规定期限的，均应按规定缴纳社会保险费。从上述规定可以看出，外国国籍并非参加我国社会保险的障碍，外国公民在我国境内合法就业即可享有与中国公民同等参加社会保险和享受社会保险待遇的合法权益。用人单位招用外国公民作为劳动者，不应与我国公民区别对待，而须更有针对性地了解办理相关手续的流程及时效。同时，外国人在我国境内就业应及时了解并遵守我国的法律法规，依法保障自己的合法权益。

2. 农民合同制工人需要参加失业保险吗

所谓农民合同制工人,是指企业、事业单位招用的具有农业户口,并且与招用单位签订了劳动合同的劳动者。为了完善国有企业的劳动制度,保障待业职工的基本生活,维护社会安全,国务院于1993年4月12日颁布了《国有企业职工待业保险规定》。但是随着社会保险事业的不断发展,该规定于1999年1月22日失效,由《失业保险条例》代替。与1993年的《国有企业职工待业保险规定》相比,《失业保险条例》增加了对农民合同制工人终止或者解除劳动合同后给予一次性生活补助的规定。这样规定主要是因为农民合同制工人劳动合同期满后,如果用人单位不再与之续订新的劳动合同,就会失去原来的工作。考虑到这部分人大多长期离家在外,失去工作后生活会暂时遇到困难,应得到相应的生活补助。但由于他们回乡后可以继续务农,对其离开工作单位后的生活保障应与城镇失业人员有所区别。农民合同制工人所在的单位缴纳失业保险费的基数中已包括了这部分人的工资,为这部分人发放一定的生活补助,体现了权利、义务对等的原则。考虑到农民合同制工人离开原单位后流动性较强,采取对其支付一次性生活补助的方式,对于农民合同制工人比较方便,实际工作中也好操作。

根据《失业保险条例》规定,城镇企业事业单位招用的农民合同制工人应该参加失业保险,用人单位按规定为农民工缴纳社会保险费,农民合同制工人本人不缴纳失业保险费。单位招用的农民合同制工人连续工作满1年,本单位并已缴纳失业保险费,劳动合同期满未续订或者提前解除劳动合同的,由社会保险经办机构根据其工作时间长短,对其支付一次性生活补助。补助的办法和标准由省、自治区、直辖市人民政府规定。

考虑到各地的实际情况存在差别,《失业保险条例》将一次性生活补助的办法和标准授权各省、自治区、直辖市人民政府规定。但此处需要注意的问题有两个:第一,并不是所有农民合同制工人合同期满未续订或者提前解除劳动合同的,都能享受生活补助,只有参加失业保险的缴费单位招用的农民合同制工人,且其连续工作满1年的,才能领取一次性生活补助。第二,关于阶段性扩大失业农民工保障范围。对《失业保险条例》规定的参保单位招用、个人不缴费且连续工作满1年的失业农民工,及时发放一次性生活补助。2020年5月至12月,对2019年1月1日之后参保不满1年的失业农民工,参照参保地城市低保标准,按月发放不超过3个月的临时生活补助。与城镇职工同等参保缴费的失业农民工,按参保地规定发放失业保险金或失业补助金。

办理失业保险的手续是:在单位为职工办理了失业保险停保手续的当月,到核发部门为失业人员办理相关手续;为符合申领失业保险金条件的失业人员办理《通知书》;为不符合申领失业保险金条件的失业人员办理《告知书》;领取《通知书》和《告知书》后,单位经办人需办理签收手续。单位经办人还要为农民合同工代办一次性生活补助金的有关手续。如属本市城镇户籍的失业人员到户籍所属区的失业保险发放机构办理申领失业保险手续；外地城镇户籍的失业人员选择在本市享受失业保险待遇的，到原单位所在区的失业保险发放机构办理申领失业保险手续。而农民合同工如果单位为其参加了失业保险，并连续缴费满1年，那在终止或解除劳动关系后60天内，凭社会经办机构规定的证件和资料，到原单位所在地受理其失业保险业务的社会保险经办机构办理一次性生活补助的申领手续。逾期不再受理，未申领待遇的缴费年限在新就业后合并计算。一次性生活补助金的标准为：缴纳失业保险费满一年的，按其失业前12个月的月平均缴费工资的12%发放；以后每多缴纳一个月的失业保险费加发1%。

关于农民工的参保缴费和享受待遇的问题，《失业保险条例》也有明确的规定：农民工凡是与用工单位建立稳定的劳动关系的都应该参加失业保险，但是农民工和其他职工参加失业保险的办法略有区别。第一点区别是农民工个人不用缴费，用人单位按个人工资总额的2%缴费，其他职工是个人也要缴本人工资的1%。第二点区别是在参保缴费的费率上，在领取失业保险金的时候，农民工因非本人意愿失业的，可以把该得到的保险作为生活补助费一次性领取，其他职工必须按月领取。在享受的方式上农民工可以一次性领取，这是考虑到农民工在城乡之间来回流动的问题。

如果用人单位没有给农民工缴纳失业保险费，致使农民工失业以后不能享受到失业保险待遇，农民工可以到失业保险经办机构包括到劳动保障监察机构进行举报，经办机构和监察机构都有义务督促用人单位为农民工缴纳失业保险。用人单位为农民工缴纳了失业保险费，并且符合申领条件的，应该到所在地的社保经办机构或者就业服务机构申领失业保险金。

政策链接：减负稳岗扩就业政策

1. 国务院新闻办公室于2021年5月20日举行国务院政策例行吹风会，请人力资源和社会保障部有关负责人介绍延续实施部分减负稳岗扩就业政策和进一步支持灵活就业措施有关情况，并答记者问。

问：我们想了解一下，国务院此次延续实施部分减负稳岗扩就业政策的背景和考虑是什么？有哪些调整和变化？谢谢。

答：……第三，聚焦兜牢困难人员保障底线。继续实施失业保险保障扩围政策，对领取失业保险金期满仍未就业的失业人员、不符合领取失业保险金条件的参保失业人员，发放失业补助金。继续对参保不满1年的失业农民工，发放临时生活补助。对困难人员参加培训的，落实职业培训补贴的同时，给予生活费补贴，切实帮助困难人员缓解生活压力，尽快实现就业。

2.《人力资源社会保障部 国家发展改革委 教育部 财政部 中央军委国防动员部关于延续实施部分减负稳岗扩就业政策措施的通知》(人社部发〔2021〕29号)

六、继续实施失业保险保障扩围政策。对领取失业保险金期满仍未就业的失业人员、不符合领取失业保险金条件的参保失业人员,发放失业补助金;对参保不满1年的失业农民工,发放临时生活补助。保障范围为2021年1月1日之后新发生的参保失业人员。上年度失业保险基金滚存结余备付期限不足2年的省份,可结合本地区就业形势和基金支付能力,制定具体实施政策,并报人力资源社会保障部、财政部备案。

九、政策实施期限。上述第一至七项政策受理期限截至2021年12月31日。对2020年度已受理、享受期未满的减负稳岗扩就业政策,可继续按原政策享受至期满为止。鼓励各地根据就业工作需要,按规定制定符合本地实际的就业创业扶持政策。

3.《失业保险条例》(国务院令第258号)

第六条　城镇企业事业单位按照本单位工资总额的2%缴纳失业保险费。城镇企业事业单位职工按照本人工资的1%缴纳失业保险费。城镇企业事业单位招用的农民合同制工人本人不缴纳失业保险费。

第二十一条　单位招用的农民合同制工人连续工作满1年,本单位并已缴纳失业保险费,劳动合同期满未续订或者提前解除劳动合同的,由社会保险经办机构根据其工作时间长短,对其支付一次性生活补助。补助的办法和标准由省、自治区、直辖市人民政府规定。

▶【典型案例】:农民工离职后没有再就业,能否享有失业保险待遇

孙先生是一位农民工,因与A公司签订为期3年的劳动合同到期而离职。此后,由于突患疾病一直住院医治或遵医嘱在家休养,无法通过工作获取收入。考虑到孙先生和A公司共同缴纳了3年的失业保险费,孙先生曾要求社会保险经办机构给予失业保险待遇,但遭到拒绝。对方的理由是农民工不属于《失业保险条例》所规定的失业主体。孙先生认为社会保险经办机构的理由不成立。经过多次维权后,终于证明社会保险经办机构的理由不能成立。

《失业保险条例》第二条规定,城镇企业事业单位、城镇企业事业单位职工依照本条例的规定,缴纳失业保险费。本条所称城镇企业,是指国有企业、城镇集体企业、外商投资企业、城镇私营企业以及其他城镇企业。该规定仅仅提及城镇职工而未提及农民工。第六条更加明确地指出,城镇企业事业单位招用的农民合同制工人本人不缴纳失业保险费。但是,这并不意味着农民工不能享受失业保险待遇。对此,《社会保险法》第四十四条规定,职工应当参加失业保险,由用人单位和职工按照国家规定共同缴纳失业保险

费。此外,《失业保险条例》第二十一条规定,单位招用的农民合同制工人连续工作满1年,本单位并已缴纳失业保险费,劳动合同期满未续订或者提前解除劳动合同的,由社会保险经办机构根据其工作时间的长短,对其支付一次性生活补助。这就是说,农民工照样可以领取失业保险金,只不过方式为"一次性",归类在"生活补助"。领取该费用的条件为:一是身份为农民合同制工人;二是连续工作满1年且用人单位已为其缴纳失业保险费;三是劳动合同期满后未再续订或者劳动合同被提前解除。

结合本案例,孙先生的情形具备对应的法律特征:第一,其属于农民工,并与A公司签订过劳动合同,属于"农民合同制工人";第二,其已经在公司工作3年,且与A公司共同缴纳了3年的失业保险费;第三,其与公司的劳动合同已因到期而终止,其失业属实,且是因为突患疾病而一直住院医治或遵医嘱在家休养。至于其获取一次性生活补助的具体金额,应遵照其所在地省级人民政府确定的标准。

3. 跨地区就业的人员,失业保险关系如何接续

关于职工跨统筹地区就业,需要先了解失业保险的统筹层次。失业保险的统筹层次是指失业保险基金在一定的行政区域内实行统一筹集、管理和使用的管理形式,本条所称统筹地区就是统一筹集、管理和使用失业保险基金的行政区域。根据《失业保险条例》规定,失业保险基金在直辖市和设区的市实行全市统筹;其他地区的统筹层次由省、自治区人民政府规定。在具体实施过程中,各地可以结合实际情况,确定不同的全市统筹的实现方式,可以统一管理和调度使用全部基金,也可以统筹调剂使用部分基金,以充分发挥基金保障失业人员基本生活和促进再就业的功能。

跨统筹地区就业,是指职工到当前的统筹地区以外的其他地区就业。从跨统筹地区就业前职工状况来看,可以分为几种情况:一是跨统筹地区就业前,职工已经失业,并按照规定申请领取失业保险金,享受相应的失业保险待遇;二是跨统筹地区就业前,职工已经失业,但是因为各种原因并没有申请领取失业保险金,并到统筹地区以外的其他地区就业;三是跨统筹地区就业前没有处于失业状态,离开原工作单位后马上到其他统筹地区就业的,也就不存在申请领取失业保险金的情况。

关于失业保险关系随本人转移的问题,《失业保险条例》规定,城镇企业事业单位成建制跨统筹地区转移,失业人员跨统筹地区流动的,失业保险关系随之转迁。《失业保险金申领发放办法》(劳动保障部令第8号)进一步明确了失业保险关系转迁的具体政策:失业人员失业保险关系跨省、自治区、直辖市转迁的,失业保险费用应随失业保险关系相应划转。需划转的失业保险费用包括失业保险金、医疗补助金和职业培训、职业介绍补贴。其中,医疗补助金和职业培训、职业介绍补贴按失业人员应享受的失业保险金总额的一半计算。失业人员失业保险关系在省、自治区范围内跨统筹地区转迁,失业

保险费用的处理由省级劳动保障行政部门规定。失业人员跨统筹地区转移的,凭失业保险关系迁出地经办机构出具的证明材料到迁入地经办机构领取失业保险金。

在总结《失业保险条例》实施以来的实践经验的基础上,《社会保险法》也明确了职工跨统筹地区就业的,其失业保险关系随本人转移。根据这一规定,职工跨统筹地区就业后,原来失业保险关系所在地的社会保险经办机构应当按照规定将其失业保险关系转至迁入地,迁入地的社会保险经办机构应当接受,并办理接续手续。

关于缴费年限累计计算的问题,《社会保险法》第五十二条中所称缴费年限,是指职工及其所在用人单位缴纳失业保险费的年限。如前所述,失业人员领取失业保险金的期限和其缴费年限紧密相关,也就是说,失业保险待遇在一定程度上带有权益积累的性质。那么,当职工流动就业时,其之前的缴费年限对其今后享受失业保险待遇具有重要作用。因此,《社会保险法》明确规定,职工跨统筹地区就业的,其失业保险关系随本人转移,缴费年限累计计算。在计算失业保险累计缴费年限时,需要处理好《社会保险法》第五十二条和第四十六条规定的关系。《社会保险法》第四十六条规定,失业人员领取失业保险金期间"重新就业后,再次失业的,缴费时间重新计算,领取失业保险金的期限与前次失业应当领取而尚未领取的失业保险金的期限合并计算,最长不超过二十四个月"。也就是说,不管根据之前累计缴费年限确定的领取失业保险金的期限是否已经全部使用,之前的缴费时间均不再累计计算,而是根据重新就业后的缴费时间重新计算。但是,前次失业应领取而尚未领取的失业保险金的期限可以与新计算的领取失业保险金的期限合并计算,职工的失业保险权益不会受到损害。

政策链接: 失业保险金如何申领

《失业保险金申领发放办法》(劳动和社会保障部令第8号)

第四章 失业保险关系转迁

第二十一条 对失业人员失业前所在单位与本人户籍不在同一统筹地区的,其失业保险金的发放和其他失业保险待遇的提供由两地劳动保障行政部门进行协商,明确具体办法。协商未能取得一致的,由上一级劳动保障行政部门确定。

第二十二条 失业人员失业保险关系跨省、自治区、直辖市转迁的,失业保险费用应随失业保险关系相应划转。需划转的失业保险费用包括失业保险金、医疗补助金和职业培训、职业介绍补贴。其中,医疗补助金和职业培训、职业介绍补贴按失业人员应享受的失业保险金总额的一半计算。

第二十三条 失业人员失业保险关系在省、自治区范围内跨统筹地区转迁,失业保险费用的处理由省级劳动保障行政部门规定。

第二十四条 失业人员跨统筹地区转移的,凭失业保险关系迁出地经办机构出具的证明材料到迁入地经办机构领取失业保险金。

【背景案例】职工跨统筹地区就业，其失业保险转移问题的法律依据是什么

李先生是甲省乙市 A 公司的技术工人，由于 A 公司搞升级改造，李先生被裁减成了失业工人。无奈李先生准备去西部城市发展。上班期间 A 公司正常缴纳了失业保险。由于失业保险有最低缴费年限 1 年的限制，李先生担心去西部后失业保险无法接续。

《社会保险法》第四十五条、第五十一条、第五十二条规定："失业人员符合下列条件的，从失业保险基金中领取失业保险金：（一）失业前用人单位和本人已经缴纳失业保险费满一年的；（二）非因本人意愿中断就业的；（三）已经进行失业登记，并有求职要求的。失业人员在领取失业保险金期间有下列情形之一的，停止领取失业保险金，并同时停止享受其他失业保险待遇：（一）重新就业的；（二）应征服兵役的；（三）移居境外的；（四）享受基本养老保险待遇的；（五）无正当理由，拒不接受当地人民政府指定部门或者机构介绍的适当工作或者提供的培训的。"

职工跨统筹地区就业的，其失业保险关系随本人转移，缴费年限累计计算。

所以，李先生在失业后，可以在失业地社会保险经办机构领取失业保险金。如果去外地发展找到工作重新就业，李先生的失业保险金停发，其失业保险关系随本人转移，缴费年限累计计算。

【实务案例】国家对失业保险预防失业工作的要求有哪些

下列选项中属于党中央、国务院对利用失业保险预防失业工作的要求的是（　　）。

A. 要增强失业保险制度预防失业、促进就业功能，完善就业失业监测统计制度
B. 用好失业保险基金结余，增加稳就业资金规模
C. 落实和完善失业保险支持企业稳定就业岗位政策
D. 坚持全覆盖、保基本、多层次、可持续方针，不断扩大社会保障覆盖面，提高统筹层次和保障水平，加强各项制度的完善和衔接，增强公平性，适应流动性，保证可持续性

参考答案：ABC

答案解析：党的十八届三中全会决定提出，要增强失业保险制度预防失业、促进就业功能，完善就业失业监测统计制度。2015 年国务院《政府工作报告》提出，要落实和完善失业保险支持企业稳定就业岗位政策。2016 年国务院《政府工作报告》提出，用好失业保险基金结余，增加稳就业资金规模，做好下岗职工再就业工作，对城镇就业困难人员提供托底帮扶。

4. 职工跨制度流动失业保险关系如何处理

职工跨制度流动一般是指职工在机关事业单位和企业单位之间流动,针对职工在机关事业单位和企业单位之间流动的失业保险关系也有文件进行规范。国家为促进职工在机关事业单位与企业之间合理流动,推进市、县、乡机构改革,根据《国务院关于印发〈完善城镇社会保障体系试点方案〉的通知》(国发〔2000〕42号)和《中共中央办公厅 国务院办公厅关于市县乡人员编制精简的意见》(中办发〔2000〕30号)的规定,职工在机关事业单位和企业单位之间流动,要相应转移各项社会保险关系,并执行调入单位的社会保险制度。经国务院同意,当时的劳动保障部制定了《劳动和社会保障部 财政部 人事部 中央机构编制委员会办公室关于职工在机关事业单位与企业之间流动时社会保险关系处理意见的通知》(劳社部发〔2001〕13号)文件。根据该文件规定,职工由机关进入企业、事业单位工作之月起,按规定参加失业保险,其原有的工作年限视同缴费年限。职工由企业、事业单位进入机关工作,原单位及个人缴纳的失业保险费不转移,其失业保障按《人事部关于印发〈国家公务员被辞退后有关问题的暂行办法〉的通知》(人发〔1996〕64号)规定执行。

> **政策链接:** 职工在机关事业单位与企业之间流动时社会保险关系如何处理
>
> 《劳动和社会保障部 财政部 人事部 中央机构编制委员会办公室关于职工在机关事业单位与企业之间流动时社会保险关系处理意见的通知》(劳社部发〔2001〕13号)
>
> 二、失业保险关系处理
>
> 职工由机关进入企业、事业单位工作之月起,按规定参加失业保险,其原有的工作年限视同缴费年限。职工由企业、事业单位进入机关工作,原单位及个人缴纳的失业保险费不转移,其失业保障按《人事部关于印发〈国家公务员被辞退后有关问题的暂行办法〉的通知》(人发〔1996〕64号)规定执行。

【典型案例】:公务员被辞退后享受失业保险待遇吗

甲省乙市有这样一个关于公务员的案例:刘先生是甲省乙市的公务员,由于连续3年拒不参加年度考核,经乙市人事、组织等部门调查考核并依据相关规定,对刘先生的绩效考核再次评为不称职后决定将其辞退,并依照程序通知了刘先生。刘先生得知自己被辞退的消息后,考虑到今后一段时间的生活可能没有收入,于是向单位索要生活费。但是单位以刘先生已被辞退为由拒绝支付任何费用。

辞退公务员是国家机关的一项权利,但处理不好,也会侵害公务员的合法权益。因此，必须严格按照法定的程序：

（1）由任免机关按照管理权限决定。按照《公务员辞退规定》（人社部发〔2009〕71号）（2009年7月9日中共中央组织部部务会会议审议批准，2009年7月24日中共中央组织部、人力资源社会保障部发布，2020年12月8日中共中央组织部部务会会议修订，2020年12月28日中共中央组织部发布）第八条规定："辞退公务员，按照下列程序办理：（一）所在单位在核准事实的基础上，提出建议并填写《辞退公务员审批表》报任免机关。（二）组织人事部门审核。（三）任免机关集体讨论，审批并作出辞退决定。对拟辞退且按照规定需要进行经济责任审计的，应当事先对其进行审计。任免机关根据有关规定可以直接作出辞退决定。县级以下机关辞退公务员，由县级公务员主管部门审核并报县级党委审批后作出决定。（四）作出辞退决定的，应当向被辞退公务员送达《辞退公务员通知书》，告知辞退依据和理由，同时将辞退决定送呈报单位。（五）办理公务交接手续。（六）将《辞退公务员审批表》和辞退决定等存入本人人事档案，同时将辞退决定送同级公务员主管部门备案。"

（2）辞退通知以书面形式送达本人。在辞退程序中，将《辞退公务员通知书》送达被辞退的公务员本人是非常重要的一个环节。公务员被辞退后就失去了公务员的身份，不能享受公务员的待遇，需要让公务员知道被辞退的事实和理由，这样在他不服时可以通过行使申诉权和控告权来保护自己的合法权益。因此，书面通知本人既是公务员进行申诉控告的依据，也是辞退决定生效的条件。

（3）辞退的待遇。公务员被辞退后，依据《公务员辞退规定》（人社部发〔2009〕71号）第十六条规定，被辞退公务员已参加失业保险的，根据国家有关规定享受失业保险待遇；未参加失业保险的，领取辞退费。其他社会保险按照有关规定执行。所以，本案例中的刘先生可以享受的待遇是：可以领取辞退费，或者根据国家有关规定享受失业保险待遇。关于辞退费，《公务员辞退规定》第十七条规定："辞退费由接收人事档案的相关服务机构按月发放。原所在机关应当在人事档案转出后15个工作日内，将辞退费一次性拨付。相关服务机构发放确有困难的，由原所在机关按月发放。公务员被辞退前连续工作满1年以上的，自被辞退的次月起发放辞退费。辞退费发放标准为公务员被辞退时所任领导职务、职级对应的基本工资。辞退费发放期限根据被辞退公务员在机关的工作年限确定。工作年限不满2年的，按照3个月发放；满2年的，按照4个月发放；2年以上的，每增加1年增发1个月，但最长不得超过24个月。出现下列情形之一的，辞退费停发：（一）重新就业；（二）应征服兵役；（三）移居国（境）外；（四）被判处刑罚；（五）享受基本养老保险待遇；（六）死亡。被辞退公务员有前款第（一）（二）（三）（四）（五）项情形之一的，应当主动告知相关服务机构或者原所在机关。由相关服务机构发放辞退费且有前款所列情形未发放的，应当将辞退费返还被辞退公务员原所在机关。"

四、工伤保险

工伤保险是社会保险制度中的重要组成部分,是指国家通过立法建立的,以社会统筹方式建立基金,对在工作过程中遭受事故伤害,或因从事有损健康的工作患职业病而丧失劳动能力的职工,以及对因工死亡的职工遗属提供物质帮助的制度。工伤保险是世界上最早产生、最早进行国家立法、最成熟的社会保险险种。

我国工伤保险制度的建立起源于计划经济时期的劳动保险制度框架。新中国成立初期,中央人民政府政务院颁布的《中华人民共和国劳动保险条例》(政秘字134号命令)建立了企业职工工伤保险制度,对职工因工伤残后的补偿和休养康复等作出了规定。1994年7月5日第八届全国人民代表大会常务委员会第八次会议审议通过了《劳动法》,对工伤保险作了原则规定,其中第七十三条规定:"劳动者在下列情况下,依法享受社会保险待遇:(一)退休;(二)患病;(三)因工伤残或者患职业病;(四)失业;(五)生育。"这一基本法以国家法律的形式保障了工伤者及其亲属享受工伤保险待遇。1996年,劳动部在总结各地试点经验的基础上,颁布了《企业职工工伤保险试行办法》(劳部发〔1996〕266号,以下简称《工伤保险试行办法》),其中规定,为了配合《劳动法》的贯彻与实施,工伤保险面向所有境内的企业及其职工。工伤保险实行的是社会统筹机制,工伤保险费由企业负责缴纳,职工在遭遇工伤和职业病以后,由工伤保险基金对职工提供经济补偿和社会化管理服务。这一文件第一次将工伤保险作为单独的保险制度统一组织实施,对沿用了40多年的企业自我保障的工伤福利制度进行了改革。2003年,国务院第五次常务会议讨论并原则通过了《工伤保险条例》(国务院令第375号),同年颁布了《工伤保险条例》,进一步改革了工伤保险制度,对现行工伤保险制度作出全面规定,丰富和完善了相关政策。为切实推进农民工的参保工作,2004年6月,劳动和社会保障部发出了《关于农民工参加工伤保险有关问题的通知》(劳社部发〔2004〕18号),提出了切实有效的政策措施。我国的工伤保险制度经过数十年的探索完善,已经基本定型,从2003年国务院颁布《工伤保险条例》,到2010年《国务院关于修改〈工伤保险条例〉的决定》(国务院令第586号)对工伤保险条例进行修订,我国基本建立起"赔偿—预防—康复"三位一体的工伤保险制度,几十年来的工伤保险实践,为社会保险立法提供了经验。

(一)工伤保险参保范围

1. 工伤保险的参保范围是否包括公务人员

《公务员法》规定,公务员,是指依法履行公职、纳入国家行政编制、由国家财政负担工资福利的工作人员。简单来说,就是在各个行政机构工作,且具有行政编制的人员,这个队伍工作人员较多、规模较大,那些在各级政府,在某某局、某某委、某某所、某某街道办事处工作的具有行政编制的人员都是公务员。人力资源和社会保障部发布的《2016年度人力资源和社会保障事业发展统计公报》公布数据显示,截至2016年年底,全国共有公务员719万人。公务员是否属于工伤保险的参保范围,公务员在受到工伤时如何享受待遇,是多年来争论不一的一个话题。

"企业工伤职工的工伤医疗费、配置辅助器具费都是工伤保险基金全额支付,可我的工伤医疗等费用,却是按照医保的政策报销,个人还要承担一定的费用。如今机关事业单位的医保制度改革了,养老保险制度也改革了,公务员何时才能纳入工伤保险的保障范围?"这是许多公务员的心声。

《工伤保险条例》第二条规定,中华人民共和国境内的企业、事业单位、社会团体、民办非企业单位、基金会、律师事务所、会计师事务所等组织和有雇工的个体工商户应当依照本条例规定参加工伤保险,为本单位全部职工或者雇工缴纳工伤保险费。同时第六十五条规定,公务员和参照公务员法管理的事业单位、社会团体的工作人员因工作遭受事故伤害或者患职业病的,由所在单位支付费用。具体办法由国务院社会保险行政部门会同国务院财政部门规定。由此可见,《工伤保险条例》不适用公务员。也有一种说法是,无论是《工伤保险条例》还是《社会保险法》都是对应《劳动法》,规范的是在中华人民共和国境内的企业、个体经济组织和与之形成劳动关系的劳动者,或者国家机关、事业组织、社会团体和与之建立劳动合同关系的劳动者,而公务员与单位之间的关系不是这里所说的劳动关系,因此也不适用《工伤保险条例》《社会保险法》的规定。

关于公务员的工资、福利与保险在《公务员法》中作了规定。2006年1月1日施行的《公务员法》规定,公务员因公致残的,享受国家规定的伤残待遇。公务员因公牺牲、因公死亡或者病故的,其亲属享受国家规定的抚恤和优待。目前我国正在积极推行机关事业单位和企业社会保险制度并轨,建立统一的社会保险制度。人力资源和社会保障部2016年制定的《人力资源和社会保障事业发展"十三五"规划纲要》中明确提出,要制定公务员和参照公务员法管理事业单位、社会团体工作人员工伤保险政策。2019年6月1日施行的《公务员法》将旧公务员法中关于因公致残的规定删除,增加了"公务员依法参加社会保险,按照国家规定享受保险待遇"的规定。至此,公务员法与社会保险法律法规相衔接,为公务员依法参加包括工伤保险在内的社会保险提供了制度接口。

公务员参加工伤保险对落实修订后的《公务员法》和《社会保险法》、统一工伤保险制度、避免产生职业不同因工(公)伤残待遇保障不同问题、促进社会政策公平具有重大意义,也是工伤保险制度覆盖公务员群体、更有效保障公务员权益的必然要求。《工伤保险条例》实施以来,全国已有北京、天津、云南等21个省份出台了将公务员整体纳入工伤保险制度的文件,虽然在基数、费率的规定各有不同,但在工伤鉴定、工伤待遇方面大都参照《工伤保险条例》的规定执行,另有11个省份的部分地市也开展了公务员参加工伤保险试点工作,为在全国范围内完善公务员参加工伤保险工作奠定了政策和实践基础。相信在不久的将来,公务员将全部纳入工伤保险参保范围,将公务人员因工作遭受事故伤害或者患职业病的,纳入工伤保险统筹管理。

> **政策链接: 工伤保险参保范围**
>
> 1.《中华人民共和国社会保险法》(中华人民共和国主席令第三十五号)
>
> 第三十三条 职工应当参加工伤保险,由用人单位缴纳工伤保险费,职工不缴纳工伤保险费。
>
> 2.《工伤保险条例》(国务院令第375号)
>
> 第二条 中华人民共和国境内的企业、事业单位、社会团体、民办非企业单位、基金会、律师事务所、会计师事务所等组织和有雇工的个体工商户(以下称用人单位)应当依照本条例规定参加工伤保险,为本单位全部职工或者雇工(以下称职工)缴纳工伤保险费。
>
> 第六十五条 公务员和参照公务员法管理的事业单位、社会团体的工作人员因工作遭受事故伤害或者患职业病的,由所在单位支付费用。具体办法由国务院社会保险行政部门会同国务院财政部门规定。
>
> 3.《人力资源社会保障部 财政部关于进一步做好事业单位等参加工伤保险工作有关问题的通知》(人社部发〔2012〕67号)
>
> 一、事业单位、社会团体、民办非企业单位、基金会、律师事务所、会计师事务所等组织按照《中华人民共和国社会保险法》《工伤保险条例》规定,依照属地管理原则,参加统筹地区的工伤保险,并按时足额缴纳工伤保险费。缴纳工伤保险费所需费用在社会保障缴费中列支,其费率均暂按一类风险行业执行。
>
> 二、事业单位、社会团体、民办非企业单位、基金会、律师事务所、会计师事务所等组织的工作人员遭受事故伤害或者患职业病的,其工伤范围、工伤认定、劳动能力鉴定、待遇标准等按照《工伤保险条例》规定执行。
>
> 三、参照公务员法管理的事业单位、社会团体工作人员因工作遭受事故伤害或者患职业病的,按照《工伤保险条例》第六十五条的规定执行。

▶▶▶【典型案例】:公务员在工作时间突发疾病死亡,能否适用工伤鉴定

2020年4月11日,甲省乙市丙区人民政府的工作人员赵先生在办公室感到胸部疼

痛,并于当日到乙市第一人民医院就诊治疗,门诊诊断为冠心病,疑似主动脉夹层、急性心肌梗死或肺栓塞,立即进行了手术治疗。术后恢复治疗中,赵某出现心率血压下降,经抢救无效于当日晚死亡。4月22日,丙区人民政府向区人社部门申请工伤认定,人社局以赵先生属于在编在岗公务员,属于因公死亡而不是因工死亡,不符合《工伤保险条例》第十四条、第十五条规定,以无法进行工伤认定为由出具《不予认定工伤决定书》。丙区人民政府向乙市人民政府申请行政复议,乙市人民政府作出《行政复议决定书》,决定维持区人社局的《不予认定工伤决定书》。丙区人民政府不服,遂诉至法院。该案件历经三次法院审判,最终由甲省高级人民法院给出了最终判决。甲省高院审理认为,《工伤保险条例》第十五条规定,在工作时间和工作岗位,突发疾病死亡或者在48小时之内经抢救无效死亡的,视同工伤。赵先生在办公室突发疾病,经无效死亡,应属在工作时间和工作岗位,因突发疾病经抢救无效死亡,应视同工伤。而《工伤保险条例》第六十五条规定,公务员和参照公务员法管理的事业单位、社会团体的工作人员因工作遭受事故伤害或者患职业病的,由所在单位支付费用。具体办法由国务院社会保险行政部门会同国务院财政部门规定。同时甲省人民政府早在2012年出台了《公务员纳入工伤保险管理意见》,而赵先生所在乙市也相应出台了《乙市国家机关和参照国家公务员法管理的事业单位、社会团体参加工伤保险办法》,实质上在甲省已将公务员纳入工伤保险的保障范围之内。丙区人社部门作出的《不予认定工伤决定书》适用法律明显不当。最终判决撤销丙区人社部门作出的《不予认定工伤决定书》,由丙区人社部门重新做出行政行为。

由此案例可以看出,公务员虽然与《劳动法》规范的与用人单位签订劳动关系的劳动者不同,并不是说公务员因公受伤就没有保障,只是费用支付的途径不同,并不影响公务员的工伤鉴定。随着我国法治化进程的不断加快,将公务员纳入工伤保险的保障范围之内,是大势所趋。

2. 在多个单位就业,在哪个单位参保

一般情况下,职工的用人单位只有一个,这种用工也就是全日制用工。在职工发生工伤后,由用人单位承担工伤保险责任,及时向社会保险行政部门提出工伤认定申请,社会保险行政部门鉴定为工伤后,下达《认定工伤决定书》,下一步申请劳动能力鉴定,通过劳动能力鉴定确定伤残等级,向社会保险部门申请工伤保险待遇,按《工伤保险条例》规定支付相关费用。但是,随着计划经济向市场经济的逐渐转变,我国出现了小时工这一非全日制用工形式,而且发展迅速,这一用工形式突破了传统的全日制用工模式,适应了用人单位灵活用工和劳动者自主择业的需要,已成为促进就业的重要途径。随着市场用工模式的成功转型,用工形式更加灵活多样,有的是与多个单位建立劳动关系,有的是两个用人单位共用一个职工、有的借用职工。在这些特殊情况下,职工发生

工伤事故由谁承担这份责任呢？《社会保险法》规定，全日制劳动关系中的劳动者与用人单位必须依法缴纳职工基本养老保险费、职工基本医疗保险费、工伤保险费、生育保险费、失业保险费，这是法定义务。在非全日制劳动关系中，缴纳社会保险费则有所差异。按照《劳动和社会保障部关于非全日制用工若干问题的意见》（劳社部发〔2003〕12号）规定，用人单位应当按照国家有关规定为建立劳动关系的非全日制劳动者缴纳工伤保险费。从事非全日制工作的劳动者发生工伤，依法享受工伤保险待遇，被鉴定为伤残5~10级的，经劳动者与用人单位协商一致，可以一次性结算伤残待遇及有关费用。《实施〈中华人民共和国社会保险法〉若干规定》（人力资源和社会保障部令第13号）规定，职工（包括从业人员）在两个或者两个以上用人单位同时就业的，各用人单位应当分别为职工缴纳工伤保险费。职工发生工伤，由职工受到伤害时工作的单位依法承担工伤保险责任。

> **政策链接：发生工伤由受伤时工作单位依法承担工伤保险责任**
>
> 1.《中华人民共和国社会保险法》（中华人民共和国主席令第三十五号）
>
> 第三十三条 职工应当参加工伤保险，由用人单位缴纳工伤保险费，职工不缴纳工伤保险费。
>
> 2.《工伤保险条例》（国务院令第586号）
>
> 第二条 中华人民共和国境内的企业、事业单位、社会团体、民办非企业单位、基金会、律师事务所、会计师事务所等组织和有雇工的个体工商户应当依照本条例规定参加工伤保险，为本单位全部职工或者雇工缴纳工伤保险费。
>
> 3.《实施〈中华人民共和国社会保险法〉若干规定》（人力资源和社会保障部令第13号）
>
> 第九条 职工（包括从业人员）在两个或者两个以上用人单位同时就业的，各用人单位应当分别为职工缴纳工伤保险费。职工发生工伤，由职工受到伤害时工作的单位依法承担工伤保险责任。
>
> 4.《人力资源社会保障部关于执行〈工伤保险条例〉若干问题的意见》（人社部发〔2013〕34号）
>
> 一、《工伤保险条例》（以下简称《条例》）第十四条第（五）项规定的"因工外出期间"的认定，应当考虑职工外出是否属于用人单位指派的因工作外出，遭受的事故伤害是否因工作原因所致。
>
> 二、《条例》第十四条第（六）项规定的"非本人主要责任"的认定，应当以有关机关出具的法律文书或者人民法院的生效裁决为依据。

5.《最高人民法院关于审理工伤保险行政案件若干问题的规定》(法释〔2014〕9号)

第三条 社会保险行政部门认定下列单位为承担工伤保险责任单位的,人民法院应予支持:

(一)职工与两个或两个以上单位建立劳动关系,工伤事故发生时,职工为之工作的单位为承担工伤保险责任的单位;

(二)劳务派遣单位派遣的职工在用工单位工作期间因工伤亡的,派遣单位为承担工伤保险责任的单位;

(三)单位指派到其他单位工作的职工因工伤亡的,指派单位为承担工伤保险责任的单位;

(四)用工单位违反法律、法规规定将承包业务转包给不具备用工主体资格的组织或者自然人,该组织或者自然人聘用的职工从事承包业务时因工伤亡的,用工单位为承担工伤保险责任的单位;

(五)个人挂靠其他单位对外经营,其聘用的人员因工伤亡的,被挂靠单位为承担工伤保险责任的单位。

前款第(四)(五)项明确的承担工伤保险责任的单位承担赔偿责任或者社会保险经办机构从工伤保险基金支付工伤保险待遇后,有权向相关组织、单位和个人追偿。

【典型案例】:在两个单位就职,发生工伤事故由谁管

赵先生是甲省乙市A粮库职工,因粮食流通企业改革,未与企业解除劳动关系,但长期放假,A粮库按国家规定为其缴纳各项社会保险费。2021年,赵先生与乙市B房地产公司签订劳动协议,成为B房地产公司销售业务员,但该协议书未明确约定每日工作时间及工休时间。B房地产公司认为,此行为属于灵活用工,且A粮库已为赵先生缴各项社会保险费,未再给赵先生缴纳工伤保险费。2021年5月12日,赵先生从住处步行前往B房地产公司上班,途中发生交通事故,被行驶的机动车辆撞伤,对方车主拨打120急救电话,送乙市人民医院救治,经抢救无效当日死亡。公安交警支队对此次交通事故作出责任认定,认定机动车辆负全责,赵先生无责任。5月19日,赵先生家属向乙市人力资源和社会保障局提出工伤认定申请,人力资源和社会保障局于6月29日作出涉案工伤认定书,认定赵先生死亡,符合工伤认定范围,认定为工伤,由B房地产公司承担工伤保险责任。B公司认为,赵先生同时在两个单位工作,且A粮库已为其缴纳工伤保险,应由A粮库承担工伤保险责任,B房地产公司不应再承担工伤保险责任,随后向法院提起诉讼。法院认定,赵先生分别在A粮库和B房地产公司工作,其在B房地产公司上班途中受到非本人主要责任的交通事故伤害,应由赵先生受到伤害时的工作单位承担工伤保险责任。据此,法院经审理作出判决,驳回B房地产公司的诉讼请求。

本案例是一起典型的职工在两个单位同时就业,发生工伤事故时,由受到伤害时所在单位承担工伤保险责任的案例。我国现行法律规范并没有明确禁止职工在两个或两个以上用人单位同时就业。《劳动合同法》中关于"劳动者同时与其他用人单位建立劳动关系""从事非全日制用工的劳动者可以与一个或者一个以上用人单位订立劳动合同""用人单位招用与其他用人单位尚未解除或者终止劳动合同的劳动者"等规定,为职工可以在两个及两个以上用人单位就业提供法律基础。而根据人力资源和社会保障部《实施〈中华人民共和国社会保险法〉若干规定》第九条,职工(包括非全日制工作人员)在两个或两个以上用人单位同时就业的,各用人单位应当分别为职工缴纳工伤保险费。职工发生工伤,由职工受到伤害时其工作的单位依法承担工伤保险责任。这一规定又为此类人员发生工伤如何获得赔偿提供了依据。此案值得所有用人单位注意,无论是全日制职工还是非全日制职工,只要在你单位工作,都要为其缴纳工伤保险,以免在发生工伤事故时出现纠纷。

【背景案例】人社观点:职工在两个或两个以上用人单位同时就业如何参保

1. 职工在两个或两个以上用人单位同时就业如何参保?(来源:成都人社局,2021年3月10日)

答:职工在两个或两个以上用人单位同时就业的,其中建立劳动关系的用人单位需为其办理养老、医疗、失业、工伤、生育保险,其余用人单位应当为其分别办理工伤保险,只参加工伤保险的单位填报《成都市社会保险参保单位职工办理社会保险登记申报表》加盖单位行政公章,并提供其已参加五项社会保险的证明(在我市范围内参保的无需提供)。

2. 职工在两个或两个以上用人单位同时就业的如何参保?(来源:深圳市社会保险基金管理局,2019年4月24日)

答:职工在两个或两个以上用人单位同时就业的,各用人单位应当分别为职工缴纳工伤保险费。职工发生工伤,由职工受到伤害时其工作的单位依法承担工伤保险责任。

3. 职工被派遣出境,如何参保

在经济全球化浪潮下,实现劳动力资源的自由流动,已经成为一种不可阻挡的发展趋势。如何妥善处理涉外社会保险关系,是在相关立法中需要明确的一个问题。我国在建国初期颁布的《中华人民共和国劳动保险条例》,是我国现行工伤赔偿制度的起源,但在那个时代,我国很少涉及跨国就业问题,因此对跨国就业的工伤赔偿问题也没有涉及。1996年由劳动部发布的《企业职工工伤保险试行办法》(劳部发〔1996〕266号),首次对出国、出境人员的工伤赔偿问题作出了相应规定,明确了出国、出境人员与国内企业存在劳动关系并参加工伤保险的,在境外负伤、致残或者死亡时应当由境外有关方面承担伤害赔偿责任的,员工获得境外伤害赔偿金之后,国内工伤保险的一次性工亡补助金或者一次性伤残补助金不再发给。如果境外伤害赔偿金低于国内工伤保险一次性工亡补助金或者一次性伤残补助金的,由国内用人单位或者工伤保险经办机构补足差额部分。出国、出境人员在境外负伤、致残或者死亡时应当由国内用人单位或工伤保险经办机构承担伤害赔偿责任的,按照《企业职工工伤保险试行办法》执行。但该规定的主要覆盖人群只是当时的国有企业、集体企业及其雇员,不包含民营企业、民间组织及其雇员。2004年1月,国务院发布的《工伤保险条例》正式实施,这次覆盖了几乎所有具备订立劳动合同资格的用人单位与雇员,对于派遣出境的劳动者的工伤处理,明确规定,职工被派遣出境工作,依据前往国家或者地区的法律应当参加当地工伤保险的,参加当地工伤保险,其国内工伤保险关系中止;不能参加当地工伤保险的,其国内工伤保险关系不中止。此规定一直沿用至今。

> **政策链接: 派遣出境职工的工伤保险问题**
>
> 1.《工伤保险条例》(国务院令第586号)
> 第四十四条 职工被派遣出境工作,依据前往国家或者地区的法律应当参加当地工伤保险的,参加当地工伤保险,其国内工伤保险关系中止;不能参加当地工伤保险的,其国内工伤保险关系不中止。
>
> 2.《劳动和社会保障部办公厅关于单位外派职工在境外工作期间取得当地居民身份证后社会保险关系处理问题的复函》(劳社厅函〔2001〕115号)
> 职工在被本单位派到境外工作期间,合法取得当地永久性居民身份证后,职工所在单位应当停止为其缴纳社会保险费,及时为其办理终止社会保险关系的手续。
> 职工在被派到香港、澳门和台湾地区工作期间合法取得当地永久性居民身份证的,其社会保险关系参照上述办法处理。

【背景案例】人社观点:被派出境员工发生工伤,企业应当如何处理

(来源:人力资源和社会保障部 2019年4月17日)

一家从事基础设施建设的建筑工程公司,近年参与援建非洲某国的一条高速公路。为了保质保量地完成工作,公司从国内挑选了部分技术骨干并外派至该国工作。在工作期间,一名外派员工在当地受伤,经回国申报被认定为工伤。这种情况下,公司应当如何处理?

本案中,若该公司在国内已经并持续为该员工依法缴纳了工伤保险费,则不论该员工是在国内工作还是被委派到境外工作,只要在为公司工作期间发生了工伤,那么该员工已经在国内建立的工伤保险关系就是有效的。

但是,在境外工作期间,其国内的工伤保险关系在某些情况下可以中止:若该公司按照外派地的当地法律已经为其办理了当地的工伤保险,则在当地工作期间发生的工伤,应当依照当地的工伤保险待遇予以处理。若公司没有在境外工作地为该员工办理当地的工伤保险,则可以在员工回国后,按照《工伤保险条例》的有关规定核定该员工的工伤保险待遇。

《工伤保险条例》第四十四条规定,职工被派遣出境工作,依据前往国家或者地区的法律应当参加当地工伤保险的,参加当地工伤保险,其国内工伤保险关系中止;不能参加当地工伤保险的,其国内工伤保险关系不中止。

(二) 工伤保险费率的确定和调整

1. 工伤保险费率如何确定

我国工伤保险费率的确定经历了两段历程。早在2003年,为贯彻实施《工伤保险条例》,合理确定工伤保险费率,促进工伤预防,实现工伤保险费用社会共济,经国务院批准,劳动和社会保障部会同财政部、卫生部、国家安全生产监督管理局共同发布了《劳动和社会保障部 财政部 卫生部 国家安全生产监督管理局关于工伤保险费率问题的通知》(劳社部发〔2003〕29号)。该通知根据不同行业的工伤风险程度,参照《国民经济行业分类》(GB/T 4754—2002),将行业划分为三个类别:一类为风险较小行业,二类为中等风险行业,三类为风险较大行业。三类行业分别实行三种不同的工伤保险缴费率。该通知要求统筹地区社会保险经办机构根据用人单位的工商登记和主要经营生产业务等情况,分别确定各用人单位的行业风险类别,并要求各省、自治区、直辖市工伤保险费平均缴费率原则上要控制在职工工资总额的1.0%左右。2011年,《社会保险法》正式实施,以立法的形式规定,国家根据不同行业的工伤风险程度确定行业的差别费率,并根据使用工伤保险基金、工伤发生率等情况在每个行业内确定费率档次。全国工伤保险的费率、行业差别费率和行业内费率档次,由国务院社会保险行政部门制定,报国务院批准后公布施行。社会保险经办机构根据用人单位使用工伤保险基金、工伤发生率和所属行业费率档次等情况,确定用人单位缴费费率。到了2015年,按照党的十八届三中全会提出的"适时适当降低社会保险费率"的精神,为更好贯彻《社会保险法》《工伤保险条例》,使工伤保险费率政策更加科学、合理,适应经济社会发展的需要,经国务院批准,人力资源和社会保障部、财政部调整了工伤保险费率政策,自2015年10月1日起,按照《国民经济行业分类》(GB/T 4754—2011)对行业的划分,根据不同行业的工伤风险程度,由低到高,依次将行业工伤风险类别划分为一类至八类。不同工伤风险类别的行业执行不同的工伤保险行业基准费率。各行业工伤风险类别对应的全国工伤保险行业基准费率为,一类至八类分别控制在该行业用人单位职工工资总额的 0.2%、0.4%、0.7%、0.9%、1.1%、1.3%、1.6%、1.9%左右。目前全国各地的工伤保险费费率水平为 0.2%至 2%不等。2018年、2019年又两次发布关于阶段性降低工伤保险费率的通知,自 2018 年 5 月 1 日起,在保持八类费率总体稳定的基础上,对符合条件的地区,在一定时间内进行总体下调。

政策链接:关于工伤保险费费率的法律规定

1.《中华人民共和国社会保险法》(中华人民共和国主席令第三十五条)

第三十四条 国家根据不同行业的工伤风险程度确定行业的差别费率,并根据使用工伤保险基金、工伤发生率等情况在每个行业内确定费率档次。行业差别费率和行业内费率档次由国务院社会保险行政部门制定,报国务院批准后公布施行。

社会保险经办机构根据用人单位使用工伤保险基金、工伤发生率和所属行业费率档次等情况,确定用人单位缴费费率。

2.《劳动和社会保障部 财政部 卫生部 国家安全生产监督管理局关于工伤保险费率问题的通知》(劳社部发〔2003〕29 号)

一、关于行业划分

根据不同行业的工伤风险程度,参照《国民经济行业分类》(GB/T 4754—2002),将行业划分为三个类别:一类为风险较小行业,二类为中等风险行业,三类为风险较大行业。三类行业分别实行三种不同的工伤保险缴费率。统筹地区社会保险经办机构要根据用人单位的工商登记和主要经营生产业务等情况,分别确定各用人单位的行业风险类别。

二、关于费率确定

各省、自治区、直辖市工伤保险费平均缴费率原则上要控制在职工工资总额的 1.0%左右。在这一总体水平下,各统筹地区三类行业的基准费率要分别控制在用人单位职工工资总额的 0.5%左右、1.0%左右、2.0%左右。各统筹地区劳动保障部门要会同财政、卫生、安全监管部门,按照以支定收、收支平衡的原则,根据工伤保险费使用、工伤发生率、职业病危害程度等情况提出分类行业基准费率的具体标准,报统筹地区人民政府批准后实施。基准费率的具体标准可定期调整。

3.《人力资源社会保障部 财政部关于调整工伤保险费率政策的通知》(人社部发〔2015〕71号)

一、关于行业工伤风险类别划分

按照《国民经济行业分类》(GB/T 4754—2011)对行业的划分,根据不同行业的工伤风险程度,由低到高,依次将行业工伤风险类别划分为一类至八类。

二、关于行业差别费率及其档次确定

不同工伤风险类别的行业执行不同的工伤保险行业基准费率。各行业工伤风险类别对应的全国工伤保险行业基准费率为,一类至八类分别控制在该行业用人单位职工工资总额的0.2%、0.4%、0.7%、0.9%、1.1%、1.3%、1.6%、1.9%左右。

【背景案例】工伤保险行业如何分类

工伤保险行业风险分类见表1-26。

表1-26 工伤保险行业风险分类表

行业类别	行业名称
一	软件和信息技术服务业,货币金融服务,资本市场服务,保险业,其他金融业,科技推广和应用服务业,社会工作,广播、电视、电影和影像录音制作业,中国共产党机关,国家机构,人民政协、民主党派,社会保障,群众团体、社会团体和其他成员组织,基层群众自治组织,国际组织
二	批发业,零售业,仓储业,邮政业,住宿业,餐饮业,电信、广播电视和卫星传输服务,互联网和相关服务,房地产业,租赁业,商务服务业,研究和试验发展,专业技术服务业,居民服务业,其他服务业,教育,卫生,新闻和出版业,文化艺术业
三	农副食品加工业,食品制造业,酒、饮料和精制茶制造业,烟草制品业,纺织业,木材加工和木、竹、藤、棕、草制品业,文教、工美、体育和娱乐用品制造业,计算机、通信和其他电子设备制造业,仪器仪表制造业,其他制造业,水的生产和供应业,机动车、电子产品和日用产品修理业,水利管理业,生态保护和环境治理业,公共设施管理业,娱乐业
四	农业,畜牧业,农、林、牧、渔服务业,纺织服装、服饰业,皮革、毛皮、羽毛及其制品和制鞋业,印刷和记录媒介复制业,医药制造业,化学纤维制造业,橡胶和塑料制品业,金属制品业,通用设备制造业,专用设备制造业,汽车制造业,铁路、船舶、航空航天和其他运输设备制造业,电气机械和器材制造业,废弃资源综合利用业,金属制品、机械和设备修理业,电力、热力生产和供应业,燃气生产和供应业,铁路运输业,航空运输业,管道运输业,体育
五	林业,开采辅助活动,家具制造业,造纸和纸制品业,建筑安装业,建筑装饰和其他建筑业,道路运输业,水上运输业,装卸搬运和运输代理业
六	渔业,化学原料和化学制品制造业,非金属矿物制品业,黑色金属冶炼和压延加工业,有色金属冶炼和压延加工业,房屋建筑业,土木工程建筑业
七	石油和天然气开采业,其他采矿业,石油加工、炼焦和核燃料加工业
八	煤炭开采和洗选业,黑色金属矿采选业,有色金属矿采选业,非金属矿采选业

2. 工伤保险费率如何调整

工伤保险具有引导和促进用人单位预防伤亡事故的特征,工伤保险与其他社会保险的费率确定和调整机制均有所不同。工伤保险实行行业差别费率和企业浮动费率的原则。工伤保险的重要功能之一是促进工伤预防、减少工伤事故,这主要是通过行业差别费率和企业浮动费率来实现,其实际费率与行业或职业的风险程度和企业上一缴费周期实际发生的事故率相关。用人单位缴纳工伤保险费不实行统一的费率,而是实行行业差别费率和用人单位浮动费率相结合的工伤保险费率。不同的行业,工伤风险有很大差别,风险程度高的行业,费率相应高,反之则低。工伤保险费率在实现社会共济的同时,与用人单位所属行业挂钩,形成行业差别费率,使工伤保险缴费更为公平。在实行行业差别费率的基础上,建立单位缴费浮动机制,也就是说,国家根据不同行业的工伤风险程度,确定行业的差别费率,并根据本行业内企业之间工伤保险费使用、工伤发生的差异程度等情况确定若干费率档次。而行业差别费率和浮动费率档次的制定由国务院社会保险行政部门具体实施,并报国务院批准后施行。因此,地方各级社会保险行政部门没有权力确定或者改变行业差别费率和浮动费率档次。2015年,按照《国民经济行业分类》(GB/T 4754—2011)对行业的划分,根据不同行业的工伤风险程度,由低到高,依次将行业工伤风险类别划分为一类至八类,并分别确定了基准费率,同时又规定,通过费率浮动的办法确定每个行业内的费率档次。一类行业分为三个档次,即在基准费率的基础上,可向上浮动至120%、150%,二类至八类行业分为五个档次,即在基准费率的基础上,可分别向上浮动至120%、150%或向下浮动至80%、50%。2018年为了进一步降低企业用工成本,增强企业发展活力,国家决定实施阶段性降低社会保险费费率,按工伤保险基金累计结余可支付月数的多少,以现行费率为基础下调20%或50%。

政策链接: 工伤保险费率调整的依据

1.《工伤保险条例》(国务院令第375号)

第八条 工伤保险费根据以支定收、收支平衡的原则,确定费率。

国家根据不同行业的工伤风险程度确定行业的差别费率,并根据工伤保险费使用、工伤发生率等情况在每个行业内确定若干费率档次。行业差别费率及行业内费率档次由国务院社会保险行政部门制定,报国务院批准后公布施行。

统筹地区经办机构根据用人单位工伤保险费使用、工伤发生率等情况,适用所属行业内相应的费率档次确定单位缴费费率。

第九条 国务院社会保险行政部门应当定期了解全国各统筹地区工伤保险基金收支情况,及时提出调整行业差别费率及行业内费率档次的方案,报国务院批准后公布施行。

2.《人力资源社会保障部 财政部关于调整工伤保险费率政策的通知》(人社部发〔2015〕71号)

通过费率浮动的办法确定每个行业内的费率档次。一类行业分为三个档次,即在基准费率的基础上,可向上浮动至120%、150%,二类至八类行业分为五个档次,即在基准费率的基础上,可分别向上浮动至120%、150%或向下浮动至80%、50%。

各统筹地区人力资源社会保障部门要会同财政部门,按照"以支定收、收支平衡"的原则,合理确定本地区工伤保险行业基准费率具体标准,并征求工会组织、用人单位代表的意见,报统筹地区人民政府批准后实施。基准费率的具体标准可根据统筹地区经济产业结构变动、工伤保险费使用等情况适时调整。

三、关于单位费率的确定与浮动

统筹地区社会保险经办机构根据用人单位工伤保险费使用、工伤发生率、职业病危害程度等因素,确定其工伤保险费率,并可依据上述因素变化情况,每一至三年确定其在所属行业不同费率档次间是否浮动。对符合浮动条件的用人单位,每次可上下浮动一档或两档。统筹地区工伤保险最低费率不低于本地区一类风险行业基准费率。费率浮动的具体办法由统筹地区人力资源社会保障部门商财政部门制定,并征求工会组织、用人单位代表的意见。

3.《人力资源和社会保障部 财政部关于继续阶段性降低社会保险费率的通知》(人社部发〔2018〕25号)

自2018年5月1日起,在保持八类费率总体稳定的基础上,工伤保险基金累计结余可支付月数在18(含)至23个月的统筹地区,可以现行费率为基础下调20%;累计结余可支付月数在24个月(含)以上的统筹地区,可以现行费率为基础下调50%。降低费率的期限暂执行至2019年4月30日。下调费率期间,统筹地区工伤保险基金累计结余达到合理支付月数范围的,停止下调。具体方案由各省(区、市)研究确定。

4.《国务院办公厅关于印发〈降低社会保险费率综合方案〉的通知》(国办发〔2019〕13号)

自2019年5月1日起,延长阶段性降低工伤保险费率的期限至2020年4月30日,工伤保险基金累计结余可支付月数在18至23个月的统筹地区可以现行费率为基础下调20%,累计结余可支付月数在24个月以上的统筹地区可以现行费率为基础下调50%。

【背景案例】人社观点：工伤保险费率是如何调整的

2020年天津工伤保险费率调整相关问答（来源：天津市人力资源和社会保障局，2020年11月4日）

2020年10月23日，天津市人社局发布了《关于完善工伤保险费率机制有关问题的通知》，就本市工伤保险基准费率和浮动费率有关问题进行了明确。该通知自2020年12月1日起施行，有效期至2025年11月30日。

一、行业基准费率的标准是什么？

答：对照《工伤保险行业风险分类表》，确定我市工伤保险行业基准费率标准为：一至八类分别为该行业用人单位职工工资总额的0.2%、0.4%、0.7%、0.9%、1.1%、1.3%、1.6%、1.9%。

二、浮动费率是什么？

答：浮动费率是指工伤保险经办机构在用人单位按行业基准费率缴纳工伤保险费的基础上，根据用人单位上年度的工伤保险支缴率和工伤发生率等因素，核定其在本年度应当浮动的工伤保险缴费比率。

三、工伤保险支缴率是什么？

答：工伤保险支缴率是指一个自然年度内，工伤保险基金为用人单位支付的工伤保险待遇费用与该单位缴纳的工伤保险费的比率。

四、工伤发生率是什么？

答：工伤发生率是指一个自然年度内，用人单位在社会保险经办机构办理工伤职工登记的人数（不含老工伤人员）与该单位年度平均参保缴费人数的比率。用人单位平均参保缴费人数不足50人的，按50人计算。

五、浮动费率的档次是如何确定的？

答：一类行业费率分为三个档次，即在行业基准费率基础上可向上浮动至120%、150%，不实行费率下浮；二类至八类行业的，费率各分为五个档次，即在行业基准费率基础上，可分别向上浮动至120%、150%或向下浮动至80%、50%。

六、工伤保险费率如何浮动？

答：（一）工伤保险支缴率浮动：在行业基准费率基础上，随用人单位工伤保险支缴率的升降上下浮动。上浮最高不超过本行业基准费率的150%；下浮最低不低于本行业基准费率的50%。

（二）工伤发生率浮动：浮动费率在按工伤保险支缴率计算调整的基础上，凡工伤发生率达到全市用人单位平均工伤发生率3倍以上的用人单位，浮动费率再予以调整。

（三）不得下浮：用人单位上年度内发生不得下浮情形的，工伤保险费率不得下浮。

（四）即时上浮：用人单位发生即时上浮情形的，工伤保险费率即时上浮至本行业基准费率的150%，满一年后再按本市浮动费率的政策进行调整。

【实务案例】 用实例看工伤保险费率浮动规则

资料一：甲省2019年3月1日起对全省各用人单位的工伤保险费率进行调整，具体调整办法如下：根据用人单位工伤保险费用支出占缴费额度的比例（以下简称支缴率），上年支缴率不到50%（不含50%）的，当年工伤保险费率按同类行业基准费率向下浮动至50%征收；上年支缴率为50%（含50%）以上不到80%（不含80%）的，当年工伤保险费率按同类行业基准费率向下浮动至80%征收，一类行业不实行费率下浮；上年支缴率为120%（含120%）不到150%（不含150%）的，当年工伤保险费率按同类行业基准费率向上浮动至120%征收；上年支缴率为150%（含150%）以上的，当年工伤保险费率按同类行业基准费率向上浮动至150%征收。2019年初，一类至八类行业的基准费率分别为0.2%、0.4%、0.7%、0.9%、1.1%、1.3%、1.6%、1.9%。

资料二：A企业为大型建筑企业，上年支缴率为35%；B企业为机关幼儿园，上年支缴率为60%；C企业为煤炭洗选公司，上年支缴率为120%；D企业为医药制造厂，上年支缴率为150%；E单位为甲省乙市广播电视局，上年支缴率为5%。

要求：根据上述资料，分别指出各企业为哪类工伤保险行业，并计算各企业2019年调整后的工伤保险费率。

参考答案：

A企业：建筑企业为五类行业，2019年调整后的工伤保险费率为1.1%×50%=0.55%。

B企业：机关幼儿园为二类行业，2019年调整后的工伤保险费率为0.4%×80%=0.32%。

C企业：煤炭洗选为八类行业，2019年调整后的工伤保险费率为1.9%×120%=2.28%。

D企业：医药制造为四类行业，2019年调整后的工伤保险费率为0.9%×150%=1.35%。

E单位：广播电视局为一类行业，2019年工伤保险费率为0.2%。

答案解析：根据《人力资源社会保障部 财政部关于调整工伤保险费率政策的通知》（人社部发〔2015〕71号）附表《工伤保险行业风险分类表》可知，建筑企业为五类行业，机关幼儿园为二类行业，煤炭洗选为八类行业，医药制造为四类行业，广播电视局为一类行业。同时按该省工伤保险费率调整文件，以支缴率为基础对工伤保险费率进行调整，A企业上年支缴费为35%，按规定可下调基准费率的50%；B企业上年支缴费为

60%，按规定可下调基准费率的20%；C企业上年支缴率为120%，按规定要上调20%；D企业上年支缴率为150%，按规定要上调50%；E单位为一类行业，不实行费率下浮。

（三）特殊情形的工伤保险规定

1. 建筑施工企业为招用的农民工参险是强制性规定吗

随着改革开放的不断深化，农业机械化水平的不断提高，很多农民为了改善自己的经济条件，开始涌向城市，大量的农民工参与城市建设，为城市的发展做了重要贡献。据统计，2021年年末我国农民工群体已接近3亿人，而农民工受文化水平限制，就业于建筑行业的占一大部分，而建筑业的工伤发生比例要比其他行业高出很多。一方面，建筑业使我国经济快速发展，是我国经济发展的重要性产业；另一方面，与其他行业相比建筑业具有高风险性和高危险性，施工场地安全防护差，农民工的生命健康得不到保障，成为工伤事故频发的重灾区。基于建筑行业农民工人数众多和工伤事故的高发性，建筑业农民工工伤保险的问题成为国家急需解决的问题。《中华人民共和国建筑法》规定，建筑企业应当为农民工购买工伤保险，要坚持以社会保险为主，商业保险为辅的原则，不允许以商业保险代替工伤保险，但是鼓励建筑施工企业购买意外伤害保险，从而降低安全风险。2004年《工伤保险条例》实施后，原劳动和社会保障部下发《关于农民工参加工伤保险有关问题的通知》，要求凡是与用人单位建立劳动关系的农民工，用人单位必须为其办理参加保险的手续，同时规定了用人单位注册地与生产经营地不同参险地的问题、跨省流动的农民的参险问题。2006年《国务院关于解决农民工问题的若干意见》（国发〔2006〕5号），针对缺乏社会保障，职业病和工伤事故多的问题，要求各地将农民工纳入工伤保险范围。所有用人单位必须及时为农民工办理参加工伤保险手续，并按时足额缴纳工伤保险费。建筑施工企业同时应为从事特定高风险作业的职工办理意外伤害保险。随后，原劳动和社会保障部、原建设部联合下发文件，对建筑业农民工参加工伤保险提出明确要求。但是，相关部门实际工作中发现在基数确定上、费率确定上有很多难于操作的情况，存在部分建筑施工企业安全管理制度不落实、工伤保险参保率低、征缴方式不够灵活、劳动关系确认难导致工伤保险待遇落实难等突出问题。直到2014年年底，《人力资源社会保障部　住房城乡建设部　安全监管总局　全国总工会关于进一步做好建筑业工伤保险工作的意见》（人社部发〔2014〕103号）出台，根据建筑行业的特点，规定建筑行业可以按项目参加工伤保险，按照工程总造价缴纳工伤保险费等一系列措施；人社部在2015年也实施"同舟计划"，要求建筑行业工伤保险实行专项扩面，极大推动建筑业工伤保险进程。《社会保险法》规定，进城务工的农村居民依照本法规定参加社会保险，这是为农民工参加工伤保险最高的法律保障。

综上，建筑施工企业为招用的农民工参险是强制性规定。工伤保险能够使农民工在身体受到伤害时，通过获得一定的经济补偿，为后期康复提供资金保障，从而使受伤农民工能够快速返回到工作岗位。完善建筑业农民工工伤保险法律制度，一方面体现了法律的公平公正，有助于社会的稳定；另一方面可以促进建筑行业的发展，从而带动我国经济的发展。

> **政策链接： 农民工参加工伤保险政策**
>
> 1.《中华人民共和国社会保险法》（中华人民共和国主席令第三十五号）
>
> 第九十五条 进城务工的农村居民依照本法规定参加社会保险。
>
> 2.《劳动和社会保障部关于农民工参加工伤保险有关问题的通知》（劳社部发〔2004〕18号）
>
> 二、农民工参加工伤保险、依法享受工伤保险待遇是《工伤保险条例》赋予包括农民工在内的各类用人单位职工的基本权益，各类用人单位招用的农民工均有享受工伤保险待遇的权利。各地要将农民工参加工伤保险，作为今年工伤保险扩面的重要工作，明确任务，抓好落实。凡是与用人单位建立劳动关系的农民工，用人单位必须及时为他们办理参加工伤保险的手续。对用人单位为农民工先行办理工伤保险的，各地经办机构应予办理。今年重点推进建筑、矿山等工伤风险较大、职业危害较重行业的农民工参加工伤保险。
>
> 三、用人单位注册地与生产经营地不在同一统筹地区的，原则上在注册地参加工伤保险。未在注册地参加工伤保险的，在生产经营地参加工伤保险。农民工受到事故伤害或患职业病后，在参保地进行工伤认定、劳动能力鉴定，并按参保地的规定依法享受工伤保险待遇。用人单位在注册地和生产经营地均未参加工伤保险的，农民工受到事故伤害或者患职业病后，在生产经营地进行工伤认定、劳动能力鉴定，并按生产经营地的规定依法由用人单位支付工伤保险待遇。
>
> 四、对跨省流动的农民工，即户籍不在参加工伤保险统筹地区（生产经营地）所在省（自治区、直辖市）的农民工，1至4级伤残长期待遇的支付，可实行一次性支付和长期支付两种方式，供农民工选择。在农民工选择一次性或长期支付方式时，支付其工伤保险待遇的社会保险经办机构应向其说明情况。一次性享受工伤保险长期待遇的，需由农民工本人提出，与用人单位解除或者终止劳动关系，与统筹地区社会保险经办机构签订协议，终止工伤保险关系。1至4级伤残农民工一次性享受工伤保险长期待遇的具体办法和标准由省（自治区、直辖市）劳动保障行政部门制定，报省（自治区、直辖市）人民政府批准。

3.《劳动和社会保障部 建设部关于做好建筑施工企业农民工参加工伤保险有关工作的通知》(劳社部发〔2006〕44号)

一、建筑施工企业要严格按照国务院《工伤保险条例》规定,及时为农民工办理参加工伤保险手续,并按时足额缴纳工伤保险费。同时,按照《建筑法》规定,为施工现场从事危险作业的农民工办理意外伤害保险。

二、建筑施工企业和农民工应当严格遵守有关安全生产和职业病防治的法律法规,执行安全卫生标准和规程,预防工伤事故的发生,避免和减少职业病的发生。

三、……注册地与生产经营地不在同一统筹地区、未在注册地参加工伤保险的建筑施工企业,在生产经营地参保,鼓励各地探索适合建筑业农民工特点的参保方式;对上一年度工伤费用支出少、工伤发生率低的建筑施工企业,经商建设行政部门同意,在行业基准费率的基础上,按有关规定下浮费率档次执行;建筑施工企业农民工受到事故伤害或者患职业病后,按照有关规定依法进行工伤认定、劳动能力鉴定,享受工伤保险待遇;建筑施工企业办理了参加工伤保险手续后,社会保险经办机构要及时为企业出具工伤保险参保证明。

4.《部分行业企业工伤保险费缴纳办法》(人力资源和社会保障部令第10号)

第三条 建筑施工企业可以实行以建筑施工项目为单位,按照项目工程总造价的一定比例,计算缴纳工伤保险费。

▶【典型案例】农民工工伤,法律给你撑腰

甲省农民工赵先生,2021年8月随家乡农民工一起到乙省打工,在乙省A建筑工程有限公司承建的XYZ小区工地干木工活,该项劳务由A建造工程有限公司分包给自然人钱先生,钱先生回家乡带老乡到该工地提供劳务,赵先生就是随钱先生来的。2021年10月12日,赵先生因脚踏木方突然断裂,从5楼边沿摔到地上。经乙省丙市第一人民医院诊断,赵先生腰1椎体、胸12椎体、胸6椎体压缩性骨折,右侧肱骨大结节撕裂性骨折,右侧第1、2肋骨骨折等,住院治疗32天。A建筑工程有限公司没有为其申请工伤,其理由是,赵先生与钱先生有受雇关系,不应由其为赵先生申请工伤认定。赵先生出院后找到丙市B法律援助中心咨询,询问是否能够认定工伤。B法律援助中心认为,国家建立社会保险制度,其目的在于保障因工作遭受事故伤害的职工能获得医疗救治和经济补偿,通常情况下,社会保险行政部门认定职工工伤,应以职工与用人单位之间存在劳动关系为前提,除非法律、法规及司法解释另有规定情形。《最高人民法院关于审理工伤保险行政案件若干问题的规定》(法释〔2014〕9号)规定:用工单位违反法律、法规规定将承包业务转包给不具备用工主体资格的组织或者自然人,该组织或者

自然人聘用的职工从事承包业务时因工伤亡的,用工单位为承担工伤保险责任的单位。该条规定从有利于保护职工合法权益的角度出发,对《工伤保险条例》将劳动关系作为工伤认定前提的一般规定作出了补充,即当存在违法转包、分包的情形时,用工单位承担职工的工伤保险责任不以是否存在劳动关系为前提。因此,B法律援助中心咨询给予明确的答复,赵先生的情况可以申请工伤认定。于是,赵先生向乙市人力资源和社会保障局申请了工伤认定。

2. 未签订劳动合同,发生工伤谁负责

通常来讲,《社会保险法》规范的是《劳动法》所说的签订劳动合同的用人单位和劳动者,但在实际用工中,存在各种立法之初没有考虑到的问题。大量的实践表明,在企业用工过程中,存在大量不符合事实劳动关系,但法律认定应当由用人单位承担用工主体责任的情况,转包、违法分包的建筑施工、矿山企业等用人单位就属于其中一种。不存在事实劳动关系,在职工发生工伤事故时如何认定责任,由谁承担工伤保险责任是多年来劳动仲裁、法律诉讼常见的问题。其实,我们可以从多个法律法规规章中找到答案,无论是人力资源和社会保障部两次出台的意见,还是来自司法实践的最高人民法院的司法解释,都强调虽然此类用工关系不符合《劳动合同法》规定的签订劳务合同的形式要件,但存在事实劳动关系,在职工工作期间发生工伤事故,仍应当由用人单位承担用工主体责任,也就是说,未签订劳动合同,发生工伤时,用人单位要承担工伤保险责任。

政策连接: 工伤保险主体责任

1.《人力资源社会保障部关于执行〈工伤保险条例〉若干问题的意见》(人社部发〔2013〕34号)

具备用工主体资格的承包单位违反法律、法规规定,将承包业务转包、分包给不具备用工主体资格的组织或者自然人,该组织或者自然人招用的劳动者从事承包业务时因工伤亡的,由该具备用工主体资格的承包单位承担用人单位依法应承担的工伤保险责任。

2.《最高人民法院关于审理工伤保险行政案件若干问题的规定》(法释〔2014〕9号)

第三条 社会保险行政部门认定下列单位为承担工伤保险责任单位的,人民法院应予支持:

(四)用工单位违反法律、法规规定将承包业务转包给不具备用工主体资格的组织或者自然人,该组织或者自然人聘用的职工从事承包业务时因工伤亡的,用工单位为承担工伤保险责任的单位;

（五）个人挂靠其他单位对外经营，其聘用的人员因工伤亡的，被挂靠单位为承担工伤保险责任的单位。

前款第（四）（五）项明确的承担工伤保险责任的单位承担赔偿责任或者社会保险经办机构从工伤保险基金支付工伤保险待遇后，有权向相关组织、单位和个人追偿。

3.《人力资源社会保障部关于执行〈工伤保险条例〉若干问题的意见（二）》（人社部发〔2016〕29号）

二、达到或超过法定退休年龄，但未办理退休手续或者未依法享受城镇职工基本养老保险待遇，继续在原用人单位工作期间受到事故伤害或患职业病的，用人单位依法承担工伤保险责任。

用人单位招用已经达到、超过法定退休年龄或已经领取城镇职工基本养老保险待遇的人员，在用工期间因工作原因受到事故伤害或患职业病的，如招用单位已按项目参保等方式为其缴纳工伤保险费的，应适用《工伤保险条例》。

【背景案例】没有劳动关系，用人单位还需要承担工伤保险责任吗

（来源：广西防城港市港口区法院，2022年4月12日）

工伤保险待遇纠纷通常以劳动关系确认为前置程序，但是，下列5种情形中，在认定工伤时，可要求责任主体承担工伤保险责任。

一、违法转包的情形——违法转包关系中，转承包人不具备用工主体资格，转承包人聘用的职工因工伤亡时，由转包人承担工伤保险责任。

二、违法分包的情形——承包人将承包业务违法分包给不具备用工主体资格分包人，职工因工伤亡时，应由承包人承担工伤保险责任。

三、挂靠经营的情形——个人挂靠经营中，挂靠人聘用的人员因工伤亡时，由被挂靠单位承担工伤保险责任。

四、"包工头"因工伤亡的情形——承包单位将承包工程违法转包、分包给不具备用工主体资格的"包工头"，"包工头"或其招聘的职工因工伤亡时，均应由承包单位承担工伤保险责任。

五、达到退休年龄继续在原单位工作的情形——达到或超过法定退休年龄，未办理退休手续或者未依法享受城镇职工基本养老保险待遇，继续在原用人单位工作期间受到事故伤害或患职业病的，用人单位依法承担工伤保险责任。

【典型案例】违法分包，工伤保险责任谁承担

甲省乙市A公司经乙市丙县注册登记，成立于2010年，属企业法人（自然人独资），

经营范围：建筑劳务分包服务（按资质证核定范围期限经营）。2018年10月，B建筑集团有限公司将其承建的丙省丁市的C小区项目工程的劳务部分分包给A公司，A公司又将铺设琉璃瓦劳务分包给自然人赵先生。2019年1月，赵先生的合伙人钱先生招聘孙先生、李先生、周先生和王先生等四人共同铺设琉璃瓦。2020年2月1日，王先生在施工现场一楼顶铺设琉璃瓦时，被吊沙灰的塔吊铁盘砸伤左足，后被送往丁市人民医院救治。该医院诊断为左足压砸伤（毁损伤）：左足第一趾末节趾腹脱套伤；左足第一趾甲床撕裂；左足第二趾中节离断伤；左足第三趾甲床撕裂。2020年5月，王先生就其与B建筑集团有限公司劳动争议纠纷向丙省丁市劳动人事争议仲裁委员会申请仲裁，请求被驳回。之后，王先生向丙省丁市人民法院提起民事诉讼，请求确认其与B建筑集团有限公司或者甲省乙市A公司之间存在劳动关系。丙省丁市基层人民法院于2020年10月作出民事判决：王先生与B建筑集团有限公司之间、王先生与甲省乙市A公司之间均不存在劳动关系。王先生不服该民事判决，向丙省丁市中级人民法院提起上诉。丙省丁市中级人民法院于作出民事判决，驳回上诉，维持原判。

2021年4月，王先生向丁市人社局提出工伤认定申请，并提交了职工工伤认定申请表、王先生的住院病历、身份证复印件、孙先生等工友的证明等相关材料。丁市人社局受理后，向A公司邮寄送达了丁市职工工伤认定调查举证通知书。2021年6月，丁市人社局经审查核实，作出《丁市职工工伤认定决定书》，依据《工伤保险条例》第十四条第一项之规定，认定王先生为工伤，并分别送达给王先生、A公司。A公司不服，提起行政诉讼，请求撤销丁市人社局作出的工伤认定决定。经一审法院认定，丁市人社局作出的被诉工伤认定决定认定事实清楚，证据确凿，适用法律、法规正确，符合法定程序。A公司的诉讼理由于法无据，其诉讼请求不予支持，判决驳回A公司的诉讼请求。A公司不服，提起上诉。二审法院认定，丁市人社局作出的工伤认定决定和一审法院作出的驳回A公司诉讼请求的判决属于认定事实不清，证据不足。王先生不服，向最高人民法院申请再审，最高院审理后，认定王先生的再审请求成立，判定A公司承担工伤保险责任，并纠正各级法院的错误判决。

从该案例可以看出，当存在违法转包、分包的情形时，用工单位承担职工的工伤保险责任不以是否存在劳动关系为前提，用工单位违反法律、法规规定将承包业务转包、分包给不具备用工主体资格的组织或者自然人，职工发生工伤事故时，应由违法转包、分包的用工单位承担工伤保险责任。国家建立工伤保险制度的目的在于保障因工作遭受事故伤害或者患职业病的职工获得医疗救治和经济补偿。用人单位有为本单位全部职工缴纳工伤保险费的义务，职工有享受工伤保险待遇的权利。

3. 难以用工资总额计算缴费额的企业如何征收工伤保险费

《社会保险法》规定，用人单位应当按照本单位职工工资总额，根据社会保险经办机构确定的费率缴纳工伤保险费。《工伤保险条例》也规定,用人单位缴纳工伤保险的数额为本单位职工工资总额乘以单位缴费费率之积。这里相当于说了两件事,一是缴费基数为工资总额,二是工伤保险费的计算。关于工资总额的说法,国家统计局发布的《关于工资总额组成的规定》(国家统计局令第1号)中明确,工资总额是指各单位在一定时期内直接支付给本单位全部职工的劳动报酬总额。工资总额的计算应以直接支付给职工的全部劳动报酬为根据。其中全部职工是指用人单位招用的所有劳动者,包括各种用工形式、各种用工期限的劳动者。2003年颁布的《工伤保险条例》规定,工资总额是指用人单位直接支付给本单位全部职工的劳动报酬总额。而近年来,各省为整合经办资源,实行社会保险费的统一征收和统一稽核,并将各险种单位和个人的缴费基数统一为单位和个人缴纳基本养老保险费的基数,这种做法方便了参保企业和参保人员,有利于提高稽核效率。大部分的用人单位均采用这种以基本养老保险费基数为缴费基数计算缴纳工伤保险费的做法,但总会有例外情况。有一些企业难以直接按照工资总额计算缴纳工伤保险费,比如建筑、服务、矿山等行业中的建筑施工企业、小型服务业、小型矿山等。2010年国务院对《工伤保险条例》进行修订时,在第十条增加了第三款内容,即对难以按照工资总额缴纳工伤保险费的行业,其缴纳工伤保险费的具体方式,由国务院社会保险行政部门规定。随后,人力资源和社会保障部出台了《部分行业企业工伤保险费缴纳办法》(人力资源和社会保障部令第10号),建筑施工企业可以实行以建筑施工项目为单位,按照项目工程总造价的一定比例,计算缴纳工伤保险费。商贸、餐饮、住宿、美容美发、洗浴以及文体娱乐等小型服务业企业以及有雇工的个体工商户,可以按照营业面积的大小核定应参保人数,按照所在统筹地区上一年度职工月平均工资的一定比例和相应的费率,计算缴纳工伤保险费;也可以按照营业额的一定比例计算缴纳工伤保险费。小型矿山企业可以按照总产量、吨矿工资含量和相应的费率计算缴纳工伤保险费。至此,工伤保险费如何计算的相关制度更加完备。

政策链接: 部分行业工伤保险费缴纳

1.《中华人民共和国社会保险法》(中华人民共和国主席令第三十五号)

第三十五条 用人单位应当按照本单位职工工资总额,根据社会保险经办机构确定的费率缴纳工伤保险费。

2.《工伤保险条例》(国务院令第375号)

第十条 用人单位应当按时缴纳工伤保险费。职工个人不缴纳工伤保险费。

用人单位缴纳工伤保险费的数额为本单位职工工资总额乘以单位缴费费率之积。

对难以按照工资总额缴纳工伤保险费的行业,其缴纳工伤保险费的具体方式,由国务院社会保险行政部门规定。

3.《部分行业企业工伤保险费缴纳办法》(人力资源和社会保障部令第10号)

第一条 根据《工伤保险条例》第十条第三款的授权,制定本办法。

第二条 本办法所称的部分行业企业是指建筑、服务、矿山等行业中难以直接按照工资总额计算缴纳工伤保险费的建筑施工企业、小型服务企业、小型矿山企业等。

前款所称小型服务企业、小型矿山企业的划分标准可以参照《中小企业标准暂行规定》(国经贸中小企〔2003〕143号)执行。

第三条 建筑施工企业可以实行以建筑施工项目为单位,按照项目工程总造价的一定比例,计算缴纳工伤保险费。

第四条 商贸、餐饮、住宿、美容美发、洗浴以及文体娱乐等小型服务业企业以及有雇工的个体工商户,可以按照营业面积的大小核定应参保人数,按照所在统筹地区上一年度职工月平均工资的一定比例和相应的费率,计算缴纳工伤保险费;也可以按照营业额的一定比例计算缴纳工伤保险费。

第五条 小型矿山企业可以按照总产量、吨矿工资含量和相应的费率计算缴纳工伤保险费。

第六条 本办法中所列部分行业企业工伤保险费缴纳的具体计算办法,由省级社会保险行政部门根据本地区实际情况确定。

【实务案例】按工程项目缴纳工伤保险如何计算

资料一:A省D市某建筑企业划型为中型企业,2020年年末共有固定职工30人。

资料二:该企业2020年新承包的甲工程项目于3月15日开工,计划施工期是500天,工程总造价1650万元;乙工程项目于6月15日开工,计划施工期是200天,工程总造价490万元。

资料三:A省各项社会保险费缴费基数相同,单位和个人按单基数申报。建筑业企业以建设项目为单位参保的,工伤保险费率为0.2%。

资料四:该建筑企业考虑成本因素,对行业风险因素进行充分分析,认为对于固定职工来讲,工伤发生的概率极低,因此,未对固定职工缴纳工伤保险,仅对建筑工程项目申报缴纳了工伤保险。2020年12月,该公司出纳员李某在去银行办理业务途中遭遇车祸,住院两个月。

要求:请根据上述资料,依次回答下列问题。

1.请分析该公司未对固定职工参加工伤保险的行为,社会保险行政部门应该如何处理?

参考答案:社会保险行政部门应当责令该单位限期参加工伤保险,补缴应当缴纳的工伤保险费,并自欠缴之日起,按日加收万分之五的滞纳金;逾期仍不缴纳的,处欠缴数额1倍以上3倍以下的罚款。

2. 请分析该公司在未参保的情况下,出纳员李某发生车祸应如何处理?

参考答案:该公司应按照《工伤保险条例》规定的工伤保险待遇项目和标准支付费用承担出纳员李某发生车祸住院期间的费用。如果该公司按《社会保险法》相关规定参加并补缴了应当缴纳的工伤保险费、滞纳金,之后李某再发生的费用可以以工伤保险基金支付。

3. 请计算A公司2020年新承包的甲、乙两个项目应享受减免的工伤保险费金额。

参考答案:甲项目计划施工期所覆盖的减免期为 17 + 30 + 31 + 30 + 31 + 31 + 30 + 31 + 30 + 31 = 292(天);

甲项目应享受减免的工伤保险费金额 = 292÷500×1 650×10 000×0.2% = 19 272(元);

乙项目计划施工期所覆盖的减免期 = 16 + 31 + 31 + 30 + 31 + 30 + 31 = 200(天);

乙项目应享受减免金额 = 200÷200×490×10 000×0.2% = 9 800(元);

甲、乙两个项目应享受减免的工伤保险费金额 = 19 272 + 9 800 = 29 072(元)。

答案解析:《工伤保险条例》第六十二条规定,用人单位依照本条例规定应当参加工伤保险而未参加的,由社会保险行政部门责令限期参加,补缴应当缴纳的工伤保险费,并自欠缴之日起,按日加收万分之五的滞纳金;逾期仍不缴纳的,处欠缴数额1倍以上3倍以下的罚款。依照本条例规定,应当参加工伤保险而未参加工伤保险的用人单位职工发生工伤的,由该用人单位按照本条例规定的工伤保险待遇项目和标准支付费用。用人单位参加工伤保险并补缴应当缴纳的工伤保险费、滞纳金后,由工伤保险基金和用人单位依照本条例的规定支付新发生的费用。

《人力资源社会保障部 财政部 税务总局关于延长阶段性减免企业社会保险费政策实施期限等问题的通知》(人社部发〔2020〕49号)规定,阶段性减免社会保险费政策延长,中小微企业三项社会保险费单位缴费部分免征期限由原来的2020年2月到6月延长至2020年12月底。

《关于进一步做好建筑业工伤保险工作的意见》(人社部发〔2014〕103号)规定,建筑施工企业对相对固定的职工,应按用人单位参加工伤保险;对不能按用人单位参保、建筑项目使用的建筑业职工特别是农民工,按项目参加工伤保险。按用人单位参保的建筑施工企业应以工资总额为基数依法缴纳工伤保险费。以建设项目为单位参保的,可以按照项目工程总造价的一定比例计算缴纳工伤保险费。

《人力资源社会保障部办公厅 财政部办公厅 国家税务总局办公厅关于印发〈关于阶段性减免企业社会保险费有关问题的实施意见〉的通知》(人社厅发〔2020〕18号)规定,2020年2月1日以后在减免期内新开工的工程建设项目可享受阶段性减免工伤保险费政策,按施工总承包单位进行划型并享受相应的减免政策。具体计算办法为:按照该项目计划施工所覆盖的减免期占其计划施工期的比例,折算减免工伤保险费。

4. 用人单位未缴纳工伤保险费,职工发生工伤后又不支付工伤保险待遇如何处理

如用人单位按照法律规定正常为员工缴纳了工伤保险,员工受工伤后可以就医疗费、一次性伤残补助金、一次性医疗补助金等向工伤保险机构申请赔偿,用人单位仅需承担停工留薪期工资、一次性伤残就业补助金等项目的赔偿责任。然而,如果用人单位未缴纳工伤保险,谁来负责赔偿?按照现行工伤保险方面规定,应当参加工伤保险而未参加工伤保险的用人单位职工发生工伤的,由该用人单位按照规定的工伤保险待遇项目和标准支付费用。也就是说,如果用人单位未按规定为员工缴纳工伤保险,员工受工伤后,所有的工伤保险待遇项目和费用均由用人单位承担,即所有的赔偿责任都转嫁到了用人单位。而《社会保险法》对此也有相关规定,职工所在用人单位未依法缴纳工伤保险费,发生工伤事故的,由用人单位支付工伤保险待遇。用人单位不支付的,从工伤保险基金中先行支付。从工伤保险基金中先行支付的工伤保险待遇应当由用人单位偿还。用人单位不偿还的,社会保险经办机构可以由社会保险费征收机构责令其限期缴纳或者补足。用人单位逾期仍未缴纳或者补足社会保险费的,社会保险费征收机构可以向银行和其他金融机构查询其存款账户,并可以申请县级以上有关行政部门作出划拨社会保险费的决定,书面通知其开户银行或者其他金融机构划拨社会保险费。用人单位账户余额少于应当缴纳的社会保险费的,社会保险费征收机构可以要求该用人单位提供担保,签订延期缴费协议。用人单位未足额缴纳社会保险费且未提供担保的,社会保险费征收机构可以申请人民法院扣押、查封、拍卖其价值相当于应当缴纳社会保险费的财产,以拍卖所得抵缴社会保险费。

由此可见,依法参加社会保险、缴纳社会保险费是用人单位的法定义务。工伤保险是社会保险的组成部分之一,用以保障员工受到工伤后可以享受各项待遇,建议用人单位一定按规定为员工缴纳工伤保险,以免将来员工受工伤时企业需支付各项工伤保险待遇,承担相应的赔偿责任,对企业的良好形象和正常经营造成影响,还可能受到社会保险行政部门责令限期参保并进行补缴,严重者可能还会面临缴纳欠缴数额1倍以上3倍以下罚款。

政策链接: 工伤保险待遇

1.《中华人民共和国社会保险法》(中华人民共和国主席令第三十五号)

第三十八条 因工伤发生的下列费用,按照国家规定从工伤保险基金中支付:

（一）治疗工伤的医疗费用和康复费用；

（二）住院伙食补助费；

（三）到统筹地区以外就医的交通食宿费；

（四）安装配置伤残辅助器具所需费用；

（五）生活不能自理的,经劳动能力鉴定委员会确认的生活护理费；

（六）一次性伤残补助金和一至四级伤残职工按月领取的伤残津贴；

（七）终止或者解除劳动合同时,应当享受的一次性医疗补助金；

（八）因工死亡的,其遗属领取的丧葬补助金、供养亲属抚恤金和因工死亡补助金；

（九）劳动能力鉴定费。

第三十九条　因工伤发生的下列费用,按照国家规定由用人单位支付：

（一）治疗工伤期间的工资福利；

（二）五级、六级伤残职工按月领取的伤残津贴；

（三）终止或者解除劳动合同时,应当享受的一次性伤残就业补助金。

2.《工伤保险条例》（国务院令第375号）

第六十二条　用人单位依照本条例规定应当参加工伤保险而未参加的,由社会保险行政部门责令限期参加,补缴应当缴纳的工伤保险费,并自欠缴之日起,按日加收万分之五的滞纳金；逾期仍不缴纳的,处欠缴数额1倍以上3倍以下的罚款。

依照本条例规定应当参加工伤保险而未参加工伤保险的用人单位职工发生工伤的,由该用人单位按照本条例规定的工伤保险待遇项目和标准支付费用。

用人单位参加工伤保险并补缴应当缴纳的工伤保险费、滞纳金后,由工伤保险基金和用人单位依照本条例的规定支付新发生的费用。

3.《实施〈中华人民共和国社会保险法〉若干规定》（人力资源和社会保障部令第13号）

第十二条　社会保险法第三十九条第一项治疗工伤期间的工资福利,按照《工伤保险条例》第三十三条有关职工在停工留薪期内应当享受的工资福利和护理等待遇的规定执行。

▶【典型案例】：用人单位未缴纳工伤保险，职工受伤谁赔偿

甲省丙市孙先生于2022年1月到丙市A公司工作,双方签订了劳动合同,约定工资为每月5 800元,该公司不为其办理各项保险,每月多支付给孙先生1 000元,由其自

行缴纳社会保险。2022年4月12日,孙先生在工作过程中受伤,经丙市人力资源和社会保障部门认定为工伤,丙市劳动能力鉴定委员会鉴定为五级伤残。孙先生与A公司就工伤保险待遇的承担发生争议。孙先生于2022年5月提出解除劳动合同,并于当月向丙市劳动人事争议仲裁院申请仲裁,要求A公司支付工伤保险待遇10万余元。经仲裁院审理裁决,用人单位需支付孙先生工伤保险待遇10万余元。理由如下:孙先生在A公司工作中受伤,经当地人社部门认定为工伤,劳动能力鉴定委员会鉴定为五级伤残,应享受工伤待遇。根据《工伤保险条例》第六十二条第二款:应当参加工伤保险而未参加工伤保险的用人单位职工发生工伤的,由该用人单位按照本条例规定的工伤保险待遇项目和标准支付费用。因A公司未缴纳工伤保险费,相应的工伤保险待遇应由A公司自行承担。

五、医疗保险

(一) 职工基本医疗保险

1. 职工基本医疗保险的覆盖范围有多宽

建立职工基本医疗保险,是我国医疗保险制度改革的主要任务,是建立社会主义市场经济体制的客观要求和重要保障。职工基本医疗保险的参保范围包括城镇所有用人单位。企业(国有企业、集体企业、外商投资企业、私营企业等)、机关、事业单位、社会团体、民办非企业单位及其职工,都要参加职工基本医疗保险。乡镇企业及其职工、城镇个体经济组织业主及其从业人员是否参加基本医疗保险,由各省、自治区、直辖市人民政府决定。

目前全国很多省(区、市)都已经将城镇个体经济组织业主及其从业人员、灵活就业人员纳入职工基本医疗保险,比如:哈尔滨市明确,在城镇注册和经营的乡镇企业及其职工应当参加基本医疗保险。

政策链接: 城镇灵活就业人员是否参加基本医疗保险

《劳动和社会保障部办公厅关于城镇灵活就业人员参加基本医疗保险的指导意见》
(劳社厅发〔2003〕10号)

各省、自治区、直辖市劳动保障厅(局):

随着我国经济体制改革的进一步深化和产业结构的调整,以非全日制、临时性和弹性工作等灵活形式就业的人员(以下简称灵活就业人员)逐步增加,这部分人的医疗保障问题日益突出。为解决灵活就业人员的医疗保障问题，落实《中共中央国务院关于进一步做好下岗失业人员再就业工作的通知》（中发〔2002〕12号）关于抓紧制定以灵活形式就业的下岗失业人员社会保障配套办法的要求，现就城镇灵活就业人员参加基本医疗保险的有关问题提出如下指导意见：

一、统一认识，积极将灵活就业人员纳入基本医疗保险制度范围

（一）灵活就业人员参加基本医疗保险是解决他们医疗保障问题的重要措施，也是促进就业和再就业与完善社会保障体系的本质要求。各级劳动保障部门要从全面实践"三个代表"重要思想的高度出发，重视灵活就业人员的医疗保障问题，积极将灵活就业人员纳入基本医疗保险制度范围。

（二）结合经济发展水平和医疗保险管理能力，在区分灵活就业人员的人群类别、充分调查分析其基本医疗需求的基础上，针对不同类别的人群，制定相应政策和管理办法。

（三）灵活就业人员参加基本医疗保险要坚持权利和义务相对应、缴费水平与待遇水平相挂钩的原则。在参保政策和管理办法上既要与城镇职工基本医疗保险制度相衔接，又要适应灵活就业人员的特点。

二、明确政策，规范灵活就业人员参保方式、激励措施和待遇水平

（四）已与用人单位建立明确劳动关系的灵活就业人员，要按照用人单位参加基本医疗保险的方法缴费参保。其他灵活就业人员，要以个人身份缴费参保。

（五）可从建立基本医疗保险统筹基金起步，首先解决灵活就业人员住院和门诊大额医疗费用的保障问题，也可为有条件的部分灵活就业人员同时建立个人账户和实行大额医疗补助。

（六）灵活就业人员参加基本医疗保险的缴费率原则上按照当地的缴费率确定。从统筹基金起步的地区，可参照当地基本医疗保险建立统筹基金的缴费水平确定。缴费基数可参照当地上一年职工年平均工资核定。灵活就业人员缴纳的医疗保险费纳入统筹地区基本医疗保险基金统一管理。

（七）采取措施，促使灵活就业人员连续足额缴费。可根据灵活就业人员的缴费水平和缴费时间，参照当地基本医疗保险的待遇水平，确定相应的医疗保险待遇，并明确医疗保险待遇与缴费年限和连续缴费相挂钩的办法。对首次参加医疗保险的灵活就业人员，可规定其参加基本医疗保险到开始享受相关医疗保险待遇的期限。要考虑灵活就业人员收入不稳定等特点，明确中断缴费的认定和处理办法。

（八）灵活就业人员按照基本医疗保险的规定选择定点医疗机构和定点药店，严格执行基本医疗保险用药、诊疗项目和医疗服务设施标准的有关规定。要指导和协助参保的灵活就业人员选择定点医疗机构和定点药店。

三、加强管理，切实做好灵活就业人员的医疗保险管理服务工作

（九）针对灵活就业人员就业形式多样、工作地点和时间不固定等特点，完善医疗保险的业务管理办法，制定相应的个人申报登记办法、个人缴费办法和资格审核办法。鼓励灵活就业人员通过劳动保障事务代理机构或社区劳动保障服务机构等实现整体参保。

（十）经办机构要开设专门窗口，方便灵活就业人员个人直接缴费参保和医疗费用的结算。要进一步提高社会化管理服务水平，做到社会保险经办机构与定点医疗机构和定点药店的直接结算，减轻参保灵活就业人员的事务性负担。

（十一）做好参保灵活就业人员的医疗保险信息管理工作。进一步完善缴费个人基础档案资料的主要项目，建立完整的个人基础档案资料，做好个人缴费记录。根据灵活就业人员就业形式的变化，及时调整或更改个人信息，做好灵活就业人员的医疗保险关系变更服务。对灵活就业人员的缴费收入、医药费用支出等信息，要单独进行统计分析。

四、精心组织，稳妥推进灵活就业人员参保工作

（十二）各级劳动保障部门要努力争取党委和政府的支持，加大宣传力度，为做好灵活就业人员参加基本医疗保险创造良好的氛围。要主动与工商、税务等相关部门沟通，争取支持。

（十三）各统筹地区劳动保障部门要在认真调查和测算的基础上，制定和完善各类灵活就业人员参加基本医疗保险办法，精心组织实施。要及时分析和研究出现的新问题，不断完善政策和管理措施，确保制度平稳运行。

【背景案例】"农村进城务工人员"是否可以参加职工基本医疗保险

农民工等"农村进城务工人员"的医疗保障的问题，国务院近期的实施方案已经明确提出来，在城镇能够稳定就业的农民工要参加城镇职工基本医疗保险，其雇主要承担缴费责任。而没有条件参加职工医疗保障的，可以参加务工所在地的城镇居民基本医疗保险或参加原籍所在地的新型农村合作医疗。对于已经参加了家乡新农合又到城里来打工的农民工，他们的医疗费用报销问题，人力社会资源保障部和卫生部正在共同研究制度之间的衔接和互通的政策。

按照现行规定，与用人单位形成劳动关系的农村进城务工人员有权参加医疗保险，用人单位要按规定为其缴纳医疗保险费。在城镇从事个体经营等灵活就业的农村进城务工人员，可以按照灵活就业人员参保的有关规定参加医疗保险。

同时参加职工基本医疗保险和城镇职工基本医疗保险的重复参保人员，只能享受

一种医疗保险待遇，并且城镇居民医保重复参保人员不退还个人缴费金额，因此"农村进城务工人员"参加职工基本医疗保险的，不要再参加城乡居民基本医疗保险。

▶【典型案例】：某单位未及时为"农村进城务工人员"办理基本医疗保险关系

刘某某原系甲市乙单位招用外地农民工，1993年入职，乙单位2012年4月开始为其缴纳医疗保险，2020年6月1日到达法定退休年龄。由于其实际缴费年限未达到法定最低年限，因此需要补缴21个月的医疗保险费用，就医疗保险待遇与乙公司发生争议。经过仲裁、一审、二审认定。根据《社会保险法》第九十五条、第九十八条之规定，进城务工的农村居民依照本法规定参加社会保险，本法自2011年7月1日起施行。因此，刘某某虽系外埠农业户口，乙单位作为用人单位，于2012年4月开始为刘某某缴纳医疗保险不符合法律规定，应当自《社会保险法》实施之日（即2011年7月1日）起，为其参保并缴纳基本医疗保险费，因此判决乙单位为刘某某补缴2011年7月至2012年3月的基本医疗保险费。

通过上述案例，我们可以看出，职工基本医疗保险的参保范围包括与用人单位形成劳动关系的农村进城务工人员和在城镇从事个体经营等灵活就业的农村进城务工人员，同时参保时间最晚不得超过《社会保险法》实施之日（即2011年7月1日），各地另有规定的应当依其规定。

2. 职工基本医疗保险的缴费年限是如何规定的

职工基本医疗保险"缴费年限"是指参保人员参加职工基本医疗保险的年限，是用以判断参保人员享受退休后医保待遇的依据。按照《社会保险法》第二十七条规定，参加职工基本医疗保险的个人，达到法定退休年龄时累计缴费达到国家规定年限的，退休后不再缴纳基本医疗保险费，按照国家规定享受基本医疗保险待遇；未达到国家规定年限的，可以缴费至国家规定年限。

全国各地对"未达到国家规定年限的，可以缴费至国家规定年限"的规定不尽相同。有些地方仅以累计缴纳年限为标准，有的地方是同时满足累计缴纳年限（含视同缴纳年限）和实际缴费年限标准。对没有达到标准的，一般是要求一次性缴清，也有的地方规定可以逐年缴纳至法定退休年龄后，满足实际缴费年限。比如北京市规定，累计缴纳基本医疗保险费男满25年、女满20年的，按照国家规定办理了退休手续，按月领取基本养老金或者退休费的人员，享受退休人员的基本医疗保险待遇，不再缴纳基本医疗保险费。职工退休时缴费年限未达到上述规定最低年限的，由本人一次性补足应当由用人单位和个人缴纳的基本医疗保险费后，享受退休人员的基本医疗保险待遇。享受退休医疗保险待遇不再缴纳基本医疗保险费。天津市规定,2008年6月30日以后在社会办理退休的人员,累计缴费年限男满25年、女满20年,实际缴费年限满5年的,可以享受相应的医保待遇。不足上述年限规定的,应当一次性补缴,补足后可以按照规定享受相应的医保待遇。

因此,只有同时满足达到法定退休年龄和累计缴费达到国家规定年限两个条件,才能享受退休后医保待遇。目前,职工基本医疗保险普遍实行的是最低缴纳费年限政策。

1998年12月,《国务院关于建立城镇职工基本医疗保险制度的决定》(国发〔1998〕44号)部署全国范围内全面推进职工医疗保险制度改革工作,要求1999年内全国基本建立职工基本医疗保险制度。职工基本医疗保险属于地方统筹,目前,只有京津沪渝4个直辖市和海南、宁夏、青海等省份已经探索实现职工基本医疗保险省级统筹。各地建立职工基本医疗保险制度时间不一、标准不一、参保人员不一,同时职工基本医疗保险不断扩大参保范围,因此,对不同人员缴费年限的规定也就分别计算。根据参保时间,对参保人员分为"老人""中人"和"新人"三个标准。"老人"是指建立职工基本医疗保险制度时已退休的人员,不缴纳基本医疗保险费,直接以退休人员身份参保。"中人"是指建立职工基本医疗保险制度前参加工作,在建立职工基本医疗保险制度后退休的参保人员。"新人"是指建立职工基本医疗保险制度后参加工作。医疗保险视同缴费年限是对"中人"来说的,"中人"的医疗保险缴费年限为视同缴费年限与实际缴费年限之和。其参加工作时间到建立职工基本医疗保险制度的时间可以视同参保,作为累计数计算参保年限。对职工在参与职工基本医疗保险前,已经参与了新型农村合作医疗等类型医疗保险的,其他类型的医保缴费年限视同职工的基本医疗保险缴费年限,可以累计计算。

> **政策链接: 职工基本医疗保险的视同缴费年限**
>
> 《上海市职工基本医疗保险办法》
>
> 第一条 为了保障职工基本医疗需求,根据《中华人民共和国社会保险法》和《上海市贯彻〈国务院关于建立城镇职工基本医疗保险制度的决定〉的实施方案》,制定本办法。
>
> 第二条 本办法适用于本市行政区域内的企业、事业单位、国家机关、社会团体、民办非企业单位和有雇工的个体工商户(以下统称"用人单位")及其职工的基本医疗保险与相关管理活动。
>
> 第二十三条 用人单位及其职工按照规定缴纳医疗保险费的,自缴纳医疗保险费的次月起,职工可以享受基本医疗保险待遇;未缴纳医疗保险费的,职工不能享受基本医疗保险待遇。

用人单位按照有关规定申请缓缴医疗保险费的,在批准的缓缴期内,职工不停止享受基本医疗保险待遇。

应当缴纳而未缴纳医疗保险费的用人单位及其职工,在足额补缴医疗保险费后,职工方可继续享受基本医疗保险待遇。

用人单位及其职工缴纳医疗保险费的年限(含视作缴费年限)累计超过15年的,职工退休后可以享受基本医疗保险待遇。视作缴费年限的计算,由市人力资源社会保障局另行规定。

职工到达法定退休年龄、办理退休手续后,可领取养老金的当月,用人单位缴纳的基本医疗保险费计入其个人医疗账户的部分,按照其在职最后一个月的计入标准计入;其医疗费用的支付,按照退休人员的基本医疗保险规定执行。

本办法施行前已按照有关规定享受基本医疗保险待遇的退休人员,不受本条规定的限制。

【典型案例】:退休人员是否缴纳职工基本医疗保险

《国务院关于建立城镇职工基本医疗保险制度的决定》(国发〔1998〕44号)第六条规定,退休人员参加基本医疗保险,个人不缴纳基本医疗保险费。对退休人员个人账户的计入金额和个人负担医疗费的比例给予适当照顾。很多人认为职工基本医疗保险是在职或者未达到法定年龄人员需要缴纳的,退休人员是不需要缴纳的,这个观点是错误的。

《社会保险法》第二十七条规定,参加职工基本医疗保险的个人,达到法定退休年龄时累计缴费达到国家规定年限的,退休后不再缴纳基本医疗保险费,按照国家规定享受基本医疗保险待遇;未达到国家规定年限的,可以缴费至国家规定年限。因此,只有同时满足达到法定退休年龄和累计缴费达到国家规定年限两个条件,才不需要继续缴纳职工基本医疗保险。

汤某某原系甲市乙区丙公司职工,1994年4月退休。2003年4月30日,丙公司破产解体,破产解体前未办理医疗保险参保登记,未缴纳医疗保险费。2013年2月,汤某某以个人身份参加甲市基本医疗保险。2017年5月18日,汤某某向乙区社保局提出申请,要求按"国发〔1998〕44号文件"关于"退休人员参加基本医疗保险,个人不缴纳基本医疗保险费"之规定,补偿自2001年12月1日起至2013年5月共计12年零6个月的基本医疗待遇,退还自2013年2月至2017年12月31日已缴纳的基本医疗保险费,同时免费给予参加2017年之后的基本医疗保险。乙区社保局答复,根据当地规定,对原所在单位已破产、关闭、解体、撤销以及其他原因终止的城镇集体所有制企业及其他单位退休人员的参保和缴费,实际缴费年限必须满10年,缴满本人缴费年限并达到法定退休年龄的,不再缴纳医疗保险费。汤某某不服,向当地法院提出行政诉讼,经过一审、二审及裁定,最终判定汤某某缴纳职工基本医疗保险费年限必须满10年才可以不再继续缴纳。

通过上述案例,我们可以看出,职工基本医疗保险缴费年限的终止不是以是否达到法定退休年龄为标准的,只有达到法定退休年龄和缴费年限达到最低缴费年限同时满足,个别地方对外地转移医保关系和后期参保职工基本医疗保险的,还增加了视同缴费年限要求,同时满足才能继续享受医疗保险待遇并可终止缴费。在达到法定退休年龄时,没有满足最低缴费年限时,可以双向选择,或者直接补足缴费年限,或者继续缴费至达到最低缴费年限。这也是为了满足基本医疗保险基金正常运转,提升支付能力的必然要求。

3. 职工基本医疗保险费如何计征

职工基本医疗保险由用人单位和职工共同缴纳,个人缴费一般不需个人到社会保险经办机构去缴纳,而是由单位从工资中代扣代缴。用人单位缴费率应控制在职工工资总额的6%左右,职工缴费率一般为本人工资收入的2%。随着经济发展,用人单位和职工缴费率可作相应调整。全国各地根据当地实际情况确定缴费费率。

职工基本医疗保险实行属地管理,原则上以地市级以上行政区(包括地、市、州、盟)为统筹单位,也可以县(市)为统筹单位,北京、天津、上海3个直辖市原则上在全市范围内实行统筹(以下简称统筹地区)。所有用人单位(包括中央、省属机关、企业和事业单位)及其职工都要按照属地管理原则参加所在统筹地区的基本医疗保险,执行统一政策和标准,实行基本医疗保险基金的统一筹集、使用和管理。铁路、电力、远洋运输等跨地区、生产流动性较大的企业及其职工,可以相对集中的方式异地参加统筹地区的基本医疗保险。以黑龙江省为例,全省铁路系统职工的基本医疗保险统一在哈尔滨铁路局参加。

职工基本医疗保险费的计征,分为"统账结合"和"单建统筹"两种方式。

采取"统账结合"方式参加职工基本医疗保险的,为每个参保人员设立个人账户,由用人单位和职工按月共同缴纳。用人单位以职工工资总额为缴费基数,按照规定费率缴费,缴纳的保险费全部计入统筹基金。工资总额是指各单位在一定时期内直接支付给本单位全部职工的劳动报酬总额,由计时工资、计件工资、奖金、加班加点工资、特殊情况下支付的工资、津贴和补贴等组成。劳动报酬总额包括在岗职工工资总额;不在岗职工生活费;聘用、留用的离退休人员的劳动报酬;外籍及港澳台方人员劳动报酬以及聘用其他从业人员的劳动报酬。职工个人缴费工资基数以本人上一年度月平均工资为个人月缴费工资基数,按照规定费率缴费,缴纳的保险费全部计入个人账户。月平均工资超过本省上年度在岗职工月平均工资300%以上的部分,不计入个人缴费工资基数;低于本省上年度在岗职工月平均工资60%的,按60%计算。由于各地经济情况不一,因此各地的医疗保险费率也不尽相同。比如,广东省中山市规定采取"统账结合"方式的,医保费率为6.8%,其中:单位缴费费率为4.8%,职工个人缴费费率为2%。黑龙江省佳木斯市规定采取"统账结合"方式的,医保费率为9.5%,其中:单位缴费费率为7.5%,职工个人缴费费率为2%。

"单建统筹"又被称为"住院保险"。建立医疗保险费基本医疗保险基金政策以在职职工单位月工资总额作为缴费基数,按照规定费率缴纳,缴纳的保险费全部计入统筹基金,职工个人不缴纳保险费,参保人员没有设立个人账户。单建统筹方式的缴费费率要低于统账结合方式的缴费费率。比如黑龙江省佳木斯市采取单建统筹方式的,医保费率为6.2%,全部为参保单位缴纳,低于统账结合方式用人单位1.3%。

也有一些地方规定,采取"单建统筹"方式参加基本医疗保险的,参保职工需要缴纳保险费,建立个人账户,但是缴纳费率低于采取"统账结合"方式参加职工基本医疗保险的单位。比如,广东省中山市规定,采取"单建统筹"方式的,医保费率为3.8%,其中:单位缴费费率为3.1%,职工个人缴费费率为0.7%,低于"统账结合"方式用人单位1%,参保人员个人低1.3%。

政策链接:职工基本医疗保险的具体实施

1.《沧州市人民政府办公室关于印发〈沧州市职工基本医疗保险实施办法〉的通知》(沧政办字〔2020〕167号)

第二十三条 本办法实施前,按"单建统筹"方式参保缴费的用人单位及其职工和灵活就业人员,在本办法实施后,全部改按本办法相关规定缴纳职工医保费,不再按原规定补缴"单建统筹"期间的基本医疗保险费,已经办理医保在职转退休手续未建立个人账户的退休人员,按规定建立个人账户。

第一百二十五条 本办法自2022年1月1日起施行。原有规定与本办法规定不一致的,以本办法为准。国家和省另有规定的,从其规定。

2.《沧州市职工基本医疗保险实施办法》解读

二、调整用人单位及其职工和灵活就业人员的缴费比例。

党政机关和财政全额拨款事业单位(含全部由财政负担缴费单位)的单位缴费比例由7.9%(含生育保险缴费比例0.4%)调整为7.4%,其他用人单位的单位缴费比例由8.5%(含生育保险缴费比例1%)调整为8%,职工个人缴费比例为2%。取消原"单建统筹"参保缴费方式。

> 灵活就业人员参加职工医保，由原"统账结合"按9.5%的比例缴费、"单建统筹"按5%的比例缴费调整为统一按7%的比例缴费，退休前不建立个人账户，退休后按规定建立个人账户。
>
> 原按"单建统筹"方式参保缴费的用人单位及其职工和灵活就业人员，在本办法实施后，不再按原规定补缴"单建统筹"期间的基本医疗保险费，已经办理医保在职转退休手续未建立个人账户的退休人员，按规定建立个人账户。

【背景案例】用人单位采取"单建统筹"方式参保缴费，参保人员退休是否需要补缴职工基本医疗保险

由于大部分地区是采取"单建统筹"方式参加职工基本医疗保险的，由用人单位缴纳统筹部分职工基本医疗保险，参保人员个人不需缴纳，且不建立个人账户，因此参保人员退休时是否需要补缴个人账户部分各地规定不一。以河北省沧州市为例，在2022年1月1日以前采取"单建统筹"方式的，对参保人员达到法定退休年龄时，用人单位及其参保职工或者灵活就业人员需要补缴"单建统筹"期间的基本医疗保险费。但是，很多地方对"单建统筹"方式参保缴费的，视同缴费年限，不需要补缴"单建统筹"期间的基本医疗保险费。

4. 职工基本医疗保险基金的账户如何管理

实行职工基本医疗保险的统筹单位，要建立基本医疗保险统筹基金和个人账户。基本医疗保险基金由统筹基金和个人账户构成。符合基本医疗保险药品目录、诊疗项目、医疗服务设施标准以及急诊、抢救的医疗费用，按照国家规定从基本医疗保险基金中支付。参保人员医疗费用中应当由基本医疗保险基金支付的部分，由社会保险经办机构与医疗机构、药品经营单位直接结算。对于应当从工伤保险基金中支付的、应当由第三人负担的、应当由公共卫生负担的、在境外就医的等四种情形发生的医疗费用，不纳入基本医疗保险基金支付范围，不由基本医疗保险基金中支付。

《国务院关于建立城镇职工基本医疗保险制度的决定》（国发〔1998〕44号）规定，职工个人缴纳的基本医疗保险费，全部计入个人账户。用人单位缴纳的基本医疗保险费分为两部分，一部分用于建立统筹基金，一部分划入个人账户。划入个人账户的比例一般为用人单位缴费的30%左右，具体比例由统筹地区根据个人账户的支付范围和职工年龄等因素确定。参保人员年龄越大，划入个人账户的比例就越高，在参保人员就医需要报销医疗费时，统筹基金和个人账户要划定各自的支付范围，分别核算，不得互相挤占。要确定统筹基金的起付标准和最高支付限额，起付标准原则上控制在当地职工年平均工资的10%左右,最高支付限额原则上控制在当地职工年平均工资的4倍左右。起付标准以下的医疗费用,从个人账户中支付或由个人自付。起付标准以上、最高支付限额以下的医疗费用,主要从统筹基金中支付,个人也要负担一定比例。统筹基金的具体起付标准、最高支付限额以及在起付标准以上和最高支付限额以下医疗费用的个人负担比例,由统筹地区根据以收定支、收支平衡的原则确定。

基本医疗保险基金的银行计息办法：当年筹集的部分,按活期存款利率计息;上年结转的基金本息,按3个月期整存整取银行存款利率计息;存入社会保障财政专户的沉淀资金,比照3年期零存整取储蓄存款利率计息,并不低于该档次利率水平。个人账户的本金和利息归个人所有,可以结转使用和继承。

退休人员参加基本医疗保险,个人不缴纳基本医疗保险费。对退休人员个人账户的计入金额和个人负担医疗费的比例给予适当照顾。为了不降低一些特定行业职工现有的医疗消费水平,在参加基本医疗保险的基础上,作为过渡措施,允许建立企业补充医疗保险。企业补充医疗保险费在工资总额4%以内的部分,从职工福利费中列支,福利费不足列支的部分,经同级财政部门核准后列入成本。

目前,职工基本医疗保险实行的是地级以上行政区(包括地、市、州、盟)为统筹单位和县(市)为统筹单位相结合的方式,因此各地对用人单位缴纳的基本医疗保险费划入个人账户的比例不尽相同。《社会保险法》规定基本医疗保险基金逐步实行省级统筹。2020年,中共中央、国务院印发《关于深化医疗保障制度改革的意见》(中发〔2020〕5号),提出"鼓励有条件的省(自治区、直辖市)按照分级管理、责任共担、统筹调剂、预算考核的思路,推进省级统筹"。国家"十四五"规划纲要提出,推动基本医保省级统筹。2020年1月1日起,海南率先在全国实现医保基金省级统筹,实行全省统一的城镇职工医保基金统收统支管理。

由于各地医保基金财力不同,统筹基金的起付标准、最高支付限额以及在起付标准以上和最高支付限额以下医疗费用的个人负担比例,因此各地均按照当地能够承担的能力确定的。

> **政策链接： 医疗保险个人账户管理和转移接续**
>
> 1.《劳动和社会保障部办公厅关于加强城镇职工基本医疗保险个人账户管理的通知》(劳社厅发〔2002〕6号)
>
> 个人账户是城镇职工基本医疗保险制度的重要内容,个人账户资金是基本医疗保险基金的重要组成部分。建立个人账户的核心是解决参保职工的门诊或小额医疗费用,同时为职工年老体弱时积累部分资金。
>
> 三、加强个人账户基金管理,严格控制资金支出和使用方向
>
> 经办机构要按照《社会保险基金财务制度》(财社字〔1999〕60号)、《社会保险基金

会计制度》(财会字〔1999〕20号)规定,严格个人账户基金的管理与核算。个人账户基金必须纳入财政专户管理,按规定编制基金预算和财务决算报告。要加强个人账户基金的支出管理和监督。个人账户基金只能用于支付在定点医疗机构或定点零售药店发生的,符合基本医疗保险药品目录、诊疗项目范围、医疗服务设施标准所规定项目范围内的医药费用。个人账户原则上要实行钱账分管,个人当期的医疗消费支出可采取划账的形式,最后由经办机构定期与定点医疗机构和定点药店统一进行结算。个人账户原则上不得提取现金,禁止用于医疗保障以外的其他消费支出。各地经办机构要加强对个人账户支出情况的审核和监督,对不符合要求的项目,不得纳入个人账户基金的支付范围。

2.《国家医保局办公室 财政部办公厅关于印发〈基本医疗保险关系转移接续暂行办法〉的通知》(医保办发〔2021〕43号)

第三条 基本医疗保险关系转移接续实行统一规范、跨省通办。国家医疗保障经办机构负责指导协调跨省基本医疗保险关系转移接续经办工作。省级医疗保障经办机构负责组织实施跨省和省内跨统筹地区基本医疗保险关系转移接续经办工作。各统筹地区医疗保障经办机构按要求做好基本医疗保险关系转移接续经办工作。

第五条 参保人员跨统筹地区流动,不得重复参保和重复享受待遇,按规定办理基本医疗保险关系转移接续。有单位的职工医保参保人员可由单位为其申请办理,灵活就业人员及居民等参保人员由个人申请办理。

1.职工医保制度内转移接续。职工医保参保人员跨统筹地区就业,转出地已中止参保,在转入地按规定参加职工医保的,应申请转移接续。

2.居民医保制度内转移接续。居民医保参保人员因户籍或常住地变动跨统筹地区流动,原则上当年度在转入地不再办理转移接续手续,参保人员按转入地规定参加下一年度居民医保后,可申请转移接续。

3.职工医保和居民医保跨制度转移接续。职工医保参保人员跨统筹地区流动,转出地已中止参保,在转入地按规定参加居民医保的,可申请转移接续。居民医保参保人员跨统筹地区流动,转出地已中止参保,在转入地按规定参加职工医保的,可申请转移接续。

第六条 参保人员或用人单位提交基本医疗保险关系转移申请,可通过全国统一的医保信息平台(以下简称医保信息平台)直接提交申请,也可通过线下方式在转入地或转出地经办机构窗口申请。

第七条 转移接续申请实行统一的校验规则前置,在申请时转入地和转出地校验是否符合转移接续条件,若不符合条件则不予受理转移接续申请并及时告知申请人原因;符合条件则予以受理。

转出地的校验规则主要为是否已中止参保,转入地的校验规则主要为是否已按规定参加转入地基本医保。校验规则涉及事项应逐步实现网上办理、一站式联办。

第十一条 办理转移接续的职工医保参保人员,在转移接续前中断缴费3个月(含)以内的,可按转入地规定办理职工基本医疗保险费补缴手续,补缴后不设待遇享受等待期,缴费当月即可在转入地按规定享受待遇,中断期间的待遇可按规定追溯享受。中断缴费3个月以上的,基本医疗保险待遇按各统筹地区规定执行,原则上待遇享受等待期不超过6个月。

参保人员已连续2年(含2年)以上参加基本医疗保险的,因就业等个人状态变化在职工医保和居民医保间切换参保关系的,且中断缴费3个月(含)以内的,可按转入地规定办理基本医疗保险费补缴手续,补缴后不设待遇享受等待期,缴费当月即可在转入地按规定享受待遇,中断期间的待遇可按规定追溯享受。中断缴费3个月以上的,基本医疗保险待遇按各统筹地区规定执行,原则上待遇享受等待期不超过6个月。

第十二条 参加职工基本医疗保险的个人,基本医疗保险关系转移接续时,基本医疗保险缴费年限累计计算。达到法定退休年龄时,享受退休人员基本医疗保险待遇的缴费年限按照各地规定执行。各地不得将办理职工医保退休人员待遇与在当地按月领取基本养老金绑定。

第十三条 加强基本医疗保险关系转移接续管理,在转入地完成接续前,转出地应保存参保人员信息、暂停基本医保关系,并为其依规参保缴费和享受待遇提供便利。转移接续完成后,转出地参保关系自动终止。

第十四条 在同一统筹地区跨制度转移接续的,参照本办法执行。

第十五条 全国实行统一的转移接续办法,现有规定与本办法不符的,按本办法执行。

第十六条 本办法所称个人医保信息记录,主要包括个人基本信息、参保信息、缴费明细、个人账户信息等。

第十七条 本办法由国家医疗保障局负责解释,自2021年12月1日起实施。

3.《基本医疗保险关系转移接续暂行办法》(以下简称《暂行办法》)政策解读

三、基本医保关系转移接续主要适用人群

《暂行办法》保障了跨统筹地区流动人员医保权益。职工医保参保人员和居民医保参保人员因跨统筹地区就业、户籍或常住地变动，不得重复参保和重复享受待遇，按照《暂行办法》有关规定办理基本医疗保险关系转移接续。

一是职工医保制度内转移接续。职工医保参保人员跨统筹地区就业，转出地已中止参保，在转入地按规定参加职工医保的，应申请转移接续。二是居民医保制度内转移接续。居民医保参保人员因户籍或常住地变动跨统筹地区流动，原则上当年度在转入地不再办理转移接续手续，参保人员按转入地规定参加下一年度居民医保后，可申请转移接续。三是职工医保和居民医保跨制度转移接续。职工医保参保人员跨统筹地区流动，转出地已中止参保，在转入地按规定参加居民医保的，可申请转移接续；居民医保参保人员跨统筹地区流动，转出地已中止参保，在转入地按规定参加职工医保的，可申请转移接续。

【背景案例】基本医保关系转移接续是适应人口流动需要、保障流动人员医保权益的重要制度安排

《中共中央 国务院关于深化医疗保障制度改革的意见》要求"适应人口流动需要，做好各类人群参保和医保关系跨地区转移接续"；《国务院办公厅关于加快推进政务服务"跨省通办"的指导意见》中，将基本医保关系转移接续作为 2021 年年底前实现"跨省通办"的事项；国家医保局将基本医保关系转移接续"跨省通办"纳入 2021 年"我为群众办实事"项目清单。为做好基本医保关系转移接续"跨省通办"，不断提升服务便捷度和群众获得感，国家医保局出台了《国家医保局办公室 财政部办公厅关于印发〈基本医疗保险关系转移接续暂行办法〉的通知》(医保办发〔2021〕43 号)，保障了跨统筹地区流动人员医保权益。职工医保参保人员和居民医保参保人员因跨统筹地区就业、户籍或常住地变动，不得重复参保和重复享受待遇，按照暂行办法有关规定办理基本医疗保险关系转移接续。

A 省 B 市公民陈某某，因为工作调转，于 2006 年 11 月 29 日到 B 市社保中心办理参保职工基本医疗保险关系转移手续，并将其个人账户结余金额 2 582.80 元以现金方式领出。当时转移接续规定的不完备，参保人对接续事项不掌握，造成参保人参保年限断档，而且由于时间久远，超过法定诉讼期限，只能接受法院判决，按照调动后的时间确认为医疗保险参保年限，影响参保人的个人利益。

（二）城乡居民基本医疗保险

1. 城镇居民医保和新农合如何"合二为一"

城乡居民基本医疗保险制度是整合城镇居民基本医疗保险（以下简称城镇居民医

保)和新型农村合作医疗(以下简称新农合)两项制度,建立统一的城乡居民基本医疗保险(简称城乡居民医保)制度。

整合城镇居民基本医疗保险制度与新型农村合作医疗制度是推进医药卫生体制改革、实现城乡居民公平享有基本医疗保险权益、促进社会公平正义、增进人民福祉的重大举措,对促进城乡经济社会协调发展、全面建成小康社会具有重要意义。

2003年和2007年,我国针对农村人口、城镇非就业人口分别建立了新型农村合作医疗、城镇居民基本医疗保险制度。制度建立以来,覆盖范围不断扩大,保障水平稳步提高,制度运行持续平稳,对于健全全民基本医保体系、满足群众基本医疗保障需求、提高人民群众健康水平发挥了重要作用。但是,随着城镇化的快速推进,城乡之间的差异逐步缩小,按城、乡户籍分割设置的新农合制度和城镇居民基本医保制度城乡分割的负面作用开始显现,存在着重复参保、重复投入、待遇不够等问题。群众就医时不同的医保身份及其背后各有差别的报销政策常令参保人和医院挠头,不能"保"随人走的制度间壁垒设置也与城乡居民流动性增强的大趋势不相匹配。而城乡分割也使个人缴费标准差距较大,享有的保障待遇存在不同。整合城乡居民医保应打破参保资格方面的城、乡区分,使城乡居民在参保方面不受户籍性质限制,具有同等的参保资格势在必行。

在总结城镇居民医保和新农合运行情况以及地方探索实践经验的基础上,党中央、国务院明确提出整合城镇居民医保和新农合两项制度,建立统一的城乡居民基本医疗保险(以下简称城乡居民医保)制度。

2016年,《国务院关于整合城乡居民基本医疗保险制度的意见》(国发〔2016〕3号)明确了工作进度和责任分工。各省(区、市)要于2016年6月底前对整合城乡居民医保工作作出规划和部署,明确时间表、路线图,健全工作推进和考核评价机制,严格落实责任制,确保各项政策措施落实到位。各统筹地区要于2016年12月底前出台具体实施方案,要求必须允许参加职工基本医疗保险有困难的农民工和灵活就业人员参加城乡居民医保。这就向那些就业状态不稳定、与用工单位没有建立固定劳动关系、经常变换工作单位或经常迁移的务工农民、个体经营者等敞开了大门,避免了此类人群游离于保障之外。

全面推进整合城乡居民医保制度的总体思路是从政策入手,先易后难、循序渐进,逐步在全国范围内建立起统一的城乡居民医保制度,推动保障更加公平、管理服务更加规范,医疗资源利用更加有效,促进全民医保体系持续健康发展。

整合城乡居民医保制度的基本原则主要有以下几方面。一是统筹规划、协调发展。把城乡居民医保制度整合纳入全民医保体系发展和深化医改全局,突出"医保、医疗、医药"三医联动,加强制度衔接。二是立足基本、保障公平。立足经济社会发展水平、城乡居民负担和基金承受能力,充分考虑并逐步缩小城乡差距、地区差异,保障城乡居民公平享有基本医保待遇。三是因地制宜、有序推进。加强整合前后的衔接,确保工作顺畅接续、有序过渡,确保群众基本医保待遇不受影响,确保基金安全和制度运行平稳。四是创新机制、提升效能。坚持管办分开,完善管理运行机制,深入推进支付方式改革。充分发挥市场机制作用,调动社会力量参与基本医保经办服务。

突出整合制度政策。从政策入手整合城乡居民医保制度,重点是要整合其筹资和待遇保障政策。在研究比对原有两项制度差异并总结各地实践经验的基础上,国务院提出了"六统一"的政策整合要求。一要统一覆盖范围。城乡居民医保覆盖除城镇就业人口以外的其他城乡居民。允许参加职工医保有困难的农民工和灵活就业人员选择参加城乡居民医保。二要统一筹资政策。坚持多渠道筹资,合理确定城乡统一的筹资标准,完善筹资动态调整机制,改善筹资分担结构。城镇居民医保和新农合个人缴费标准差距较大地区可采取差别缴费的办法逐步过渡。逐步建立个人缴费标准与城乡居民人均可支配收入相衔接的机制。三要统一保障待遇。逐步统一保障范围和支付标准,政策范围内住院费用支付比例保持在75%左右,逐步提高门诊保障水平。妥善处理整合前后特殊保障政策的衔接,逐步缩小政策范围内支付比例与实际支付比例之间的差距。四要统一医保目录。各省根据国家有关规定,遵循临床必需、安全有效、价格合理、技术适宜、基金可承受的原则,在现有城镇居民医保和新农合目录的基础上,适当考虑参保人员需求变化,制定统一的医保药品和医疗服务项目目录。五要统一定点管理。统一定点机构管理办法,强化定点服务协议管理,健全考评机制,实行动态准入退出。对社会办医采取一视同仁的政策。六要统一基金管理。执行统一的基金财务制度、会计制度和基金预决算管理制度,强化内控管理、外部监督制度,推进付费总额控制,健全基金运行风险预警机制,合理控制基金结余,防范基金风险,提高使用效率。

明确理顺管理体制。一是整合经办机构。鼓励有条件的地区理顺管理体制,统一行政管理职能。充分利用现有经办资源,对经办机构、人员、信息系统等各类经办力量进行整合,规范经办服务流程,补足经办服务短板,提供城乡一体化经办服务。二是创新经办管理。通过完善管理运行机制、提升服务手段、改进管理办法,进一步提升管理效率和服务水平。同时,鼓励有条件的地区创新经办服务模式,在确保基金安全和有效监管的前提下,以政府购买服务的方式委托商业保险机构等社会力量参与基本医保经办服务。

提升服务效能。一是提高统筹层次。原则上实行市(地)级统筹,鼓励有条件的地区实行省级统筹。要根据地区经济发展水平和医疗服务水平加强基金分级管理,充分调动县级政府、经办管理机构基金管理的积极性和主动性。二是整合完善信息系统,为城乡居民医保制度运行和功能拓展提供支撑,推进信息交换与数据共享,强化信息安全与隐私保护。三是完善付费方式。系统推进按人头付费、按病种付费、按床日付费、总额预付等多种付费方式相结合的复合支付方式改革,推动形成合理的医保支付标准,引导医疗机构规范服务,推进分级诊疗制度建设,引导建立合理有序的就医秩序。四是加强医疗服务监管。完善定点医疗机构协议管理,强化对医疗服务的监控。充分利用信息化手段,推进医保智能审核和实时监控,加强医疗服务监管,规范医疗服务行为。

为了确保整合制度工作平稳有序顺利推进,国家明确要求加强组织领导,各地要按照全面深化改革的战略布局要求,充分认识制度整合工作的重要意义,精心谋划,周密安排,抓好落实。各省级医改领导小组要加强统筹协调,及时研究解决整合过程中的问题。抓紧制定实施方案,各省(区、市)要于2016年6月底前对整合城乡居民医保制度工作作出规划和部署,明确时间表、路线图,严格落实责任制,确保各项政策措施落实到位。各统筹地区于2016年12月底前出台具体实施方案。综合医改试点省要将整合城乡居民医保制度作为重点改革内容,加强与医改其他工作的统筹协调,加快推进。加强部门分工协作,细化政策措施,各地人力资源社会保障、卫生计生、财政、保险监管、发展改革、编制管理部门和医改办要按照职责,加强协调,完善相关政策措施,加强制度衔接,做好监管和跟踪评估,确保制度整合工作平稳推进。加强舆论宣传,及时准确解读政策,宣传各地经验亮点,妥善回应公众关切,合理引导群众预期。

2019年12月,全国32个省(自治区、直辖市)均按照国家要求全面建立了统一的城乡居民基本医保制度。

2020年,《中共中央 国务院关于深化医疗保障制度改革的意见》(中发〔2020〕5号)提出,鼓励有条件的省(自治区、直辖市)按照分级管理、责任共担、统筹调剂、预算考核的思路,推进省级统筹。国家"十四五"规划纲要提出,推动基本医保省级统筹。目前,京津沪渝4个直辖市和海南、宁夏、青海等省份已经探索实现了城乡居民医保省级统筹。从地方探索经验看,实现省级统筹的省份一般都夯实了相关工作基础,具备一定的条件,主要包括:市地级统筹工作开展较好、地市间制度政策设置和管理能力等方面的差距不大、绩效管理考核比较健全、经办服务和信息系统一体化建设有基础。总体上看,推动省级统筹还需要总结市地级统筹的经验做法,健全绩效考核办法,强化基层政府在医保支付管理、基金监管、公共服务等方面的责任和意识,确保基金收支平衡和制度可持续发展。

居民医保整合了城镇居民基本医疗保险和新型农村合作医疗两项制度,目前,城乡居民基本医疗保险参保人员10.2亿人,整体提升了农村居民医疗保障水平,城乡居民更加公平享有基本医疗保障权益,促进了社会公平正义、增进了人民福祉,有力地支持了医疗卫生事业发展。

> **政策链接：深化医疗保障制度改革**
>
> 《中共中央 国务院关于深化医疗保障制度改革的意见》（中发〔2020〕5号）
>
> （四）完善基本医疗保险制度。坚持和完善覆盖全民、依法参加的基本医疗保险制度和政策体系，职工和城乡居民分类保障，待遇与缴费挂钩，基金分别建账、分账核算。统一基本医疗保险统筹层次、医保目录，规范医保支付政策确定办法。逐步将门诊医疗费用纳入基本医疗保险统筹基金支付范围，改革职工基本医疗保险个人账户，建立健全门诊共济保障机制。
>
> （十）巩固提高统筹层次。按照制度政策统一、基金统收统支、管理服务一体的标准，全面做实基本医疗保险市地级统筹。探索推进市地级以下医疗保障部门垂直管理。鼓励有条件的省（自治区、直辖市）按照分级管理、责任共担、统筹调剂、预算考核的思路，推进省级统筹。加强医疗救助基金管理，促进医疗救助统筹层次与基本医疗保险统筹层次相协调，提高救助资金使用效率，最大限度惠及贫困群众。

2. 城乡居民医保对大病患者的高额医药费有保障作用吗

2016年1月3日，《国务院关于整合城乡居民基本医疗保险制度的意见》（国发〔2016〕3号）要求，整合城镇居民基本医疗保险和新型农村合作医疗两项制度，建立统一的城乡居民基本医疗保险制度。这一重大举措，实现城乡居民公平享有基本医疗保险权益、促进社会公平正义、增进人民福祉，对促进城乡经济社会协调发展、全面建成小康社会具有重要意义。

新型农村合作医疗制度出台的根本目的，就是由政府组织、引导、支持，农民自愿参加，个人、集体和政府多方筹资，建立以大病统筹为主的农民医疗互助共济制度。重点解决农民因患传染病、地方病等大病而出现的因病致贫、返贫问题。

《国务院关于开展城镇居民基本医疗保险试点的指导意见》（国发〔2007〕20号）也明确了城镇居民基本医疗保险基金重点保障的范围包括门诊大病医疗支出，逐步建立以大病统筹为主的城镇居民基本医疗保险制度，重点保障城镇非从业居民的大病医疗需求。可以看出整合前的城镇居民基本医疗保险和新型农村合作医疗都具有对大病患者的保障作用，参保人员患上重大疾病时，通过保险缓解高额医药费负担，提高社会保障水平。

2008年，《国务院办公厅关于将大学生纳入城镇居民基本医疗保险试点范围的指导意见》（国办发〔2008〕119号）将各类全日制普通高等学校（包括民办高校）、科研院所（以下统称高校）中接受普通高等学历教育的全日制本专科生、全日制研究生纳入参保范围。合并后，城乡居民医保制度覆盖范围包括现有城镇居民医保和新农合所有应参保

（合）人员，即覆盖除职工基本医疗保险应参保人员以外的其他所有城乡居民。

从参保范围可以看出，城乡居民医保的参保人员总体收入水平不高，对大病高额医疗费用承受能力偏弱，抵御风险的能力不足，是需要对重大疾病产生的高额医药费给予帮助的人群。

我国一直高度重视多层次医疗保障制度体系建设，初步建成覆盖全民、城乡统筹、权责清晰、保障适度、可持续的多层次医疗保障体系。一是基本医保坚持公平普惠。职工医保、居民医保政策范围内住院费用报销比例分别达到80%和70%左右，统筹基金最高支付限额分别达到当地职工年平均工资和居民可支配收入的6倍左右。二是大病保险等补充保险进一步梯次减负。持续推进健全完善职工大额医疗补助、居民大病保险等补充医疗保障措施，并进一步减轻群众大病医疗费用负担，其中，居民大病保险保障水平在基本医保的基础上提高了约13个百分点，2020年进一步鼓励有条件的地区探索提高或取消大病保险封顶线。三是医疗救助夯实托底保障。建立健全医疗救助制度，对低保、特困等困难群众经基本医保、大病保险保障后个人负担仍然较重的医疗费用，按规定给予救助，夯实托底保障。2020年，贫困人口经基本医保、大病保险与医疗救助三重保障梯次减负后住院费用实际报销比例稳定在80%，个人负担明显减轻。此外，国家还注重发挥商业健康保险的补充作用，国务院和有关部门先后提出了加快发展商业健康保险的若干意见、促进社会服务领域商业保险发展的意见，积极支持商业健康保险发展。从总体上看，目前我国以基本医疗保险为主体，医疗救助为托底，补充医疗保险、商业健康保险、慈善捐赠、医疗互助共同发展的多层次医疗保障制度体系已基本形成，推动各类医疗保障互补衔接，为满足人民群众多元医疗保障需求提供了制度支撑。

可以说，我国对城乡居民医保参保人员发生重大疾病高额医药费，一直是有保障的。

> **政策链接：推进健康扶贫和医保扶贫，确保贫困人口基本医疗有保障发布会**
>
> 国务院新闻办公室于2020年11月20日下午3时举行新闻发布会，请国家卫生健康委副主任李斌，国家医保局副局长陈金甫，国家卫生健康委扶贫办主任、财务司司长何锦国，国家医保局待遇保障司负责人樊卫东介绍推进健康扶贫和医保扶贫，确保贫困人口基本医疗有保障有关情况，并答记者问。
>
> 李斌：……二是因户因人因病精准施策，推动措施落实到人、精准到病。组织动员全国80多万基层医务人员全面摸清贫困人口患病情况，实施大病集中救治、慢性病签约服务管理、重病兜底保障"三个一批"行动计划，对贫困患者实行分类救治，实行"及时发现、精准救治、有效保障、动态监测"全过程管理，全面实现了对贫困人口的应治尽治、应签尽签、应保尽保，有效减轻了贫困人口医疗费用负担，累计分类救治1 900多万名贫困患者。

陈金甫：……主要工作有：一是做到贫困人口应保尽保。首先通过定额资助、全额资助把他们纳入医疗保障的制度范围里。同时进行动态参保，跟有关部门进行信息共享，尽可能"一个不落"纳入制度保障，最大限度地减轻他们的疾病负担。贫困人口的参保率稳定在99.9%以上。二是通过三重保障制度，综合释放梯次减负的效应。通过统一的居民基本医疗保险的制度，来解决他们的基本保障问题，实际报销比例基本可以达到60%。在此基础上，推进居民高血压、糖尿病的门诊用药保障机制，同时实行大病保险倾斜，对贫困人口降低起付线、提高报销比例，逐步取消封顶线。再一个是夯实托底的医疗救助保障，通过三重保障的贫困人口，较一般人口报销比例多提高百分之十左右，住院总体报销水平可以达到80%。

樊卫东：……国家医疗保障局也是坚决贯彻落实党中央的决策部署，不断完善政策供给，健全相应的运行机制，加大相应的资金投入，优化相应的服务管理，构建了基本保险、大病保险、医疗救助三重制度综合保障梯次减负的综合保障格局。

贫困人口大病保险的起付标准降低到了当地上年居民人均可支配收入的25%，政策范围内报销比例达到了65%。部分地方还在进一步做实相应的工作，报销比例可能还高于65%，达到更高。同时，各地进一步采取措施，取消大病保险的封顶线。

陈金甫：……第二，完善。进一步完善有关保障性措施。这里面包括基本医疗保险要保持总体稳定，门诊保障要进一步配合分级诊疗建设和农村基层服务能力建设，进一步加强，包括"两病"用药进一步提升。继续对困难人群实施大病保险的倾斜，尤其是要提升增强医疗救助的制度功能，包括适当扩大医疗救助的资助范围，把一些低收入人群、易返贫人群、边缘人群提前纳入救助范围里，不至于让他们发生疾病的时候，又掉到贫困线以下去。包括因疾病支出型困难的家庭也要纳入救助范围，重在建立防止因病致贫、因病返贫的长效机制。

【背景案例】城乡居民医保对大病患者的保障待遇

为了更好地发挥医疗保险在推进健康中国建设，落实人民健康优先发展战略的目标，《国家医保局 财政部关于建立医疗保障待遇清单制度的意见》（医保发〔2021〕5号）明确了大病患者的具体保障待遇。在基本制度中列明，城乡居民大病保险要对居民医保参保患者发生的符合规定的高额医疗费用给予进一步保障。起付标准：不同级别医疗机构适当拉开差距。大病保险起付标准原则上不高于统筹地区居民上年度人均可支配收入的50%。低保对象、特困人员原则上全面取消救助门槛，暂不具备条件的地区，对其设定的年度起付标准不得高于统筹区上年居民人均可支配收入的5%，并逐步探索取消起付标准，低收入家庭成员按10%左右确定，因病致贫家庭重病患者按25%左右确定。支付比例：对于起付标准以上、最高支付限额以下的政策范围内的费用，基本医保总体支付比例75%左右，职工医保和城乡居民医保保持合理差距，不同级别医疗机构适当拉开差距。大病保险支付比例不低于60%。医疗救助对低保对象、特困人员可按不低于70%比例给予救助，其他救助对象救助水平原则上略低于低保对象，具体比例由各统筹地区根据实际确定。基金最高支付限额：居民医保叠加大病保险的最高支付限额原则上达到当地职工年平均工资和居民人均可支配收入的6倍左右。医疗救助年度最高限额根据经济社会发展、人民健康需求、基金支撑能力合理设定。同时强调要有倾斜政策，大病保险针对低保对象、特困人员和返贫致贫人口，起付标准降低50%，支付比例提高5个百分点，并取消最高支付限额。从上述内容都可以看出，城乡居民医保的参保人员，在发生重大疾病产生高额医药费时，不要有心理负担，在政策层面上，国家均已作出合理安排，保证参保人员应保尽保，应医尽医，应治尽治，真正从根源上做好医疗保障措施，提高大病医疗保障能力，切实维护人民群众基本医疗保障需求。

（三）特殊人群的医疗保险

1. 灵活就业人员如何参保缴费

我国的基本医疗保险包括职工基本医疗保险和城乡居民基本医疗保险。未参加职工基本医疗保险或者未按照规定享有其他医疗保障的人员依法参加城乡居民基本医疗保险。鼓励无雇工的个体工商户、未在用人单位参加职工基本医疗保险的非全日制从业人员以及其他灵活就业人员参加职工基本医疗保险。参保人员不得重复参加基本医疗保险。以个人身份参加职工基本医疗保险的灵活就业人员，基本医疗保险费由个人缴纳。城乡居民基本医疗保险费由财政和个人共同承担。2017年至2020年我国灵活就业人员参保人数如图1-1所示。

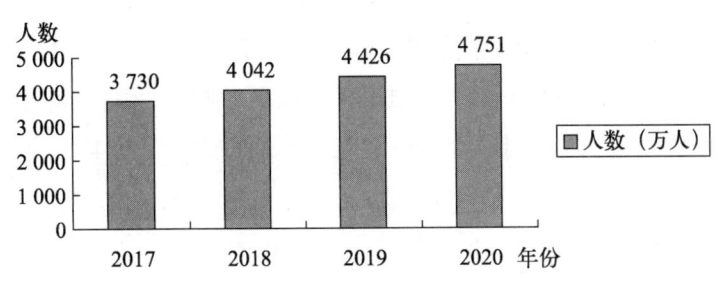

图1-1　2017年至2020年我国灵活就业人员参保人数

1998年，我国开始建立城镇职工基本医疗保险制度，之后又启动了新型农村合作医疗制度试点，建立了城乡医疗救助制度。随着我国经济体制改革的进一步深化和产业结构的调整，以非全日制、临时性和弹性工作等灵活形式就业的人员逐步增加，这部分人的医疗保障问题日益突出。为解决灵活就业人员的医疗保障问题，落实《中共中央国务院关于进一步做好下岗失业人员再就业工作的通知》（中发〔2002〕12号）关于抓紧制定以灵活形式就业的下岗失业人员社会保障配套办法的要求，我国就城镇灵活就业人员参加基本医疗保险的有关问题出台了《劳动和社会保障部关于城镇灵活就业人员参加基本医疗保险的指导意见》（劳社厅发〔2003〕10号）。该意见中规范了灵活就业人员参保方式、激励措施和待遇水平：

（1）已与用人单位建立明确劳动关系的灵活就业人员，要按照用人单位参加基本医疗保险的方法缴费参保。其他灵活就业人员，要以个人身份缴费参保。

（2）可从建立基本医疗保险统筹基金起步，首先解决灵活就业人员住院和门诊大额医疗费用的保障问题，也可为有条件的部分灵活就业人员同时建立个人账户和实行大额医疗补助。

（3）灵活就业人员参加基本医疗保险的缴费率原则上按照当地的缴费率确定。从统筹基金起步的地区，可参照当地基本医疗保险建立统筹基金的缴费水平确定。缴费基数可参照当地上一年职工年平均工资核定。灵活就业人员缴纳的医疗保险费纳入统筹地区基本医疗保险基金统一管理。

（4）采取措施，促使灵活就业人员连续足额缴费。可根据灵活就业人员的缴费水平和缴费时间，参照当地基本医疗保险的待遇水平，确定相应的医疗保险待遇，并明确医疗保险待遇与缴费年限和连续缴费相挂钩的办法。对首次参加医疗保险的灵活就业人员，可规定其参加基本医疗保险到开始享受相关医疗保险待遇的期限。要考虑灵活就业人员收入不稳定等特点，明确中断缴费的认定和处理办法。

（5）灵活就业人员按照基本医疗保险的规定选择定点医疗机构和定点药店，严格执行基本医疗保险用药、诊疗项目和医疗服务设施标准的有关规定。要指导和协助参保的灵活就业人员选择定点医疗机构和定点药店。

从2007年起，我国开展城镇居民基本医疗保险试点，实现了基本建立覆盖城乡全体居民的医疗保障体系的目标。当年我国颁布了《国务院关于开展城镇居民基本医疗试点的指导意见》（国发〔2007〕20号），进一步完善了城镇职工基本医疗保险制度，采取有效措施将混合所有制、非公有制经济组织从业人员以及灵活就业人员纳入城镇职工基本医疗保险；大力推进进城务工的农民工参加城镇职工基本医疗保险，继续着力解决国有困难企业、关闭破产企业等职工和退休人员的医疗保障问题；鼓励劳动年龄内有劳动能力的城镇居民，以多种方式就业并参加城镇职工基本医疗保险。

2016年，我国又颁布了《国务院关于整合城乡居民基本医疗保险制度的意见》（国发〔2016〕3号），规定了城乡居民医保制度覆盖范围包括现有城镇居民医保和新农合所有应参保(合)人员,即覆盖除职工基本医疗保险应参保人员以外的其他所有城乡居民。农民工和灵活就业人员依法参加职工基本医疗保险,有困难的可按照当地规定参加城乡居民医保。各地要完善参保方式,促进应保尽保,避免重复参保。

2019年,我国对港澳台灵活就业人员参加基本医疗保险也作出了具体规定。《香港澳门台湾居民在内地(大陆)参加社会保险暂行办法》(人力资源和社会保障部、国家医疗保障局令第41号)规定,在内地(大陆)灵活就业且办理港澳台居民居住证的港澳台居民,可以按照居住地有关规定参加职工基本养老保险和职工基本医疗保险。在内地(大陆)依法从事个体工商经营和灵活就业的港澳台居民,按照注册地(居住地)有关规定办理社会保险登记。参加职工基本医疗保险的港澳台居民,达到法定退休年龄时累计缴费达到国家规定年限的,退休后不再缴纳基本医疗保险费,按照国家规定享受基本医疗保险待遇;未达到国家规定年限的,可以缴费至国家规定年限。退休人员享受基本医疗保险待遇的缴费年限按照各地规定执行。参加城乡居民基本医疗保险的港澳台居民按照与所在统筹地区城乡居民同等标准缴费,并享受同等的基本医疗保险待遇。参加基本医疗保险的港澳台居民,在境外就医所发生的医疗费用不纳入基本医疗保险基金支付范围。

2021年,《国家医保局 财政部 国家税务总局关于做好2021年城乡居民基本医疗保障工作的通知》(医保发〔2021〕32号)中再次完善了新就业形态从业人员等灵活就业人员参保缴费方式。该通知要求加强部门数据比对和动态维护,防止"漏保""断保",避免重复参保,优化参保缴费服务,压实乡镇街道参保征缴责任。坚持线上与线下结合,推进参保人员办理参保登记、申报缴费、查询信息、欠费提醒等"一次不用跑"。加快推进高频医保服务事项跨省通办。《国务院办公厅关于印发〈"十四五"全民医疗保障规划〉的通知》(国办发〔2021〕36号)中规定,灵活就业人员可根据自身实际,以合适方式参加基本医疗保险。完善灵活就业人员参保缴费方式,放开对灵活就业人员参保的户籍限制。落实困难群众分类资助参保政策。

政策链接: 灵活就业人员基本医疗保险参保

1.《劳动和社会保障部关于城镇灵活就业人员参加基本医疗保险的指导意见》(劳社厅发〔2003〕10号)

三、加强管理,切实做好灵活就业人员的医疗保险管理服务工作

(九)针对灵活就业人员就业形式多样、工作地点和时间不固定等特点,完善医疗保险的业务管理办法,制定相应的个人申报登记办法、个人缴费办法和资格审核办法。鼓励灵活就业人员通过劳动保障事务代理机构或社区劳动保障服务机构等实现整体参保。

(十)经办机构要开设专门窗口,方便灵活就业人员个人直接缴费参保和医疗费用的结算。要进一步提高社会化管理服务水平,做到社会保险经办机构与定点医疗机构和定点药店的直接结算,减轻参保灵活就业人员的事务性负担。

(十一)做好参保灵活就业人员的医疗保险信息管理工作。进一步完善缴费个人基础档案资料的主要项目,建立完整的个人基础档案资料,做好个人缴费记录。根据灵活就业人员就业形式的变化,及时调整或更改个人信息,做好灵活就业人员的医疗保险关系变更服务。对灵活就业人员的缴费收入、医药费用支出等信息,要单独进行统计分析。

2.《国务院关于开展城镇居民基本医疗试点的指导意见》(国发〔2007〕20号)

二、参保范围和筹资水平

(三)参保范围。不属于城镇职工基本医疗保险制度覆盖范围的中小学阶段的学生(包括职业高中、中专、技校学生)、少年儿童和其他非从业城镇居民都可自愿参加城镇居民基本医疗保险。

【背景案例】 灵活就业人员基本医疗保险的转移接续

基本医保关系转移接续是适应人口流动需要、保障流动人员医保权益的重要制度安排。《国务院办公厅关于加快推进政务服务"跨省通办"的指导意见》中,将基本医保关系转移接续作为2021年年底前实现"跨省通办"的事项,国家医保局将基本医保关系转移接续"跨省通办"纳入2021年"我为群众办实事"项目清单。为做好基本医保关系转移接续"跨省通办",不断提升服务便捷度和群众获得感,2021年,国家医保局出台了《基本医疗保险关系转移接续暂行办法》(医保办发〔2021〕43号)。主要适用于职工基本医疗保险参保人员(不含退休人员)和城乡居民基本医疗保险参保人员因跨统筹地区就业、户籍或常住地变动的,按规定办理基本医疗保险关系转移接续,包括个人医保信息记录的传递、职工医保个人账户资金的转移和医保待遇衔接的处理。基本医疗保险关系转移接续实行统一规范、跨省通办。国家医疗保障经办机构负责指导协调跨省基本医疗保险关系转移接续经办工作。省级医疗保障经办机构负责组织实施跨省和省内跨统筹地区基本医疗保险关系转移接续经办工作。各统筹地区医疗保障经办机构按要求做好基本医疗保险关系转移接续经办工作。

办理转移接续的职工医保参保人员,在转移接续前中断缴费3个月(含)以内的,可按转入地规定办理职工基本医疗保险费补缴手续,补缴后不设待遇享受等待期,缴费当月即可在转入地按规定享受待遇,中断期间的待遇可按规定追溯享受。中断缴费3个月以上的,基本医疗保险待遇按各统筹地区规定执行,原则上待遇享受等待期不超过 6 个月。

参保人员已连续 2 年(含 2 年)以上参加基本医疗保险的,因就业等个人状态变化在职工医保和居民医保之间切换参保关系的,且中断缴费 3 个月(含)以内的,可按转入地规定办理基本医疗保险费补缴手续,补缴后不设待遇享受等待期,缴费当月即可在转入地按规定享受待遇,中断期间的待遇可按规定追溯享受。中断缴费 3 个月以上的,基本医疗保险待遇按各统筹地区规定执行,原则上待遇享受等待期不超过 6 个月。

参加职工基本医疗保险的个人,基本医疗保险关系转移接续时,基本医疗保险缴费年限累计计算。达到法定退休年龄时,享受退休人员基本医疗保险待遇的缴费年限按照各地规定执行。各地不得将办理职工医保退休人员待遇与在当地按月领取基本养老金绑定。

加强基本医疗保险关系转移接续管理,在转入地完成接续前,转出地应保存参保人员信息、暂停基本医保关系,并为其依规参保缴费和享受待遇提供便利。转移接续完成后,转出地参保关系自动终止。

政策链接: 灵活就业人员基本医疗保险转移接续

《国家医保局办公室 财政部办公厅关于印发〈基本医疗保险关系转移接续暂行办法〉的通知》(医保办发〔2021〕43 号)

第五条 参保人员跨统筹地区流动,不得重复参保和重复享受待遇,按规定办理基本医疗保险关系转移接续。有单位的职工医保参保人员可由单位为其申请办理,灵活就业人员及居民等参保人员由个人申请办理。

1. 职工医保制度内转移接续。职工医保参保人员跨统筹地区就业,转出地已中止参保,在转入地按规定参加职工医保的,应申请转移接续。

2. 居民医保制度内转移接续。居民医保参保人员因户籍或常住地变动跨统筹地区流动,原则上当年度在转入地不再办理转移接续手续,参保人员按转入地规定参加下一年度居民医保后,可申请转移接续。

3. 职工医保和居民医保跨制度转移接续。职工医保参保人员跨统筹地区流动,转出地已中止参保,在转入地按规定参加居民医保的,可申请转移接续。居民医保参保人员跨统筹地区流动,转出地已中止参保,在转入地按规定参加职工医保的,可申请转移接续。

参保人员或用人单位申请基本医疗保险关系转移接续流程图,如图 1-2 所示。

转出地和转入地经办机构办理基本医疗保险关系转移接续手续流程图,如图 1-3 所示。

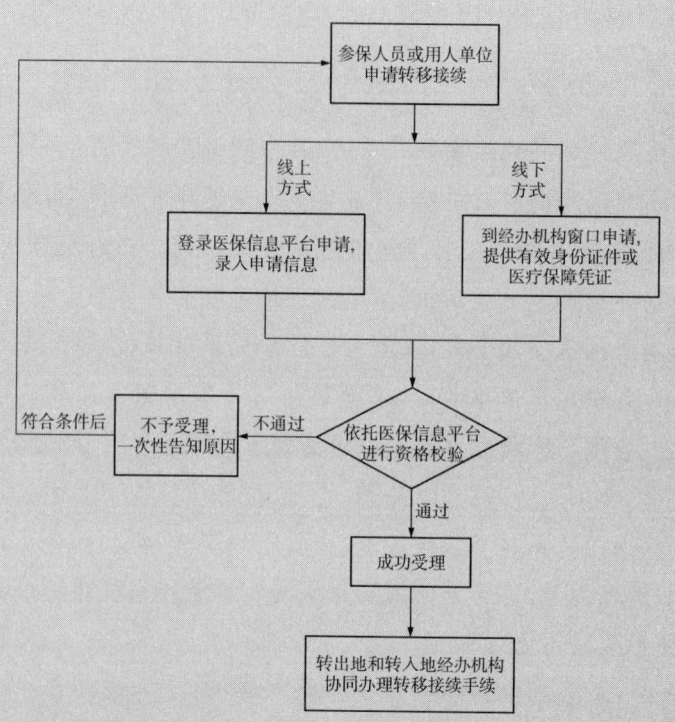

图 1-2 参保人员或用人单位申请基本医疗保险关系转移接续流程图

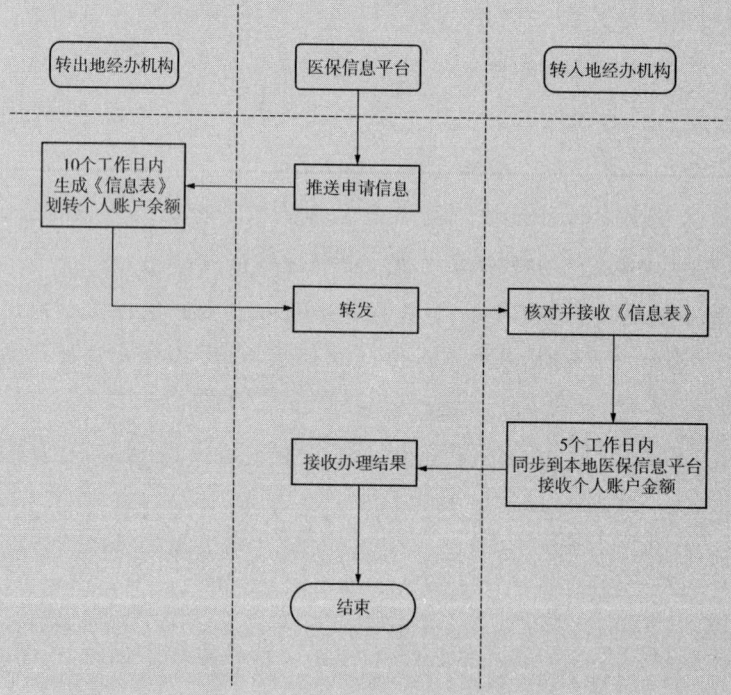

图 1-3 转出地和转入地经办机构办理基本医疗保险关系转移接续手续流程图

2. 个体工商户如何参保缴费

1998年,《国务院关于建立城镇职工基本医疗保险制度的决定》(国发〔1998〕44号),1对个体工商户参加基本医疗保险作出了相关规定。乡镇企业及其职工、城镇个体经济组织业主及其从业人员是否参加基本医疗保险,由各省、自治区、直辖市人民政府决定。基本医疗保险原则上以地级以上行政区(包括地、市、州、盟)为统筹单位,也可以县(市)为统筹单位,北京、天津、上海3个直辖市原则上在全市范围内实行统筹(以下简称统筹地区)。所有用人单位及其职工都要按照属地管理原则参加所在统筹地区的基本医疗保险,执行统一政策,实行基本医疗保险基金的统一筹集、使用和管理。用人单位缴费率应控制在职工工资总额的6%左右,职工缴费率一般为本人工资收入的2%。随着经济发展,用人单位和职工缴费率可作相应调整。基本医疗保险基金由统筹基金和个人账户构成。职工个人缴纳的基本医疗保险费,全部计入个人账户。用人单位缴纳的基本医疗保险费分为两部分,一部分用于建立统筹基金,一部分划入个人账户。划入个人账户的比例一般为用人单位缴费的30%,具体比例由统筹地区根据个人账户的支付范围和职工年龄等因素确定。

2019年,我国对港澳台个体工商户人员参加基本医疗保险作出了具体规定,在内地(大陆)依法从事个体工商经营的港澳台居民,可以按照注册地有关规定参加职工基本养老保险和职工基本医疗保险。在内地(大陆)依法从事个体工商经营和灵活就业的港澳台居民,按照注册地(居住地)有关规定办理社会保险登记。参加职工基本医疗保险的港澳台居民,达到法定退休年龄时累计缴费达到国家规定年限的,退休后不再缴纳基本医疗保险费,按照国家规定享受基本医疗保险待遇;未达到国家规定年限的,可以缴费至国家规定年限。退休人员享受基本医疗保险待遇的缴费年限按照各地规定执行。参加基本医疗保险的港澳台居民,在境外就医所发生的医疗费用不纳入基本医疗保险基金支付范围。

2021年,国家医疗保障局研究起草了《医疗保障法(征求意见稿)》,向社会公开征求意见。该文件中规定,国家机关、企业、事业单位、社会组织、有雇工的个体工商户等用人单位及其职工应当参加职工基本医疗保险。未参加职工基本医疗保险或者未按照规定享有其他医疗保障的人员依法参加城乡居民基本医疗保险。鼓励无雇工的个体工商户、未在用人单位参加职工基本医疗保险的非全日制从业人员以及其他灵活就业人员参加职工基本医疗保险。以个人身份参加职工基本医疗保险的灵活就业人员,基本医疗保险费由个人缴纳。城乡居民基本医疗保险费由财政和个人共同承担。

【背景案例】 个体工商户参保流程

甲省乙市就推进个体工商户参加基本医疗保险工作流程如下：

一、持有有效期内乙市区《个体工商户营业执照》和当期完税凭证，并按规定参加乙市基本养老保险、工伤保险的个体工商户雇主及其雇工参加基本医疗保险适用本通知。

二、个体工商户以企业单位的形式参加城镇职工基本医疗保险。

三、个体工商户按照雇主及其雇工上年度月平均工资（其中，新增雇主及其雇工按当年第一个月工资）的11.5%为其按月缴纳基本医疗保险费；雇主及其雇工本人按上年度月平均工资的2%缴纳基本医疗保险费，本人上年度月平均工资低于上年度省平均工资60%的，按60%核定；超过省平均工资300%的，按300%核定。同时每人每月缴纳3元重大疾病医疗补助费和1元医疗困难救助费。今后，个体工商户基本医疗保险缴费标准与企业单位职工基本医疗保险缴费标准一并调整。

四、个体工商户雇主及其雇工参保后，按企业单位职工的相关规定建立个人医疗账户。

五、个体工商户雇主及其雇工发生的医疗费，报销比例按照企业单位职工基本医疗保险有关规定执行。其中，个体工商户雇主及其雇工首次参加基本医疗保险或中断基本医疗保险关系后重新参保缴费的，在连续缴纳基本医疗保险费（含重大疾病医疗补助费，下同）满6个月后，开始享受基本医疗保险待遇。个体工商户未按时足额缴纳基本医疗保险费的，应从扣款到账处理时间开始暂停雇主及其雇工的医保待遇。连续欠费3个月（含）以内的，在办理清欠的次月起享受医保待遇；连续欠费3个月以上的，在办理清欠的6个月后开始享受医保待遇。

六、基本医疗保险最低缴费年限为20年。个体工商户雇主及其雇工参保后，应在本市正常从事经营活动期间连续缴纳基本医疗保险费至按月领取基本养老金；退休时，缴费年限不足20年的，应在办理养老金领取手续时的3个月内，一次性补缴满20年的基本医疗保险费，方可继续享受医保待遇。

3. 退役军人参保是否由"政府兜底"

2012年，我国发布了《中华人民共和国军人保险法》（中华人民共和国主席令第五十六号），对退役军人参加基本医疗保险作出了相关规定。军人作为特殊人群，缴纳基本医疗保险国家给予相应的补助。参加军人退役医疗保险的军官、文职干部和士官应当缴纳军人退役医疗保险费，国家按照个人缴纳的军人退役医疗保险费的同等数额给予补助。义务兵和供给制学员不缴纳军人退役医疗保险费，国家按照规定的标准给予军人退役医疗保险补助。军人退役医疗保险个人缴费标准和国家补助标准,由中国人民解放军总后勤部会同国务院有关部门,按照国家规定的缴费比例、军人工资水平等因素确定。

2019年颁布的《财政部 退役军人部 人力资源社会保障部 医保局 民政部 税务总局关于解决部分退役士兵社会保险问题中央财政补助资金有关事项的通知》(财社〔2019〕81号)中规定,退役士兵参加基本养老保险和基本医疗保险所需缴费,原则上单位缴费部分由所在单位负担,个人缴费部分由个人负担。原单位已不存在或缴纳确有困难的,由原单位上级主管部门负责补缴;上级主管部门不存在或无力缴纳的,由安置地退役军人事务主管部门申请财政资金解决。退役士兵补缴基本医疗保险单位缴费部分所需政府补助资金,由地方财政承担。退役士兵个人属于最低生活保障对象、特困人员的,地方政府对其补缴基本养老保险和基本医疗保险个人缴费予以适当补助,所需资金由地方财政承担。

部队中除了军人外还有一部分特殊人员为文职人员,文职人员缴纳基本医疗保险国家也给予相应补助。军队用人单位及其文职人员,按照规定参加所在统筹地区职工基本医疗保险(不含公务员医疗补助等补充医疗保险)。文职人员在享受基本医疗保险待遇的基础上,军队给予医疗补助,具体补助办法按照军队有关政策规定执行。文职人员在军队工作达到法定退休年龄时累计缴费年限达到国家规定年限的,退休后不再缴纳基本医疗保险费,按照国家规定享受基本医疗保险待遇;未达到国家规定年限的,可以缴费至国家规定年限。文职人员辞职、被辞退以及与军队用人单位终止或者解除聘用合同后,流动到机关事业单位、企业就业或者灵活就业的,由社会(医疗)保险经办机构按照规定办理关系转续。

政策链接: 退役军人基本医疗保险

《中华人民共和国军人保险法》(中华人民共和国主席令第五十六号主席令)

第二十二条 军人入伍前已经参加基本医疗保险的,由地方社会保险经办机构和军队后勤(联勤)机关财务部门办理基本医疗保险关系转移接续手续。

第二十三条 军人退出现役后参加职工基本医疗保险的,由军队后勤(联勤)机关财务部门将军人退役医疗保险关系和相应资金转入地方社会保险经办机构,地方社会保险经办机构办理相应的转移接续手续。军人服现役年限视同职工基本医疗保险缴费年限,与入伍前和退出现役后参加职工基本医疗保险的缴费年限合并计算。

第二十四条 军人退出现役后参加新型农村合作医疗或者城镇居民基本医疗保险的,按照国家有关规定办理。

【实务案例】退役军人基本医疗保险缴费和补贴

1. 张先生是以政府安排工作方式退出现役的异地安置退役士兵。2019年10月，张先生到办税服务厅补缴城镇职工基本养老保险费。安置地2019年年初基本养老保险单位缴费比例为19%，上年全口径平均工资为55 000元。户籍地2019年年初基本养老保险单位缴费比例为20%，上年全口径平均工资为60 000元。则张先生应补缴的单位及个人合计年缴费金额为（　　）元。

A. 7 920　　　　　B. 8 640　　　　　C. 8 910　　　　　D. 10 080

参考答案：A

答案解析：中共中央办公厅、国务院办公厅印发的《关于解决部分退役士兵社会保险问题的意见》规定，缴费工资基数由安置地按照补缴时上年度职工平均工资的60%予以确定，单位和个人缴费费率按补缴时安置地规定执行，相应记录个人权益。

《国务院办公厅关于印发〈降低社会保险费率综合方案〉的通知》（国办发〔2019〕13号）规定，自2019年5月1日起，各省养老保险单位缴费比例高于16%的，可降至16%。

根据《社会保险费知识读本》（国家税务总局社会保险司组织编写）第三章第三节企业职工基本养老保险费计征介绍，职工个人费率全部为8%。

所以，应补缴的年缴费金额＝55 000×60%×（16%＋8%）＝7 920（元）。

2. 根据相关规定，退役军人创办的下列企业，可享受社会保险补贴的有（　　）。

A. 在乡村创办大型养殖场

B. 创办招用退役军人就业的新型农业产品淘宝店

C. 创办受疫情持续影响的小型农家乐旅游度假村

D. 在海关特殊监管区域创办吸纳就业困难人员就业的小型中国传统工艺品销售公司

E. 在省级工业园区创办吸纳农村建档立卡贫困人员就业的小型中国草编产品加工厂

参考答案：DE

答案解析：《退役军人事务部等16部门关于促进退役军人投身乡村振兴的指导意见》（退役军人部发〔2021〕48号）规定，退役军人在乡村创办中小微企业，吸纳就业困难人员并为其缴纳社会保险费的，按规定给予企业社会保险补贴。

《退役军人事务部等8部门关于促进退役军人到开发区就业创业的意见》（退役军人部发〔2021〕6号）规定，退役军人到开发区创业，对退役军人创办中小微企业吸纳就业困难人员、农村建档立卡贫困人员就业的，按规定给予社会保险补贴。本意见所称开发区是指经济技术开发区、高新技术产业开发区、海关特殊监管区域等国家级开发区和经济开发区、工业园区、高新技术产业园区等省级开发区。

(四) 医疗保险改革

1. 加强和改进基本医保参保工作要完成哪些工作

党的十八大以来,全民医保改革纵深推进,在破解看病难、看病贵问题上取得了突破性进展。目前,我国已建立了世界上规模最大的基本医疗保障网,全国基本医疗保险参保人数超过13.5亿人,覆盖面稳定在95%以上,医疗保障基金收支规模和累计结存稳步扩大,整体运行稳健可持续。习近平总书记在党的十九大报告中提出,要完善统一的城乡居民基本医疗保险制度和大病保险制度,全面建立中国特色医疗保障制度;在党的十九届四中全会进一步强调,要坚持应保尽保原则,健全统筹城乡、可持续的基本医疗保险制度。为深入推进全民参保计划,进一步提高基本医保参保质量,保障参保群众权益,优化参保缴费服务,我国以实现覆盖全民、依法参保为目标,以完善经办管理政策为重点,以信息系统互联互通为手段,巩固提高统筹层次,加强部门数据共享比对,严格控制重复参保,大力提升参保质量,切实维护参保人医保权益,稳步做实全民参保计划。

2019年,我国审议通过了《中共中央 国务院关于深化医疗保障制度改革的意见》(中发〔2020〕5号),明确了一系列重要医疗保障改革举措。着眼于加快建成覆盖全民、城乡统筹、权责清晰、保障适度、可持续的多层次医疗保障体系,明确改革遵循的基本原则:一是坚持应保尽保、保障基本,基本医疗保障依法覆盖全民,坚持尽力而为、量力而行,实事求是确定保障范围和标准。二是坚持稳健持续、防范风险,根据经济发展水平等因素科学确定筹资水平,均衡各方筹资缴费责任,加强统筹共济,防范基金风险。三是坚持促进公平、筑牢底线,提高制度的公平性、协调性,逐步缩小待遇差距,增强普惠性、基础性、兜底性保障。四是坚持治理创新、提质增效,发挥市场在资源配置中的决定性作用,不断提高治理社会化、法治化、标准化、智能化水平。五是坚持系统集成、协同高效,强调增强医保、医疗、医药联动改革的协同性,增强医保对医药服务领域的激励约束作用。全面部署医疗保障制度改革工作,按照制度政策统一、基金统收统支、管理服务一体的标准,全面做实基本医疗保险市地级统筹。探索推进市地级以下医疗保障部门垂直管理。鼓励有条件的省(自治区、直辖市)按照分级管理、责任共担、统筹调剂、预算考核的思路,推进省级统筹。加强医疗救助基金管理,促进医疗救助统筹层次与基本医疗保险统筹层次相协调,提高救助资金使用效率,最大限度地惠及贫困群众。

我国对医疗保障的改革提出了"1+4+2"的总体改革框架。其中,"1"是力争到2030年,全面建成以基本医疗保险为主体,医疗救助为托底,补充医疗保险、商业健康保险、慈善捐赠、医疗互助共同发展的多层次医疗保障制度体系;"4"是健全待遇保障、筹资运行、医保支付、基金监管四个机制;"2"是完善医药服务供给和医疗保障服务两个支撑。

就业人员参加基本医疗保险由用人单位和个人共同缴费。其中，筹资运行机制包括：非就业人员参加基本医疗保险由个人缴费，政府按规定给予补助，缴费与经济社会发展水平和居民人均可支配收入挂钩。适应新业态发展，完善灵活就业人员参保缴费方式。建立基本医疗保险基准费率制度，规范缴费基数政策，合理确定费率，实行动态调整。均衡个人、用人单位、政府三方筹资缴费责任，优化个人缴费和政府补助结构，研究应对老龄化医疗负担的多渠道筹资政策。加强财政对医疗救助投入，拓宽医疗救助筹资渠道。

优化医保公共管理服务。一是要加强经办能力建设，构建全国统一的医疗保障经办管理体系，大力推进服务下沉，实现省、市、县、乡镇(街道)、村(社区)全覆盖。二是推进医保标准化和信息化建设，统一医疗保障业务标准和技术标准，形成跨区域、跨层级、跨部门的"通用语言"，部署建立全国统一、高效、兼容、便捷、安全的医疗保障信息系统，解决数据鸿沟、信息孤岛等突出问题。三是优化医疗保障公共服务，实现医疗保障一站式服务、一窗口受理、一单制结算。做好参保和医保关系转移接续，完善异地就医直接结算服务，建立统一的医疗保障服务热线。四是推进医保治理创新，推进医疗保障经办机构法人治理，规范和加强与商业保险机构、社会组织的合作，探索建立跨区域医保管理协作机制等创新性措施。

2020年，国家对加强和改进基本医疗保险参保工作提出了指导意见，坚持全面覆盖，补齐短板。落实全民参保计划和依法参保要求，着眼保基本、全覆盖，有针对性地加强重点人群特别是困难人群参保缴费服务，改进参保薄弱环节服务。坚持分类完善，精准施策。对建档立卡贫困人口、学生、新生儿、缴费中断人员等参保对象，根据实际情况，不搞"一刀切"，分类制定针对性政策，保障合理待遇。坚持优化服务，保障待遇。持续加强参保政策宣传，提升参保缴费服务便利化水平，保障参保人依法享有基本医疗保障待遇，增强群众获得感。坚持技术支撑，提高质量。依托全国医疗保障信息平台基础信息管理子系统参保功能模块，清理无效、虚假、重复数据，实时识别参保人参保缴费状态，提升参保质量。

2021年国家对优化医疗保险领域公共服务作出了新的要求。医保服务网更为完善，建立省、市、县、乡镇(街道)、村(社区)五级医保服务网络，合理布局服务网点，大力推进服务入镇进村，为群众提供家门口的医保服务。在完善服务网络的基础上，推动传统服务和新型服务共同发展，在积极推广经办大厅现场"一站式"服务的同时，加快构建互联网、医保电子凭证等智能化医保公共服务平台，推动医保公共服务"网上办""码上办""视频办"。以更加智慧便捷的网络为支撑，进一步扩大跨省异地就医直接结算范围，逐步实现住院门诊费用线上、线下一体化的异地就医结算服务。

政策链接：医疗保险改革方向

1.《国家医保局 财政部 国家税务总局关于加强和改进基本医疗保险参保工作的指导意见》(医保发〔2020〕33号)

二、主要任务

(一)合理设定参保扩面目标

各地要根据本地区常住人口、户籍人口、就业人口、城镇化率等指标,科学合理确定年度参保扩面目标。职工基本医疗保险(以下简称职工医保)要逐步以本地区劳动就业人口作为参保扩面对象,城乡居民基本医疗保险(以下简称居民医保)逐步实现以本地区非就业居民为参保扩面对象。进一步落实持居住证参保政策。

(二)落实参保缴费政策

坚持和完善覆盖全民、依法参加的基本医疗保险制度。各级医疗保障部门要完善与本地区公安、民政、人力资源社会保障、卫生健康、市场监管、税务、教育、司法、扶贫、残联等部门的数据共享交换机制,加强人员信息比对和共享,核实断保、停保人员情况,精准锁定未参保人群,形成本地区全民参保计划库。与用人单位签订劳动合同并与用人单位建立稳定劳动关系的人员,按照规定参加职工医保。落实对符合条件的困难人员参加居民医保个人缴费补贴政策。以农民工、城乡居民、残疾人、灵活就业人员、生活困难人员为重点,加强参保服务,落实各项参保政策。完善新就业形态从业人员参保缴费方式。

(五)完善个人参保缴费服务机制

国家医保信息平台基础信息管理子系统建成后,各级医疗保障部门要利用国家统一医保信息平台基础信息管理子系统实时核对功能,及时查询参保人缴费状态,联合税务部门完善参保缴费服务,减少重复参保缴费。加大参保缴费宣传引导力度,推动服务向基层下沉,加大医保电子凭证推广使用力度,利用移动端、在线平台、共享经济平台等多种途径,拓展多样化的参保缴费渠道,提高参保缴费政策知晓度,提升服务便利性。

参保人在居民医保缴费后,在相应待遇享受期未开始前因重复缴费、参加职工医保或其他统筹地区居民医保,可在终止相关居民医保参保关系的同时,依申请为个人办理退费。待遇享受期开始后,对暂停的居民医保参保关系,原则上个人缴费不再退回;已通过医疗救助渠道享受参保缴费补贴的救助对象,可根据其需要终止的参保关系所在地缴费渠道依申请完成退费;灵活就业人员按年度一次性缴纳职工医保费以后,中途就业随单位参加职工医保的,可以申请退回其就业后当年剩余月份以灵活就业人员身份缴纳的职工医保费;对其他情况,由省级医疗保障部门会同相关部门,结合各地实际,明确可以退费和不予退费的具体情形。

2.《国家医疗保障局关于优化医保领域便民服务的意见》(医保发〔2021〕39号)

(三)工作目标。2022年底前,加快推动医保服务标准化、规范化、便利化建设,推行医保服务事项"最多跑一次"改革,高频医保服务事项实现"跨省通办",切实提高医保服务水平。在此基础上,逐步建成以人性化为导向、法治化为保障、标准化为基础、信息化为支撑的医保经办管理服务体系,实现全国基本医保、大病保险、医疗救助等医保服务一体化。

(八)推行医保经办服务就近办理。大力推动医保经办服务下沉,发挥乡镇(街道)作为服务城乡居民的区域中心作用,将参保登记缴费、信息查询及变更、异地就医备案、零星(手工)报销初审等业务下放乡镇(街道)一级办理,鼓励有条件的统筹地区下放至村(社区)一级办理。鼓励将门诊慢特病病种认定、新生儿参保等与就医过程紧密相关的事项下放至定点医疗机构办理。拓展自助服务功能,在指定定点医药机构设置自助服务区,方便群众查询及办理基本医保经办业务。

3.《国务院办公厅关于印发〈"十四五"全民医疗保障规划〉的通知》(国办发〔2021〕36号)

三、健全多层次医疗保障制度体系。

(四)提升基本医疗保险参保质量。

依法依规分类参保。职工基本医疗保险覆盖用人单位及其职工,城乡居民基本医疗保险覆盖除职工基本医疗保险应参保人员以外的其他所有城乡居民。灵活就业人员可根据自身实际,以合适方式参加基本医疗保险。完善灵活就业人员参保缴费方式,放开对灵活就业人员参保的户籍限制。落实困难群众分类资助参保政策。

实施精准参保扩面。建立健全医疗保障部门与教育、公安、民政、人力资源社会保障、卫生健康、税务、市场监管、乡村振兴、残联等部门和单位的数据共享机制,加强数据比对,完善覆盖全民的参保数据库,实现参保信息实时动态查询。落实全民参保计划,积极推动职工和城乡居民在常住地、就业地参保,避免重复参保,巩固提高参保覆盖率。

优化参保缴费服务。深化医疗保险费征收体制改革,提高征缴效率。优化城乡居民参保缴费服务,积极发挥乡镇(街道)在参保征缴中的作用,加强医疗保障、税务部门和商业银行等"线上+线下"合作,丰富参保缴费便民渠道。做好跨统筹地区参保人员基本医疗保险关系转移接续工作。

五、构筑坚实的医疗保障服务支撑体系。

（十四）健全医疗保障公共服务体系。

统一经办规程，规范服务标识、窗口设置、服务事项、服务流程、服务时限，推进标准化窗口和示范点建设。建立覆盖省、市、县、乡镇（街道）、村（社区）的医疗保障服务网络。依托乡镇（街道）政务服务中心、村（社区）综合服务中心，加强医疗保障经办力量，大力推进服务下沉。在经办力量配置不足地区，可通过政府购买服务等方式，补齐基层医疗保障公共管理服务能力配置短板。加强医疗保障经办管理服务机构内控机制建设，落实协议管理、费用监控、稽查审核责任。建立绩效评价、考核激励、风险防范机制，提高经办管理服务能力和效率。

提升服务质量。坚持传统服务方式和新型服务方式"两条腿"走路，为参保群众提供优质服务，推进政务服务事项网上办理，健全多种形式的医疗保障公共管理服务。实现医疗保障热线服务与"12345政务服务便民热线"相衔接，探索实施"视频办"。建立健全跨区域医疗保障管理服务协作机制，推进高频医疗保障政务服务事项"跨省通办"落地实施。健全政务服务"好差评"制度，制定与医疗保障发展相适应的政务服务评价标准体系和评价结果应用管理办法。

探索经办治理机制创新。推进经办管理服务与各地政务服务、网上政务服务平台衔接，鼓励商业保险机构等社会力量参与经办管理服务。加强定点医疗机构医保职能部门建设，发挥其连结医保服务与医院管理的纽带作用，加强定点医疗机构医保精细化管理，提升医疗卫生服务与医疗保障服务的关联度和协调性。

【背景案例】医保改革背景下的全民医疗保障规划

当前，基本医疗保险统筹层次稳步提高，全国300多个地市实现市地级统筹，市地级范围内实现保障范围、筹资待遇、基金管理、支付方式、价格招采、经办服务、协议管理、信息系统统一。四个直辖市实现了统收统支模式的省级统筹，部分省份在职工医保或居民医保实现了调剂金模式的省级统筹。城镇居民基本医疗保险和新型农村合作医疗全面整合，形成统一的城乡居民基本医疗保险。医疗保障信息国家平台建成并投入使用，截至2021年9月10日，24个省份和新疆生产建设兵团110多个地市上线应用国家医保信息平台。医保改革卓有成效。医疗保障政务服务事项实施清单管理，公共服务不断优化。以基本医疗保险为主体，医疗救助为托底，补充医疗保险、商业健康保险、慈善捐赠、医疗互助等共同发展的多层次医疗保障制度框架基本形成，更好满足了人民群众多元化医疗保障需求。统一的城乡居民基本医疗保险和大病保险制度全面建成。基本医疗保险统筹层次稳步提高。生育保险与职工基本医疗保险合并实施。长期护理保险制度试点顺利推进。

我国基本医疗保险改革取得了一定的成果,主要体现在以下几个方面:

一是参保政策更加完善。推动更多职工和城乡居民能在常住地、就业地参保。健全包括新就业形态从业人员在内的灵活就业人员参保方式,稳步做实全民参保计划,巩固提高参保覆盖率。

二是参保服务更优。通过医保与税务、商业银行等单位开展"线上+线下"合作,丰富参保缴费便民渠道,群众办理参保更加便利。

三是参保管理更智慧。通过全国统一的医疗保障信息平台,实现全国参保信息互联互通,重复参保、漏保、断保将进一步减少。完善覆盖全民的参保数据库,实现参保信息实时动态查询。建立健全与公安、民政、人力资源社会保障、卫生健康、市场监管、税务、教育、乡村振兴、残联等部门的数据共享交换机制,加强部门数据对比。

四是基本医疗保险关系转移接续更加顺畅。适应人口流动和就业转换需要,畅通跨统筹地区基本医保关系转移接续渠道,推进基本医保关系转移接续跨省通办。

在此背景下,我国出台了《"十四五"全民医疗保障规划》,提出以下重点任务:一是健全多层次医疗保障制度体系,提升基本医疗保险参保质量,优化完善基本医保待遇保障和筹资机制,鼓励商业健康保险和医疗互助发展,稳步建立长期护理保险制度。二是优化医疗保障协同治理体系,完善医疗保障支付机制和医药价格形成机制,加快健全基金监管体制机制,协同建设高效的医药服务供给体系。三是构筑坚实的医疗保障服务支撑体系,健全医疗保障公共服务体系,强化法治支撑,推动安全发展,加快医保信息化建设,健全标准化体系。从个三方面做好实施:一是健全实施机制,做好重点任务分解,提升实施效能。二是强化能力建设,加强医疗保障人才队伍建设。三是营造良好氛围,增进各方共识,为深化医疗保障制度改革创造良好舆论环境。

全民医疗保障规划到2025年,医疗保障制度更加成熟定型,基本完成待遇保障、筹资运行、医保支付、基金监管等重要机制和医药服务供给、医保管理服务等关键领域的改革任务,医疗保障政策规范化、管理精细化、服务便捷化、改革协同化程度明显提升。展望2035年,基本医疗保障制度更加规范统一,多层次医疗保障体系更加完善,医疗保障公共服务体系更加健全,医保、医疗、医药协同治理格局总体形成,中国特色医疗保障制度的优越性充分显现,全民医疗保障向全民健康保障积极迈进。

2. 重点人群参保缴费有哪些特殊规定

2020年,《国家医保局 财政部 国家税务总局关于加强和改进基本医疗保险参保工作的指导意见》(医保发〔2020〕33号)进一步明确了重点人群的参保缴费政策,包括建档立卡贫困人口、大中专学生(含全日制研究生)、新生儿、退役军人、短期季节性务工人员及灵活就业人员、被征地农民等。

(1) 建档立卡贫困人口。按照精准到人的要求,建立与扶贫、税务部门沟通机制,实行参保专项台账管理。按规定落实分类资助参保政策,确保动态参保、应保尽保。用好医疗保障信息系统脱贫攻坚运行调度模块、政策监测模块、督战模块,实时监测建档立卡贫困人口参保情况。为确保贫困人口稳定脱贫,贫困人口在职工医保和居民医保之间切换参保、转移接续参保关系时,不设等待期,不受居民医保规定缴费时间限制,在参保缴费后,即可享受相应待遇,医疗保障经办机构应及时暂停原参保关系。对在户籍地和居住地重复参加城乡居民医保的贫困人口,在征得本人的同意后,确定需要保留的居民医保参保关系,应由本人作出书面承诺交医疗保障部门留存备案。

(2) 大中专学生(含全日制研究生)。大中专学生原则上应在学籍地参加居民医保。若大中专学生为建档立卡贫困人口,可以选择在建档立卡贫困人口身份认定地参保。因入学形成的重复参保,学籍地医疗保障部门应依托全国信息平台参保功能模块,及时通知原参保地医疗保障部门终止参保关系。就业后形成的重复参保,就业地医疗保障部门应依托全国信息平台参保功能模块,及时通知原学籍地医疗保障部门暂停参保关系。具备条件的统筹地区在确保与学生原参保地医疗保险待遇无缝衔接的前提下,可将大中专学生参加居民医保的参保缴费期从学年调整为自然年度,作出调整的统筹地区学生在入学当年学籍地如发生医疗费用,采用异地就医直接结算报销费用,报销比例不受转外就医调减比例规定限制。

(3) 新生儿。新生儿参保登记应使用本人真实姓名和身份证明。原则上新生儿出生后90天内由监护人按相关规定办理参保登记,自出生之日所发生的医疗费用均可纳入医保报销。对已使用父母姓名参保的新生儿,医疗保障部门应要求其监护人尽快更新信息。新生儿未在规定时间内参加居民医保的,按所在统筹地区具体规定执行。

(4) 退役军人。军人退出现役后,由部队保障的随军未就业军人配偶实现就业后,按规定参加基本医疗保险并办理关系转移接续的,不受待遇享受等待期限制。已参加基本医疗保险的随军未就业军人配偶,在军人退出现役后,按所在统筹地区规定办理参保和关系转移接续。医疗保障部门要为相关人群业务办理提供便利,做好管理服务。

(5) 短期季节性务工人员及灵活就业人员。已经参加居民医保的短期季节性务工人员或灵活就业人员,在居民医保待遇享受期内参加职工医保,医疗保障部门应保证参保人享受新参加的医保待遇,暂停原居民医保待遇;参保人短期务工结束后,医疗保障部门及时恢复原居民医保待遇,确保待遇有效衔接。

(6) 被征地农民。被征地农民在政府代缴医保费期间就业并参加职工医保的,医疗保障部门应做好参保关系转移接续,并及时暂停原居民医保待遇。

享受最低生活保障的人、纳入特困人员救助供养范围的人、丧失劳动能力的残疾人、低收入家庭60周岁以上的老年人和未成年人等参加城乡居民基本医疗保险所需个人缴费部分,由政府给予补贴。具备多种身份的人员,按照可享受的最高待遇给予补贴,不得重复补贴。

> **政策链接: 医疗保险便民服务**
>
> 《国家医疗保障局关于优化医保领域便民服务的意见》(医保发〔2021〕39号)
>
> 二、主要任务
>
> 强化新就业形态从业人员等灵活就业人员、新生儿、孤弃儿童、事实无人抚养儿童等重点群体参保数据管理,防止"漏保""断保"。以全国一体化政务服务平台为数据共享枢纽,建立医保部门与教育、公安、民政、人力资源社会保障、卫生健康、退役军人事务、税务、市场监管、乡村振兴、残联等部门的数据共享交换机制,加强人员信息比对和动态维护,做实参保基础数据。

【背景案例】智能时代的老年人医疗保障服务

当前,为着力解决老年人等群体运用智能技术遇到的困难,切实转变工作作风,强化服务意识,坚持传统服务方式与智能化服务创新并行,不断提升服务质量,努力打造群众满意的医疗保障服务,我国颁布了《国家医疗保障局关于坚持传统服务方式与智能化服务创新并行优化医疗保障服务工作的实施意见》(医保发〔2020〕54号),对优化老年人医疗保障服务提出了新的要求。

坚持传统服务与智能创新相结合,改进传统服务方式,同步促进智能技术在老年人等群众中的普及使用,提高医疗保障服务适老化程度。坚持"两条腿"走路,充分运用老年人等群体熟悉的传统服务方式,保障老年人等群体的基本需求,不得以线上可办理为由拒绝窗口受理,切实发挥传统服务方式兜底作用。加强医保经办服务大厅和窗口管理,合理布局服务网点,配备引导人员,提供咨询、指引等服务,畅通家人、亲友等为老年人代办的线下渠道,满足不会上网、不会使用智能手机老年人等群体的特殊需要。

对年龄较大、行动不便等需要照顾的特殊群体,优化完善无障碍设施,开辟绿色通道,优先办理,并提供预约服务、应急服务,积极推广"一站式"服务。对于老年人等群体自行运用智能化方式不熟练的,现场工作人员应主动协助其操作智能化终端设备。进一步提高医疗费用联网直接结算率,尽量减少手工报销,避免群众跑腿、垫资。

优化网上办事流程,不断提升智能化服务水平,提供更多智能化适老服务。通过多种形式加大宣传、培训及推广力度,便于老年人等群体方便应用。推广使用国家医保服务平台App亲情账户由亲属代为办理的功能。

六、生育保险

(一) 生育保险参保范围

1. 什么是生育保险

生育保险是国家通过社会保险立法,对生育职工给予经济、物质等方面的帮助的一项社会政策,主要是为了维护企业女职工的合法权益,通过向生育女职工提供生育津贴、产假及医疗服务,保障她们在生育期间得到必要的经济补偿和医疗保健,帮助生育女职工恢复劳动能力,重返工作岗位,体现国家和社会对妇女在这一特殊时期的支持和爱护。

生育保险是社会保险的重要组成部分,通过发挥社会保险的互助共济作用,将单个用人单位因雇佣女职工而产生的生育相关费用支出在全体用人单位间分担,降低了用人单位用工成本,减轻了用人单位雇佣女职工的顾虑,对消除就业性别歧视具有重要意义。2019年,全国参加生育保险21 417万人(退休人员不参加生育保险),享受各项生育保险待遇1 136.4万人次,人均待遇支出20 311元。其中:生育人数430.3万人,女职工享受生育津贴354.2万人。在落实国家人口政策,保障职工权益方面发挥了重大作用。

参加生育保险,享受相应待遇是国家的一项社会福利。享受生育保险待遇的条件是用人单位为职工累计缴费满1年以上,并且继续为其缴费,同时符合国家和省人口与计划生育规定。

享受的待遇包括报销生育医疗费用和给付生育津贴,享受人员是在用人单位工作的参保职工。这里的"职工",并没有限定为女性职工,即意味着包括了男性职工,故只要职工与用人单位形成了劳动关系,则不分男女,用人单位均应为其办理生育保险,并缴纳生育保险费。职工未就业配偶按照国家规定享受生育医疗费用待遇,所需资金从生育保险基金中支付。

从我国生育保险历史来看,1994年12月,劳动部颁布了《企业职工生育保险试行办法》(劳部发〔1994〕504号),规定生育保险按属地原则组织,生育保险费用实行社会统筹。由企业按照其工资总额的一定比例向社会保险经办机构缴纳生育保险费,建立生育保险基金,均衡企业间生育保险费用的负担。提出生育保险按属地原则组织,实行社会统筹,职工个人不缴纳生育保险费。该办法明确了基金列支费用的范围。同时,对损害广大妇女同志利益的行为,该办法规定了具体的惩戒措施,将维护企业女职工的合法权益,保障她们在生育期间得到必要的经济补偿和医疗保健纳入行政管理范畴。

2011年7月1日起施行的《社会保险法》将生育保险提升到法律范畴。该法规定,职工应当参加生育保险,由用人单位按照国家规定缴纳生育保险费,职工不缴纳生育保险费。用人单位已经缴纳生育保险的,其职工享受生育保险待遇;职工未就业配偶按照国家规定享受生育医疗费用待遇。所需资金从生育保险基金中支付。上述规定说明我国生育保险的范围覆盖了所有用人单位及其职工,并且扩大到了用人单位职工的未就业配偶。

2019年3月25日,《国务院办公厅关于全面推进生育保险和职工基本医疗保险合并实施的意见》将生育保险和职工基本医疗保险合并实施,实现参保同步登记、基金合并运行、征缴管理一致、监督管理统一、经办服务一体化。通过整合两项保险基金和管理资源,强化基金共济能力,提升管理综合效能,降低管理运行成本,建立适应我国经济发展水平、优化保险管理资源、实现两项保险长期稳定可持续发展的制度体系和运行机制。

生育保险的主要特点。一是享受生育保险的对象主要是女职工,因而待遇享受人群相对比较窄。二是生育保险要求享受对象必须是合法婚姻者,即必须符合法定结婚年龄、按婚姻法规定办理了合法手续,并符合国家计划生育政策等。三是无论女职工妊娠结果如何,均可以按照规定得到补偿。也就是说无论胎儿存活与否,产妇均可享受有关待遇,并包括流产、引产以及胎儿和产妇发生意外等情况,都能享受生育保险待遇。四是生育期间的医疗服务主要以保健、咨询、检查为主,与医疗保险提供的医疗服务以治疗为主有所不同。五是产假有固定要求。产假要根据生育期安排,分产前和产后。产前假期不能提前或推迟使用。产假也必须在生育期间享受,不能积攒到其他时间享用。六是生育保险待遇有一定的福利色彩。生育期间的经济补偿高于养老、医疗等保险。生育保险提供的生育津贴,一般为生育女职工的原工资水平,也高于其他保险项目。

生育保险的主要作用。一是实行生育保险是对妇女生育价值的认可。妇女生育是社会发展的需要,她们为家庭传宗接代的同时,也为社会劳动力再生产付出了努力,应当得到社会的补偿。二是实行生育保险是对女职工基本生活的保障。女职工在生育期间离开工作岗位,不能正常工作。国家通过制定相关政策保障她们离开工作岗位期间享受有关待遇。其中包括生育津贴、医疗服务以及孕期不能坚持正常工作时,给予的特殊保护政策。在生活保障和健康保障两方面为孕妇的顺利分娩创造了有利条件。三是实行生育保险是提高人口素质的需要。妇女生育体力消耗大,需要充分休息和补充营养。生育保险为她们提供了基本工资,使她们的生活水平没有因为离开工作岗位而降低,同时为她们提供医疗服务项目,包括产期检查,围产期保健指导等,为胎儿的正常生长进行监测。对于在妊娠期间患病或接触有毒有害物质的妇女,做必要的检查。如发现畸形儿,可以及早终止妊娠。对于在孕期出现异常现象的妇女,进行重点保护和治疗,以达到保护胎儿正常生长,提高人口质量的作用。

增进民生福祉保障人民群众切身利益,是国家发展的根本目的。目前,我国已经进入老龄化社会,随着人口生育率的下降,预计2030年左右中国人口将出现负增长。保障育龄女职工的生育保险待遇,提升生育愿望,是提高人口出生率的重要保障政策,要积极贯彻落实,特别是实行基本医疗保险和生育保险合并实施,增强了生育保险基金的支付能力,为保护妇女权益起到积极作用。

政策链接: 生育保险在保障女职工就业权益方面的作用

国家医疗保障局关于政协十三届全国委员会第三次会议第1370号(社会管理类105号)提案答复的函(医保函〔2020〕187号)

……您提出的《关于防止就业中性别歧视问题的提案》收悉,经商财政部、人力资源社会保障部,现答复如下:

一、关于发挥生育保险在防止就业性别歧视中的作用

生育保险是社会保险的重要组成部分。根据《社会保险法》等有关规定,生育保险覆盖用人单位及其职工。用人单位雇佣和招录职工,无论男女都应为其参加生育保险,按工资总额的一定比例缴纳生育保险费,职工个人不缴费。生育保险待遇包括生育医疗费用和生育津贴,参保女职工在生育和计划生育时可按规定享受相应待遇。总体来看,生育保险通过发挥社会保险的互助共济作用,将单个用人单位因雇佣女职工而产生的生育相关费用支出在全体用人单位间分担,降低了用人单位用工成本,减轻了用人单位雇佣女职工的顾虑,对消除就业性别歧视具有重要意义。实践证明,生育保险制度建立以来,对维护职工生育保障权益,促进妇女公平就业、均衡用人单位负担发挥了重要作用。截至2019年年底,全国参加生育保险人数2.14亿人(退休人员不参加生育保险),1 136.4万人次享受了生育保险待遇,人均生育待遇支出2.03万元。

二、关于完善生育保险津贴待遇标准的建议

《社会保险法》明确,女职工生育享受产假、享受计划生育手术休假等情形,可以按规定享受生育津贴,生育津贴按照职工所在用人单位上年度职工月平均工资计发。这一规定明确了同一用人单位的参保女职工,生育津贴计发额度一致,不因职工个人工资高低而有所区别。《女职工劳动保护特别规定》明确,女职工生育享受98天产假;产假期间的生育津贴,已经参加生育保险的按规定从生育保险基金支付;未参加生育保险的,按照女职工产假前工资的标准由用人单位支付。目前,地方在国家法定

> 产假之外的生育奖励假和其他福利待遇,系各省(区、市)人大及其常务委员会或者人民政府根据人口和计划生育法自行出台的规定,其中有的地方规定奖励假期间由用人单位发放工资,有的地方规定由生育保险支付。国家相关部门将加强对各地实践情况的跟踪调研,综合各方意见,研究完善相关政策。

▶【典型案例】:某公司未按规定保障女职工享受生育保险待遇

李某某是H省人,2018年6月19日签订书面劳动合同,进入Z市L公司工作,2019年6月14日生育一孩,产假休至2020年1月24日止。按照当地政策,女职工生育或者流产的医疗费用,按照生育保险规定的项目和标准,对已经参加生育保险的,从生育保险基金中支付;对未参加生育保险的,由用人单位支付。同时,享受98天+3个月+15天的产假。L公司仅支付李某某98天产假工资,经当地人民法院判决,L公司支付剩余三个月的产假工资,李某某的生育保险待遇得到落实。

生育保险制度是国家对生育妇女的重大福利制度,希望随着全社会法治观念的不断增强,人民群众维护自身利益的救济措施不断增加,生育保险能够在提高我国人口数量和质量上发挥重要作用。

2. 生育保险基金由哪几项构成

《社会保险法》明确,生育保险的筹资来源是用人单位,包括生育保险在内的各项社会保险基金均通过预算实现收支平衡,县级以上人民政府在社会保险基金出现支付不足时,给予补贴。

在实际中,生育保险基金收入包括生育保险费收入、财政补贴收入、利息收入、上级补助收入、下级上解收入、其他收入。其中:生育保险费收入是指用人单位按照规定缴费基数和费率缴纳的生育保险费;财政补贴收入是指财政给予基金的补助、对参保人员的缴费补贴、对参保对象的待遇支出补助;利息收入是指社会保险基金在收入户、财政专户及支出户中银行存款产生的利息收入或社会保险基金购买国债取得的利息收入;上级补助收入是指下级接收上级拨付的补助收入;下级上解收入是指上级接收下级上解的基金收入;其他收入是指滞纳金、违约金,跨年度退回或追回的社会保险待遇,公益慈善等社会经济组织和个人捐助,以及其他经统等地区财政部门核准的收入。

生育保险基金结余是指基金收支相抵后的期末余额。基金结余除预留一定的支付费用外,应在保证安全的前提下,按照国务院相关规定开展投资运营实现保值增值。社会保险行政部门和财政部门对基金投资运营实施严格监管。

基金当年入不敷出时,按以下顺序保障基金支付:

(1)动用历年滚存结余中的存款。

（2）建立基金调剂金的地区由上级调剂安排，提取风险基金的新型农村合作医疗统筹地区按程序申请动用风险基金，提取储备金的工伤保险统筹地区按程序申请动用储备金。

（3）转让或提前变现基金投资产品。

（4）同级财政部门给予补贴。

（5）在财政给予支持的同时，按照国务院有关规定报批后调整缴费比例或待遇支付政策。

生育保险的筹资安排为制度稳定运行提供了有效保障。为进一步增强生育保险可持续性，增强保障功能，全国各地按照"保留险种、保障待遇、统一管理、降低成本"的要求，落实生育保险和职工医保合并实施，对两项保险统一参保登记、统一基金征缴和管理、统一医疗服务管理、统一经办和信息服务，确保生育保险待遇不变，确保制度可持续，其中，在统一基金管理工作中，将生育保险基金并入职工医保基金。从实际情况来看，随着这项工作的全面推进，生育保险覆盖面进一步扩大，基金共济能力进一步增强，参保单位和个人办理业务和享受服务更加便捷，制度可持续性更有保障。

政策链接：司法部、国家医疗保障局负责人就《医疗保障基金使用监督管理条例》（以下简称《条例》）答记者问

2021年1月15日，国务院总理李克强签署第735号国务院令，公布《医疗保障基金使用监督管理条例》，《条例》自2021年5月1日起施行。日前，司法部、国家医疗保障局负责人就《条例》的有关问题回答了记者提问。

问：请简要介绍一下《条例》的出台背景。

答：医疗保障基金是人民群众的"看病钱""救命钱"，其使用安全涉及广大群众的切身利益，关系医疗保障制度健康持续发展。医疗保障基金使用主体多、链条长、风险点多、监管难度大，监管形势较为严峻。党中央、国务院高度重视医疗保障基金使用监督管理工作。《中共中央 国务院关于深化医疗保障制度改革的意见》（中发〔2020〕5号）提出，制定完善医保基金监管相关法律法规，规范监管权限、程序、处罚标准。《国务院办公厅关于推进医疗保障基金监管制度体系改革的指导意见》要求，强化医保基金监管法治及规范保障，制定医疗保障基金使用监督管理条例及其配套办法。制定专门行政法规，以法治手段解决医疗保障基金使用监督管理中的突出问题，是十分必要的。

问：《条例》的适用范围包括哪些？

答：《条例》第二条规定：本条例适用于中华人民共和国境内基本医疗保险（含生育保险）基金、医疗救助基金等医疗保障基金使用及其监督管理。第四十九条规定：

职工大额医疗费用补助、公务员医疗补助等医疗保障资金使用的监督管理，参照本条例执行。居民大病保险资金的使用按照国家有关规定执行，医疗保障行政部门应当加强监督。据此，基本医疗保险（含生育保险）基金、医疗救助基金等医疗保障基金适用本《条例》；职工大额医疗费用补助、公务员医疗补助参照本《条例》；居民大病保险资金按照国家有关规定执行。

问：《条例》对基金使用各相关主体提了哪些要求？

答：《条例》明确了基金使用相关主体的职责，包括医疗保障行政部门、医疗保障经办机构、定点医药机构、参保人员等。一是医疗保障行政部门应当依法组织制定医疗保障基金支付范围。二是医疗保障经办机构建立健全业务、财务、安全和风险管理制度，规范服务协议管理。三是定点医药机构加强内部管理，提供合理、必要的医药服务，保管有关资料、传送数据和报告监管信息。四是参保人员持本人医疗保障凭证就医、购药，按照规定享受医疗保障待遇。五是禁止医疗保障经办机构、定点医药机构等单位及其工作人员和参保人员等通过伪造、变造、隐匿、涂改、销毁医学文书等有关资料或者虚构医药服务项目等方式，骗取医疗保障基金。

问：《条例》在健全监督体制、强化监管措施方面，作了哪些规定？

答：一是构建政府和医疗保障等行政部门的行政监管、新闻媒体舆论监督、社会监督、行业自律相结合的监督体制，畅通社会监督渠道，织密扎牢医疗保障基金使用监督管理的制度笼子。二是建立医疗保障、卫生健康、中医药、市场监督管理、财政、审计、公安等部门的沟通协调、案件移送等监管合作机制。三是要求国务院医疗保障行政部门制定服务协议管理办法，制作并定期修订服务协议范本。四是规定大数据智能监控、专项检查、联合检查、信用管理等监管形式。五是规范医疗保障行政部门监督检查的措施及程序。

问：对骗保等违法行为的惩处，《条例》作了哪些规定？

答：《条例》针对不同违法主体、不同违法行为分别设置了法律责任。

一是对医疗保障经办机构违法的，责令改正、责令退回、罚款、给予处分。二是对定点医药机构一般违法行为，责令改正、约谈负责人、责令退回、罚款、责令定点医药机构暂停相关责任部门一定期限的医药服务；对定点医药机构违反管理制度的，责令改正、约谈负责人、罚款；对定点医药机构骗保的，责令退回、罚款、责令定点医药机构暂停相关责任部门一定期限的医药服务、解除服务协议、吊销执业资格；造成医疗保障基金重大损失或者其他严重不良社会影响的，对其法定代表人或者主要负责人给予限制从业、处分。三是个人违法的，责令改正、责令退回、暂停其一定期限的医疗费用联网结算、罚款。四是侵占、挪用医疗保障基金的，责令追回、没收违法所得、给予处分。五是医疗保障等行政部门工作人员滥用职权、玩忽职守、徇私舞弊的，给予处分。

【典型案例】：某公司骗取生育保险基金

生育保险基金是由参保单位、财政等多方筹集的,其使用安全涉及广大群众的切身利益,关系医疗保障制度健康持续发展。但是在现实中,也存在个别人员通过虚报工资、挂靠单位等手段骗取生育保险待遇问题。C市Y区医保局在业务办理过程中,发现该市SK公司生育保险待遇领取变化非常大,该单位申领生育津贴人数异常增长,其中部分职工参保缴费不足或刚满6个月,部分职工申领生育津贴后立即停保。Y区医保局现场核查该单位用工、工资支付、职工收入等情况以及与之相关的劳动合同、财务报表、会计凭证等与缴纳医疗保险、生育保险费有关资料,查实该单位25名申领生育津贴人员虚构劳动关系骗取生育津贴保险基金,将该案移送公安分局立案侦办。

通过上述案例可以看出,一些人明知社保挂靠是一种非法行为,但利益的驱使让他们铤而走险,继续着侥幸心理,冒险挂靠社保。因此,对生育保险的参保人员、缴费基数要强化审核,特别是要加强与其他社会保险、个人所得税申报信息等数据的比对,提高生育保险基金的资金安全。

(二) 生育保险费率历年变化

生育保险费率调整变化的因素是什么

生育保险费由用人单位按月缴费,职工个人不缴纳生育保险费。用人单位按在职职工缴纳基本养老保险费的基数作为缴纳生育保险费的基数,按照0.5%~1%的比例缴纳生育保险费。缴费比例可根据经济发展和生育保险基金使用情况作适时调整。

在生育保险建立时,由于统筹级次不一致,经济发展不均衡,全国各地执行费率标准不一。以2022年为例,北京市生育保险缴费费率为0.8%,广东省广州市生育保险缴费费率为0.45%,浙江省杭州市生育保险缴费费率为0.6%。缴费额度不一,也造成了各地参保人享受待遇的标准不一。

而随着我国经济不断发展,国力不断增强,1994年劳动部颁布的《企业职工生育保险试行办法》和各地根据当地实际情况相继出台的地方生育保险办法,确定的最高不得超过工资总额的1%费率标准明显不符合社会发展实际,增加企业负担,也从客观上对招工数量、工资待遇带来了一定影响。

党中央、国务院高度重视降低社会保险费率、减轻企业负担工作。党的十八届三中全会提出了"适时适当降低社会保险费率"的要求,2015年《政府工作报告》对降低社会保险费率进行了部署,国务院第96次常务会议通过的适当降低工伤保险和生育保险费率方案,要求两项保险进行费率调整工作。这项工作主要是聚焦经济运行中的新情况和企业面临的突出问题,下决心采取有针对性的措施降费清费,减轻用人单位负担,进一步激发市场活力,增强经济发展动力。

为贯彻党的十八届三中全会精神和国务院部署的具体措施。《人力资源社会保障部 财政部关于适当降低生育保险费率的通知》(人社部发〔2015〕70号),对生育保险费率调整范围、测算依据、实施地区以及防范风险等方面提出了要求,自2015年10月1日起实施。

全国各地生育保险基金结余存量不均衡,有的地区生育保险基金当期收不抵支,也有的地区基金存量可支付一年半以上。因此,调整生育保险费率的依据按照统筹地区生育保险基金存量进行划分,不搞一刀切。

国家要求统筹地区必须保证生育保险基金合理结存并能够满足6~9个月待遇支付额。凡是统筹地区基金累计结余超过9个月支付额的,都应下调生育保险基金费率,调整到用人单位职工工资总额的0.5%以内。具体费率按照"以支定收,收支平衡"的原则进行测算。生育保险与其他保险项目比较,预见性强,风险相对小,可通过对怀孕和出生人口数据、工资增长幅度、医疗消费增长情况以及其他变量进行测算,高风险支出相对比较少,基金运行相对稳定,根据近年来生育保险基金收支和结余情况确定,有利于逐步消化过多的基金存量,保持基金收支平衡,促进良性运行。

统筹地区要加强对生育保险基金的监测和管理,按月进行基金监测,及时了解生育保险动态变化,防范风险。当基金累计结余低于3个月支付额度的时候,就要制定预警方案,同时向当地政府和省级人力资源社会保障、财政部门报告。结余额继续下行,就要积极采取应急措施,如通过提高统筹层次,加强基金和医疗服务管理,规范生育保险待遇等方式,力求基金平衡。

费率调整要在确保生育保险待遇落实到位的前提下进行。也就是说,统筹地区要依据国家生育保险待遇标准、当地出生人口情况和待遇支付情况进行测算,如果不够支付9个月的生育待遇,就不用调整费率。不能因为调整费率影响待遇支付。

费率调整确定了时间表。实行省级统筹且基金结余超过9个月的省(区、市),应于9月底前提出降低生育保险费率的办法,报省级人民政府批准后实施。未实行省级统筹的省(区、市),应于8月底前制定本省(区、市)降低生育保险费率的办法,指导各统筹地区制订实施方案,符合降费率规定的统筹地区应于9月底以前发布降低费率的实施方案,以确保10月1日前完成降低生育保险费率的工作。调整费率后,2016年,全国生育保险费率平均为0.618%,比2014年下降了0.09个百分点。

由于全国各地经济发展不均衡,生育保险基金结存也有很大区别。从地域角度横向来看,以经济水平相对落后的黑龙江省为例,哈尔滨市生育保险费率为0.6%,齐齐哈尔市生育保险费率调整为0.5%,大庆市生育保险费率为0.7%。

从时间角度纵向来看,四川省成都市 1997 年 7 月 1 日起实施的《成都市企业职工生育保险暂行办法》,确定将生育保险费率确定为 0.6%。2009 年,《成都市人民政府办公厅关于进一步做好减轻企业负担稳定就业局势有关工作的通知》(成办发〔2010〕21 号),将该市生育保险缴费费率由 0.6% 下调为 0.3%,执行期限为从 2009 年 1 月 1 日至 2009 年 12 月 31 日。2015 年根据国家适当降低生育保险费率的要求,《成都市人民政府关于调整生育保险缴费费率等规定的通知》(成府函〔2015〕121 号)将生育保险缴费费率从 0.6% 调整为 0.5%。2017 年 5 月,为确保生育保险基金收支平衡,《成都市人民政府关于调整生育保险费率的通知》(成府函〔2017〕79 号)将生育保险费率从 0.5% 恢复到 0.6%。2018 年 1 月,由于国家全面放开二孩政策等因素影响,生育保险基金仍无法维持收支平衡,影响生育保险待遇正常支付,《成都市人民政府关于调整生育保险费率的通知》(成府函〔2018〕12 号)又将成都市生育保险费率从 0.6% 调整到 0.8%。

从上述黑龙江省内各地生育保险费率不一致和成都市生育保险费率的历次调整可以看出,生育保险费率不是一成不变的,决定费率的主要因素是基金结存额度能够满足支付区间。要根据实际支付情况和累计结余情况,保证基金累计结存控制在一个合理区间范围内。现在我国一般确定的这个合理区间是能够满足 6 个月到 9 个月支付额度,如果支付区间长期高于或者低于这个区间,就应该进行测算,适时调整生育保险费率,各地应该定期对基金结存额度进行测算,如果高于这个区间,就应该降低费率,低于这个区间,就应该提高费率,保证基金平衡顺畅运行。

近年来,我国逐渐进入老龄化社会。2022 年 1 月 17 日,国家统计局发布 2021 年中国经济数据显示,全年出生人口 1 062 万人,人口出生率为 7.52‰,人口出生率呈断崖式下降。随着国家人口政策的不断调整,二孩、三孩政策不断出台,以及生育保险待遇的不断提高,生育保险基金承担的保障任务也逐年加重。充分发挥生育保险费率的杠杆作用,保障生育保险待遇的落实和提高,有助于保障国家人口政策落实、增加社会福利。

(三) 生育保险与医疗保险合并后的变化

1. 两险合并是不是取消了"生育保险"

2019 年 3 月 6 日,《国务院办公厅关于全面推进生育保险和职工基本医疗保险合并实施的意见》(国办发〔2019〕10 号)下发,标志着生育保险和职工基本医疗保险在全国范围内正式合并实施,实现参保同步登记、基金合并运行、征缴管理一致、监督管理统一、经办服务一体化。但是两险合并实施,是不是意味"生育保险"就没有了,意味着原来说的五险就变成四险了呢?

这实际上对合并实施工作的误解。生育保险对维护职工生育保障权益、促进妇女公平就业、均衡用人单位负担、保障职业妇女生育期间基本生活和身体健康发挥了重要作用。为适应经济社会发展的需要，更好地保障职工生育保障待遇、增强基金共济能力、提升经办服务水平，中央提出两项保险合并实施的任务部署。全国人大常委会专门授权国务院，在河北省邯郸市等12个试点城市行政区域暂时调整适用社会保险法有关规定，推进两项保险合并实施试点。从实践来看，试点取得了积极成效，达到了整合两项保险基金及管理资源、强化基金共济能力、提升管理综合效能、降低管理运行成本的预期目标。通过合并实施试点，12个试点城市生育保险覆盖面扩大，基金共济能力增强，监管水平提高，经办服务水平提升，享受待遇更加便利，社会各方反映良好。

国务院有关总结报告指出，两项保险合并实施试点是推进建立更加公平、更可持续社会保障制度的一项成功改革尝试，"保留险种、保障待遇、统一管理、降低成本"思路的科学性和可行性得到了验证，两项保险合并实施不影响个人待遇，不增加单位负担，有利于进一步加强基金抵御风险能力、地方和相关部门普遍支持，适于全面推开。2018年年底，第十三届全国人大常委会第七次会议审议通过了国务院的总结报告，明确提出全面推进两项保险合并实施。国家主席习近平签署第二十五号主席令，公布《全国人民代表大会常务委员会关于修改〈中华人民共和国社会保险法〉的决定》，为全面推进合并实施奠定了法律基础。国务院有关部门根据《社会保险法》要求，在地方实践经验的基础上，制定了全面推进生育保险和职工基本医疗保险合并实施的意见。

保留险种、保障待遇，是指生育保险作为一项社会保险险种仍然保留，两项保险合并实施不增加单位和个人缴费负担，职工生育期间的生育保险待遇不变。两项保险合并实施不是"合并"，并非取消生育保险。生育保险与医疗保险相比具有不同的功能和保障政策。一是生育保险具有促进妇女公平就业、防止和纠正就业中的性别和身份歧视、维护职工生育保障权益、保障职工妇女生育期间基本生活和身体健康的独特功能。二是体现雇主责任，个人不缴纳生育保险费。三是能够保障参保人符合规定的生育医疗费用和生育津贴，均衡用人单位负担。这些政策都在《社会保险法》和《中华人民共和国妇女权益保障法》（中华人民共和国主席令第一二二号）里有明确规定。所以，原有的生育保险规定的生育保险待遇不变，只是在经办上改变了享受的渠道，但没有改变参保范围、没有改变生育保险设定的保障项目和支付水平，生育的医疗费用在规定范围内实报实销。不管是合并实施还是不合并实施，产假期间的生育津贴待遇也没有变化，生育保险明确规定，在规定的法定产假98天之内，包括各地一定的奖励假，由生育保险基金支付生育津贴。

统一管理、降低成本，是指通过实现两项保险参保同步登记、基金合并运行、征缴管理一致、监督管理统一、经办服务一体化，提高行政效率，降低管理运行成本。强调两项保险合并实施不涉及生育保险待遇政策的调整，而是在管理运行层面的一体化。生育保险和职工基本医疗保险在运行操作层面本身就具有合并实施的条件。一是覆盖范围都包括用人单位和职工。二是医疗服务项目上有共同之处,特别是在医疗待遇支付上有很大共性。三是管理服务基本一致,都严格执行社保基金财务制度,都执行统一的定点医疗机构管理,统一的药品、诊疗项目和服务设施范围。因此,两险合并,只是从提高行政效率,方便用人单位参保等方面来考虑的。而且合并后,享受生育保险的保障待遇不会降低,遇到生育保险基金不足时,还可以从基本医疗保险基金中支付,提升保障水平。

> **政策链接:** 国务院办公厅印发《关于全面推进生育保险和职工基本医疗保险合并实施的意见》(以下简称《意见》)(来源:新华网)
>
> 《意见》指出,要以习近平新时代中国特色社会主义思想为指导,认真落实党中央、国务院决策部署,坚持以人民为中心,牢固树立新发展理念,遵循保留险种、保障待遇、统一管理、降低成本的总体思路,推进生育保险和职工基本医疗保险合并实施,实现参保同步登记、基金合并运行、征缴管理一致、监督管理统一、经办服务一体化。通过整合两项保险基金和管理资源,强化基金共济能力,提升管理综合效能,降低管理运行成本,建立适应我国经济发展水平、优化保险管理资源、实现两项保险长期稳定可持续发展的制度体系和运行机制。
>
> 《意见》提出了推进生育保险和职工基本医疗保险合并实施的主要政策。一是统一参保登记。参加职工基本医疗保险的在职职工同步参加生育保险。完善参保范围,促进实现应保尽保。二是统一基金征缴和管理。生育保险基金并入职工基本医疗保险基金,统一征缴,统筹层次一致。按照用人单位参加生育保险和职工基本医疗保险的缴费比例之和确定新的单位费率。三是统一医疗服务管理。两项保险合并实施后实行统一定点医疗服务管理,执行基本医疗保险、工伤保险、生育保险药品目录以及基本医疗保险诊疗项目和医疗服务设施范围。生育医疗费用原则上实行医疗保险经办机构与定点医疗机构直接结算。促进生育医疗服务行为规范,强化监控和审核。四是统一经办和信息服务。经办管理统一由基本医疗保险经办机构负责,实行信息系统一体化运行。五是确保职工生育期间生育保险待遇不变。参保人员生育医疗费用、生育津贴等各项生育保险待遇按现行法律法规执行,所需资金从职工基本医疗保险基金中支付。六是确保制度可持续。各地要增强基金统筹共济能力,增强风险防范意识和制度保障能力,合理引导预期,完善生育保险监测指标,根据生育保险支出需求建立费率动态调整机制。
>
> 《意见》要求,各地要高度重视生育保险和职工基本医疗保险合并实施工作,根据当地生育保险和职工基本医疗保险参保人群差异、基金支付能力、待遇保障水平等因素进行综合分析和研究,周密组织实施,确保参保人员相关待遇不降低、基金收支平衡,保证平稳过渡。各省(自治区、直辖市)要加强工作部署,督促指导各统筹地区加快落实,2019年年底前实现两项保险合并实施。

【背景案例】生育保险的重要作用是什么

《国家医疗保障局对十三届全国人大四次会议第1596号建议的答复》

(医保函〔2021〕133号)

在对聂鹏举代表答复中,国家医疗保障局明确指出:"生育保险是社会保险的重要组成部分,对维护女职工生育保障权益、促进妇女公平就业、均衡用人单位负担具有重要作用。根据社会保险法等有关规定,生育保险覆盖用人单位及其职工,生育保险费由单位缴纳。生育保险待遇包括生育津贴和生育医疗费用待遇。在生育医疗费用待遇方面,生育保险基金按规定支付参保女职工住院分娩、计划生育和产前检查的医疗费用。在生育津贴方面,女职工享受产假和计划生育手术休假期间,按规定享受生育津贴,计发标准按照所在用人单位上年度职工月平均工资。……生育保险通过发挥社会保险的互助共济作用,将单个用人单位因雇用女职工而产生的生育相关费用支出在全体用人单位间分担,降低用人单位用工成本,减轻用人单位雇佣女职工的顾虑,对消除就业性别歧视具有重要意义。在加快生育保险立法工作方面,《社会保险法》对生育保险覆盖范围、筹资及待遇作了明确规定。《女职工劳动保护特别规定》还进一步明确,女职工生育享受98天产假,产假期间的生育津贴,参加生育保险的由生育保险基金支付,未参加生育保险的由用人单位支付。《关于全面推进生育保险和职工基本医疗保险合并实施的意见》(国办发〔2019〕10号)对合并实施后的参保登记、征缴管理、经办服务作了细化。法律法规的健全,有力地支持了女职工的权益保障。在扩大职工生育保险覆盖范围方面,各级医保部门细化落实生育保险相关工作。目前各地均已按照国办发〔2019〕10号文规定,落实参加职工医保的在职职工同步参加生育保险的要求,从实践情况来看,随着这项工作的全面推进,生育保险覆盖面进一步扩大,参保单位和个人办理业务和享受服务更加便捷,制度可持续性更有保障。2020年年底,全国参加生育保险参保人2.36亿(退休人员不参加生育保险)人,较上年增加2 150万人,为近年来新增人数最多,生育保险参保人数已与职工医保参保在职职工人数基本相当。在落实三孩生育保险待遇政策方面,坚决贯彻落实《中共中央 国务院关于优化生育政策促进人口长期均衡发展的决定》有关任务部署,印发《关于做好支持三孩政策生育保险工作的通知》(医保办发〔2021〕36号),明确要求各地将参保女职工生育三孩的费用纳入生育保险待遇支付范围,同步做好城乡居民生育医疗费用待遇保障和新生儿参保工作,同时主动做好宣传工作,积极回应群众关切,增强参保群众获得感。"从上述答复可以看出,生育保险的职能作用是不断增强的,两险合并不是取消了"生育保险",而是为了更加有利于提升社会保险基金互济能力,更好地增强生育保险保障功能,有利于提高行政和经办服务管理效能,降低运行成本。

2. 两险合并究竟"并"的是什么

生育保险和职工基本医疗保险合并实施,既是我国社会保险制度的一项重大改革,也是社会发展的客观需要。

一是应保尽保需要生育保险和职工基本医疗保险合并。由于生育保险主要是单位统筹,职工个人不需缴纳,而且主要用于生育,个别用人单位为了降低企业成本,不愿意参加生育保险,甚至出现隐瞒人员、谎报工资等手段,不缴少缴生育保险的情况,造成应参保人员未参保,不能享受生育保险待遇的问题。用人单位与职工之间因为生育保险缴纳问题,通过劳动仲裁、司法判决等情形时有发生,既给行政机关、司法机关带来极大的工作压力,也易引起社会负面影响。两险合并后,统一参保登记,统一缴费基数,降低了类似问题发生概率,从源头上控制风险,从客观上提升生育保险的覆盖面。

二是客观事实需要生育保险和职工基本医疗保险合并。随着我国社会逐步步入老龄化,人口生育率不断下降,年轻人不敢生、不想生的观念日趋严重。而且,生育也极大影响了女性职工的就业。二孩、三孩制度执行后,生育减少了女性职工的有效工作时长,从客观上,造成用人单位录用女性职工的意愿低,因此生育保险待遇也能从一定程度上保障女性职工的就业安全。但是随着生育保险待遇的提高和生育费用的增长,现有生育保险基金不能满足日益增长的生育保险待遇支付的问题。两险合并后,统一基金征缴和管理,生育保险基金并入职工基本医疗保险基金,提升生育保险基金支付能力。

三是效率节约需要生育保险和职工基本医疗保险合并。生育本身是一种特殊的医疗,生育保险可以说是医疗保险的特殊组成部分,生育保险和职工基本医疗保险在运行操作层面本身就具有合并实施的条件。两险的覆盖范围都包括用人单位和职工。医疗服务项目上有共同之处,特别是在医疗待遇支付上有很大共性。管理服务基本一致,都严格执行社保基金财务制度,都执行统一的定点医疗机构管理,统一的药品、诊疗项目和服务设施范围。因此,两险合并不会带来任何负面效果,不会影响参保人应享受的生育保险待遇,不会给基本职工医疗保险带来冲击。两险合并后,经办服务一体化,提高行政效率,降低管理运行成本。

2017年1月19日,《国务院办公厅关于印发生育保险和职工基本医疗保险合并实施试点方案的通知》(国办发〔2017〕6号),正式拉开了生育保险和职工基本医疗保险合并实施的帷幕。2019年3月6日,《国务院办公厅关于全面推进生育保险和职工基本医疗保险合并实施的意见》(国办发〔2019〕10号),标志着生育保险和职工基本医疗保险在全国范围内正式合并实施。

实施试点前,以2017年为例,参保人数为19 240万人,基金收入为649.7万元,基金支出为661.7万元,产生赤字12亿元。如何解决基金赤字,保障基金正常运转是关系千家万户、迫在眉睫的大事情。实施试点后,2018年参保人数达20 435万人,基金收入达756.02万元,基金支出达738.25万元,产生结余17.77亿元。2019年全国参加生育保险21 432万人,比上年底增加997万人,增长4.9%。全年生育保险基金收入861.36亿元,同比增长10.28%;支出792.07亿元,同比增长3.90%;当年结余69.29亿元。享受各项生育保险待遇1 136.4万人次,人均待遇支出20 311元,其中生育人数430.3万人,女职工享受生育津贴354.2万人。

2021年6月15日,国家医疗保障局就《医疗保障法(征求意见稿)》公开征求意见,在征求意见稿中提出,未参加生育保险的妇女发生的生育医疗费用,通过参加基本医疗保险予以解决。国家建立全国医疗保障风险管控机制,设立全国医疗保障风险调剂金,由中央财政预算拨款和国务院批准的其他方式筹集的资金构成,用于医疗保障支出的补充和调剂。从中可以看出,生育保险和职工基本医疗保险合并实施,是提高社会保险事业发展,提升参保人员幸福感和满意度的一项重要举措,也是执行国家人口政策,保证生育保险制度正常运转,保障生育保险待遇正常支付的一项重大决定。未来这项举措会在提高生育水平,保护妇女权益,切实消除家庭生育养育子女的后顾之忧方面发挥更大作用。

> **政策链接:《关于全面推进生育保险和职工基本医疗保险合并实施的意见》政策解读(来源: 国家医保局)**
>
> 近日,国务院办公厅印发《关于全面推进生育保险和职工基本医疗保险合并实施的意见》(以下简称《意见》),要求各省高度重视,有序推进相关工作。生育保险和职工基本医疗保险(以下简称两项保险)合并实施,是党的十八届五中全会和《中华人民共和国国民经济和社会发展第十三个五年规划纲要》明确提出的任务要求,对于进一步完善社会保障体系,确保参保人员待遇,提升管理综合效能具有重要意义。
>
> 一、《意见》出台的背景
>
> 生育保险对维护职工生育保障权益、促进妇女公平就业、均衡用人单位负担、保障职业妇女生育期间基本生活和身体健康发挥了重要作用。为适应经济社会发展的需要,更好地保障职工生育保障待遇、增强基金共济能力、提升经办服务水平,中央提出两项保险合并实施的任务部署。全国人大常委会专门授权国务院,在河北省邯郸市等12个试点城市行政区域暂时调整适用社会保险法有关规定,推进两项保险合并实施试点。从实践来看,试点取得了积极成效,达到了整合两项保险基金和管理资源、强化基金共济能力、提升管理综合效能、降低管理运行成本的预期目标,通过合并实施试点,12个试点城市生育保险覆盖面扩大,基金共济能力增强,监管水平提高,经办服务水平提升,享受待遇更加便利,社会各方反映良好。

国务院有关总结报告指出,两项保险合并实施试点是推进建立更加公平、更可持续社会保障制度的一项成功改革尝试,"保留险种、保障待遇、统一管理、降低成本"思路的科学性和可行性得到了验证,两项保险合并实施不影响个人待遇,不增加单位负担,有利于进一步加强基金抵御风险能力、地方和相关部门普遍支持,适于全面推开。2018年年底,第十三届全国人大常委会第七次会议审议通过了国务院的总结报告,明确提出全面推进两项保险合并实施。国家主席习近平签署第二十五号主席令,公布《全国人民代表大会常务委员会关于修改〈中华人民共和国社会保险法〉的决定》,为全面推进合并实施奠定了法律基础。国务院有关部门根据社会保险法要求和地方实践经验的基础上,起草完善了《意见》。

三、《意见》的主要政策

《意见》中的主要政策可以概括为"四统一、两确保"。

一是统一参保登记。参加职工基本医疗保险的在职职工同步参加生育保险。完善参保范围管理,促进实现应保尽保。统一参保登记,有利于进一步巩固和扩大生育保险覆盖面,有利于发挥社会保险的大数法则优势,有利于更好地保障生育职工的生育保险权益。

二是统一基金征缴和管理。生育保险基金并入职工基本医疗保险基金,统一征缴,统筹层次一致。按照用人单位参加生育保险和职工基本医疗保险的缴费比例之和确定新的单位费率。严格执行社会保险基金财务制度。从基金管理角度来看,这样规定有利于提高征缴效率,扩大基金共济范围,也没有增加用人单位的缴费负担;同时明确设置生育待遇支出项目,既可保障女职工生育保险待遇,也为进一步完善生育保险待遇政策奠定基础。

三是统一医疗服务管理。实行两项保险统一定点医疗服务管理,执行基本医疗保险、工伤保险、生育保险药品目录以及基本医疗保险诊疗项目和医疗服务设施范围,生育医疗费用原则上实行医疗保险经办机构与医疗机构直接结算。促进生育医疗服务行为规范,将生育医疗费用纳入医保支付方式改革范围,强化监控和审核。经过多年实践,医疗保险经办机构对医疗服务管理的专业化、精细化、信息化程度都有较大提高。两项保险合并实施后统一医疗服务管理,有利于整合医疗服务管理资源,进一步规范对生育医疗服务的管理,提高基金使用效率。

四是统一经办和信息服务。两项保险经办管理统一由基本医疗保险经办机构负责,实行信息系统一体化运行,资源共享。整合经办服务力量和信息系统,能够提升经办服务能力,为参保单位和职工提供更加方便快捷的服务。

五是确保职工生育期间生育保险待遇不变。参保人员生育医疗费用、生育津贴等各项生育保险待遇按现行法律法规执行,所需资金从职工基本医疗保险基金支付。两项保险合并实施,不会导致参保职工的生育保险待遇降低,随着基金共济能力的提高,还有利于更好地保障参保人员待遇。

六是确保制度可持续。通过整合两项保险基金,增强基金统筹共济能力。研判当前和今后人口形势对生育保险支出的影响,增强风险防范意识,提高制度保障能力。同时,合理引导预期,完善生育保险监测指标,实现可持续发展。制度的稳定可持续,将更有利于两项保险适应人口、经济和社会发展面临的新形势、新变化和新要求。

第二编　政策支持

一、社会保险补贴

1. 企业吸纳就业困难人员能享受社会保险补贴吗

就业困难人员是指因身体状况、技能水平、家庭因素、失去土地等原因难以实现就业，以及连续失业一定时间仍未能实现就业的人员。早在2005年，我国就颁布了《国务院关于进一步加强就业再就业工作的通知》（国发〔2005〕36号），规定了对商贸企业、服务型企业（国家限制的行业除外）、劳动就业服务企业中的加工型企业和街道社区具有加工性质的小型企业实体，在新增加的岗位中，当年新招用持《再就业优惠证》人员，与其签订1年以上期限劳动合同并缴纳社会保险费的，在相应期限内给予社会保险补贴，期限最长不超过3年。社会保险补贴标准按企业应为所招人员缴纳的养老、医疗和失业保险费计算，个人应缴纳的养老、医疗和失业保险费仍由本人负担。对2005年年底前核准社会保险补贴但未到期的企业，在剩余期限内按此政策执行。

2007年，我国颁布了《中华人民共和国就业促进法》（中华人民共和国主席令第七十号，以下简称《就业促进法》），实行有利于促进就业的财政政策，加大资金投入，改善就业环境，扩大就业。县级以上人民政府应当根据就业状况和就业工作目标，在财政预算中安排就业专项资金用于促进就业工作。就业专项资金用于职业介绍、职业培训、公益性岗位、职业技能鉴定、特定就业政策和社会保险等的补贴，小额贷款担保基金和微利项目的小额担保贷款贴息，以及扶持公共就业服务等。就业专项资金的使用管理办法由国务院财政部门和劳动行政部门规定。2011—2021年，我国通过各类促进就业的补贴政策，促进了大量就业困难人员就业，具体人数如图2-1所示。

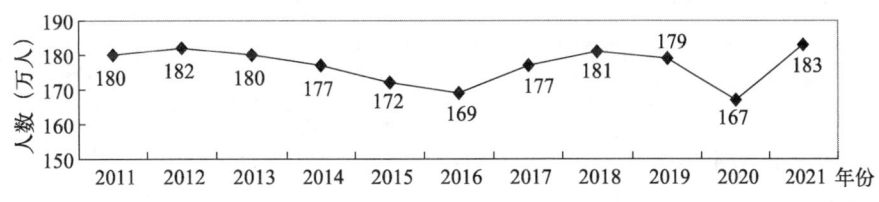

图2-1　2011—2021年就业困难人员就业人数（万人）

2008年,《国务院关于做好促进就业工作的通知》(国发〔2008〕5号)要求,要扶持就业困难人员就业。就业困难人员一般是指大龄、身有残疾、享受最低生活保障、连续失业一年以上,以及因失去土地等原因难以实现就业的人员。具体范围和申请认定程序,由各省、自治区、直辖市人民政府根据本地实际情况规定。对各类企业招用就业困难人员,签订劳动合同并缴纳社会保险费的,在相应期限内给予基本养老保险、基本医疗保险和失业保险补贴;各地政府投资开发的公益性岗位,要优先安排符合岗位要求的就业困难人员,并视其缴纳社会保险费的情况,在相应期限内给予基本养老保险、基本医疗保险和失业保险补贴以及适当的岗位补贴。同年,《财政部 人力资源社会保障部关于就业专项资金使用管理及有关问题的通知》(财社〔2008〕269号,2016年8月18日废止)规定了就业专项资金用于职业介绍补贴、职业培训补贴、社会保险补贴、公益性岗位补贴、职业技能鉴定补贴、特定就业政策补助、小额贷款担保基金和小额担保贷款贴息,以及扶持公共就业服务等。中央财政通过专项转移支付的方式给予适当补助,并对中西部地区和老工业基地给予重点支持。中央财政就业专项转移支付资金的分配与各地就业状况、地方财政投入(包括公共就业服务保障情况)、就业工作绩效等因素挂钩,补助资金实行年初和年中分两次拨付、年度全面考评、全年重点跟踪检查的办法。

2015年,财政部、人力资源社会保障部联合出台了《就业补助资金管理暂行办法》,规定了企业领取的社会保险补贴实行"先缴后补"的办法。招用就业困难人员就业的单位,应向当地人社部门申请社会保险补贴并应提供以下材料:符合条件人员名单、《就业创业证》复印件或毕业证书复印件、劳动合同复印件、社会保险费征缴机构出具的社会保险缴费明细账(单)等。经人社部门审核后,按规定将补贴资金支付到单位在银行开立的基本账户。

2017年,《国务院关于做好当前和今后一段时期就业创业工作的意见》(国发〔2017〕28号)规定,要完善适应新就业形态特点的用工和社保等制度。支持劳动者通过新兴业态实现多元化就业,从业者与新兴业态企业签订劳动合同的,企业要依法为其参加职工社会保险,符合条件的企业可以按规定享受企业吸纳就业扶持政策。各地方政府也纷纷自行出台了企业吸纳就业困难人员会享受社会保险补贴的相关政策,扶持困难人员就业,打赢我国脱贫攻坚战。

政策链接: 企业吸纳就业困难人员社会保险补贴

《财政部 人力资源社会保障部关于印发〈就业补助资金管理暂行办法〉的通知》(财社〔2015〕290号)

第七条 (一)就业困难人员社会保险补贴。对招用就业困难人员并缴纳社会保险费的单位,以及通过公益性岗位安置就业困难人员并缴纳社会保险费的单位,按其为就业困难人员实际缴纳的基本养老保险费、基本医疗保险费和失业保险费给予补贴,不包括就业困难人员个人应缴纳的部分。对就业困难人员灵活就业后缴纳的社会保险费,给予一定数额的社会保险补贴,补贴标准原则上不超过其实际缴费的2/3。就业困难人员社会保险补贴期限,除对距法定退休年龄不足5年的就业困难人员可延长至退休外,其余人员最长不超过3年(以初次核定其享受社会保险补贴时年龄为准)。

第二十条 (三)招用就业困难人员就业的单位,应向当地人社部门申请社会保险补贴并应提供以下材料:符合条件人员名单、《就业创业证》复印件、劳动合同复印件、社会保险费征缴机构出具的社会保险缴费明细账(单)等。经人社部门审核后,按规定将补贴资金支付到单位在银行开立的基本账户。通过公益性岗位安置就业困难人员的单位,应向当地人社部门申请公益性岗位补贴并应提供以下材料:《就业创业证》复印件、享受公益性岗位补贴年限证明材料、单位发放工资明细账(单)等。经人社部门审核后,按规定将补贴资金支付到公益性岗位安置人员个人银行账户。

【背景案例】用人单位吸纳就业困难人员社会保险补贴工作流程

甲省乙市人社部门对用人单位吸纳就业困难人员社会保险补贴作了如下规定:

一、服务内容

对招用就业困难人员,与之签订1年及以上劳动合同并为其按时足额缴纳职工社会保险费的单位,以及通过公益性岗位安置就业困难人员并为其缴纳职工社会保险费的单位,按其为就业困难人员实际缴纳的社会保险费给予补贴(不包括个人应缴纳部分)。

二、服务对象

在本地区登记注册、吸纳就业困难人员就业的各类企业或民办非企业单位(不含机关事业单位、劳务派遣机构和劳动人事代理机构)。

三、业务办理材料

1.《用人单位吸纳就业困难人员社保补贴和岗位补贴申领表》;

2.用人单位吸纳就业困难人员银行代单位发放工资明细账(单)。

四、工作流程

1.人社部门定期发布申报通知,根据每次通知要求,受理申报材料并进行审核;

2.人社部门核验企业有无法人、股东等工商注册信息,核验新招用就业困难人员认定情况、办理就业失业登记情况;核验企业是否与新招用就业困难人员签订了1年以上期限劳动合同,劳动合同开始时间是否在就业困难人员认定时间之后;核验申请企业为

新招用就业困难人员缴纳社会保险费的记录;

3. 人社部门对符合条件的企业复核具体补贴金额;

4. 依据《用人单位吸纳就业困难人员社保补贴和岗位补贴申领表》,对补贴具体内容进行抽查复核,同时组织人员到用人单位进行现场抽查;

5. 符合条件的用人单位在人社部门网站首页公示;

6. 公示无异议的,报同级财政部门拨付补贴资金,补贴资金到位后,15个工作日内拨付到用人单位;

五、办理时限

按季度申报;对提供材料不符合规定或材料不全的应一次性告知。

2. 被征地农民参加社会保险,个人缴费从哪儿出

近些年,随着城市化进程的加快,越来越多的农村土地被征用,从而造成失地农民人数的增加。失去土地保障的农民,被征地后迫切需要社会保障。虽然有的地区已经将失地农民纳入企业职工基本养老保险或城乡居民基本社会养老保险,但仍然有很多地方的失地农民没有能力缴纳社会保险费,这使他们缺乏长久稳定的社会保障。党中央、国务院高度重视被征地农民就业培训和社会保障问题,近年来先后出台一系列重要文件,各地也建立了被征地农民社会保障制度。

《中华人民共和国土地管理法实施条例》(国务院令第256号)中规定,征收土地的安置补助费必须专款专用,不得挪作他用。需要安置的人员由农村集体经济组织安置的,安置补助费支付给农村集体经济组织,由农村集体经济组织管理和使用;由其他单位安置的,安置补助费支付给安置单位;不需要统一安置的,安置补助费发放给被安置人员个人或者征得被安置人员同意后用于支付被安置人员的保险费用。

2006年,《国务院办公厅转发劳动保障部关于做好被征地农民就业培训和社会保障工作指导意见》(国办发〔2006〕29号,以下简称为《意见》),《意见》规定,地方各级人民政府主要负责人要对被征地农民社会保障工作负总责,劳动和社会保障部门、国土资源部门要按照职能各负其责,制订切实可行的计划,加强工作调度和督促检查,切实做好本行政区域内被征地农民的社会保障工作。各地要从实际出发,采取多种方式保障被征地农民的基本生活和长远生计。对城市规划区内的被征地农民,应根据当地经济发展水平和被征地农民不同年龄段,制定保持基本生活水平不下降的办法和养老保障办法。

对符合享受城市居民最低生活保障条件的,应按规定纳入城市居民最低生活保障范围。已开展城市医疗救助制度试点的地区,对符合医疗救助条件的要按规定纳入救助范围。有条件的地区可将被征地农民纳入城镇职工养老、医疗、失业等社会保险参保范围,通过现行城镇社会保障体系解决其基本生活保障问题。对城市规划区外的被征

地农民,凡已经建立农村社会养老保险制度、开展新型农村合作医疗制度试点和实行农村最低生活保障制度的地区,要按有关规定将其纳入相应的保障范围。没有建立上述制度的地区,可由当地人民政府根据实际情况采取多种形式保障被征地农民的基本生活,提供必要的养老和医疗服务,并将符合条件的人员纳入当地的社会救助范围。

2007年,劳动和社会保障部印发《关于切实做好被征地农民社会保障工作有关问题的通知》(劳社部发〔2007〕14号),再次强调各地要尽快建立被征地农民社会保障制度。要严格按照被征地农民保障项目和标准的要求,尽快将被征地农民纳入社会保障体系,确保被征地农民原有生活水平不降低、长远生计有保障,并建立相应的调整机制。各地在制定被征地农民社会保障实施办法中,要明确和落实社会保障资金渠道。被征地农民社会保障所需资金,原则上由农民个人、农村集体、当地政府共同承担,具体比例、数额结合当地实际确定。被征地农民社会保障所需资金从当地政府批准提高的安置补助费和用于被征地农户的土地补偿费中统一安排,两项费用尚不足以支付的,由当地政府从国有土地有偿使用收入中解决;地方人民政府可以从土地出让收入中安排一部分资金用于补助被征地农民社会保障支出,逐步建立被征地农民生活保障的长效机制。

各市县征地统一年产值标准和区片综合地价公布实施前,被征地农民社会保障所需资金的个人缴费部分,可以从其所得的土地补偿费、安置补助费中直接缴纳;各市县征地统一年产值标准和区片综合地价公布实施后,要及时确定征地补偿安置费用在农民个人、农村集体之间的分配办法,被征地农民社会保障个人缴费部分在农民个人所得中直接缴纳。

要严格执行"社会保障费用不落实的不得批准征地"的规定,加强对被征地农民社会保障措施落实情况的审查。被征地农民社会保障对象、项目、标准以及费用筹集办法等情况,要纳入征地报批前告知、听证等程序,维护被征地农民知情、参与等民主权利。市县人民政府在呈报征地报批材料时,应就上述情况作出说明。

劳动保障部门、国土资源部门要加强沟通协作,共同把好被征地农民社会保障落实情况审查关。需报省级政府批准征地的,说明材料由市(地、州)级劳动保障部门提出审核意见;需报国务院批准征地的,由省级劳动保障部门提出审核意见。有关说明材料和审核意见作为必备要件随建设用地报批资料同时上报。对没有出台被征地农民社会保障实施办法、被征地农民社会保障费用不落实、没有按规定履行征地报批前有关程序的,一律不予报批征地。

国有土地使用权出让收入全部缴入地方国库,支出一律通过地方基金预算从土地出让收入中予以安排。被征地农民社会保障所需费用,应在征地补偿安置方案批准之日起3个月内,按标准足额划入"被征地农民社会保障资金专户",按规定记入个人账户或统筹账户。劳动保障部门负责被征地农民社会保障待遇核定和资金发放管理,具体工作由各级劳动保障部门的社保经办机构办理。

各地制定被征地农民社会保障资金管理办法，加强对资金收支情况的监管，定期向社会公布，接受社会和被征地农民的监督。要加强被征地农民统计工作，做好对征地面积、征地涉及农业人口以及被征地农民社会保障参保人数、享受待遇人员、资金收支等情况的统计；加强对被征地农民社会保障工作的考核。

政策链接： 被征地农民社会保障费

1.《中华人民共和国民法典》(中华人民共和国主席令第四十五号)

第二百四十三条　征收集体所有的土地，应当依法及时足额支付土地补偿费、安置补助费以及农村村民住宅、其他地上附着物和青苗等的补偿费用，并安排被征地农民的社会保障费用，保障被征地农民的生活，维护被征地农民的合法权益。

2.《国务院办公厅转发劳动保障部〈关于做好被征地农民就业培训和社会保障工作指导意见〉的通知》(国办发〔2006〕29号)

四、落实被征地农民就业培训和社会保障资金

(十)落实就业培训和社会保障资金。开展被征地农民就业培训所需资金从当地财政列支；社会保障所需资金从当地政府批准提高的安置补助费和用于被征地农户的土地补偿费中统一安排，两项费用尚不足以支付的，由当地政府从国有土地有偿使用收入中解决。有条件的地区，地方财政和集体经济要加大扶持力度，支持和引导被征地农民参加城乡社会保险。被征地农民社会保障资金筹集办法，由各省、自治区、直辖市人民政府制定。

3.《国务院关于加强土地调控有关问题的通知》(国发〔2006〕31号)

第二条　切实保障被征地农民的长远生计。被征地农民的社会保障费用，按有关规定纳入征地补偿安置费用，不足部分由当地政府从国有土地有偿使用收入中解决。社会保障费用不落实的不得批准征地。

土地出让总价款必须首先按规定足额安排支付土地补偿费、安置补助费、地上附着物和青苗补偿费、拆迁补偿费以及补助被征地农民社会保障所需资金的不足。

4.《国务院办公厅关于规范国有土地使用权出让收支管理的通知》(国办发〔2006〕100号)

土地出让收入使用范围：……(三)支农支出。包括计提农业土地开发资金、补助被征地农民社会保障支出、保持被征地农民原有生活水平补贴支出以及农村基础设施建设支出。

> 土地出让收入的使用要确保足额支付征地和拆迁补偿费、补助被征地农民社会保障支出、保持被征地农民原有生活水平补贴支出,严格按照有关规定将被征地农民的社会保障费用纳入征地补偿安置费用,切实保障被征地农民和被拆迁居民的合法利益。
>
> 被征地农民参加有关社会保障所需的个人缴费,可以从其所得的土地补偿费、安置补助费中直接缴纳。地方人民政府可以从土地出让收入中安排一部分资金用于补助被征地农民社会保障支出,逐步建立被征地农民生活保障的长效机制。

【背景案例】被征地农民参保缴费及补助标准

被征地农民选择参加职工基本养老保险的,其政府补助按照规定折算为职工基本养老保险缴费年限。参保后,就业年龄段内应按规定继续参加职工基本养老保险。正常缴费至法定退休年龄时累计缴费年限仍不足15年的,可在办理参保时一次性补缴不足年限的职工基本养老保险费。已达到或超过法定退休年龄的被征地农民选择参加职工基本养老保险的,可以一次性补足15年职工基本养老保险费。

被征地农民补缴职工基本养老保险(或政府补助折算城镇职工基本养老保险缴费年限)的,其缴费基数按上一年全市在岗职工月平均工资确定,缴费比例为18%。60周岁以上被征地农民补缴职工基本养老保险,年龄每增加1周岁,一次性补缴金额降低5%,依次递减,最低降至一次性补缴金额的50%。

被征地农民选择参加被征地农民基本生活保障的,村集体和个人缴费标准为:参保时市城乡居民最低生活保障月标准的77倍。女性55周岁、男性60周岁以上人员参加被征地农民基本生活保障,年龄每增加1周岁,缴费标准降低5%,依次递减,最低降至一次性缴费标准的50%。新增被征地农民参加职工基本养老保险或被征地农民基本生活保障的,政府补助标准统一为联合审核机构复核日被征地农民补缴职工基本养老保险费用标准的26倍。

3. 就业困难人员灵活就业后参保有优惠吗

2005年,《国务院关于进一步加强就业再就业工作的通知》(国发〔2005〕36号)规定,对持《再就业优惠证》的"4050"人员(即女40周岁以上,男50周岁以上,计算年龄的截止时间由各地确定,最晚至2007年年底)灵活就业后,申报就业并参加社会保险的,给予一定数额的社会保险补贴,期限最长不超过3年。

2008年,《国务院关于做好促进就业工作的通知》(国发〔2008〕5号)规定,要扶持就业困难人员就业,对就业困难人员灵活就业后申报就业并缴纳社会保险费的,给予一定数额的社会保险补贴。社会保险补贴和岗位补贴期限,除对距法定退休年龄不足5年的人员可延长至退休外,其余人员最长不超过3年。《就业促进法》中也规定了社会保险补贴实行"先缴后补"的办法。同年,《财政部 人力资源社会保障部关于就业专项资金使用管理及有关问题的通知》(财社〔2008〕269号)规定,对就业困难人员灵活就业后申报就业并以个人身份缴纳社会保险费的,给予一定数额的社会保险补贴,补贴数额原则上不超过其实际缴费的2/3。具体补贴标准由省级财政、人力资源社会保障部门确定。社会保险补贴期限,除对距法定退休年龄不足5年的就业困难人员可延长至退休外,其余人员最长不超过3年。各地要加强对灵活就业人员社会保险补贴的审核管理。就业困难人员实现灵活就业后,要向街道(社区)申报就业。灵活就业人员应按规定按时足额缴纳社会保险费。每季度终了后,按规定向当地人力资源社会保障部门申请对上季度已缴纳的社会保险费给予补贴。社会保险补贴资金申请材料应附:由本人签字、人力资源社会保障部门盖章确认的、注明具体从事灵活就业的单位、岗位、地址等内容的相关证明材料,本人《居民身份证》复印件、登记证复印件、社会保险征缴机构出具的上季度社会保险费缴费单据等凭证材料,经人力资源社会保障部门审核、财政部门复核后,按规定将资金支付给申请者本人。各级人民政府对国有困难企业与下岗职工解除劳动关系给予的经济补偿金补助和为国有困难企业"4050"下岗职工缴纳社会保险费给予补助的政策。其中经济补偿金补助政策执行到2008年年底,社会保险费补助政策的执行期限不超过2011年年底。地方国有困难企业享受特定就业政策的具体办法由省级财政、人力资源社会保障部门确定。中央困难企业享受特定就业政策的具体办法另行制定。

2015年年底,《财政部 人力资源社会保障部关于印发〈就业补助资金管理暂行办法〉的通知》(财社〔2015〕290号)规定,对就业困难人员灵活就业后缴纳的社会保险费,给予一定数额的社会保险补贴,补贴标准原则上不超过其实际缴费的2/3。就业困难人员社会保险补贴期限,除对距法定退休年龄不足5年的就业困难人员可延长至退休外,其余人员最长不超过3年(以初次核定其享受社会保险补贴时年龄为准)。

政策链接: 灵活就业社会保险补贴的申领

《财政部 人力资源社会保障部关于印发〈就业补助资金管理暂行办法〉的通知》(财社〔2015〕290号)

灵活就业的就业困难人员和灵活就业的离校1年内高校毕业生,应向当地人社部门申请社会保险补贴并应提供以下材料:《就业创业证》复印件或毕业证书复印件、灵活就业证明材料、社会保险费征缴机构出具的社会保险缴费明细账(单)等。经人社部门审核后,按规定将补贴资金支付到申请者本人个人银行账户。

【背景案例】 领取了"4050"补贴会影响退休待遇吗

"4050"人员指的是截至 2011 年 12 月 31 日前,女性达到 40 周岁以上,男性达到 50 周岁以上;以前在国有、集体企业工作,因为企业改制、破产、买断的职工。国家统称这部分人为"4050"人员,对应的有"4050"政策。这项政策主要是对下岗职工以灵活就业身份参加社保时给予 3 年的补贴。补贴比例各地也不相同,最低为 50%,如果距离退休不满 5 年,也就是男性 55 岁以上,女性 45 岁以上,这项补贴可延长直到办理退休为止,即最多可补贴 5 年。

"4050"人员补贴的标准,各个城市都有所差异,有些地市定额补贴,有些地市根据缴纳金额按照一定比例返还,即缴纳的多返还的就越多。补贴标准和领取条件如表 2-1 所示。

表 2-1 "4050"人员补贴标准和领取条件

补贴对象	补贴标准	补贴年限	注意事项
城镇户口	有的地市按实际社保缴费的 2/3 给予补贴,有的地市按每年定额补贴	女满 45 岁、男满 55 岁可领取 5 年其余人员 3 年	符合条件申请补贴后又再就业,停止发放此补贴
女满 40 岁、男满 50 岁(有的地区女满 45 岁、男满 55 岁)			
下岗职工、无业人员、灵活就业人员			
灵活就业登记并缴纳社保			需要每年提交申请

那么,如果领取了"4050"人员补贴,会影响养老金领取吗?答案是不会的。

退休待遇主要由三部分组成,基础养老金的影响因素为当地上年度在岗职工月平均工资、本人指数化月平均缴费工资和缴费年限;个人账户养老金影响因素为个人账户储存额和退休年龄;过渡性养老金影响因素为本人指数化月平均缴费工资和视同缴费年限,领取补贴对这些因素不产生影响,因此也不会影响退休待遇。从另一方面来说,社保补贴是从就业专项资金支出,退休待遇则是从基本养老保险基金支出,二者资金来源不同,互相没有影响。

4. 对于支持"稳就业"企业会给予一定补贴吗

就业是最大的民生,也是经济发展的重中之重。当前,我国就业局势保持总体稳定,全面落实党中央、国务院关于"稳就业"工作的决策部署,坚持实施就业优先战略和更加积极的就业政策,支持企业稳定岗位,促进就业创业,强化培训服务,确保当前和今后一个时期就业目标任务完成和就业局势持续稳定。2022 年国务院《政府工作报告》中指出,落实落细"稳就业"举措。延续执行降低失业和工伤保险费率等阶段性"稳就业"政策。对不裁员、少裁员的企业,继续实施失业保险稳岗返还政策,明显提高中小微企业返还比例。使用1 000亿元失业保险基金支持稳岗和培训。2021年全年向407万户企业发放失业保险稳岗补贴231亿元,惠及职工9 234万人。2016年至2021年稳岗返还惠及职工人数如图2-2所示。

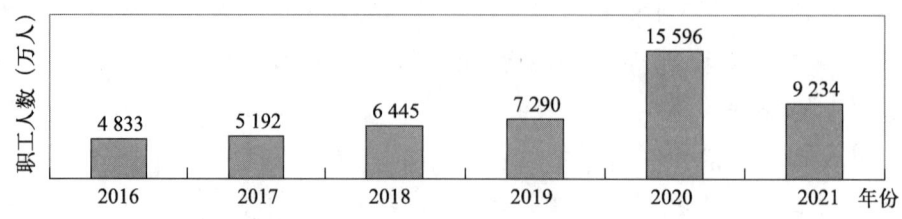

图2-2　2016—2021年稳岗返还惠及职工人数

2014年,《人力资源社会保障部　财政部　国家发展和改革委员会　工业和信息化部关于失业保险支持企业稳定岗位有关问题的通知》(人社部发〔2014〕76号)规定,在调整优化产业结构中更好地发挥失业保险预防失业、促进就业作用,激励企业承担稳定就业的社会责任,对采取有效措施不裁员、少裁员,稳定就业岗位的企业,由失业保险基金给予稳定岗位补贴。补贴政策主要适用实施兼并重组企业、化解产能严重过剩企业、淘汰落后产能企业和经国务院批准的其他行业、企业。

失业保险统筹地区实施稳岗补贴应满足条件为上年失业保险基金滚存结余具备一年以上支付能力。企业申请稳岗补贴应满足:生产经营活动符合国家及所在区域产业结构调整政策和环保政策;依法参加失业保险并足额缴纳失业保险费;上年度未裁员或裁员率低于统筹地区城镇登记失业率;企业财务制度健全、管理运行规范。对符合政策范围和基本条件的企业,在兼并重组、化解产能过剩以及淘汰落后产能期间,可按不超过该企业及其职工上年度实际缴纳失业保险费总额的50%给予稳岗补贴,所需资金从失业保险基金中列支。稳岗补贴的具体比例由省级人力资源社会保障和财政部门确定。稳岗补贴政策执行到2020年年底。

2018年11月,《国务院关于做好当前和今后一个时期促进就业工作的若干意见》(国发〔2018〕39号)中提出,要支持企业稳定发展,加大稳岗支持力度。对不裁员或少裁员的参保企业,可返还其上年度实际缴纳失业保险费的50%。2019年1月1日至12月31日,对面临暂时性生产经营困难且恢复有望、坚持不裁员或少裁员的参保企业,返还标准可按6个月的当地月人均失业保险金和参保职工人数确定,或按6个月的企业及其职工应缴纳社会保险费50%的标准确定。上述资金由失业保险基金列支。

2019年,《国务院关于进一步做好稳就业工作的意见》(国发〔2019〕28号)中提出,支持企业稳定岗位,加大援企稳岗力度。参保企业面临暂时性生产经营困难且恢复有望、坚持不裁员或少裁员的失业保险稳岗返还政策,以及困难企业开展职工在岗培训的补贴政策,实施期限均延长至2020年12月31日。

2020年,《国务院办公厅关于应对新冠肺炎疫情影响强化稳就业举措的实施意见》(国办发〔2020〕6号)要求,加快恢复和稳定就业、更好实施就业优先政策,加快实施阶段性、有针对性的减税降费政策。加大失业保险稳岗返还力度,对不裁员或少裁员的中小微企业,返还标准最高可提至企业及其职工上年度缴纳失业保险费的100%,湖北省可放宽到所有企业;对暂时生产经营困难且恢复有望、坚持不裁员或少裁员的参保企业,适当放宽其稳岗返还政策认定标准,重点向受疫情影响企业倾斜,返还标准可按不超过6个月的当地月人均失业保险金和参保职工人数确定,或按不超过3个月的企业及其职工应缴纳社会保险费确定。2020年6月底前,允许工程建设项目暂缓缴存农民工工资保证金,支付记录良好的企业可免缴。切实落实企业吸纳重点群体就业的定额税收减免、担保贷款及贴息、就业补贴等政策。加快实施阶段性减免、缓缴社会保险费政策,减免期间企业吸纳就业困难人员的社会保险补贴期限可顺延。加大就业补助资金和稳岗补贴投入力度。支持市县政府根据稳就业工作推进和政策实施需要,统筹用好就业创业、职业培训、风险储备等方面资金。失业保险基金结余大的地区,要加速稳岗返还、保生活政策落地见效。

《人力资源社会保障部 财政部关于实施企业稳岗扩岗专项支持计划的通知》(人社部发〔2020〕30号)规定,加大稳岗返还力度。加快落实失业保险稳岗返还政策,支持参保企业不裁员、少裁员。其中,对中小微企业,2020年12月31日前返还标准最高可提至企业及其职工上年度缴纳失业保险费的100%。提高返还标准后,各级失业保险经办机构要尽快补发2020年度返还资金。对面临暂时性生产经营困难且恢复有望、坚持不裁员或少裁员的参保企业,返还标准可按不超过6个月的当地月人均失业保险金和参保职工人数确定,或按不超过3个月的企业及其职工应缴纳社会保险费确定。实施企业稳岗返还的统筹地区上年失业保险基金滚存结余应具备12个月以上备付能力,实施困难企业稳岗返还的统筹地区备付能力应达到24个月以上,对于备付能力不足的统筹地区,要充分发挥省级调剂金作用,帮助当地实施困难企业稳岗返还政策,尽可能让符合条件的企业都能享受政策支持。

2021年,《人力资源社会保障部 国家发展改革委 教育部 财政部 中央军委国防动员部关于延续实施部分减负稳岗扩就业政策措施的通知》(人社部发〔2021〕29号)规定,继续实施普惠性失业保险稳岗返还政策。大型企业按不超过企业及其职工上年度实际缴纳失业保险费的30%返还,中小微企业按不超过60%返还。

2022年,《国家发展改革委等部门印发〈关于促进服务业领域困难行业恢复发展的若干政策〉的通知》(发改财金〔2022〕271号)规定,对不裁员、少裁员的企业继续实施普惠性失业保险稳岗返还政策,在2022年度将中小微企业返还比例从60%最高提至90%。符合条件的服务业市场主体可以享受。

> **政策链接： 稳岗补贴**
>
> 《人力资源社会保障部 财政部 国家发展改革委 工业和信息化部关于失业保险支持企业稳定就业岗位的通知》(人社部发〔2019〕23号)
>
> (一)失业保险统筹地区实施稳岗返还应同时具备以下条件:实施企业稳岗返还的统筹地区上年失业保险基金滚存结余应具备12个月以上支付能力,实施经营困难且恢复有望企业稳岗返还的统筹地区上年失业保险基金滚存结余应具备24个月以上支付能力;失业保险基金使用管理规范。
>
> (二)申请稳岗返还的企业应同时具备以下条件:生产经营活动符合国家及所在区域产业结构调整和环保政策;参加失业保险足额缴纳失业保险费12个月以上;上年末裁员或裁员率低于统筹地区城镇登记失业率。申请经营困难且恢复有望企业稳岗返还的,还需符合当地人力资源社会保障部门会同财政等相关部门的认定标准,并提供与工会组织协商制定的稳定就业岗位措施。
>
> (三)返还标准。企业稳岗返还标准,可按该企业及其职工上年度实际缴纳失业保险费的50%确定,对去产能企业,各省(区、市)可按规定提高标准。经营困难且恢复有望企业稳岗返还标准,各省(区、市)可结合失业保险基金结余情况,明确本省(区、市)返还标准是按6个月的当地月人均失业保险金和参保职工人数确定,还是按6个月的企业及其职工上年度应缴纳社会保险费50%的标准确定。

【实务案例】企业到底能领多少稳岗补贴

资料一:甲省(非湖北省)A公司为微型服务业企业,共有普通员工41人,管理者4人,基本工资均相同。2020年共发放基本工资1 774 890元。另外,向普通员工发放劳动分红120 000元、防暑降温费40 000元、高温作业临时补贴52 000元,向管理者发放集资入股分红360 000元。

资料二:甲省2019年城镇非私营单位职工月平均工资和在岗年末人数分别为6 534元、711万人;城镇私营单位就业人员平均工资和在岗年末人数分别为4 998元、1 126万人。

已知:该省执行单基数模式,各项社会保险费均以职工缴费基数之和为单位缴费基数,"减免缓"和返还等优惠政策均按国家规定最高标准执行。医疗保险缴费比例为

8%（单位缴费比例为 6%、个人缴费比例为 2%），医疗保险统筹基金累计结存可支付月数大于 12 个月；失业保险总费率为 1%（单位缴费比例为 0.5%、个人缴费比例为 0.5%）。

要求：假设 A 公司人员无增减变化，请计算 A 公司 2021 年最多可返还的失业保险费是多少？

参考答案：

2019 年全口径月平均工资为（6 534×711＋4 998×1 126）÷（711＋1 126）＝5 592.50（元）；

2020 年月缴费基数下限为 5 592.50×60%＝3 355.50（元）；

A 公司 2020 年普通员工收入应计入月缴费基数金额为[1 774 890÷45＋(120 000＋52 000)÷41]÷12＝3 636.43（元），高于 2020 年月缴费基数下限，应按 3 636.43 元作为缴费基数；

管理者收入应计入月缴费基数金额为 1 774 890÷45÷12＝3 286.83（元），低于缴费基数下限，应执行 3 355.50 元缴费基数；

A 公司 2020 年应执行的月缴费基数＝3 636.43×41＋3 355.50×4
$$=162\ 515.63（元）；$$

2020 年 1 月份应缴单位缴费部分失业保险费为 162 515.63×0.5%＝812.58（元）；

职工个人应缴失业保险费为 162 515.63×0.5%×12＝9 750.94（元）；

2020 年合计应缴为 812.58＋9 750.94＝10 563.52（元）；

2021 年甲省按照 60% 返还失业保险费，返还金额＝10 563.52×60%
$$=6\ 338.11（元）。$$

答案解析：《国务院办公厅关于印发〈降低社会保险费率综合方案〉的通知》（国办发〔2019〕13 号）（以下简称《方案》）规定，各省应以本省城镇非私营单位就业人员平均工资和城镇私营单位就业人员平均工资加权计算的全口径城镇单位就业人员平均工资，核定社保个人缴费基数上下限，合理降低部分参保人员和企业的社保缴费基数。

《中华人民共和国劳动和社会保障部社会保险事业管理中心关于规范社会保险缴费基数有关问题的通知》（劳社险中心函〔2006〕60 号）规定，劳动分红、高温作业临时补贴应计入缴费基数。集资股息分红、防暑降温费不列入缴费基数。

《人力资源社会保障部　财政部　税务总局关于阶段性减免企业社会保险费的通知》（人社部发〔2020〕11 号）和《人力资源社会保障部　财政部　税务总局关于延长阶段性减免企业社会保险费政策实施期限等问题的通知》（人社部发〔2020〕49 号）相关规定，A 公司 2020 年 2 月至 12 月失业保险费单位缴费部分可享受免征优惠。

《人力资源社会保障部　国家发展改革委　教育部　财政部　中央军委国防动员部

关于延续实施部分减负稳岗扩就业政策措施的通知》(人社部发〔2021〕29号)规定,继续实施普惠性失业保险稳岗返还政策。大型企业按不超过企业及其职工上年度实际缴纳失业保险费的30%返还,中小微企业按不超过60%返还。

二、中央调剂金

企业职工基本养老保险基金中央调剂金是如何筹集的

我国基本养老保险制度自20世纪90年代建立以来,从县级统筹起步,逐步提高统筹层次。2020年年底,各省份都实现了基金省级统收统支,解决了省内地区间基金负担不均衡的问题。但是,由于我国区域之间发展不平衡,经济发展水平、人口年龄结构等存在差异,各省之间养老保险基金结构性矛盾日益突出,一些经济发达的省份基本养老保险基金结余比较多,一些人口老龄化程度比较重的省份,养老保险基金的支出压力比较大。2018年7月,我国建立实施了基金中央调剂制度,适度均衡了省与省之间的养老保险基金负担,迈出了全国统筹的第一步。2018年至2020年,中央调剂制度实施期间共跨省调剂资金16 125万元,有力地支持了困难省份确保养老金按时足额发放。

2018年7月1日,《国务院关于建立企业职工基本养老保险基金中央调剂制度的通知》(国发〔2018〕18号)规定,中央调剂基金由各省份养老保险基金上解的资金构成。按照各省份职工平均工资的90%和在职应参保人数作为计算上解额的基数,上解比例从3%起步,逐步提高。各省份职工平均工资,为统计部门提供的城镇非私营单位和私营单位就业人员加权平均工资。各省份在职应参保人数,暂以在职参保人数和国家统计局公布的企业就业人数二者的平均值为基数核定。将来条件成熟时,以覆盖常住人口的全民参保计划数据为基础确定在职应参保人数。某省份上解额=(某省份职工平均工资×90%)×某省份在职应参保人数×上解比例。

中央调剂基金实行以收定支,当年筹集的资金全部拨付地方。中央调剂基金按照人均定额拨付,根据人力资源社会保障部、财政部核定的各省份离退休人数确定拨付资金数额。某省份拨付额=核定的某省份离退休人数×全国人均拨付额。全国人均拨付额=筹集的中央调剂基金÷核定的全国离退休人数。

中央调剂基金是养老保险基金的组成部分,纳入中央级社会保障基金财政专户,实行收支两条线管理,专款专用,不得用于平衡财政预算。中央调剂基金采取先预缴预拨后清算的办法,资金按季度上解下拨,年终统一清算。各地在实施养老保险基金中央调剂制度之前累计结余基金原则上留存地方,用于本省(自治区、直辖市)范围内养老保险基金余缺调剂。现行中央财政补助政策和补助方式保持不变。中央政府在下达中央财政补助资金和拨付中央调剂基金后,各省份养老保险基金缺口由地方政府承担。省级政府要切实承担确保基本养老金按时足额发放和弥补养老保险基金缺口的主体责任。

党中央、国务院高度重视养老保险全国统筹工作。按照党中央、国务院决策部署,从2022年1月开始实施养老保险全国统筹。全国统筹制度实施后,将在全国范围内对地区间养老保险基金当期余缺进行调剂,用于确保养老金按时足额发放,这就在制度上解决了基金的结构性矛盾问题,困难地区的养老金发放更有保障。人社部将会同有关部门加强全国统筹调剂资金的管理,确保基金安全、调拨顺畅。全国统筹制度实施以后,将建立中央和地方政府的支出责任分担机制,中央财政对养老保险的补助力度不会减小,保持稳定性和连续性。在此基础上,地方政府的支出责任将更加明确,各级政府的责任都将进一步压实。同时,全国统筹以后,通过加强对养老保险政策、基金管理、经办服务、信息系统等方面的统一管理,将有利于进一步提升整体保障能力,增强制度的统一性和规范性,更好地确保养老金按时足额发放,为参保企业和参保人员提供更加方便、快捷的服务。

政策链接: 中央调剂金调剂比例

1.《国务院办公厅关于印发〈降低社会保险费率综合方案〉的通知》(国办发〔2019〕13号)

五、提高养老保险基金中央调剂比例

加大企业职工基本养老保险基金中央调剂力度,2019年基金中央调剂比例提高至3.5%,进一步均衡各省之间养老保险基金负担,确保企业离退休人员基本养老金按时足额发放。

2.《人力资源社会保障部 财政部 税务总局关于阶段性减免企业社会保险费的通知》(人社部发〔2020〕11号)

六、各省级政府要切实承担主体责任,确保各项社会保险待遇按时足额支付。加快推进养老保险省级统筹,确保年底前实现基金省级统收统支。2020年企业职工基本养老保险基金中央调剂比例提高到4%,加大对困难地区的支持力度。

3.人力资源社会保障部举行的2021年第四季度新闻发布会

基金中央调剂力度继续加大,比例提高到4.5%。

【实务案例】中央调剂金的计算

甲省2018年城镇非私营单位就业人员平均工资为55 290元,2018年全口径社会平均工资为 51 780 元,2019 年全口径社会平均工资为 56 700 元。2019 年年末在职参保人数为 580 万人,统计部门公布企业就业人数为 800 万人。2020 年年末在职参保人数为 620 万人,统计部门公布企业就业人数为 900 万人。

要求:请计算甲省 2020 年中央调剂金额。

参考答案:2020 年中央调剂金额为 56 700×90%×(580+800)÷2×4%=1 408 428(万元)。

答案解析:《国务院关于建立企业职工基本养老保险基金中央调剂制度的通知》(国发〔2018〕18 号)中规定,中央调剂基金由各省份养老保险基金上解的资金构成。按照各省份职工平均工资的 90% 和在职应参保人数作为计算上解额的基数,上解比例从 3% 起步,逐步提高。某省份上解额=(某省份职工平均工资×90%)×某省份在职应参保人数×上解比例。各省份职工平均工资,为统计部门提供的城镇非私营单位和私营单位就业人员加权平均工资。各省份在职应参保人数,暂以在职参保人数和国家统计局公布的企业就业人数二者的平均值为基数核定。将来条件成熟时,以覆盖常住人口的全民参保计划数据为基础确定在职应参保人数。

《人力资源社会保障部 财政部 国家税务总局关于阶段性减免企业社会保险费的通知》(人社部发〔2020〕11 号)中规定,各省级政府要切实承担主体责任,确保各项社会保险待遇按时足额支付。加快推进养老保险省级统筹,确保年底前实现基金省级统收统支。2020 年企业职工基本养老保险基金中央调剂比例提高到 4%,加大对困难地区的支持力度。

三、税收优惠政策

1. 社会保险费在企业所得税税前可以扣"几险"

"五险一金"这个词在大学生入职、企业招聘员工时每每都会被提到,尤其是在朋友之间谈到自己所在单位的工资福利时,更是会被频繁提到,但是有的人说,单位给交"三险",有的人说,单位给交"五险"。到底什么是"五险一金"呢?相信还是有一些人搞不明白。实际上,大家通常说的"五险"是指《社会保险法》强制要求企业为员工缴纳的五种社会保险,企业依照国务院有关主管部门或者省级人民政府规定的范围和标准分别为职工缴纳职工养老保险、职工医疗保险、失业保险、工伤保险和生育保险,"五险"对于企业来讲是一种法定的责任和义务。为什么会出现"三险"和"五险"的不同表述呢?这个问题要从各个社会保险费的缴费主体来解析。按照《社会保险法》关于社会保险费缴纳的规定,养老保险、医疗保险和失业保险,这三种险是由企业和个人共同缴纳的保费,工伤保险和生育保险完全是由企业承担的,个人不需要缴纳,因此会出现"三险"和"五险"之说。那"一金"指的是什么呢?"一金"是指住房公积金。在这里不讨论"一金"的问题,只讨论社会保险费可以在企业所得税税前扣除"几险"的问题。

按照我国现行税法规定,企业依照国务院有关主管部门或者省级人民政府规定的范围和标准为职工缴纳的基本养老保险费、基本医疗保险费、失业保险费、工伤保险费、生育保险费等基本社会保险费和住房公积金,准予扣除。由此可见,企业所得税税前可以扣除的是"五险",但值得注意的是,税法强调的是要依照国务院有关主管部门或者省级人民政府规定的范围和标准计算的"五险"才允许税前据实扣除,超过标准的部分,不得税前扣除。

举个例子来说,甲省规定单位职工本人缴纳基本养老保险费的基数原则上以上一年度本人月平均工资为基础,在当地职工平均工资的60%~300%的范围内进行核定,但A公司董事会决议,因全体高管上年度月平均工资都不高,为了提高将来退休福利待遇,均按缴费基数上限计算缴纳基本养老保险费。在企业所得税法上,高出按标准计算部分,不允许在计算企业所得税应纳税所得额时进行扣除。由于各省经济发展水平有所不同,各地规定的标准不尽相同,有可能是缴费基数不同,也可能是费率有所不同,在实际执行中,一定要参照当地规定的范围和标准执行。

国家提倡企业除了为员工缴纳基本养老保险、基本医疗保险,可以根据自身情况为企业员工建立企业年金制度,作为基本养老保险的补充,也可以在衡量自身保险需求后,通过商业保险或其他形式的医疗保险对基本医疗保险进行补充。这两种保险不是国家强制性的,而是企业给员工的一种福利。补充养老保险和补充医疗保险为完善我国提出的多层次的社会保障体系具有重大作用,国家对此持鼓励和支持的态度,允许企业为在本企业任职或者受雇的全体员工支付的补充养老保险费、补充医疗保险费中,分别在不超过职工工资总额5%标准内的部分,在计算应纳税所得额时准予扣除;超过的部分,不予扣除。

无论是国家强制缴纳的"五险",还是作为补充养老保险和补充医疗保险,都允许在计算企业所得税应纳税所得额时予以扣除。那么,如果企业发生不办理社会保险登记、未按规定期限缴纳、未足额代扣个人缴费等被社会保险部门或税务部门罚款,罚款支出可不可以在计算企业所得税应纳税所得额时进行扣除?答案是否定的,也就是说,不允许扣除。根据企业所得税法规定,在计算应纳税所得额时,罚金、罚款和被没收财物的损失支出不得扣除。企业支付的社会保险费罚款,属于行政性罚款,因此不可以税前扣除。

政策链接：社会保险费准予在企业所得税税前扣除的项目

1.《中华人民共和国企业所得税法实施条例》(国务院令第714号)

第三十五条　企业依照国务院有关主管部门或者省级人民政府规定的范围和标准为职工缴纳的基本养老保险费、基本医疗保险费、失业保险费、工伤保险费、生育保险费等基本社会保险费和住房公积金，准予扣除。

企业为投资者或者职工支付的补充养老保险费、补充医疗保险费，在国务院财政、税务主管部门规定的范围和标准内，准予扣除。

第三十六条　除企业依照国家有关规定为特殊工种职工支付的人身安全保险费和国务院财政、税务主管部门规定可以扣除的其他商业保险费外，企业为投资者或者职工支付的商业保险费，不得扣除。

2.《财政部　国家税务总局关于补充养老保险费、补充医疗保险费有关企业所得税政策问题的通知》(财税〔2009〕27号)

自2008年1月1日起，企业根据国家有关政策规定，为在本企业任职或者受雇的全体员工支付的补充养老保险费、补充医疗保险费，分别在不超过职工工资总额5%标准内的部分，在计算应纳税所得额时准予扣除；超过的部分，不予扣除。

3.《国家税务总局关于企业工资薪金及职工福利费扣除问题的通知》(国税函〔2009〕3号)

为有效贯彻落实《中华人民共和国企业所得税法实施条例》(以下简称《实施条例》)，现就企业工资薪金和职工福利费扣除有关问题通知如下：

一、关于合理工资薪金问题

《实施条例》第三十四条所称的"合理工资薪金"，是指企业按照股东大会、董事会、薪酬委员会或相关管理机构制订的工资薪金制度规定实际发放给员工的工资薪金。税务机关在对工资薪金进行合理性确认时，可按以下原则掌握：

（一）企业制定了较为规范的员工工资薪金制度；

（二）企业所制订的工资薪金制度符合行业及地区水平；

（三）企业在一定时期所发放的工资薪金是相对固定的，工资薪金的调整是有序进行的；

（四）企业对实际发放的工资薪金，已依法履行了代扣代缴个人所得税义务；

（五）有关工资薪金的安排，不以减少或逃避税款为目的。

二、关于工资薪金总额问题

《实施条例》第四十、四十一、四十二条所称的"工资薪金总额",是指企业按照本通知第一条规定实际发放的工资薪金总和,不包括企业的职工福利费、职工教育经费、工会经费以及养老保险费、医疗保险费、失业保险费、工伤保险费、生育保险费等社会保险费和住房公积金。属于国有性质的企业,其工资薪金,不得超过政府有关部门给予的限定数额;超过部分,不得计入企业工资薪金总额,也不得在计算企业应纳税所得额时扣除。

五、本通知自2008年1月1日起执行。

4.《财政部 国家税务总局关于安置残疾人员就业有关企业所得税优惠政策问题的通知》(财税〔2009〕70号)

一、企业安置残疾人员的,在按照支付给残疾职工工资据实扣除的基础上,可以在计算应纳税所得额时按照支付给残疾职工工资的100%加计扣除。

企业就支付给残疾职工的工资,在进行企业所得税预缴申报时,允许据实计算扣除;在年度终了进行企业所得税年度申报和汇算清缴时,再依照本条第一款的规定计算加计扣除。

二、残疾人员的范围适用《中华人民共和国残疾人保障法》的有关规定。

三、企业享受安置残疾职工工资100%加计扣除应同时具备如下条件:

(一)依法与安置的每位残疾人签订了1年以上(含1年)的劳动合同或服务协议,并且安置的每位残疾人在企业实际上岗工作。

(二)为安置的每位残疾人按月足额缴纳了企业所在区县人民政府根据国家政策规定的基本养老保险、基本医疗保险、失业保险和工伤保险等社会保险。

(三)定期通过银行等金融机构向安置的每位残疾人实际支付了不低于企业所在区县适用的经省级人民政府批准的最低工资标准的工资。

(四)具备安置残疾人上岗工作的基本设施。

【实务案例】企业缴纳的各项保险在所得税汇算清缴时是否需要调整

2022年6月,甲市税务局第一稽查局通过"双随机"平台,选取A公司为待查对象,经稽查局局长批准立案后,将任务下达给检查一科,要求对A公司2021年1月1日至2021年12月31日涉税情况进行检查。

A公司为私营企业,主要从事医药制造与销售,2021年度利润总额为280万元,2022年5月15日按230万的应纳税所得额(对残疾人工资加计扣除100%)自行申报企业所得税,未作税前调整。已知A公司所在省份社会保险费实行单基数缴纳,各险种适用统一基数。基本养老保险费率为24%(其中:单位部分16%、个人部分8%),基本医疗保险(含生育保险)费率为8.5%(其中:单位部分6.5%,个人部分2%),失业保险费率为1%(其中:单位部分0.5%,个人部分0.5%),工伤保险费率为0.8%。检查人员在检查中发现如下情况:

1. A公司2021年"应付职工薪酬——工资薪金"科目贷方发生额为1 500万元,其中支付残疾员工工资50万元,实际支付1 500万元,经核实属于正常工资薪金。

2. A公司2021年"应付职工薪酬——社会保险费——单位部分"科目贷方发生额为385.1万元,实际缴纳385.1万元。经核实,10名高层上年月平均工资均处于缴费基数上下限范围内。企业为提高高管隐性福利,按缴费基数上限缴纳基本养老保险和基本医疗保险,与按正常基数计算相比,多支出40万元,其他险种正常缴纳。

3. A公司2021年"应付职工薪酬——补充养老保险——单位部分"科目贷方发生额为52万元,实际缴纳52万元。经查,该项支出系公司为主要10名高层人员购买的补充养老保险。

4. A公司2021年"应付职工薪酬——补充医疗保险——单位部分"科目贷方发生额为14万元,实际缴纳14万元。经核实,该项支出系公司为10名高层人员购买的补充医疗保险。

5. A公司2021年"应付职工薪酬——人身意外伤害险——特殊工种"科目贷方发生额为20万元,实际缴纳20万元。经核实,该项支出系公司按照当地省安监局要求为高危特殊工种岗位人员购置的人身意外伤害险。

6. A公司2021年"应付职工薪酬——人身意外伤害险——全体员工"科目贷方发生额为30万元,实际缴纳30万元。经查,该项支出系公司为全体员工购买的人身意外伤害险。

7. A公司2021年"应职工薪酬——雇主责任险——投资人张先生"科目贷方发生额为10万元,实际缴纳10万元。

8. A公司共与10名残疾人签订劳动合同,但未为其办理社会保险登记,未缴纳各项社会保险费。

要求:根据上述资料,假定不存在其他问题,请逐项分析A公司2021年度是否需要纳税调整,并简要说明原因。

参考答案:

1. A公司2021年计提工资薪金1 500万元,实际支付1 500万元,已经税前扣除,无需进行调整。

答案解析:根据《中华人民共和国企业所得税法》(中华人民共和国主席令第六十

三号)第八条的规定,企业实际发生的与取得收入有关的、合理的支出,包括成本、费用、税金、损失和其他支出,准予在计算应纳税所得额时扣除。根据《中华人民共和国企业所得税法实施条例》(国务院令第714号)第三十四条的规定,企业发生的合理的工资、薪金支出,准予扣除。前款所称工资、薪金,是指企业每一纳税年度支付给在本企业任职或者受雇的员工的所有现金形式或者非现金形式的劳动报酬,包括基本工资、奖金、津贴、补贴、年终加薪、加班工资,以及与员工任职或者受雇有关的其他支出。

2. A公司按缴费基数上限为10名高管计提并缴纳基本养老保险和基本医疗保险,与按正常基数计算相比,多支出40万元,应调增应纳税所得额40万元。

答案解析:根据《中华人民共和国企业所得税法实施条例》(国务院令第714号)第三十五条第一款的规定,企业依照国务院有关主管部门或者省级人民政府规定的范围和标准为职工缴纳的基本养老保险费、基本医疗保险费、失业保险费、工伤保险费、生育保险费等基本社会保险费和住房公积金,准予扣除。

3. A公司为主要10名高层购买的补充养老保险支出的52万元,不允许在计算应纳税所得额时扣除,应调增应纳税所得额52万元。

答案解析:根据《中华人民共和国企业所得税法实施条例》(国务院令第714号)第三十五条第二款的规定,企业为投资者或者职工支付的补充养老保险费、补充医疗保险费,在国务院财政、税务主管部门规定的范围和标准内,准予扣除。《财政部 国家税务总局关于补充养老保险费、补充医疗保险费有关企业所得税政策问题的通知》(财税〔2009〕27号)规定,自2008年1月1日起,企业根据国家有关政策规定,为在本企业任职或者受雇的全体员工支付的补充养老保险费、补充医疗保险费,分别在不超过职工工资总额5%标准内的部分,在计算应纳税所得额时准予扣除;超过的部分,不予扣除。

4. A公司为主要10名高层购买的补充医疗保险支出的14万元,不允许在计算应纳税所得额时扣除,应调增应纳税所得额14万元。

答案解析:同上问。

5. A公司2021年按照当地省安监局要求为高危特殊工种岗位人员购置的人身意外伤害险实际支出20万元,准予扣除,不需要调整。

答案解析:根据《中华人民共和国企业所得税法实施条例》(国务院令第714号)第三十六的规定,除企业依照国家有关规定为特殊工种职工支付的人身安全保险费和国务院财政、税务主管部门规定可以扣除的其他商业保险费外,企业为投资者或者职工支付的商业保险费,不得扣除。

6. A公司2021年为全体员工购买的人身意外伤害险支出的30万元,不得在税前扣除,应调增应纳税所得额。

答案解析:同上问。

7. A公司2021年为投资人张先生缴纳的雇主责任险10万元,不得在税前扣除,应调增应纳税所得额。

答案解析:同上问。该险种应属于商业保险,不能在税前扣除。

8. A公司共与10名残疾人签订劳动合同,但未为其办理社会保险登记,未缴纳各项社会保险费,不得在企业所得税申报时按残疾人工资100%加计扣除,应调增应纳税所得额。

答案解析:《财政部 国家税务总局关于安置残疾人员就业有关企业所得税优惠政策问题的通知》(财税〔2009〕70号)规定,企业安置残疾人员的,在按照支付给残疾职工工资据实扣除的基础上,可以在计算应纳税所得额时按照支付给残疾职工工资的100%加计扣除。但要满足4个条件,其中之一为:为安置的每位残疾人按月足额缴纳了企业所在区县人民政府根据国家政策规定的基本养老保险、基本医疗保险、失业保险和工伤保险等社会保险。

【背景案例】 税务局观点:雇主责任险是否可以在企业所得税税前扣除

(来源:国家税务总局纳税服务司 2010年6月28日)

问:我公司向人保财险公司投保雇主责任险,该险种属于财产险,为减轻因员工的意外情况而给雇主(公司)带来的潜在损失,其保险理赔款直接支付给公司而非员工。我们认为此险种不属于《企业所得税实施条例》第三十六条规定中的"企业为投资者或者职工支付的商业保险费,不得扣除"的范围,因而可以在税前扣除,不知我们的理解对否?请予以明确。

答:根据《企业所得税实施条例》第二十六条的规定,除企业依照国家有关规定为特殊工种职工支付的人身安全保险费和国务院财政、税务主管部门规定可以扣除的其他商业保险费外,企业为投资者或者职工支付的商业保险费,不得扣除。雇主责任险虽非直接支付给员工,但是属于为被保险人雇用的员工在受雇的过程中,从事与被保险人经营业务有关的工作而受意外,或与业务有关的国家规定的职业性疾病所致伤、致残或死亡负责赔偿的一种保险,因此该险种应属于商业保险,不能在税前扣除。

2. 社保基金运营在印花税上真的有优惠吗

为进一步完善我国的社会保障体系,筹集和积累社会保障资金,合理分摊社会保障转型成本,更好地应对我国人口老龄化,经党中央、国务院批准,我国于2000年8月成立全国社会保障基金,并设置全国社会保障基金理事会。

全国社会保障基金是国家社会保障储备基金用于人口老龄化高峰时期的养老保险等社会保障支出的调剂和补充。由国有股减持划入的资金和股权资产、中央财政预算拨款、经国务院批准以其他方式筹集的资金及其投资收益构成,是中央政府专门用于社会保障支出的补充、调剂基金。也就是说,国家通过上述途径把资金筹集到一起,用于将来应对人口老龄化。

全国社会保障基金理事会是全国社会保障基金的管理运营机构,为国务院直属事业单位,由国务院直接领导,并接受国务院或国务院授权部门的监督。其主要职责包括:制定全国社保基金的投资经营策略并组织实施、选择并委托全国社保基金投资管理人、托管人,对全国社保基金资产进行投资运作和托管,对投资运作和托管情况进行检查,并在规定的范围内对全国社保基金资产进行直接投资运作;管理和运作划入全国社保基金的股权资产。社会保障基金的战略地位,决定了资本运营要以安全性为首要原则,要在保证安全性的前提下,实现资本的保值增值。目前为止,全国社会保障基金理事会直接运作的社保基金的投资范围限于银行存款、在一级市场购买国债,其他投资则需要委托社会保险基金投资管理人管理和运作,并委托社会保险基金托管人托管。委托社保基金投资管理人的基金可以通过股市购买证券。现行税法规定,证券交易由出让方按千分之一缴纳印花税。因为社会保障基金对我国社会发展意义重大,是保障和改善民生的重要举措,在保证税法征收的前提下,国家对此出台了优惠政策。早在2003年,财政部、国家税务总局联合向上海市和深圳市相关部门下发通知,对全国社会保障基金理事管理的全国社会保障基金的有关证券(股票)交易印花税政策进行明确,对社保理事会委托社保基金投资管理人运用社保基金买卖证券应缴纳的印花税实行先征后返,对社保基金持有的证券,在社保基金证券账户之间的划拨过户,不属于印花税的征税范围,不征收印花税。为了多渠道筹集社会保障基金,国务院在2009年出台了关于在境内证券市场实施国有股转持的有关政策,同年财政部、国家税务总局又下发通知,对有关国有股东按照规定向全国社会保障基金理事会转持国有股,免征证券(股票)交易印花税。

2021年6月10日第十三届全国人民代表大会常务委员会第二十九次会议通过的《中华人民共和国印花税法》把证券交易印花税以法律形式进行了明确。2022年6月27日财政部、税务总局发布了2022年的23号公告,继续明确该优惠政策有效。可见,国家对社会保障基金有关的印花税是继续扶持的。

政策链接: 全国社会保障基金印花税政策

1.《财政部 国家税务总局关于全国社会保障基金有关印花税政策的通知》(财税〔2003〕134号)

一、对社保理事会委托社保基金投资管理人运用社保基金买卖证券应缴纳的印花税实行先征后返。社保理事会定期向财政部、上海市和深圳市财政局提出返还印花税的申请,即按照中央与地方印花税分享比例,属于中央收入部分,向财政部提出申请;属于地方收入部分,向上海市和深圳市财政局提出申请。具体退税程序比照财政部、国家税务总局、中国人民银行《关于税制改革后对某些企业实行"先征后退"有关预算管理问题的暂行规定的通知》[(94)财预字第55号]的有关规定办理。

二、对社保基金持有的证券,在社保基金证券账户之间的划拨过户,不属于印花税的征税范围,不征收印花税。

2.《财政部 国家税务总局关于境内证券市场转持部分国有股充实全国社会保障基金有关证券(股票)交易印花税政策的通知》(财税〔2009〕103号)

经国务院批准,对有关国有股东按照《境内证券市场转持部分国有股充实全国社会保障基金实施办法》(财企〔2009〕94号)向全国社会保障基金理事会转持国有股,免征证券(股票)交易印花税。

3.《中华人民共和国印花税法》(中华人民共和国主席令第八十九号)

第一条 在中华人民共和国境内书立应税凭证、进行证券交易的单位和个人,为印花税的纳税人,应当依照本法规定缴纳印花税。

第三条 本法所称证券交易,是指转让在依法设立的证券交易所、国务院批准的其他全国性证券交易场所交易的股票和以股票为基础的存托凭证。

证券交易印花税对证券交易的出让方征收,不对受让方征收。

印花税税率税目表可知,证券交易印花税的税率为千分之一。

第二十条 本法自2022年7月1日起施行。1988年8月6日国务院发布的《中华人民共和国印花税暂行条例》同时废止。

【背景案例】2020年全国社会保障基金理事会社保基金年度报告(节选)

一、社保基金会概况

(四)社保基金会管理的资金

经国务院批准,依据财政部、人力资源社会保障部规定,社保基金会受托管理以下资金:

1.全国社会保障基金(以下简称全国社保基金),是国家社会保障储备基金,用于人口老龄化高峰时期的养老保险等社会保障支出的补充、调剂。全国社保基金由中央财政预算拨款、国有资本划转、基金投资收益和以国务院批准的其他方式筹集的资金构成。

2.做实个人账户中央补助资金,是社保基金会受相关省(自治区、直辖市)人民政府委托管理的做实基本养老保险个人账户中央补助资金及其投资收益(以下简称个人账户基金)。根据财政部、人力资源社会保障部《做实企业职工基本养老保险个人账户中央补助资金投资管理暂行办法》和社保基金会与试点省(自治区、直辖市)人民政府签署的委托投资管理合同,个人账户基金纳入全国社保基金统一运营,作为基金权益核算。

3. 部分企业职工基本养老保险资金,是山东省人民政府委托社保基金会管理的部分企业职工基本养老保险基金结余资金及其投资收益(以下简称地方委托资金)。经国务院批准,根据社保基金会与山东省人民政府签订的委托投资管理合同,地方委托资金纳入全国社保基金统一运营,作为基金权益核算。

4. 基本养老保险基金,是各省(自治区、直辖市)人民政府根据2015年8月17日国务院印发施行的《基本养老保险基金投资管理办法》,委托社保基金会管理的基本养老保险部分结余基金及其投资收益。根据《基本养老保险基金投资管理办法》和社保基金会与各委托省(自治区、直辖市)人民政府签署的委托投资管理合同,社保基金会对受托管理的基本养老保险基金实行单独管理、集中运营、独立核算。

5. 划转的部分国有资本,是根据2017年11月9日国务院印发的《划转部分国有资本充实社保基金实施方案》,由国务院委托社保基金会负责集中持有的划转中央企业国有股权,单独核算。

三、社保基金主要财务数据

(一)财务状况

2020年年末,社保基金资产总额29 226.61亿元。其中:

直接投资资产10 146.53亿元,占社保基金资产总额的34.72%;委托投资资产19 080.08亿元,占社保基金资产总额的65.28%。

境内投资资产26 393.12亿元,占社保基金资产总额的90.31%;境外投资资产2 833.49亿元,占社保基金资产总额的9.69%。

2020年年末,社保基金负债余额2 438.48亿元,主要是社保基金在投资运营中形成的短期负债。

2020年年末,社保基金权益总额为26 788.13亿元,包括:

全国社保基金权益24 591.23亿元,其中,累计财政性净拨入9 909.63亿元,累计投资增值余额14 681.60亿元(其中累计投资收益余额14 041.64亿元,基金公积和报表折算差额合计639.96亿元)。

个人账户基金权益1 486.76亿元,其中,委托本金余额774.92亿元,累计投资收益余额711.84亿元。

地方委托资金权益710.14亿元,其中,委托本金余额500亿元,累计投资收益余额210.14亿元。

（二）投资业绩

2020年，社保基金投资收益额3 786.60亿元，投资收益率15.84%。其中，已实现收益额2 045.74亿元（已实现收益率9.58%），交易类资产公允价值变动额1 740.86亿元。

社保基金自成立以来的年均投资收益率8.51%，累计投资收益额16 250.66亿元。

（三）财政拨入全国社保基金情况

2020年，财政性拨入全国社保基金资金313.81亿元，其中：一般公共预算拨款100亿元，彩票公益金213.60亿元注，国有股减持资金0.21亿元。

截至2020年年末，财政性拨入全国社保基金资金和股份累计9 930.31亿元，其中：一般公共预算拨款3 498.36亿元，国有股减转持资金和股份2 843.71亿元（减持资金971.59亿元，境内转持股票1 028.57亿元，境外转持股票843.55亿元），彩票公益金3 588.24亿元。扣除实业投资项目上市时社保基金会作为国有股东履行减持义务累计减少国有股13.88亿元，2009年用于四川地震灾区工伤保险金补助划缴中央财政6.80亿元，中央财政净拨入全国社保基金累计9 909.63亿元。

注：2020年安排彩票公益金补充全国社会保障基金213.60亿元，其中，当年安排预算额度拨付113.81亿元，上年度预算结转额度拨付99.79亿元。

3. 基本养老保险基金用于投资有税收政策支持吗

社会保险基金是指国家通过立法，为保证社会保险制度运转，保障劳动者在丧失劳动能力或失去劳动机会时的基本生活而设立的，是老百姓的"养命钱""活命钱""救命钱"，我国已先后建立了基本养老保险基金、基本医疗保险基金、工伤保险基金、失业保险基金和生育保险基金。社会保险基金具有一定的稳定性和积累性，会产生资金的沉淀，具有投资运营的基本条件，我国目前参与投资的社会保险基金包括基本社会保险基金、补充保障基金、全国社会保障基金。

基本养老保险基金包括职工基本养老保险基金、城乡居民基本养老保险基金，限于境内投资，其结余基金一般用来购买国债和银行存款。为更好地实现保值增值，2015年国务院印发施行了《基本养老保险基金投资管理办法》，国家允许各省作为养老基金投资的委托人，将本省基本养老保险基金委托给全国社保基金理事会投资运营。面对越来越多的省级政府将本省养老保险基金委托给全国社保基金理事会投资运营，2018年，财政部、国家税务总局对基本养老保险基金有关投资业务税收政策作了统一规定，主要包括以下方面：

（1）增值税方面。对在国务院批准的投资范围内，运用养老基金投资过程中，提供贷款服务取得的全部利息及利息性质的收入和金融商品转让收入，免征增值税。

（2）企业所得税方面。对在国务院批准的投资范围内，运用养老基金投资过程中，取得的归属于养老基金的投资收入,作为企业所得税不征税收入。

(3)印花税方面。对社保基金会及养老基金投资管理机构运用养老基金买卖证券应缴纳的印花税实行先征后返;养老基金持有的证券,在养老基金证券账户之间的划拨过户,不属于印花税的征收范围,不征收印花税;对社保基金会和养老基金投资管理机构管理的养老基金转让非上市公司股权,免征社保基金会和养老基金投资管理机构应缴纳的印花税。

政策链接: 基本养老保险基金投资运营税收优惠

1.《中华人民共和国社会保险法》(中华人民共和国主席令第三十五号)

第六十四条 社会保险基金包括基本养老保险基金、基本医疗保险基金、工伤保险基金、失业保险基金和生育保险基金。各项社会保险基金按照社会保险险种分别建账,分账核算,执行国家统一的会计制度。

第六十九条 社会保险基金在保证安全的前提下,按照国务院规定投资运营实现保值增值。

2.《国务院关于印发基本养老保险基金投资管理办法的通知》(国发〔2015〕48号)

第二条 本办法所称基本养老保险基金(以下简称养老基金),包括企业职工、机关事业单位工作人员和城乡居民养老基金。

第三条 各省、自治区、直辖市养老基金结余额,可按照本办法规定,预留一定支付费用后,确定具体投资额度,委托给国务院授权的机构进行投资运营。委托投资的资金额度、划出和划回等事项,要向人力资源社会保障部、财政部报告。

第四条 养老基金投资应当坚持市场化、多元化、专业化的原则,确保资产安全,实现保值增值。

第十一条 养老基金投资按照国家规定享受税收优惠。具体办法由财政部会同有关部门另行制定。

3.《财政部 国家税务总局关于基本养老保险基金有关投资业务税收政策的通知》(财税〔2018〕95号)

一、对社保基金会及养老基金投资管理机构在国务院批准的投资范围内,运用养老基金投资过程中,提供贷款服务取得的全部利息及利息性质的收入和金融商品转让收入,免征增值税。

二、对社保基金会及养老基金投资管理机构在国务院批准的投资范围内,运用养老基金投资取得的归属于养老基金的投资收入,作为企业所得税不征税收入;对养老基金投资管理机构、养老基金托管机构从事养老基金管理活动取得的收入,依照税法规定征收企业所得税。

三、对社保基金会及养老基金投资管理机构运用养老基金买卖证券应缴纳的印花税实行先征后返;养老基金持有的证券,在养老基金证券账户之间的划拨过户,不属于印花税的征收范围,不征收印花税。对社保基金会及养老基金投资管理机构管理的养老基金转让非上市公司股权,免征社保基金会及养老基金投资管理机构应缴纳的印花税。

【背景案例】基本养老保险基金投资运营成效显著

(来源:人力资源社会保障部网站 2020年11月24日)

近日,《基本养老保险基金受托运营2019年度报告》面向社会公开发布。报告显示,截至2019年年底,各省委托全国社会保障基金理事会投资运营的基本养老保险基金资产总额10 767.80亿元,当年投资收益额663.86亿元,投资收益率9.03%。自2016年年底正式启动市场化投资运营以来,累计投资收益额850.69亿元,较好地实现了保值增值目标,为推动我国基本养老保险制度可持续发展提供了有力支撑。

2015年国务院印发《基本养老保险基金投资管理办法》,明确各省、自治区、直辖市基本养老保险基金结余,可预留一定支付费用后,统一委托给全国社会保障基金会理事会开展市场化投资运营。目前,全国已有25个省、自治区、直辖市与社保基金会签署了委托投资合同,合同总金额超过1.11万亿元,实际到账资金约9 800亿元。考虑到城乡居民基本养老保险基金实行实账积累,当期支付压力小,为促进保值增值,人力资源社会保障部、财政部2018年联合发文,要求分三批在全国范围内全面实施城乡居民基本养老保险基金委托投资。目前,已有22个省份如期启动,辽宁、贵州等地正在抓紧推进,有望2020年年底前全部完成目标任务。

【背景案例】全国社会保障基金理事会基本养老保险基金受托运营年度报告(2020年度)

三、基本养老保险基金主要财务数据

(一)财务状况

2020年年末,基本养老保险基金资产总额13 950.85亿元,负债总额1 506.27亿元(主要是基本养老保险基金在投资运营中形成的短期负债),权益总额12 444.58亿元,其中:直接投资4 700.06亿元,占比37.77%;委托投资7 744.52亿元,占比62.23%。

2020年年末,基本养老保险基金权益总额12 444.58亿元,其中:委托省份基本养老保险基金权益12 312.05亿元（包括委托省份委托本金10 457.93亿元，记账收益1 834.26亿元，风险准备金19.86亿元）；基金公积0.19亿元（主要是可供出售金融资产的浮动盈亏变动额）；受托管理基本养老保险基金风险基金132.34亿元[注1]。

（二）投资业绩

2020年，基本养老保险基金权益投资收益额1 135.77亿元，投资收益率10.95%，其中：已实现收益853.27亿元（已实现收益率8.50%），交易类资产公允价值变动额282.50亿元。

基本养老保险基金自2016年12月受托运营以来，累计投资收益额1 986.46亿元，年均投资收益率6.89%[注2]。

[注1]受托管理基本养老保险基金风险基金是社保基金会对于承诺保底收益的委托资金按委托投资合同的约定，对其超额收益的10%的分成，用于弥补委托资金到期结算投资收益额与保底收益额不足的部分，不属于委托省份的权益。

[注2]考虑到2016年基本养老保险基金仅运作6天，年均投资收益率不包括2016年的收益率情况。

4. 个人参保缴费可以享受哪些个人所得税优惠

社会保险是国家依法建立的，国家一般都会给予支持。从世界各国的情况来看，建立社会保险制度的国家，一般都允许企业和个人缴费的社会保险费在所得税税前列支，还有一些国家允许税收抵免或递延纳税。《社会保险法》第五条第三款规定，国家通过税收优惠政策支持社会保险事业。

税收优惠，是指为了配合国家在一定时期的政治、经济和社会发展总目标，政府利用税收制度，按预定目的，在税收方面相应采取的激励和照顾措施，以减轻某些纳税人应履行的纳税义务，是国家干预经济的重要手段之一。现行制度中，社会保险对个人的税收优惠主要包括以下内容：

一是个人按国家规定缴费的社会保险缴费可以在计算个人所得税应纳税所得额时扣除。

二是个人社会保险账户资金免收利息税。《社会保险法》第十四条规定，个人账户不得提前支取，记账利率不得低于银行定期存款利率，免征利息税。

三是各项社会保险待遇免征个人所得税。个人实际领（支）取原提存的基本养老保险金、基本医疗保险金、失业保险金和住房公积金时，免征个人所得税；福利费、抚恤金免征个人所得税，包括工伤职工死亡，其供养亲属依法取得的抚恤金，养老、失业保险参保人死亡，其遗属领取的抚恤金等应当免税。按照国家统一规定发给的生育津贴、工伤的伤残津贴以及养老的病残津贴免征个人所得税；生育妇女按照县级以上人民政府根据国家有关规定制定的生育保险办法，取得的生育津贴、生育医疗费或其他属于生育保险性质的津贴、补贴，免征个人所得税。

值得注意的是，企事业单位和个人超过规定的比例和标准缴付的基本养老保险费、基本医疗保险费和失业保险费，应将超过部分并入个人当期的工资、薪金收入，计征个人所得税。单位和个人超过上述规定比例和标准缴付的住房公积金，应将超过部分并入个人当期的工资、薪金收入，计征个人所得税。若企业没有真正向社保部门缴付计提的保险费，而是以现金形式发给职工个人，则应全额计入领取人的当期工资、薪金收入计征个人所得税。

政策链接：个人参保缴纳可以享受的税收优惠

1.《中华人民共和国个人所得税法》（中华人民共和国主席令第九号）

第四条 下列各项个人所得，免征个人所得税：

（三）按照国家统一规定发给的补贴、津贴；

（四）福利费、抚恤金、救济金；

（七）按照国家统一规定发给干部、职工的安家费、退职费、基本养老金或者退休费、离休费、离休生活补助费，免征个人所得税。

第六条 应纳税所得额的计算：

（一）居民个人的综合所得，以每一纳税年度的收入额减除费用6万元以及专项扣除、专项附加扣除和依法确定的其他扣除后的余额，为应纳税所得额。

本条第一款第一项规定的专项扣除，包括居民个人按照国家规定的范围和标准缴纳的基本养老保险、基本医疗保险、失业保险等社会保险费和住房公积金等。

2.《中华人民共和国个人所得税法实施条例》（国务院令第707号）

第十一条 个人所得税法第四条第一款第四项所称福利费，是指根据国家有关规定，从企业、事业单位、国家机关、社会组织提留的福利费或者工会经费中支付给个人的生活补助费；所称救济金，是指各级人民政府民政部门支付给个人的生活困难补助费。

3.《财政部 国家税务总局关于基本养老保险费 基本医疗保险费 失业保险费 住房公积金有关个人所得税政策的通知》（财税〔2006〕10号）

一、企事业单位按照国家或省（自治区、直辖市）人民政府规定的缴费比例或办法实际缴付的基本养老保险费、基本医疗保险费和失业保险费，免征个人所得税；个人按照国家或省（自治区、直辖市）人民政府规定的缴费比例或办法实际缴付的基本养老保险费、基本医疗保险费和失业保险费，允许在个人应纳税所得额中扣除。

企事业单位和个人超过规定的比例和标准缴付的基本养老保险费、基本医疗保险费和失业保险费,应将超过部分并入个人当期的工资、薪金收入,计征个人所得税。

三、个人实际领(支)取原提存的基本养老保险金、基本医疗保险金、失业保险金和住房公积金时,免征个人所得税。

4.《财政部　国家税务总局关于住房公积金　医疗保险金　养老保险金征收个人所得税问题的通知》(财税字〔1997〕144号)

企业以现金形式发给个人的住房补贴、医疗补助费,应全额计入领取人的当期工资、薪金收入计征个人所得税。

5.《财政部　国家税务总局关于生育津贴和生育医疗费有关个人所得税政策的通知》(财税〔2008〕8号)

生育妇女按照县级以上人民政府根据国家有关规定制定的生育保险办法,取得的生育津贴、生育医疗费或其他属于生育保险性质的津贴、补贴,免征个人所得税。

6.《财政部　国家税务总局关于工伤职工取得的工伤保险待遇有关个人所得税政策的通知》(财税〔2012〕40号)

一、对工伤职工及其近亲属按照《工伤保险条例》(国务院令第586号)规定取得的工伤保险待遇,免征个人所得税。

二、本通知第一条所称的工伤保险待遇,包括工伤职工按照《工伤保险条例》(国务院令第586号)规定取得的一次性伤残补助金、伤残津贴、一次性工伤医疗补助金、一次性伤残就业补助金、工伤医疗待遇、住院伙食补助费、外地就医交通食宿费用、工伤康复费用、辅助器具费用、生活护理费等,以及职工因工死亡,其近亲属按照《工伤保险条例》(国务院令第586号)规定取得的丧葬补助金、供养亲属抚恤金和一次性工亡补助金等。

【实务案例】职工个人缴纳的社会保险费如何在个人所得税税前扣除

2022年5月甲省乙市税务局在对A公司进行检查时发现如下问题:

A公司成立于2019年1月,主要从事医药制造与销售,2021年年末,共有职工210人,其中204名职工的社会保险费均按国家规定基数、费率计算缴费,并按规定代扣个人所得税,另外6人情况如下:

1.厂长赵先生,2022年1月工资8 000元,与上年月平均工资相同,为了提高个人社保账户金额,按缴费基数上限缴纳基本养老、基本医疗费,其他险种均按正常规定缴纳。

2. 试用期人员钱先生，2022 年 1 月入职，试用期 3 个月，月工资 5 000 元，试用期内 A 公司未为其办理社会保险登记，未缴纳社会保险费，而是将应由单位承担的五项社会保险费部分直接以现金的形式发放给钱先生。

3. 管理人员孙先生，2022 年 1 月工资 15 000 元，与上年月平均工资相同，当月个人按规定标准缴付基本养老保险金、医疗保险金、失业保险金。

4. 保安李先生，已从其他单位退休，2022 年 1 月 A 公司为其发放工资 3 000 元，李先生从社保部门领取退休待遇 3 800 元。

5. 女职工周女士，2022 年 1 月工资 5 000 元，与上年月平均工资相同，因生育三胎领取取得的生育津贴 3 万元，报销生育医疗费 1.2 万元。

6. 车间工人郑先生，2022 年 1 月工资 5 000 元，与上年月平均工资相同，在工作期间，因机器发生故障致疾，经鉴定为四级伤残，一次性领取相当于本人 21 个月工资的伤残补助金 8 万元。

已知：甲省各类保险费均实行单基数缴费方式，企业各项社会保险计费基数相同，2020 年在甲省全口径社平工资 67 200 元。甲省各项社会保险费的具体缴费比例见表 2-2。

表 2-2 甲省各项险种具体缴费比例情况统计表

类别	单位缴费比例	个人缴费比例	备注
基本养老保险	16.0%	8.0%	
失业保险	0.5%	0.5%	
工伤保险	0.8%		
医疗保险（含生育保险）	6.5%	2.0%	生育保险为 0.5%

要求：根据上述资料，不考虑除专项扣除外的其他扣除，分别计算上述 6 名职工在 2022 年 1 月应缴纳的个人所得税，并简要说明原因。

参考答案：

1. 厂长赵先生：

(1) 厂长赵先生按甲省规定的养老保险、医疗保险比例应缴纳的社会保险费：

单位缴费部分为 8 000×(16%+6%)=1 760(元)；

个人缴费部分为 8 000×(8%+2%)=800(元)；

(2) 实际企业为赵先生缴纳的养老保险、医疗保险费：

单位缴费部分为 67 200÷12×300%×(16%+6%)=3 696(元)；

个人缴费部分为 67 200÷12×300%×(8%+2%)=1 680(元)；

(3) 赵先生应缴纳的个人所得税[8 000-5 000+(3 696-1 760)-800]×3%=124.08(元)。

答案解析：《财政部　国家税务总局关于基本养老保险费　基本医疗保险费　失业保险费　住房公积金有关个人所得税政策的通知》（财税〔2006〕10号）规定，个人按照国家或省（自治区、直辖市）人民政府规定的缴费比例或办法实际缴付的基本养老保险费、基本医疗保险费和失业保险费和住房公积金，允许在个人应纳税所得额中扣除。企事业单位和个人超过规定的比例和标准缴付的基本养老保险费、基本医疗保险费和失业保险费，应将超过部分并入个人当期的工资、薪金收入，计征个人所得税。赵先生按甲省社会保险费缴费基数上限缴纳社会保险费，其超出按规定缴纳的金额应计入工资所得计征个人所得税。

2. 试用期人员钱先生：

A企业按甲省规定的比例应为其缴纳的社会保险费为 $5\,000 \times (16\% + 6.5\% + 0.5\% + 0.8\%) = 1\,190$（元）；

钱先生应缴纳的个人所得税为 $(5\,000 + 1\,190 - 5\,000) \times 3\% = 35.7$（元）。

答案解析：《财政部　国家税务总局关于住房公积金　医疗保险金　养老保险金征收个人所得税问题的通知》（财税字〔1997〕144号）规定，企业以现金形式发给个人的住房补贴、医疗补助费，应全额计入领取人的当期工资、薪金收入计征个人所得税。A企业未为钱先生办理社会保险登记，将应由单位承担社会保险费以现金形式发给钱先生，按税法规定，应计入工资所得计征个人所得税。

3. 管理人员孙先生：

2021年1月应纳个人所得税为 $[15\,000 - 5\,000 - 15\,000 \times (8\% + 2\% + 0.5\%)] \times 3\% = 252.75$（元）。

答案解析：依据《中华人民共和国个人所得税法》（中华人民共和国主席令第九号）第六条的规定："应纳税所得额的计算：

（一）居民个人的综合所得，以每一纳税年度的收入额减除费用6万元以及专项扣除、专项附加扣除和依法确定的其他扣除后的余额，为应纳税所得额。

本条第一款第一项规定的专项扣除，包括居民个人按照国家规定的范围和标准缴纳的基本养老保险、基本医疗保险、失业保险等社会保险费和住房公积金等。"

依据《个人所得税扣缴申报管理办法（试行）》（国家税务总局公告2018年第61号）第六条，扣缴义务人向居民个人支付工资、薪金所得时，应当按照累计预扣法计算预扣税款，并按月办理扣缴申报。具体计算公式如下：

本期应预扣预缴税额＝（累计预扣预缴应纳税所得额×预扣率－速算扣除数）－累计减免税额－累计已预扣预缴税额

累计预扣预缴应纳税所得额＝累计收入－累计免税收入－累计减除费用－累计专项扣除－累计专项附加扣除－累计依法确定的其他扣除

其中：累计减除费用，按照5 000元/月乘以纳税人当年截至本月在本单位的任职受雇月份数计算。

甲省2022年社会保险费缴费基数上限为67 200÷12×300%=16 800(元),孙先生月工资为15 000元,处于缴费基数上、下限之间,应按工资额计算基本养老保险费、基本医疗保险费、失业保险费,并在计算个人所得税应纳税所得额前扣除,按照个人所得税预扣预缴办法规定,每月固定减除费用为5 000元。

4. 保安李先生:2022年1月不需要缴纳个人所得税。

答案解析:依据《中华人民共和国个人所得税法》(中华人民共和国主席令第九号)第四条的规定:"下列各项个人所得,免征个人所得税:

(七)按照国家统一规定发给干部、职工的安家费、退职费、基本养老金或者退休费、离休费、离休生活补助费,免征个人所得税。"

李先生已享受退休待遇,并在A公司任职,其收入可分为两部分看待,退休费按个人所得税法规定免征个人所得税;A公司每月发给李先生的工资应按工资收入计算个人所得税,因李先生月工资未达到扣除费用标准,2022年1月不需要缴纳个人所得税。

5. 女职工周女士:2022年1月不需要缴纳个人所得税。

答案解析:《财政部 国家税务总局关于生育津贴和生育医疗费有关个人所得税政策的通知》(财税〔2008〕8号)规定,生育妇女按照县级以上人民政府根据国家有关规定制定的生育保险办法,取得的生育津贴、生育医疗费或其他属于生育保险性质的津贴、补贴,免征个人所得税。周女士因生育三胎领取取得的生育津贴3万元,报销生育医疗费1.2万元属于免税收入。当月取得的工资5 000元在扣除各项社会保险费后,不足扣除费用标准,2022年1月不需要缴纳个人所得税。

6. 车间工人郑先生:2022年1月不需要缴纳个人所得税。

答案解析:《财政部 国家税务总局关于工伤职工取得的工伤保险待遇有关个人所得税政策的通知》(财税〔2012〕40号)规定:"

一、对工伤职工及其近亲属按照《工伤保险条例》(国务院令第586号)规定取得的工伤保险待遇,免征个人所得税。

二、本通知第一条所称的工伤保险待遇,包括工伤职工按照《工伤保险条例》(国务院令第586号)规定取得的一次性伤残补助金、伤残津贴、一次性工伤医疗补助金、一次性伤残就业补助金、工伤医疗待遇、住院伙食补助费、外地就医交通食宿费用、工伤康复费用、辅助器具费用、生活护理费等,以及职工因工死亡,其近亲属按照《工伤保险条例》(国务院令第586号)规定取得的丧葬补助金、供养亲属抚恤金和一次性工亡补助金等。"

郑先生因机器发生故障致疾,经鉴定为四级伤残,一次性领取相当于本人21个月工资的伤残补助金8万元,免征个人所得税。当月取得的工资5 000元在扣除各项社会保险费后,不足扣除费用标准,2022年1月不需要缴纳个人所得税。

第三编　社会保险费减免

一、减征、免征政策

1. 疫情防控期间我国对三项社会保险提出了哪些减免政策

自2020年2月1日至2020年12月31日,各省、自治区、直辖市及新疆生产建设兵团(以下统称省)免征中小微企业三项社会保险单位缴费部分;自2020年2月1日至2020年6月30日,各省(除湖北省外)对大型企业等其他参保单位(不含机关事业单位)三项社会保险单位缴费部分减半征收;自2020年2月1日至2020年6月30日,湖北省免征大型企业等其他参保单位(不含机关事业单位)三项社会保险单位缴费部分;自2020年2月1日至2020年12月31日,免征以单位方式参保的有雇工的个体工商户三项社会保险单位缴费部分。

> **政策链接：社会保险费主要减免优惠政策**
>
> 1.《人力资源社会保障部　财政部　税务总局关于阶段性减免企业社会保险费的通知》(人社部发〔2020〕11号)
>
> 一、自2020年2月起,各省、自治区、直辖市(除湖北省外)及新疆生产建设兵团(以下统称省)可根据受疫情影响情况和基金承受能力,免征中小微企业三项社会保险单位缴费部分,免征期限不超过5个月;对大型企业等其他参保单位(不含机关事业单位)三项社会保险单位缴费部分可减半征收,减征期限不超过3个月。
>
> 二、自2020年2月起,湖北省可免征各类参保单位(不含机关事业单位)三项社会保险单位缴费部分,免征期限不超过5个月。
>
> 2.《人力资源社会保障部　财政部　税务总局关于延长阶段性减免企业社会保险费政策实施期限等问题的通知》(人社部发〔2020〕49号)
>
> 按照党中央、国务院决策部署,人力资源社会保障部、财政部、国家税务总局印发《关于阶段性减免企业社会保险费的通知》(人社部发〔2020〕11号),自2020年2月起

阶段性减免企业基本养老保险、失业保险、工伤保险(以下称三项社会保险)单位缴费部分,减轻了企业负担,有力地支持了企业复工复产。为进一步帮助企业特别是中小微企业应对风险、渡过难关,减轻企业和低收入参保人员今年的缴费负担,经国务院同意,现就延长阶段性减免企业三项社会保险费政策实施期限等问题通知如下:

一、各省、自治区、直辖市及新疆生产建设兵团(以下统称省)对中小微企业三项社会保险单位缴费部分免征的政策,延长执行到2020年12月底。各省(除湖北省外)对大型企业等其他参保单位(不含机关事业单位,下同)三项社会保险单位缴费部分减半征收的政策,延长执行到2020年6月底。湖北省对大型企业等其他参保单位三项社会保险单位缴费部分免征的政策,继续执行到2020年6月底。

四、有雇工的个体工商户以单位方式参加三项社会保险的,继续参照企业办法享受单位缴费减免和缓缴政策。

【实务案例】如何计算疫情防控期间三项社会保险费缴纳额

资料一:A公司为建筑业企业,2019年营业收入6 000万元,资产总额4 500万元,2020年度职工个人缴费基数之和为312万元。该企业各险种缴费基数都一致,失业保险单位部分费率为0.5%、职工个人部分为0.5%,工伤保险费率为1.2%。工信部、国家统计局、国家发展改革委、财政部《关于印发中小企业划型标准规定的通知》[工信部联企业〔2011〕300号(以下简称工信部联企业〔2011〕300号)]规定,建筑业企业营业收入80 000万元以下或资产总额80 000万元以下的为中小微型企业。

资料二:2020年A公司中标一项建筑项目,开工日期为2020年5月1日,完工日期为2020年11月30日,项目合同金额为1 000万元。根据该地规定建筑企业需要根据项目合同金额缴纳0.15%农民工建筑工伤保险。

要求:请根据上述材料回答以下问题。

1. 计算该企业5月属期养老、失业、工伤保险的单位部分和个人部分缴费额。

参考答案:工信部联企业〔2011〕300号文件规定,建筑业企业营业收入80 000万元以下或资产总额80 000万元以下的为中小微型企业。所以,A公司为中小微企业,按政策,费款所属期2020年5月养老、工伤、失业保险三项社会保险费单位部分免征。

代扣代缴养老保险费职工部分3 120 000÷12×8% = 20 800(元);

代扣代缴失业保险职工部分3 120 000÷12×0.5% = 1 300(元);

工伤保险职工个人不缴费。

2. 计算A公司中标建筑项目应缴纳农民工建筑工伤保险费金额。

参考答案:A公司为中小微企业,中标建筑项目工期2020年5月1日至2020年

11月30日均在减免期内,应缴农民工建筑工伤保险费为0。

2. 疫情防控期间我国对基本医疗保险提出了哪些减免政策

自2020年2月起,各省、自治区、直辖市及新疆生产建设兵团(以下统称省)可指导统筹地区根据基金运行情况和实际工作需要,在确保基金收支中长期平衡的前提下,对职工医保单位缴费部分实行减半征收,减征期限不超过5个月。原则上,统筹基金累计结存可支付月数大于6个月的统筹地区,可实施减征;可支付月数小于6个月但确有必要减征的统筹地区,由各省指导统筹考虑安排。已经实施阶段性降低单位费率等援企政策的省可继续执行,也可按照本指导意见精神指导统筹地区调整政策。已实施阶段性降低职工医保单位费率的统筹地区,不得同时执行减半征收措施。

> **政策链接: 阶段性减征职工基本医疗保险费**
>
> 《国家医保局 财政部 税务总局关于阶段性减征职工基本医疗保险费的指导意见》(医保发〔2020〕6号)
>
> 一、自2020年2月起,各省、自治区、直辖市及新疆生产建设兵团(以下统称省)可指导统筹地区根据基金运行情况和实际工作需要,在确保基金收支中长期平衡的前提下,对职工医保单位缴费部分实行减半征收,减征期限不超过5个月。
>
> 二、原则上,统筹基金累计结存可支付月数大于6个月的统筹地区,可实施减征;可支付月数小于6个月但确有必要减征的统筹地区,由各省指导统筹考虑安排。缓缴政策可继续执行,缓缴期限原则上不超过6个月,缓缴期间免收滞纳金。

【实务案例】如何计算疫情防控期间医疗保险缴费额

A厂2019年、2020年度共有职工30人,2020年度每月职工工资总额为9万元(等于所有职工工资加总),所有职工工资均在当年缴费基数上下限范围内。

已知:职工基本医疗保险单位缴费费率为6.5%(含生育0.5%)、职工个人缴费部分费率为2%,该地区执行最大阶段性减免医疗保险费政策。

要求:请计算该企业2020年度单位及职工全年基本医疗保险和生育保险应缴费金额。

参考答案:由于该地区执行最大阶段性减免医疗保险费政策,即2020年2月至2020年6月,对职工医保单位缴费部分实行减半征收。

2020年度该企业应缴纳单位部分医疗保险为 $90\,000 \times 7 \times 6\% + 90\,000 \times 5 \times 6\% \times 50\% = 51\,300$(元);

2020年度该职工应缴纳个人部分医疗保险为 $90\,000 \times 12 \times 2\% = 21\,600$(元);

该企业应缴纳单位部分生育保险为 90 000×12×0.5% = 5 400(元);

职工个人不缴纳生育保险费。

3. 我国对阶段性降低基本养老保险、失业保险和工伤保险费率作出了哪些规定

(1) 基本养老保险。从 2016 年 5 月 1 日起,企业职工基本养老保险单位缴费比例超过 20% 的省(区、市),将单位缴费比例降至 20%;单位缴费比例为 20% 且 2015 年年底企业职工基本养老保险基金累计结余可支付月数高于 9 个月的省(区、市),可以阶段性将单位缴费比例降低至 19%,降低费率的期限暂按两年执行。自 2018 年 5 月 1 日起,企业职工基本养老保险单位缴费比例超过 19% 的省(区、市),以及按照《人力资源社会保障部 财政部关于阶段性降低社会保险费率的通知》(人社部发〔2016〕36 号)单位缴费比例降至 19% 的省(区、市),基金累计结余可支付月数(截至 2017 年年底,下同)高于 9 个月的,可阶段性执行 19% 的单位缴费比例至 2019 年 4 月 30 日。自 2019 年 5 月 1 日起,降低城镇职工基本养老保险(包括企业和机关事业单位基本养老保险,以下简称养老保险)单位缴费比例。各省、自治区、直辖市及新疆生产建设兵团(以下统称省)养老保险单位缴费比例高于 16% 的,可降至 16%;目前低于 16% 的,要研究提出过渡办法。各地机关事业单位基本养老保险单位缴费比例可降至 16%。

(2) 失业保险。从 2015 年 3 月 1 日起,失业保险费率暂由现行条例规定的 3% 降至 2%,单位和个人缴费的具体比例由各省、自治区、直辖市人民政府确定。在省、自治区、直辖市行政区域内,单位和职工的费率应当统一。从 2016 年 5 月 1 日起,失业保险总费率在 2015 年已降低 1 个百分点基础上可以阶段性降至 1%～1.5%,其中个人费率不超过 0.5%,降低费率的期限暂按两年执行。从 2017 年 1 月 1 日起,失业保险总费率为 1.5% 的省(区、市),可以将总费率降至 1%,降低费率的期限执行至 2018 年 4 月 30 日。在省(区、市)行政区域内,单位和个人的费率应当统一,个人费率不得超过单位费率。失业保险总费率已降至 1% 的省份仍按照《人力资源社会保障部 财政部关于阶段性降低社会保险费率的通知》(人社部发〔2016〕36 号)执行。自 2018 年 5 月 1 日起,按照《人力资源社会保障部 财政部关于阶段性降低失业保险费率的通知》(人社部发〔2017〕14 号)实施失业保险总费率 1% 的省(区、市),延长阶段性降低费率的期限至 2019 年 4 月 30 日。自 2019 年 5 月 1 日起,实施失业保险总费率 1% 的省份,延长阶段性降低失业保险费率的期限至 2020 年 4 月 30 日。自 2020 年 5 月 1 日起,阶段性降低失业保险费率政策,实施期限延长至 2021 年 4 月 30 日。阶段性降低失业保险 2021 年 4 月 30 日到期后,延续实施 1 年至 2022 年 4 月 30 日。

(3) 工伤保险。各地要继续贯彻落实国务院 2015 年关于降低工伤保险平均费率

0.25个百分点和生育保险费率0.5个百分点的决定和有关政策规定,确保政策实施到位。自2018年5月1日起,在保持八类费率总体稳定的基础上,工伤保险基金累计结余可支付月数在18(含)至23个月的统筹地区,可以现行费率为基础下调20%;累计结余可支付月数在24个月(含)以上的统筹地区,可以现行费率为基础下调50%。降低费率的期限暂执行至2019年4月30日。下调费率期间,统筹地区工伤保险基金累计结余达到合理支付月数范围的,停止下调。自2019年5月1日起,延长阶段性降低工伤保险费率的期限至2020年4月30日,工伤保险基金累计结余可支付月数在18至23个月的统筹地区可以现行费率为基础下调20%,累计结余可支付月数在24个月以上的统筹地区可以现行费率为基础下调50%。按照《人力资源社会保障部 财政部关于阶段性降低社会保险费率的通知》(人社部发〔2018〕25号)已纳入降费范围的统筹地区,原则上继续实施,保持力度不减。此前未纳入降费范围但截至2018年底累计结余可支付月数达到阶段性降费条件的统筹地区,要按规定下调费率,确保将符合条件的统筹地区全部纳入降费范围。阶段性降费率期间,费率确定后,一般不作调整。自2020年5月1日起,阶段性降低工伤保险费率的政策,实施期限延长至2021年4月30日。阶段性降低工伤保险费率政策2021年4月30日到期后,延续实施1年至2022年4月30日。

政策链接: 减免失业保险助力援企稳岗

1.《人力资源社会保障部 财政部关于调整失业保险费率有关问题的通知》(人社部发〔2015〕24号)

从2015年3月1日起,失业保险费率暂由现行条例规定的3%降至2%,单位和个人缴费的具体比例由各省、自治区、直辖市人民政府确定。在省、自治区、直辖市行政区域内,单位及职工的费率应当统一。

2.《人力资源社会保障部 财政部关于阶段性降低社会保险费率的通知》(人社部发〔2016〕36号)

一、从2016年5月1日起,企业职工基本养老保险单位缴费比例超过20%的省(区、市),将单位缴费比例降至20%;单位缴费比例为20%且2015年底企业职工基本养老保险基金累计结余可支付月数高于9个月的省(区、市),可以阶段性将单位缴费比例降低至19%,降低费率的期限暂按两年执行。具体方案由各省(区、市)确定。

二、从2016年5月1日起,失业保险总费率在2015年已降低1个百分点的基础上可以阶段性降至1%~1.5%,其中个人费率不超过0.5%,降低费率的期限暂按两年执行。具体方案由各省(区、市)确定。

三、各地要继续贯彻落实国务院2015年关于降低工伤保险平均费率0.25个百分点和生育保险费率0.5个百分点的决定和有关政策规定,确保政策实施到位。生育保险和基本医疗保险合并实施工作,待国务院制定出台相关规定后统一组织实施。

3.《人力资源社会保障部 财政部关于阶段性降低失业保险费率有关问题的通知》(人社部发〔2017〕14号)

一、从2017年1月1日起,失业保险总费率为1.5%的省(区、市),可以将总费率降至1%,降低费率的期限执行至2018年4月30日。在省(区、市)行政区域内,单位及个人的费率应当统一,个人费率不得超过单位费率。具体方案由各省(区、市)研究确定。

二、失业保险总费率已降至1%的省份仍按照《人力资源社会保障部 财政部关于阶段性降低社会保险费率的通知》(人社部发〔2016〕36号)执行。

三、各地降低失业保险费率,要充分考虑失业保险待遇按时足额发放、提高待遇标准、促进失业人员再就业、落实失业保险稳岗补贴政策等因素对基金支付能力的影响,结合实际,认真测算,研究制定具体方案,经省级人民政府批准后执行,并报人力资源和社会保障部和财政部备案。

4.《人力资源社会保障部 财政部关于继续阶段性降低社会保险费率的通知》(人社部发〔2018〕25号)

一、自2018年5月1日起,企业职工基本养老保险单位缴费比例超过19%的省(区、市),以及按照《人力资源社会保障部 财政部关于阶段性降低社会保险费率的通知》(人社部发〔2016〕36号)单位缴费比例降至19%的省(区、市),基金累计结余可支付月数(截至2017年底,下同)。高于9个月的,可阶段性执行19%的单位缴费比例至2019年4月30日。具体方案由各省(区、市)研究确定。

二、自2018年5月1日起,按照《人力资源社会保障部 财政部关于阶段性降低失业保险费率的通知》(人社部发〔2017〕14号)实施失业保险总费率1%的省(区、市),延长阶段性降低费率的期限至2019年4月30日。具体方案由各省(区、市)研究确定。

三、自2018年5月1日起,在保持八类费率总体稳定的基础上,工伤保险基金累计结余可支付月数在18(含)至23个月的统筹地区,可以现行费率为基础下调20%;累计结余可支付月数在24个月(含)以上的统筹地区,可以现行费率为基础下调50%。降低费率的期限暂执行至2019年4月30日。下调费率期间,统筹地区工伤保险基金累计结余达到合理支付月数范围的,停止下调。具体方案由各省(区、市)研究确定。

5.《国务院办公厅关于印发〈降低社会保险费率综合方案〉的通知》(国办发〔2019〕13号)

一、降低养老保险单位缴费比例

自2019年5月1日起,降低城镇职工基本养老保险(包括企业和机关事业单位基本养老保险,以下简称养老保险)单位缴费比例。各省、自治区、直辖市及新疆生产建设兵团(以下统称省)养老保险单位缴费比例高于16%的,可降至16%;目前低于16%的,要研究提出过渡办法。各省具体调整或过渡方案于2019年4月15日前报人力资源和社会保障部、财政部备案。

二、继续阶段性降低失业保险、工伤保险费率

自2019年5月1日起,实施失业保险总费率1%的省,延长阶段性降低失业保险费率的期限至2020年4月30日。自2019年5月1日起,延长阶段性降低工伤保险费率的期限至2020年4月30日,工伤保险基金累计结余可支付月数在18至23个月的统筹地区可以现行费率为基础下调20%,累计结余可支付月数在24个月以上的统筹地区可以现行费率为基础下调50%。

6.《人力资源社会保障部 财政部 税务总局 国家医保局关于贯彻落实〈降低社会保险费率综合方案〉的通知》(人社部发〔2019〕35号)

三、准确把握《方案》的有关政策

(一)关于降低养老保险单位缴费比例。各地企业职工基本养老保险单位缴费比例高于16%的,可降至16%;低于16%的,要研究提出过渡办法。省内单位缴费比例不统一的,高于16%的地市可降至16%;低于16%的,要研究提出过渡办法。目前暂不调整单位缴费比例的地区,要按照公平统一的原则,研究提出过渡方案。各地机关事业单位基本养老保险单位缴费比例可降至16%。

(二)关于继续阶段性降低失业保险费率。自2019年5月1日起,实施失业保险总费率1%的省份,延长阶段性降低失业保险费率的期限至2020年4月30日。

(三)关于继续阶段性降低工伤保险费率。按照《人力资源社会保障部 财政部关于阶段性降低社会保险费率的通知》(人社部发〔2018〕25号)已纳入降费范围的统筹地区,原则上继续实施,保持力度不减。此前未纳入降费范围但截至2018年底累计结余可支付月数达到阶段性降费条件的统筹地区,要按规定下调费率,确保将符合条件的统筹地区全部纳入降费范围。阶段性降费率期间,费率确定后,一般不作调整。

7.《国务院关于进一步做好稳就业工作的意见》(国发〔2019〕28号)

二、支持企业稳定岗位

(一)加大援企稳岗力度。阶段性降低失业保险费率、工伤保险费率的政策,实施期限延长至2021年4月30日。参保企业面临暂时性生产经营困难且恢复有望、坚持不裁员或少裁员的失业保险稳岗返还政策,以及困难企业开展职工在岗培训的补贴政策,实施期限均延长至2020年12月31日。

8.《人力资源社会保障部办公厅 财政部办公厅 国家税务总局办公厅关于2021年社会保险缴费有关问题的通知》(人社厅发〔2021〕2号)

《人力资源社会保障部 财政部 税务总局关于延长阶段性减免企业社会保险费政策实施期限等问题的通知》(人社部发〔2020〕49号)明确的相关政策于2020年年底到期。为做好2021年社会保险缴费工作,现就有关问题通知如下:

一、2021年1月1日起,不再实施阶段性减免和缓缴企业养老保险、失业保险、工伤保险费政策,各项社会保险缴费按相关规定正常征收。

二、阶段性降低失业保险、工伤保险费率政策2021年4月30日到期后,延续实施1年至2022年4月30日。

【实务案例】如何计算企业养老保险费

李女士于2018年5月1日至甲省A公司工作,合同期限为2018年5月1日至2021年4月30日;合同约定月基本工资2 000元、岗位补贴1 000元/月、伙食补助500元/月、交通补贴2 000元/月、年终一次性奖金24 000元(年终发放,工作不满一年的按照实际工作月数折算)。

2018年5月至2019年12月,公司为李女士缴纳的社会保险费基数为3 000元,2020年1月至同年9月缴纳的社会保险费的基数为3 200元。2020年9月,李女士向公司提出要求单位为其补缴社会保险费差额,被单位拒绝,李女士遂向当地税务部门反映情况。当地税务部门检查后要求A公司整改。2020年11月,公司为李女士办理了社会保险费补缴手续。

已知:A公司为大型企业。甲省社会保险使用同一缴费基数(表3-1)。甲省2018年城镇非私营单位就业人员平均工资为55 290元,2018年至2020年全口径社会平均工资分别为51 780元、54 700元、58 600元。甲省自2019年5月1日起基本养老保险单位缴费比例统一由20%降至16%。

表 3-1 甲省各项社会保险费缴费比例表

类别	单位缴费比例	个人缴费比例	备注
基本养老保险	16.0%	8.0%	灵活就业人员为20%
失业保险	0.5%	0.5%	
工伤保险	0.2%		
医疗保险(含生育保险)	7.5%	2.0%	生育保险为0.5% 灵活就业人员为4%

要求:请计算 A 公司为李女士补缴基本养老保险单位部分金额。

参考答案:李女士2018年缴费基数为首月工资,即 2 000 + 1 000 + 500 + 2 000 = 5 500(元);

2019年和2020年缴费基数为 24 000 ÷ 12 + 5 500 = 7 500(元);

A 公司应补缴基本养老保险单位部分金额:

2018 年应补缴基本养老保险单位部分金额为 (5 500 - 3 000) × 8 × 20% = 4 000(元);

2019 年 1 月至 4 月应补缴基本养老保险单位部分金额为 (7 500 - 3 000) × 4 × 20% = 3 600(元);

2019 年 5 月至 12 月应补缴基本养老保险单位部分金额为 (7 500 - 3 000) × 8 × 16% = 5 760(元);

2020 年 1 月至 11 月应补缴基本养老保险单位部分金额为 (7 500 - 3 200) × (6 × 16% + 5 × 16% × 50%) = 5 848(元);

合计应补缴基本养老保险的单位部分 = 4 000 + 3 600 + 5 760 + 5 848 = 19 208(元)。

4. 不同类型的单位享受减免政策有什么不同

(1) 中小微企业。自 2020 年 2 月 1 日至 2020 年 12 月 31 日,各省、自治区、直辖市及新疆生产建设兵团免征中小微企业基本养老保险、失业保险、工伤保险三项社会保险单位缴费部分。

(2) 大型企业等其他参保单位。自 2020 年 2 月 1 日至 2020 年 6 月 30 日,各省、自治区、直辖市及新疆生产建设兵团(除湖北省外)对大型企业等其他参保单位(不含机关事业单位)基本养老保险、失业保险、工伤保险三项社会保险单位缴费部分减半征收;自 2020 年 2 月 1 日至 2020 年 6 月 30 日,湖北省免征大型企业等其他参保单位(不含机关事业单位)基本养老保险、失业保险、工伤保险三项社会保险单位缴费部分。

(3) 以单位方式参保的有雇工的个体工商户。自 2020 年 2 月 1 日至 2020 年 12 月 31 日,免征以单位方式参保的有雇工的个体工商户基本养老保险、失业保险、工伤保险三项社会保险单位缴费部分。

（4）2020年2月1日以后在减免期内新开工的工程建设项目可享受阶段性减免工伤保险费政策，按施工总承包单位进行划型并享受相应的减免政策。具体计算办法为：按照该项目计划施工所覆盖的减免期占其计划施工期的比例，折算减免工伤保险费。计划施工期及起止日期依据备案的工程施工合同核定。

（5）自2020年2月起，各省、自治区、直辖市及新疆生产建设兵团可指导统筹地区根据基金运行情况和实际工作需要，在确保基金收支中长期平衡的前提下，对职工医保单位缴费部分实行减半征收，减征期限不超过5个月。原则上，统筹基金累计结存可支付月数大于6个月的统筹地区，可实施减征；可支付月数小于6个月但确有必要减征的统筹地区，由各省指导统筹考虑安排。

> **政策链接：社会保险费各险种主要减免优惠政策**
>
> 《人力资源社会保障部办公厅 财政部办公厅 国家税务总局办公厅关于印发〈关于阶段性减免企业社会保险费有关问题的实施意见〉的通知》（人社厅发〔2020〕18号）
>
> 七、关于工伤保险按项目参保的减免政策
>
> 2020年2月1日以后在减免期内新开工的工程建设项目可享受阶段性减免工伤保险费政策，按施工总承包单位进行划型并享受相应的减免政策。具体计算办法为：按照该项目计划施工所覆盖的减免期占其计划施工期的比例，折算减免工伤保险费。计划施工期及起止日期依据备案的工程施工合同核定。各地要加强与相关部门的信息共享，严格做好审查核减工作。

【实务案例】如何计算不同类型企业社会保险费额

甲省乙市A行业协会于2020年1月在民政部门办理登记，共有专职工作人员10人。2020年A行业协会全年共发放基本工资420 000元，提成工资5 000元，加班工资8 000元，防暑降温费2 500元，交通补贴4 000元，出差补助5 000元，伙食补贴7 000元，托儿费2 000元。专职工作人员工资待遇每月均衡发放。A行业协会在申报2020年社会保险费时，按照小型企业享受减免政策的标准进行了申报，经税务部门核查要求A行业协会补缴少缴纳的社会保险费金额。

已知：甲省社会保险采取单基数收缴方式，所有社会保险使用同一缴费基数。2019年全口径社会平均工资为58 020元。基本养老保险单位缴费比例为16%、个人缴费比例为8%；失业保险单位缴费比例为0.5%、个人缴费比例为0.5%；工伤保险单位缴费比例为0.2%。

要求：请根据上述资料，计算应补缴的社会保险费金额。

参考答案：10 名专职工作人员 2020 年月缴费基数为 (420 000 + 5 000 + 8 000 + 4 000 + 7 000) ÷ 12 = 37 000(元)；

2020 年缴费基数下限为 58 020 ÷ 12 × 60% = 2 901(元)；

2020 年缴费基数上限为 58 020 ÷ 12 × 300% = 14 505(元)；

每名专职人员缴费基数为 37 000 ÷ 10 = 3 700(元)。

A 行业协会为社会组织，应享受 2 月至 6 月三项社会保险减半征收，需补缴金额：

养老保险为 37 000 × 16% × (6 + 5 × 50%) = 88 000(元)；

失业保险为 37 000 × 0.5% × (6 + 5 × 50%) = 2 775(元)；

工伤保险为 37 000 × 0.2% × (6 + 5 × 50%) = 1 110(元)；

合计应补缴的社会保险费 = 88 000 + 2 775 + 1 110 = 92 685(元)。

5. 企业享受社会保险费减免的流程是什么

(1) 基本养老保险、失业保险、工伤保险减免流程：参保单位如实申报缴费基数、适用费率，并对企业划型结果进行确认。

各地人社、税务部门优化申报项目，提前做好信息系统准备，方便企业依据企业划型精准享受减免政策，严格按照核定的应缴费额扣除减免费款后进行缴费。各地按照工信部、国家统计局、国家发展改革委、财政部联合发布的《关于印发中小企业划型标准规定的通知》(工信部联企业〔2011〕300 号)等规定对具有独立法人资格的参保企业划分类型。相关部门已有划定结果的，直接采用现有结果。尚未明确的，可采取以下两种方式：一是根据企业现有参保登记、申报等数据按现行标准进行划型；二是现有数据无法满足企业划型需要的，可实行告知承诺制，不增加企业事务性负担。企业分支机构按其所属独立法人的类型划型。参保企业对划型结论有异议的，可提起变更申请。政策执行期间，新设企业要按时办理参保手续。

由社会保险经办机构征收社会保险费的地区，社会保险经办机构依据参保单位划型类型，严格执行减免政策，按核定的应缴费额进行征收。

征收职能已划转至税务部门的地区，业务流程分为两类：一是税务部门按照社会保险经办机构传递的缴费信息进行征收的地区，社会保险经办机构将分户核定的缴费基数、适用的费率以及减免后的应缴费额等，传递给税务部门征收；二是参保单位自行向税务部门申报缴费的地区，税务部门优化申报项目，增加必要的校验，方便参保单位按照减免政策准确申报缴费。征收完成后，税务部门将分户核定的缴费基数、适用的费率以及减免后的应缴费额等传递给社会保险经办机构。

(2) 医疗保险减免流程：在实施阶段性减征职工基本医疗保险费的地区，参保单位如实向税务或者医保经办机构申报缴费基数、适用费率。相关部门优化申报项目,提前做好信息系统准备,方便参保单位精准享受减征政策,严格按照扣除减征费款后的应缴费额进行缴费。

> **政策链接:阶段性减免企业社会保险费有关问题**
>
> 1.人力资源社会保障部 财政部 国家税务总局有关司局负责人就阶段性减免企业社会保险费具体贯彻实施工作答记者问
>
> 2月20日,经国务院同意,人力资源社会保障部、财政部、国家税务总局印发《关于阶段性减免企业社会保险费的通知》(人社部发〔2020〕11号,以下简称11号文件)。近日,人力资源社会保障部、财政部、税务总局有关司局负责人就11号文件的有关具体贯彻实施工作回答了记者提问。
>
> 四、企业比较关心自己的划型分类问题,在实际工作中如何确定各类企业的划型?
>
> 答:确定企业划型是精准实施减免政策的前提。各地应按照工信部、国家统计局、国家发展改革委、财政部联合发布的《关于印发中小企业划型标准规定的通知》(工信部联企业〔2011〕300号)等规定对具有独立法人资格的参保企业划分类型。相关部门已有划定结果的,直接采用现有结果;尚未明确的,可采取以下两种方式:一是根据企业现有参保登记、申报等数据按现行标准进行划型;二是现有数据无法满足企业划型需要的,可实行告知承诺制,不增加企业事务性负担。企业分支机构按其所属独立法人的类型划型。参保企业对划型结论有异议的,可提起变更申请。政策执行期间,新设企业要按时办理参保手续,各地要对新参保企业及时做好划型,确保其按规定享受相关减免政策。
>
> 六、请问参保单位如何办理社会保险费减免手续?
>
> 答:参保单位如实申报缴费基数、适用费率,并对企业划型结果进行确认。各地人社、税务部门将优化申报项目,提前做好信息系统准备,方便企业依据企业划型精准享受减免政策,严格按照核定的应缴费额扣除减免费款后进行缴费。
>
> 2.《人力资源社会保障部办公厅 财政部办公厅 国家税务总局办公厅关于印发〈关于阶段性减免企业社会保险费有关问题的实施意见〉的通知》(人社厅发〔2020〕18号)
>
> 四、关于减免流程
>
> 由社会保险经办机构征收社会保险费的地区,社会保险经办机构依据参保单位划型类型,严格执行减免政策,按核定的应缴费额进行征收。
>
> 征收职能已划转至税务部门的地区,业务流程分为两类。一是税务部门按照社会保险经办机构传递的缴费信息进行征收的地区,社会保险经办机构将分户核定的缴

费基数、适用的费率以及减免后的应缴费额等,传递给税务部门征收。二是参保单位自行向税务部门申报缴费的地区,税务部门优化申报项目,增加必要的校验,方便参保单位按照减免政策准确申报缴费。征收完成后,税务部门将分户核定的缴费基数、适用的费率以及减免后的应缴费额等传递给社会保险经办机构。

为了减轻参保单位资金压力及后续退费负担,各地可在本地实施办法出台前,联合对外发布公告,明确参保单位可暂缓申报当期三项社会保险的单位缴纳部分,待实施办法公布后,按照新办法要求执行。

3. 国家税务总局 国家医疗保障局有关部门负责人就做好阶段性减征职工基本医疗保险费有关工作答记者问

2020年2月21日,国家医疗保障局、财政部、国家税务总局联合印发了《关于阶段性减征职工基本医疗保险费的指导意见》(医保发〔2020〕6号)。近日,国家税务总局、国家医疗保障局就做好阶段性减征职工基本医疗保险费有关具体工作及业务操作事项提出了要求,有关司局负责人就此回答了记者提问。

四、相关部门怎样做好阶段性减征职工基本医疗保险费业务办理工作?

答:在实施阶段性减征职工基本医疗保险费的地区,参保单位如实向税务或者医保经办机构申报缴费基数、适用费率。相关部门将优化申报项目,提前做好信息系统准备,方便参保单位精准享受减征政策,严格按照扣除减征费款后的应缴费额进行缴费。

【背景案例】减免政策企业"直达快享"

2020年,为进一步纾解企业困难,国家出台了一系列减税降费政策,其中,阶段性减免企业社会保险费,有效缓解了企业资金压力。政策出台时,正值新冠肺炎疫情防控期间,很多企业担心由于不清楚减免流程导致享受不到阶段性减免企业社会保险费政策。甲省乙市A企业是一个参保员工较多的劳动密集型企业,疫情防控期间,为配合疫情防控工作,企业停工停产,社会保险费减免意味着用工成本将大大降低。政策出台时企业已经缴纳2月份属期各项社会保险费,为此企业财务人员急于知道如何才能享受减免政策和已经缴纳的费款怎么处理。企业通过咨询主管税务机关了解到,阶段性减免企业三项社会保险费无需企业额外申报数据,企业正常如实申报缴费基数、适用费率及确认企业划型结果即可。由于当地社会保险费征收方式为人社核定,税务征收模式,即税务部门按照社会保险经办机构传递的缴费信息征收社会保险费,社会保险经办机构会将分户核定的缴费基数、适用的费率以及减免后的应缴费额等,传递给税务部门征收,企业如对划型结果无异议,正常缴费即可,已经缴纳的应减免税款,会优先采取批量退费方式退还企业。次月财务人员登录电子税务局进行社会保险费缴纳时发现,基本养老保险、失业保险、工伤保险三项社会保险费单位部分应缴费额均已为减免后金额。企业表示:减免政策快享直达,享受到真金白银的降费红利,企业轻装上阵,复工复产就能加快推进。通过上述案例,我们可以看出阶段性减免企业社会保险费政策落实采取不增加企业事务性负担方式,让符合条件的企业都能享受政策,提升企业获得感。

6. 各类减免政策如何给企业减轻了社会保险缴费负担

(1)降低社会保险费率,减轻企业缴费负担。2019年,国家出台《降低社会保险费率综合方案》,其中指出,一是降低城镇职工基本养老保险单位缴费比例,高于16%的省份,可降至16%。二是继续阶段性降低失业保险和工伤保险费率。职工基本养老保险单位缴费比例可降至16%,单位缴费比例最多可降低4个百分点,不设条件,也不是阶段性政策,而是长期性制度安排,政策力度大,普惠性强,减负效果明显,彰显了中央减轻企业社保缴费负担的鲜明态度和坚定决心;各地降费率后,全国费率差异缩小,有利于均衡企业缴费负担,促进形成公平的市场竞争环境;降低费率后,参保缴费"门槛"下降,有利于增强企业和职工的参保积极性。

(2)阶段性免、减、缓社会保险费,减轻企业缴费负担。2020年,受疫情影响,不少企业出现资金缺口,社会保险费的减免政策,助力企业走出困境,维持市场活力。"免":各省、自治区、直辖市及新疆生产建设兵团(以下统称省)免征中小微企业基本养老保险、失业保险、工伤保险三项社会保险单位缴费部分,期限为2020年2月1日至2020年12月31日,单位方式参保的有雇工的个体工商户参照中小微企业享受政策;湖北省免征大型企业等其他参保单位(不含机关事业单位)基本养老保险、失业保险、工伤保险三项社会保险单位缴费部分,期限为2020年2月1日至2020年6月30日。"减":各省(除湖北省外)对大型企业等其他参保单位(不含机关事业单位)基本养老保险、失业保险、工伤保险三项社会保险单位缴费部分减半征收,期限为自2020年2月1日至2020年6月30日;各省、自治区、直辖市及新疆生产建设兵团,根据基金运行情况和实际工作需要,在确保基金收支中长期平衡的前提下,对职工医保单位缴费部分实行减半征收,减征期限不超过5个月,医疗保险统筹基金累计结存可支付月数大于6个月的统筹地区,可实施减征;可支付月数小于6个月但确有必要减征的统筹地区,由各省指导统筹考虑安排。"缓":受疫情影响生产经营出现严重困难的企业,可申请缓缴基本养老保险、失业保险、工伤保险三项社会保险费至2020年12月底,缓缴期间免收滞纳金;医疗保险缓缴政策可继续执行,缓缴期限原则上不超过6个月,缓缴期间免收滞纳金。

(3)调整缴费基数口径和缴费基数上下限,减轻企业缴费负担。2019年,国家出台《降低社会保险费率综合方案》,明确将城镇非私营单位和城镇私营单位就业人员平均工资加权计算的全口径城镇单位就业人员平均工资作为核定职工缴费基数上下限的指标。全口径城镇单位就业人员平均工资，比原政策规定的非私营单位在岗职工平均工资，能够更合理地反映参保人员实际平均工资水平，降低了企业缴费的基数，减轻企业缴费负担。2020年，《人力资源社会保障部 财政部 国家税务总局关于延长阶段性减免企业社会保险费政策实施期限等问题的通知》（人社部发〔2020〕49号）要求，各省2020年社会保险个人缴费基数下限可继续执行2019年个人缴费基数下限标准，个人缴费基数上限按规定正常调整。2021年，《人力资源社会保障部办公厅 财政部办公厅 国家税务总局办公厅关于2021年社会保险缴费有关问题的通知》要求，各省2021年社会保险个人缴费基数上下限原则上根据2020年本省全口径城镇单位就业人员平均工资确定。个人缴费基数下限增长过快、2021年当年调整到位确有困难的省份，个人缴费基数下限可分两年过渡，2021年个人缴费基数下限可根据2019年全口径平均工资和2020年全口径平均工资的算术平均值确定，2022年个人缴费基数下限按2021年全口径平均工资确定，个人缴费基数上限按规定正常调整。

实施阶段性减免企业社会保险费政策，是我国社会保障制度建立以来第一次，是在非常时期出台的非常规政策，是党中央、国务院为推动企业有序复工复产，切实减轻疫情对企业特别是中小微企业的影响作出的重大决策。减免企业社会保险费瞄准的是企业用工成本中的刚性支出，尤其在疫情防控期间，帮助企业稳住人心、挨过寒冬，迎来新发展。

政策链接：社会保险费减免优惠政策

1.《国务院办公厅关于印发〈降低社会保险费率综合方案〉的通知》（国办发〔2019〕13号）

为贯彻落实党中央、国务院决策部署，降低社会保险（以下简称社保）费率，完善社保制度，稳步推进社会保险费征收体制改革，制定本方案。

一、降低养老保险单位缴费比例

自2019年5月1日起，降低城镇职工基本养老保险（包括企业和机关事业单位基本养老保险，以下简称养老保险）单位缴费比例。各省、自治区、直辖市及新疆生产建设兵团（以下统称省）养老保险单位缴费比例高于16%的，可降至16%；目前低于16%的，要研究提出过渡办法。各省具体调整或过渡方案于2019年4月15日前报人力资源和社会保障部、财政部备案。

二、继续阶段性降低失业保险、工伤保险费率

自2019年5月1日起，实施失业保险总费率1%的省，延长阶段性降低失业保险费率的期限至2020年4月30日。自2019年5月1日起，延长阶段性降低工伤保险

费率的期限至2020年4月30日,工伤保险基金累计结余可支付月数在18至23个月的统筹地区可以现行费率为基础下调20%,累计结余可支付月数在24个月以上的统筹地区可以现行费率为基础下调50%。

三、调整社保缴费基数政策

调整就业人员平均工资计算口径。各省应以本省城镇非私营单位就业人员平均工资和城镇私营单位就业人员平均工资加权计算的全口径城镇单位就业人员平均工资,核定社保个人缴费基数上下限,合理降低部分参保人员和企业的社保缴费基数。调整就业人员平均工资计算口径后,各省要制定基本养老金计发办法的过渡措施,确保退休人员待遇水平平稳衔接。

完善个体工商户和灵活就业人员缴费基数政策。个体工商户和灵活就业人员参加企业职工基本养老保险,可以在本省全口径城镇单位就业人员平均工资的60%至300%之间选择适当的缴费基数。

2.《人力资源社会保障部 财政部 税务总局关于延长阶段性减免企业社会保险费政策实施期限等问题的通知》(人社部发〔2020〕49号)

二、受疫情影响生产经营出现严重困难的企业,可继续缓缴社会保险费至2020年12月底,缓缴期间免收滞纳金。

三、各省2020年社会保险个人缴费基数下限可继续执行2019年个人缴费基数下限标准,个人缴费基数上限按规定正常调整。

3.《人力资源社会保障部办公厅 财政部办公厅 国家税务总局办公厅关于2021年社会保险缴费有关问题的通知》(人社厅发〔2021〕2号)

三、各省2021年社会保险个人缴费基数上下限原则上根据2020年本省全口径城镇单位就业人员平均工资(以下简称全口径平均工资)确定。个人缴费基数下限增长过快、2021年当年调整到位确有困难的省份,个人缴费基数下限可分两年过渡,2021年个人缴费基数下限可根据2019年全口径平均工资和2020年全口径平均工资的算术平均值确定,2022年个人缴费基数下限按2021年全口径平均工资确定,过渡方案报人力资源和社会保障部、财政部、国家税务总局同意后公布执行;个人缴费基数上限按规定正常调整。

▶【典型案例】:社会保险费"免减缓"为企业添活力

A企业是甲省一家中小微企业,2020年疫情原因导致企业资金紧张,面临资金链断裂的危险。2020年1月,A企业缴纳养老保险单位部分16 000元,失业保险单位部分500元,工伤保险400元,医疗保险费单位部分3 000元。阶段性减免社会保险政策出台后,该省实行 2020 年 2~12 月免征中小微企业基本养老保险费、失业保险费、工伤保险费单位缴费部分,医疗保险费执行最大减免月份政策,该企业 2020 年共计减免各项社会保险费 200 900 元。同时,由于受疫情影响严重,该企业申请缓缴了 2020 年基本养老保险费、失业保险费和工伤保险费至 2020 年年底,极大地缓解了企业的资金问题,助力企业复工复产。

通过上述案例,我们可以看出,减免政策有助于企业复工复产,维持市场活力。

【实务案例】 如何计算企业享受政策的红利账

甲省某中小微企业 A,2020 年 8 月申报所属 7 月社会保险费。

已知:该单位企业职工基本养老保险、失业保险、工伤保险、职工基本医疗保险 7 月份单位缴费基数都为 60 万元,单位部分费率分别为 16%、0.5%、1.2%、6.5%。

要求:请分别计算该企业所属 7 月企业职工基本养老保险、失业保险、工伤保险、职工基本医疗保险单位部分实际缴纳的金额和 7 月减免的社会保险费金额。

参考答案:由于 A 企业是中小微企业,享受 2020 年 2 月至 12 月免征企业养老保险、失业保险、工伤保险单位缴费部分,故 A 企业 7 月职工基本养老保险单位缴纳实缴 0 元,失业保险单位缴纳实缴 0 元,工伤保险实缴 0 元。由于医疗保险最长减半征收期限为 5 个月,故 A 企业 7 月需全额缴纳医疗保险单位部分。

A 企业 7 月职工基本医疗保险单位缴纳实缴为 600 000×6.5% = 39 000(元)。

A 企业 7 月减免基本养老保险费为 600 000×16% = 96 000(元);

减免失业保险费为 600 000×0.5% = 3 000(元);

减免工伤保险费为 600 000×1.2% = 7 200(元);

A 企业 7 月共减免社会保险费为 96 000 + 3 000 + 7 200 = 106 200(元)。

二、缓缴政策

1. 企业应该如何申请缓缴,哪些条件下可以缓缴

(1)《社会保险法》第六十条规定,用人单位应当自行申报、按时足额缴纳社会保险费,非因不可抗力等法定事由不得缓缴、减免。《实施〈中华人民共和国社会保险法〉若干规定》(人力资源和社会保障部令第 13 号)第二十一条规定,用人单位因不可抗力造成生产经营出现严重困难的,经省级人民政府社会保险行政部门批准后,可以暂缓缴纳一定期限的社会保险费,期限一般不超过 1 年。暂缓缴费期间,免收滞纳金。到期后,用人单位应当缴纳相应的社会保险费。第二十二条规定,用人单位按照《社会保险法》

第六十三条的规定,提供担保并与社会保险费征收机构签订缓缴协议的,免收缓缴期间的滞纳金。

(2) 2020年受疫情影响生产经营出现严重困难的参保单位(含参加企业基本养老保险的事业单位),可按有关规定对应缴基本养老保险、失业保险、工伤保险三项社会保险费申请缓缴。缓缴执行期至2020年12月底,缓缴期间免收滞纳金。用人单位应与职工协商一致,同时缓缴代扣代缴个人缴费部分的,缓缴期间的企业基本养老保险个人账户应缴费额不计息,期满前由参保单位及时缴费。职工在缓缴期间申领养老、失业保险待遇的,单位和职工个人应先补齐缓缴的社会保险费。

(3) 2020年医疗保险原有的缓缴政策可继续执行。缓缴期限原则上不超过6个月,缓缴期间免收滞纳金。

> **政策链接: 缓缴社会保险费相关政策**
>
> 1.《中华人民共和国社会保险法》(中华人民共和国主席令第三十五号)
>
> 第六十条 用人单位应当自行申报、按时足额缴纳社会保险费,非因不可抗力等法定事由不得缓缴、减免。职工应当缴纳的社会保险费由用人单位代扣代缴,用人单位应当按月将缴纳社会保险费的明细情况告知本人。
>
> 无雇工的个体工商户、未在用人单位参加社会保险的非全日制从业人员以及其他灵活就业人员,可以直接向社会保险费征收机构缴纳社会保险费。
>
> 2.《人力资源社会保障部办公厅 财政部办公厅 国家税务总局办公厅关于印发〈关于阶段性减免企业社会保险费有关问题的实施意见〉的通知》(人社厅发〔2020〕18号)
>
> 六、关于缓缴处理
>
> 受疫情影响生产经营出现严重困难的参保单位(含参加企业基本养老保险的事业单位),可按有关规定对应缴三项社会保险费申请缓缴。缓缴执行期为2020年内,缓缴期限原则上不超过6个月,缓缴期间免收滞纳金。各地要严格把握缓缴条件,按照规定的程序执行。
>
> 用人单位与职工协商一致,同时缓缴代扣代缴个人缴费部分的,缓缴期间的企业基本养老保险个人账户应缴费额不计息,期满前由参保单位及时缴费。职工在缓缴期间申领养老、失业保险待遇的,单位及职工个人应先补齐缓缴的社会保险费。实施阶段性减免、缓缴工伤保险费政策,不影响参保职工享受工伤保险相关待遇。
>
> 3.《人力资源社会保障部 财政部 税务总局关于延长阶段性减免企业社会保险费政策实施期限等问题的通知》(人社部发〔2020〕49号)

按照党中央、国务院决策部署,人力资源和社会保障部、财政部、国家税务总局印发《关于阶段性减免企业社会保险费的通知》(人社部发〔2020〕11号),自2020年2月起阶段性减免企业基本养老保险、失业保险、工伤保险(以下称三项社会保险)单位缴费部分,减轻了企业负担,有力地支持了企业复工复产。为进一步帮助企业特别是中小微企业应对风险、渡过难关,减轻企业和低收入参保人员今年的缴费负担,经国务院同意,现就延长阶段性减免企业三项社会保险费政策实施期限等问题通知如下:

二、受疫情影响生产经营出现严重困难的企业,可继续缓缴社会保险费至2020年12月底,缓缴期间免收滞纳金。

四、有雇工的个体工商户以单位方式参加三项社会保险的,继续参照企业办法享受单位缴费减免和缓缴政策。

五、以个人身份参加企业职工基本养老保险的个体工商户和各类灵活就业人员,2020年缴纳基本养老保险费确有困难的,可自愿暂缓缴费。2021年可继续缴费,缴费年限累计计算;对2020年未缴费月度,可于2021年底前进行补缴,缴费基数在2021年当地个人缴费基数上下限范围内自主选择。

4.《国家医保局 财政部 税务总局关于阶段性减征职工基本医疗保险费的指导意见》(医保发〔2020〕6号)

二、原则上,统筹基金累计结存可支付月数大于6个月的统筹地区,可实施减征;可支付月数小于6个月但确有必要减征的统筹地区,由各省指导统筹考虑安排。缓缴政策可继续执行,缓缴期限原则上不超过6个月,缓缴期间免收滞纳金。

【背景案例】企业缓缴两三事

A企业2018年7月因台风造成厂房受损严重,生产经营出现严重困难,企业资金周转面临问题,经省级人民政府社会保险行政部门批准后,暂缓缴纳2018年7~12月社会保险费,并于缓缴到期后全额缴纳缓缴了社会保险费。2020年,因疫情影响,企业停工停产,生产经营出现严重困难,申请缓缴2020年2~12月基本养老保险、失业保险、工伤保险三项社会保险费获批准后,于2021年1月缴纳缓缴了三项社会保险费,企业压力得到缓解。

通过上述案例我们可以发现,非因不可抗力等法定事由不得缓缴、减免。

2. 疫情防控期间我国对社会保险费缓缴作出了哪些规定

(1)2020年受疫情影响生产经营出现严重困难的企业,可继续缓缴基本养老保险、失业保险、工伤保险三项社会保险费至2020年12月底,缓缴期间免收滞纳金。

（2）有雇工的个体工商户以单位方式参加基本养老保险、失业保险、工伤保险三项社会保险的,继续参照企业办法享受单位缴费减免和缓缴政策,缓缴期限至2020年12月底。

（3）以个人身份参加企业职工基本养老保险的个体工商户和各类灵活就业人员,2020年缴纳基本养老保险费确有困难的,可自愿暂缓缴费。2021年可继续缴费,缴费年限累计计算;对2020年未缴费月度,可于2021年年底前进行补缴,缴费基数在2021年当地个人缴费基数上下限范围内自主选择。

（4）2020年医疗保险缓缴政策可继续执行,缓缴期限原则上不超过6个月,缓缴期间免收滞纳金。

（5）2022年允许失业保险、工伤保险基金结余较多的省份对餐饮、零售、旅游、民航、公路铁路运输企业及受疫情影响经营困难的所有中小微企业、个体工商户阶段性实施缓缴失业保险、工伤保险费政策,具体办法由省级人民政府确定。缓缴期限不超过1年,缓缴期间免收滞纳金。

（6）对餐饮、零售、旅游、民航、公路水路铁路运输等特困行业及受疫情影响经营困难的所有中小微企业、个体工商户,在2022年二季度实施暂缓缴纳养老保险费政策。

政策链接：困难企业减免、缓缴社会保险费

1.《国家发展改革委等部门印发〈关于促进服务业领域困难行业恢复发展的若干政策〉的通知》（发改财金〔2022〕271号）

按照党中央、国务院决策部署,为帮助服务业领域困难行业渡过难关、恢复发展,在落实好已经出台政策措施的基础上,经国务院同意,现提出以下助企纾困扶持政策措施。

13.允许失业保险、工伤保险基金结余较多的省份对餐饮企业阶段性实施缓缴失业保险、工伤保险费政策,具体办法由省级人民政府确定。符合条件的餐饮企业提出申请,经参保地人民政府批准可以缓缴,期限不超过一年,缓缴期间免收滞纳金。

21.允许失业保险、工伤保险基金结余较多的省份对零售企业阶段性实施缓缴失业保险、工伤保险费政策,具体办法由省级人民政府确定。符合条件的零售企业提出申请,经参保地人民政府批准可以缓缴,期限不超过一年,缓缴期间免收滞纳金。

25.允许失业保险、工伤保险基金结余较多的省份对旅游企业阶段性实施缓缴失业保险、工伤保险费政策,具体办法由省级人民政府确定。符合条件的旅游企业提出申请,经参保地人民政府批准可以缓缴,期限不超过一年,缓缴期间免收滞纳金。

2.2022年4月6日李克强总理主持召开国务院常务会议决定,对特困行业实行阶段性缓缴养老保险费政策会议指出，当前一些市场主体受到严重冲击，有的甚至停产歇业，必须针对突出困难加大纾困和就业兜底等保障力度。一是对餐饮、零售、旅游、民航、公路水路铁路运输等特困行业，在今年二季度实施暂缓缴纳养老保险费，并将已实施的阶段性缓缴失业和工伤保险费政策范围，由餐饮、零售、旅游业扩大至上述5个行业，缓解这些行业特别是中小微企业、个体工商户资金压力。二是延续执行失业保险保障阶段性扩围政策，今年底前继续向参保失业人员发放失业补助金，向参保失业农民工发放临时生活补助。三是提高中小微企业失业保险稳岗返还比例，符合条件的地区可从60%提至最高90%；允许地方再拿出4%的失业保险基金结余用于职业技能培训，并向受疫情影响、暂时无法正常经营的中小微企业发放一次性留工培训补助。

3. 2022年4月27日李克强总理主持召开国务院常务会议决定加大稳岗促就业政策力度

会议指出，稳就业是经济运行保持在合理区间的关键支撑，要落实党中央、国务院部署，采取更有力举措稳就业。一要推进企业在做好疫情防控条件下复工达产，特别要保障产业链供应链重点企业、交通物流企业、抗疫保供企业、关键基础设施等正常运转，对困难大的要采取"点对点"帮扶。二要着力支持市场主体稳岗。将阶段性缓缴养老、失业、工伤保险费政策，由5个特困行业扩大到受疫情影响经营困难的所有中小微企业、个体工商户。将中小微企业、个体工商户失业保险稳岗返还比例最高提至90%。支持地方对特困行业用电实行阶段性优惠，继续给予中小微企业宽带和专线资费优惠，为线上就业创业、居家办公降成本。企业可与职工协商弹性工作制稳岗。促进平台经济健康发展，带动更多就业。三要拓展就业岗位。支持高校毕业生自主创业，落实大众创业、万众创新相关政策。推进高校毕业生等青年"百万就业见习"，对吸纳见习的单位给予补贴。启动一批农田水利、农村公路等工程，推广以工代赈，增加农民工就业岗位。四要做好就业服务和兜底保障。健全高校毕业生就业网上签约系统，推进体检结果互认。对延迟离校的毕业生，延长报到入职、档案转递、落户办理时限。取消毕业生到人才服务机构报到手续，可凭学历证书、劳动合同等直接落户。研究助学贷款延期还款、减免利息等支持举措。对失业保险参保不满1年的失业农民工，发放临时生活补助；对因疫情影响暂时失业、未参保的困难人员，给予临时救助。五要压实各地稳就业责任，作为政府绩效考核内容，创造性落实，确保完成全年就业目标。

▶▶【典型案例】："打工人"在疫情防控期间失业，社会保险费怎么办

王女士独立经营一家花店，每年以灵活就业人员身份缴纳基本养老保险。2020年突发新冠肺炎疫情，王女士经营的花店关门，由于无收入来源，王女士本以为要中断缴

费,听朋友说国家出台了缓缴政策,灵活就业人员 2020 年缴纳基本养老保险费确有困难的,可自愿暂缓缴费。2021 年可继续缴费,缴费年限累计计算;对 2020 年未缴费月度,可于 2021 年年底前进行补缴,缴费基数在 2021 年当地个人缴费基数上下限范围内自主选择。2021 年,王女士新开了一家生鲜超市,生意兴隆,并于 2021 年缴纳了 2020 年和 2021 年两年的基本养老保险,缴费年限并未中断。

通过上述案例我们可以发现,疫情防控期间,我国不仅针对企业出台缓缴政策,对以个人身份参加企业职工基本养老保险的个体工商户和各类灵活就业人员,也出台了相应的缓缴政策,大大地缓解了灵活就业人员的缴费压力。

3. 缓缴社会保险费是否影响参保人员享受各种社会保险待遇

缓缴社会保险费不会影响参保人员享受各种社会保险待遇。《实施〈中华人民共和国社会保险法〉若干规定》(人力资源和社会保障部令第 13 号)第二十三条规定,用人单位按照本规定第二十一条、第二十二条缓缴社会保险费期间,不影响其职工依法享受社会保险待遇。《人力资源社会保障部办公厅关于切实做好新型冠状病毒感染的肺炎疫情防控期间社会保险经办工作的通知》(人社厅明电〔2020〕7 号)规定,要确保参保人员社会保险权益不受影响,企业要依法履行好代扣代缴职工个人缴费的义务,社保经办机构要做好个人权益记录工作,因受疫情影响,用人单位逾期办理职工参保登记、缴费等业务,经办机构应及时受理。对灵活就业人员和城乡居民 2020 年一次性补缴或定期缴纳社会保险费放宽时限要求,未能及时办理参保缴费的,允许疫情结束后补办,并在系统内标识。逾期办理缴费不影响参保人员个人权益记录,补办手续应在疫情解除后 3 个月内完成。《人力资源社会保障部 财政部 税务总局有关司局负责人就阶段性减免企业社会保险费具体贯彻实施工作答记者问》第九问,减免政策执行期间,不会影响人员正常流动,企业基本养老保险、失业保险的关系转移接续仍按现行规定执行。其中,跨省转移接续养老保险关系的,仍按缴费基数 12% 的比例转移统筹基金。第十一问,此次阶段性减免政策是在充分考虑三项社会保险制度的运行和基金结余的基础上制定的,总体上基金支撑能力较强,减免政策实施后可保证制度和社保基金正常运行。各省级政府要切实承担起主体责任,确保职工个人权益不受影响,各项社会保险待遇按时足额发放。此外,我们也将继续推进社会保险的省级统筹工作,继续实施企业职工基本养老保险基金中央调剂制度,2020 年的调剂比例提到 4%,以进一步加大对困难地区的支持力度。《人力资源社会保障部办公厅 财政部办公厅 国家税务总局办公厅关于印发〈关于阶段性减免企业社会保险费有关问题的实施意见〉的通知》(人社厅发〔2020〕18 号)规定,实施阶段性减免、缓缴工伤保险费政策,不影响参保职工享受工伤保险相关待遇。《国家医疗保障局 财政部 国家税务总局关于阶段性减征职工基本医疗保险费的指导意见》规定,各省要指导统筹地区持续完善经办管理服务,确保待遇支付,实施减征和缓缴不能影响参保人享受当期待遇。参保单位应依法履行代扣代缴个人缴费的义务,医保经办机构要做好个人权益记录,确保个人权益不受影响。

政策链接: 缓缴社会保险费相关规定

1.《人力资源社会保障部办公厅关于切实做好新型冠状病毒感染的肺炎疫情防控期间社会保险经办工作的通知》(人社厅明电〔2020〕7号)

五、允许参保企业和个人延期办理业务

因受疫情影响,用人单位逾期办理职工参保登记、缴费等业务,经办机构应及时受理。对灵活就业人员和城乡居民2020年一次性补缴或定期缴纳社会保险费放宽时限要求,未能及时办理参保缴费的,允许疫情结束后补办,并在系统内标识。逾期办理缴费不影响参保人员个人权益记录,补办手续应在疫情解除后3个月内完成。

2.《人力资源社会保障部 财政部 税务总局关于阶段性减免企业社会保险费的通知》(人社部发〔2020〕11号)

五、要确保参保人员社会保险权益不受影响,企业要依法履行好代扣代缴职工个人缴费的义务,社保经办机构要做好个人权益记录工作。

六、各省级政府要切实承担主体责任,确保各项社会保险待遇按时足额支付。加快推进养老保险省级统筹,确保年底前实现基金省级统收统支。2020年企业职工基本养老保险基金中央调剂比例提高到4%,加大对困难地区的支持力度。

3.人力资源社会保障部 财政部 税务总局有关司局负责人就阶段性减免企业社会保险费具体贯彻实施工作答记者问

2月20日,经国务院同意,人力资源社会保障部、财政部、国家税务总局印发《关于阶段性减免企业社会保险费的通知》(人社部发〔2020〕11号,以下简称11号文件)。近日,人力资源和社会保障部、财政部、税务总局有关司局负责人就11号文件的有关具体贯彻实施工作回答了记者提问。

九、阶段性减免企业社会保险费期间,是否影响企业养老保险、失业保险关系转续?

答:减免政策执行期间,不会影响人员正常流动,企业基本养老保险、失业保险的关系转移接续仍按现行规定执行。其中,跨省转移接续养老保险关系的,仍按缴费基数12%的比例转移统筹基金。

十一、此次阶段性减免政策力度大、范围广,是否会对社保基金运行和社会保险待遇发放产生影响?

答:此次阶段性减免政策是在充分考虑三项社会保险制度的运行和基金结余的基础上制定的,总体上基金支撑能力较强,减免政策实施后可保证制度和社保基金正常运行。各省级政府要切实承担起主体责任,确保职工个人权益不受影响,各项社会保险待遇按时足额发放。此外,我们也将继续推进社会保险的省级统筹工作,继续实施企业职工基本养老保险基金中央调剂制度,2020年的调剂比例提到4%,以进一步加大对困难地区的支持力度。

4.《国家医保局 财政部 税务总局关于阶段性减征职工基本医疗保险费的指导意见》(医保发〔2020〕6号)

三、各省要指导统筹地区持续完善经办管理服务,确保待遇支付,实施减征和缓缴不能影响参保人享受当期待遇。参保单位应依法履行代扣代缴个人缴费的义务,医保经办机构要做好个人权益记录,确保个人权益不受影响。优化办事流程,不增加参保单位事务性负担。

▶▶【典型案例】:缓缴会中断个人缴费记录吗

张先生是甲省A公司的员工。2020年,由于受疫情影响严重,A公司申请了缓缴基本养老保险、失业保险、工伤保险等三项社会保险费。张先生是外地户口,孩子入学条件是家长要在工作地连续缴纳社保满3年。张先生担心此次企业申请缓缴社会保险费,他的个人社保缴费会中断,进而影响孩子的入学条件,为此拨打当地12366热线咨询该问题。当地12366答复张先生,为确保缴费人的社保权益,有关部门也已经明确,实施减免或缓缴政策,不影响缴费人社会保险权益。因此,他的缴费记录会连续计算,他的权益不受影响。

通过上述案例我们可以看出,虽然企业由于疫情原因暂无法缴纳社会保险费,申请了缓缴,但是为了确保缴费人的社保权益,实施减免或缓缴政策,不影响缴费人社会保险权益。

三、历年缴费基数上下限相关规定

1. 我国对于社会保险缴费基数口径作出了哪些规定

社会保险费缴费基数是指职工在一个社保年度内的社会保险费缴费基数,是用人单位及其职工缴纳社会保险费和职工享受社会保险待遇的重要依据。社会保险缴费基数可以从三个方面去了解：一是工资总额的计算，以直接支付给职工的全部劳动报酬为根据；二是缴费工资，是指职工上一年度本人月平均工资，是根据职工的工资总额为基准统计计算得出的；三是缴费基数，有上下限的缴费工资，一般下限为上一年度社会平均工资的60%，上限为上一年度社会平均工资的300%。关于社会保险费缴费基数的口径，凡是国家统计局有关文件没有明确不作为工资收入统计的项目，均应作为社会保险费缴费基数。《劳动和社会保障部社会保险事业管理中心关于规范社会保险缴费基数有关问题的通知》（劳社险中心函〔2006〕60号）是常用判断是否应纳入社保缴费基数的文件。

2019年，为降低企业负担，《降低社会保险费率综合方案》中对就业人员平均工资和个体工商户就业人员缴费基数口径进行了调整，规定各省应以本省城镇非私营单位就业人员平均工资和城镇私营单位就业人员平均工资加权计算的全口径城镇单位就业人员平均工资，核定社保个人缴费基数上下限，合理降低部分参保人员和企业的社保缴费基数。个体工商户和灵活就业人员参加企业职工基本养老保险，可以在本省全口径城镇单位就业人员平均工资的60%至300%之间选择适当的缴费基数。

2020年，受新冠肺炎疫情等不确定因素影响，《人力资源社会保障部 财政部 税务总局关于延长阶段性减免企业社会保险费政策实施期限等问题的通知》（人社部发〔2020〕49号）中，对缴费基数再次作出调整，规定各省2020年社会保险个人缴费基数下限可继续执行2019年个人缴费基数下限标准，个人缴费基数上限按规定正常调整。

2021年，为进一步减轻企业负担，《人力资源社会保障部办公厅 财政部办公厅 国家税务总局办公厅关于2021年社会保险缴费有关问题的通知》规定，各省2021年社会保险个人缴费基数上下限原则上根据2020年本省全口径城镇单位就业人员平均工资确定。个人缴费基数下限增长过快、2021年当年调整到位确有困难的省份，个人缴费基数下限可分两年过渡，2021年个人缴费基数下限可根据2019年全口径平均工资和2020年全口径平均工资的算术平均值确定，2022年个人缴费基数下限按2021年全口径平均工资确定，个人缴费基数上限按规定正常调整。

> **政策链接：社保缴费基数**
>
> 1.《劳动和社会保障部社会保险事业管理中心关于规范社会保险缴费基数有关问题的通知》（劳社险中心函〔2006〕60号）
>
> 近年来，在劳动保障行政部门的正确领导和有关部门的大力支持下，各级社会保险经办机构认真贯彻落实《社会保险费征缴暂行条例》（国务院令第259号）、《社会保险稽核办法》（劳动保障部令第16号）和相关政策规定，努力做好社会保险费征缴申报审核和稽核工作，取得了明显成绩，促进了社会保险费的应收尽收。但是，随着社会主义市场经济体制的逐步建立和完善，我国所有制结构、就业方式和收入分配形式发生了很大

变化，当前一些地区在社会保险缴费申报审核和稽核工作中，存在着执行政策不统一、审核不够规范等问题，影响了缴费基数核定和稽核的整体效应。为做好新形势下社会保险缴费基数核定与稽核工作，现就规范社会保险费缴费基数有关问题通知如下：

一、关于缴费基数的核定依据

1990年，国家统计局发布了《关于工资总额组成的规定》（国家统计局令第1号），之后相继下发了一系列通知对有关工资总额统计作出了明确规定，每年各省区市统计局在劳动统计报表制度中对劳动报酬指标亦有具体解释。这些文件都应作为核定社会保险缴费基数的依据。凡是国家统计局有关文件没有明确规定不作为工资收入统计的项目，均应作为社会保险缴费基数。

二、关于工资总额的计算口径

依据国家统计局有关文件规定，工资总额是指各单位在一定时期内直接支付给本单位全部职工的劳动报酬总额，由计时工资、计件工资、奖金、加班加点工资、特殊情况下支付的工资、津贴和补贴等组成。劳动报酬总额包括：在岗职工工资总额；不在岗职工生活费；聘用、留用的离退休人员的劳动报酬；外籍及港澳台方人员劳动报酬以及聘用其他从业人员的劳动报酬。

《国家统计局关于认真贯彻执行〈关于工资总额组成的规定〉的通知》（统制字〔1990〕1号）中对工资总额的计算做了明确解释：各单位支付给职工的劳动报酬以及其他根据有关规定支付的工资，不论是计入成本的还是不计入成本的，不论是按国家规定列入计征奖金税项目的还是未列入计征奖金税项目的，均应列入工资总额的计算范围。

三、关于计算缴费基数的具体项目

根据国家统计局的规定，下列项目作为工资总额统计，在计算缴费基数时作为依据：

1. 计时工资，包括：

（1）对已完成工作按计时工资标准支付的工资即基、本工资部分；

（2）新参加工作职工的见习工资（学徒的生活费）；

（3）根据国家法律、法规和政策规定，因病、工伤、产假、计划生育假、婚丧假、事假、探亲假、定期休假、停工学习、执行国家或社会义务等原因按计时工资标准或时工资标准的一定比例支付的工资；

（4）实行岗位技能工资制的单位支付给职工的技能工资及岗位（职务）工资；

（5）职工个人按规定比例缴纳的社会保险费、职工受处分期间的工资、浮动升级的工资等。

(6) 机关工作人员的职务工资、级别工资、基础工资；工人的岗位工资、技术等级（职务）工资。

2. 计件工资，包括：

(1) 实行超额累进计件、直接无限计件、限额计件、超定额计件等工资制，按劳动部门或主管部门批准的定额和计件单价支付给个人的工资；

(2) 按工作任务包干方法支付给个人的工资；

(3) 按营业额提成或利润提成办法支付给个人的工资。

3. 奖金，包括：

(1) 生产（业务）奖包括超产奖、质量奖、安全（无事故）奖、考核各项经济指标的综合奖、提前竣工奖、外轮速遣奖、年终奖（劳动分红）等；

(2) 节约奖包括各种动力、燃料、原材料等节约奖；

(3) 劳动竞赛奖包括发给劳动模范、先进个人的各种奖金；

(4) 机关、事业单位各类人员的年终一次性奖金、机关工人的奖金、体育运动员的平时训练奖；

(5) 其他奖金包括从兼课酬金和业余医疗卫生服务收入提成中支付的奖金，运输系统的堵漏保收奖，学校教师的教学工作量超额酬金，从各项收入中以提成的名义发给职工的奖金等。

4. 津贴，包括：

(1) 补偿职工特殊或额外劳动消耗的津贴及岗位性津贴。包括：高空津贴、井下津贴、流动施工津贴、高温作业临时补贴、艰苦气象台（站）津贴、微波站津贴、冷库低温津贴、邮电人员外勤津贴、夜班津贴、中班津贴、班（组）长津贴、环卫人员岗位津贴、广播电视天线工岗位津贴、盐业岗位津贴、废品回收人员岗位津贴、殡葬特殊行业津贴、城市社会福利事业岗位津贴、环境监测津贴、课时津贴、班主任津贴、科研辅助津贴、卫生临床津贴和防检津贴、农业技术推广服务津贴、护林津贴、林业技术推广服务津贴、野生动物保护工作津贴、水利防汛津贴、气象服务津贴、地震预测预防津贴、技术监督工作津贴、口岸鉴定检验津贴、环境污染监控津贴、社会服务津贴、特殊岗位津贴、会计岗位津贴、野外津贴、水上作业津贴、艺术表演档次津贴、演出场次津贴、艺术人员工种补贴、运动队班（队）干部驻队津贴、教练员培训津贴、运动员成绩津贴、运动员突出贡献津贴、责任目标津贴、领导职务津贴、岗位目标管理津贴、专业技术职务津贴、专业技术岗位津贴、技术等级岗位津贴、技术工人岗位津贴、普通工人作业津贴及其他为特殊行业和苦脏累险等特殊岗位设立的津贴。

机关工作人员岗位津贴。包括：公安干警执勤津贴、警衔津贴、交通民警保健津贴、海关工作人员岗位津贴、审计人员外勤工作补贴、税务人员的税务征收津贴(包括农业税收)、工商行政管理人员外勤津贴、人民法院干警岗位津贴、人民检察院干警岗位津贴、司法助理员岗位津贴、监察、纪检部门办案人员补贴、人民武装部工作人员津贴、监狱劳教所干警健康补贴等。

(2) 保健性津贴。包括：卫生防疫津贴、医疗卫生津贴、科技保健津贴、农业事业单位发放的有毒有害保健津贴以及其他行业职工的特殊保健津贴等。

(3) 技术性津贴。包括：特级教师津贴、科研课题津贴、研究生导师津贴、工人技师津贴、中药老药工技术津贴、特殊教育津贴、高级知识分子特殊津贴(政府特殊津贴)等。

(4) 年功性津贴。包括：工龄工资、工龄津贴、教龄津贴和护士护龄津贴等。

(5) 地区津贴。包括艰苦边远地区津贴和地区附加津贴等。

(6) 其他津贴。例如：支付给个人的伙食津贴(火车司机和乘务员的乘务津贴、航行和空勤人员伙食津贴、水产捕捞人员伙食津贴补贴、汽车司机行车津贴、体育运动员和教练员伙食补助费、少数民族伙食津贴、小伙食单位补贴、单位按月发放的伙食补贴、补助或提供的工作餐等)、上下班交通补贴、洗理卫生费、书报费、工种粮补贴、过节费、干部行车补贴、私车补贴等。

5. 补贴，包括：为保证职工工资水平不受物价上涨或变动影响而支付的各种补贴，如副食品价格补贴、粮、油、蔬菜等价格补贴、煤价补贴、水电补贴、住房补贴、房改补贴等。

6. 加班加点工资。

7. 其他工资，如附加工资、保留工资以及调整工资补发的上年工资等。

8. 特殊项目构成的工资：

(1) 发放给本单位职工的"技术交易奖酬金"。

(2) 住房补贴或房改补贴。房改一次性补贴款，如补贴发放到个人，可自行支配的计入工资总额内；如补贴为专款专用存入专门的账户，不计入工资总额统计[《国家统计局关于房改补贴统计方法的通知》(统制字〔1992〕80号文)]；

(3) 单位发放的住房提租补贴、通信工具补助、住宅电话补助[《国家统计局关于印发1998年年报劳动统计新增指标解释及问题解答的通知》(国统办字〔1998〕120号)]；

(4) 单位给职工个人实报实销的职工个人家庭使用的固定电话话费、职工个人使用的手机费(不含因工作原因产生的通讯费，如不能明确区分公用、私用均计入工资总额)、职工个人购买的服装费(不包括工作服)等各种费用[《国家统计局关于印发2002年劳动统计年报新增指标解释及问题解答的通知》(国统办字〔2002〕20号)]；

(5)为不休假的职工发放的现金或补贴[《国家统计局关于印发2002年劳动统计年报新增指标解释及问题解答的通知》(国统办字〔2002〕20号)];

(6)以下属单位的名义给本单位职工发放的现金或实物(无论是否计入本单位财务账目)[《国家统计局关于印发2002年劳动统计年报新增指标解释及问题解答的通知》(国统办字〔2002〕20号)];

(7)单位为职工缴纳的各种商业性保险[《国家统计局关于印发2002年劳动统计年报新增指标解释及问题解答的通知》(国统办字〔2002〕20号)];

(8)实行企业经营者年薪制的经营者,其工资正常发放部分和年终结算后补发的部分[《国家统计局关于印发2002年劳动统计年报新增指标解释及问题解答的通知》(国统办〔2002〕20号)];

(9)商业部门实行的柜组承包,交通运输部门实行的车队承包、司机个人承包等,这部分人员一般只需定期上交一定的所得,其余部分归己。对这些人员的缴费基数原则上采取全部收入扣除各项(一定)费用支出后计算[《国家统计局关于印发劳动统计问题解答的通知》(制司字〔1992〕39号)];

(10)使用劳务输出机构提供的劳务工,其人数和工资按照"谁发工资谁统计"的原则,如果劳务工的使用方不直接支付劳务工的工资,而是向劳务输出方支付劳务费,再由劳务输出方向劳务工支付工资,应由劳务输出方统计工资和人数;如果劳务工的使用方直接向劳务工支付工资,则应由劳务使用方统计工资和人数。输出和使用劳务工单位的缴费基数以谁发工资谁计算缴费基数的原则执行[《国家统计局关于印发2004年劳动统计年报新增指标解释及问题解答的通知》(国统办字〔2004〕48号)];

(11)企业销售人员、商业保险推销人员等实行特殊分配形式参保人员的缴费基数原则上由各地依据国家统计局有关规定根据实际情况确定。

四、关于不列入缴费基数的项目

根据国家统计局的规定,下列项目不计入工资总额,在计算缴费基数时应予剔除:

(一)根据国务院发布的有关规定发放的创造发明奖、国家星火奖、自然科学奖、科学技术进步奖和支付的合理化建议和技术改进奖以及支付给运动员在重大体育比赛中的重奖,债券利息以及职工个人技术投入后的税前收益分配。

(二)有关劳动保险和职工福利方面的费用。职工保险福利费用包括医疗卫生费、职工死亡丧葬费及抚恤费、职工生活困难补助、文体宣传费、集体福利事业设施费和集体福利事业补贴、探亲路费、计划生育补贴、冬季取暖补贴、防暑降温费、婴幼儿补贴(即托儿补助)、独生子女牛奶补贴、独生子女费、"六一"儿童节给职工的独生子女补贴、工作服洗补费、献血员营养补助及其他保险福利费。

（三）劳动保护的各种支出。包括：工作服、手套等劳动保护用品，解毒剂、清凉饮料，以及按照国务院1963年7月19日劳动部等七单位规定的范围对接触有毒物质、沙尘作业、放射线作业和潜水、沉箱作业，高温作业等五类工种所享受的由劳动保护费开支的保健食品待遇。

（四）有关离休、退休、退职人员待遇的各项支出。

（五）支付给外单位人员的稿费、讲课费及其他专门工作报酬。

（六）出差补助、误餐补助。指职工出差应购卧铺票实际改乘座席的减价提成归己部分；因实行住宿费包干，实际支出费用低于标准的差价归己部分。

（七）对自带工具、牲畜来企业工作的从业人员所支付的工具、牲畜等的补偿费用。

（八）实行租赁经营单位的承租人的风险性补偿收入。

（九）职工集资入股或购买企业债券后发给职工的股息分红、债券利息以及职工个人技术投入后的税前收益分配。

（十）劳动合同制职工解除劳动合同时由企业支付的医疗补助费、生活补助费以及一次性支付给职工的经济补偿金。

（十一）劳务派遣单位收取用工单位支付的人员工资以外的手续费和管理费。

（十二）支付给家庭工人的加工费和按加工订货办法支付给承包单位的发包费用。

（十三）支付给参加企业劳动的在校学生的补贴。

（十四）调动工作的旅费和安家费中净结余的现金。

（十五）由单位缴纳的各项社会保险、住房公积金。

（十六）支付给从保安公司招用的人员的补贴。

（十七）按照国家政策为职工建立的企业年金和补充医疗保险，其中单位按政策规定比例缴纳部分。

五、关于统一缴费基数问题

（一）参保单位缴纳基本养老保险费的基数可以为职工工资总额，也可以为本单位职工个人缴费工资基数之和，但在全国省区市范围内应统一为一种核定办法。

单位职工本人缴纳基本养老保险费的基数原则上以上一年度本人月平均工资为基础，在当地职工平均工资的60%～300%的范围内进行核定。特殊情况下个人缴费基数的确定，按《劳动部办公厅关于印发〈职工基本养老保险个人账户管理暂行办法〉的通知》（劳办发〔1997〕116号）的有关规定核定。以个人身份参保缴费基数的核定，根据各地贯彻《国务院关于完善职工基本养老保险制度的决定》（国发〔2005〕38号）的有关规定核定。

(二)参保单位缴纳基本医疗保险、失业保险、工伤保险、生育保险费的基数为职工工资总额,基本医疗保险、失业保险职工个人缴费基数为本人工资,为便于征缴可以以上一年度个人月平均工资为缴费基数。目前,一些地方为整合经办资源,实行社会保险费的统一征收和统一稽核,并将各险种单位和个人的缴费基数统一为单位和个人缴纳基本养老保险费的基数,这种做法方便了参保企业和参保人员,有利于提高稽核效率。

各级社会保险经办机构要按照本通知的规定规范社会保险缴费基数核定工作,要在规范的基础上,坚持标准,切实做好申报审核和日常稽核工作,维护广大参保人员的合法权益,确保社会保险费的应收尽收。

2.《国务院办公厅关于印发〈降低社会保险费率综合方案〉的通知》(国办发〔2019〕13号)

三、调整社保缴费基数政策

调整就业人员平均工资计算口径。各省应以本省城镇非私营单位就业人员平均工资和城镇私营单位就业人员平均工资加权计算的全口径城镇单位就业人员平均工资,核定社保个人缴费基数上下限,合理降低部分参保人员和企业的社保缴费基数。调整就业人员平均工资计算口径后,各省要制定基本养老金计发办法的过渡措施,确保退休人员待遇水平平稳衔接。

完善个体工商户和灵活就业人员缴费基数政策。个体工商户和灵活就业人员参加企业职工基本养老保险,可以在本省全口径城镇单位就业人员平均工资的60%至300%之间选择适当的缴费基数。

3.《人力资源社会保障部 财政部 税务总局 国家医保局关于贯彻落实〈降低社会保险费率综合方案〉的通知》(人社部发〔2019〕35号)

三、准确把握《方案》的有关政策

(四)关于调整就业人员平均工资计算口径。各省应以本省城镇非私营单位就业人员平均工资和城镇私营单位就业人员平均工资加权计算的全口径城镇单位就业人员平均工资,核定社保个人缴费基数上下限,合理降低部分参保人员和企业的社保缴费基数。调整就业人员平均工资计算口径后,为保证新退休人员待遇水平平稳衔接,人力资源社会保障部、财政部将提出基本养老金计发办法的过渡措施,并加强对各地的指导。

(五)关于完善个体工商户和灵活就业人员缴费基数政策。个体工商户和灵活就业人员参加企业职工基本养老保险,按照调整计算口径后的本地全口径城镇单位就业人员平均工资,核定社保个人缴费基数上下限,允许缴费人在60%至300%之间选择适当的缴费基数,以减轻其缴费负担、促进参保缴费。

4.《人力资源社会保障部办公厅 财政部办公厅 国家税务总局办公厅关于2021年社会保险缴费有关问题的通知》(人社厅发〔2021〕2号)

三、各省2021年社会保险个人缴费基数上下限原则上根据2020年本省全口径城镇单位就业人员平均工资(以下简称全口径平均工资)确定。个人缴费基数下限增长过快,2021年当年调整到位确有困难的省份,个人缴费基数下限可分两年过渡,2021年个人缴费基数下限可根据2019年全口径平均工资和2020年全口径平均工资的算术平均值确定,2022年个人缴费基数下限按2021年全口径平均工资确定,过渡方案报人力资源和社会保障部、财政部、国家税务总局同意后公布执行;个人缴费基数上限按规定正常调整。

【实务案例】如何把握社会保险缴费基数

C公司职工李先生2020年工资情况如下:基本工资36 000元,岗位工资12 000元,加班费2 400元,交通补贴2 400元,奖金6 000元,地区津贴1 200元,独生子女费120元,取暖补贴1 200元。2020年该统筹地区全口径就业人员平均工资5 000元/月。

要求:请计算李先生2021年每月应缴纳的养老保险费和公司应当为其缴纳的养老保险费。

参考答案:李先生个人每月应缴纳的养老保险费为(36 000 + 12 000 + 2 400 + 2 400 + 6 000 + 12 000) ÷ 12 × 8% = 400(元);

公司每月为李先生缴纳的养老保险费为(36 000 + 12 000 + 2 400 + 2 400 + 6 000 + 12 000) ÷ 12 × 16% = 800(元)。

2. 调整社会保险缴费基数口径对企业和缴费人产生了哪些影响

缴费基数是影响企业和个人社保缴费负担的重要参数,要了解缴费基数,我们首先需要了解与之密切相关的职工平均工资。职工平均工资是反映工资总体水平的重要指标,是确定职工个人缴费基数的重要参考指标。2019年《国务院办公厅关于印发〈降低社会保险费率综合方案〉的通知》(国办发〔2019〕13号)明确调整就业人员平均工资计算口径。各省应以本省城镇非私营单位就业人员平均工资和城镇私营单位就业人员平均工资加权计算的全口径城镇单位就业人员平均工资,核定社保个人缴费基数上下限,合理降低部分参保人员和企业的社保缴费基数。调整就业人员平均工资计算口径后,各省要制定基本养老金计发办法的过渡措施,确保退休人员待遇水平平稳衔接。完善个体工商户和灵活就业人员缴费基数政策。个体工商户和灵活就业人员参加企业职工基本养老保险,可以在本省全口径城镇单位就业人员平均工资的60%至300%之间选择适当的缴费基数。在此之前,各省多以本省上一年度城镇非私营单位就业人员平均工资作为本年社会保险费缴费基数的计算依据,基本上每个地区的城镇私营单位就业人员平均工资都会低于城镇非私营单位就业人员平均工资,加权平均后的全口径就业人员平均工资低于城镇非私营单位就业人员平均工资,以全口径就业人员平均工资作为社会保险费缴费基数的计算依据,可以达到降低缴纳社会保险费数额的目的,降低企业负担。社保降费降低了企业的成本,增强了市场活力,增加了企业获得感,职工个人也得到了实惠。

各地过去依据城镇非私营单位在岗职工平均工资核定缴费基数上下限,造成基数存在一定的不合理,部分企业、个体工商户和灵活就业人员因为缴费负担重而选择不参保,从而形成了对低收入群体的制度性挤出现象。社会保险费缴费基数口径调整后,企业的社保负担就可以得到一定程度的减轻,也让更多工资比较低的群体能够参保,有利于减轻低收入者缴费负担,让更多低收入者交得起社保,享受社保待遇,低收入者拿到手的工资也有望增加。同时,国家规定调整就业人员平均工资计算口径后,各省要制定基本养老金计发办法的过渡措施,也确保退休人员待遇水平平稳衔接。

【实务案例】如何计算灵活就业人员调整缴费基数缴费额

甲省规定自2019年5月1日起基本养老保险单位缴费比例统一由20%降至16%。灵活就业人员缴费比例为20%。2019年5月甲省乙市企业职工养老保险缴费下限人数为883 000人,企业职工养老保险缴费上限人数为10 290人。甲省2018年度至2020年度城镇私营和非私营单位平均工资和在岗人数统计如表3-2所示。

表3-2 甲省2018年度至2020年度城镇私营和非私营单位平均工资和在岗人数统计

年份	城镇非私营单位就业人员平均工资(元)	年末城镇非私营单位在岗职工人数(万人)	城镇私营单位就业人员平均工资(元)	年末城镇私营单位在岗职工人数(万人)
2018	55 800	360	53 000	490
2019	61 280	400	56 900	510

要求:根据上述材料回答以下问题。

1. 请计算2019年灵活就业人员按上限和下限缴纳基本养老保险金额。

参考答案:2018年度甲省全口径社会平均工资为$(55\ 800 \times 360 + 53\ 000 \times 490) \div (360 + 490) = 54\ 185.89$(元);

2019年灵活就业人员按下限缴纳基本养老保险费金额为$55\ 800 \div 12 \times 60\% \times 20\% \times$

4 + 54 185.89÷12×60%×20%×8 = 6 566.87(元);

2019年灵活就业人员按上限缴纳基本养老保险费金额为 55 800÷12×300%×20%×4 + 54 185.89÷12×300%×20%×8 = 32 834.36(元)。

2. 请计算甲省乙市2019年5月企业职工养老保险费调整社会平均工资口径减费额。

参考答案:调整口径前缴费基数下限为 55 800÷12×60% = 2 790(元);

调整口径前缴费基数上限为 55 800÷12×300% = 13 950(元);

调整口径后缴费基数下限为 54 185.89÷12×60% = 2 709.29(元);

调整口径后缴费基数上限为 54 185.89÷12×300% = 13 546.47(元);

调整社会平均工资口径减费额为[883 000×(2 790 - 2 709.29) + 10 290×(13 950 - 13 546.47)]×20% = 15 083 850.74(元)。

3. 疫情防控期间我国对缴费基数上下限作出了哪些特殊的规定

(1) 2020年各省社会保险个人缴费基数下限可继续执行2019年个人缴费基数下限标准,个人缴费基数上限按规定正常调整。

(2) 2021年各省社会保险个人缴费基数上下限原则上根据2020年本省全口径城镇单位就业人员平均工资确定。个人缴费基数下限增长过快、2021年当年调整到位确有困难的省份,个人缴费基数下限可分两年过渡,2021年个人缴费基数下限可根据2019年全口径平均工资和2020年全口径平均工资的算术平均值确定,2022年个人缴费基数下限按2021年全口径平均工资确定,过渡方案报人力资源和社会保障部、财政部、国家税务总局同意后公布执行;个人缴费基数上限按规定正常调整。灵活就业人员可在本省规定的个人缴费基数上下限范围内选择适当的缴费基数,选择按月、按季、按半年、按年缴费对2020年自愿暂缓缴费月度可于2021年底前进行补缴,缴费基数在2021年当地个人缴费基数上下限范围内自主选择。

【实务案例】如何计算灵活就业人员下限缴纳养老保险金额

张先生是无雇工的个体工商户,在甲省按照灵活就业人员方式缴纳社会保险。

已知:甲省2020年和2021年缴费基数下限均执行国家规定的最低标准,2018年至2020年甲省全口径社会平均工资分别为 51 780元、56 700元、58 700元。

要求:请计算张先生需要缴纳的企业职工基本养老保险费下限是多少。

参考答案:张先生2020年按下限缴纳企业职工基本养老保险费,金额为 51 780×60%×20% = 6 213.6(元);

张先生2021年按下限缴纳企业职工基本养老保险费,金额为(56 700 + 58 700)÷2×60%×20% = 6 924(元)。

第四编 社会保险费的会计处理与统计核算

1. 企业如何进行各项社会保险费的会计核算

会计是现代企业的一项重要工作,是以货币为主要计量单位,反映和监督一个单位经济活动的一种经济管理工作。无论何种企业,必然会有与其签订劳动合同的职工,包括全职职工、兼职职工和临时职工,也包括虽未与企业订立劳动合同但由企业正式任命的人员,企业为获得职工提供的服务或终止劳动合同关系给予的各种形式的报酬就是会计上所说的职工薪酬。企业提供给职工配偶、子女、受赡养人、已故员工遗属及其他受益人等的福利也属于职工薪酬。企业要遵守《社会保险法》等法律法规的相关规定,为职工缴纳各项社会保险费,这里涉及会计核算问题。

中国会计准则体系中的具体准则包括《企业会计准则》《小企业会计准则》(财会〔2011〕17号)和《事业单位会计准则》以及《政府会计准则》。我国的企业会计准则体系包括基本准则、具体准则、应用指南和解释公告等。2006年2月15日,财政部发布了《企业会计准则》,自2007年1月1日起在上市公司范围内施行,并鼓励其他企业执行。2011年10月18日,财政部发布了《小企业会计准则》(财会〔2011〕17号),要求符合适用条件的小企业自2013年1月1日起执行,并鼓励提前执行。2012年12月6日,财政部修订发布了《事业单位会计准则》,自2013年1月1日起在各级各类事业单位施行。该准则对我国事业单位的会计工作予以规范。2015年10月23日,财政部发布了《政府会计准则——基本准则》,自2017年1月1日起,在各级政府、各部门、各单位施行。虽然上述准则规范的会计主体有所不同,但在对用人单位缴纳社会保险费的核算上大体相同。笔者以《执行企业会计准则》的企业为例,展示社会保险费的会计核算过程。

《企业会计准则第9号——职工薪酬》将职工薪酬分为短期薪酬、离职后福利、辞退福利、其他长期职工福利。企业为职工缴纳的医疗保险费、工伤保险费、生育保险费等社会保险费属于短期薪酬范围,企业为职工缴纳的养老保险属于离职后福利中设定提存计划的范畴,无论是短期薪酬还是离职后福利,均应当在职工为其提供服务的会计期间,根据规定的计提基础和计提比例计算或根据设定提存计划计算确定相应的职工薪酬金额,并确认相应的负债,按照受益对象计入当期损益或相关资产成本,借记"生产成本""制造费用""在建工程""研发支出""管理费用""销售费用"等科目,贷记"应付职工薪酬——社会保险费"科目,在"应付职工薪酬——社会保险费"科目下可按养老保险费、医疗保险费、工伤保险费、失业保险费、生育保险费分别设置三级科目。

企业计提各项社会保险费的会计处理如下:

借:生产成本(生产工人)
　　制造费用(车间管理人员)
　　管理费用(行政管理人员)
　　销售费用(销售人员)
　　在建工程(基建人员)
　　研发支出(研发人员)
　　贷:应付职工薪酬——社会保险费——养老保险费(单位缴费部分)
　　　　　　　　　　　　　　　　——医疗保险费(单位缴费部分)
　　　　　　　　　　　　　　　　——失业保险费(单位缴费部分)
　　　　　　　　　　　　　　　　——工伤保险费
　　　　　　　　　　　　　　　　——生育保险费

因社会保险费中,养老保险、医疗保险、失业保险是由用人单位和职工分别按一定比例负担的,企业在发放工资时要代扣个人缴费部分,会计处理如下:

借:应付职工薪酬
　　贷:银行存款
　　　　其他应付款——养老保险费(个人缴费部分)
　　　　　　　　　——医疗保险费(个人缴费部分)
　　　　　　　　　——失业保险费(个人缴费部分)

上缴社保时,会计处理如下:

借:应付职工薪酬——社会保险费——养老保险费(单位缴费部分)
　　　　　　　　　　　　　　——医疗保险费(单位缴费部分)
　　　　　　　　　　　　　　——失业保险费(单位缴费部分)
　　　　　　　　　　　　　　——工伤保险费
　　　　　　　　　　　　　　——生育保险费
　　其他应付款——养老保险费(个人缴费部分)
　　　　　　　——医疗保险费(个人缴费部分)
　　　　　　　——失业保险费(个人缴费部分)
　　贷:银行存款

政策链接：小企业会计准则的适用范围

1.《小企业会计准则》（财会〔2011〕17号）

第二条 本准则适用于在中华人民共和国境内依法设立的、符合《中小企业划型标准规定》所规定的小型企业标准的企业。

下列三类小企业除外：

（一）股票或债券在市场上公开交易的小企业。

（二）金融机构或其他具有金融性质的小企业。

（三）企业集团内的母公司和子公司。

前款所称企业集团、母公司和子公司的定义与《企业会计准则》的规定相同。

第三条 符合本准则第二条规定的小企业，可以执行本准则，也可以执行《企业会计准则》。

（一）执行本准则的小企业，发生的交易或者事项本准则未作规范的，可以参照《企业会计准则》中的相关规定进行处理。

（二）执行《企业会计准则》的小企业，不得在执行《企业会计准则》的同时，选择执行本准则的相关规定。

（三）执行本准则的小企业公开发行股票或债券的，应当转为执行《企业会计准则》；因经营规模或企业性质变化导致不符合本准则第二条规定而成为大中型企业或金融企业的，应当从次年1月1日起转为执行《企业会计准则》。

（四）已执行《企业会计准则》的上市公司、大中型企业和小企业，不得转为执行本准则。

第四条 执行本准则的小企业转为执行《企业会计准则》时，应当按照《企业会计准则第38号——首次执行企业会计准则》等相关规定进行会计处理。

2.《中小企业划型标准规定》（工信部联企业〔2011〕300号）

四、各行业划型标准为：

（一）农、林、牧、渔业。营业收入20 000万元以下的为中小微型企业。其中，营业收入500万元及以上的为中型企业，营业收入50万元及以上的为小型企业，营业收入50万元以下的为微型企业。

（二）工业。从业人员1 000人以下或营业收入40 000万元以下的为中小微型企业。其中，从业人员300人及以上，且营业收入2 000万元及以上的为中型企业；从业人员20人及以上，且营业收入300万元及以上的为小型企业；从业人员20人以下或营业收入300万元以下的为微型企业。

(三)建筑业。营业收入80 000万元以下或资产总额80 000万元以下的为中小微型企业。其中,营业收入6 000万元及以上,且资产总额5 000万元及以上的为中型企业;营业收入300万元及以上,且资产总额300万元及以上的为小型企业;营业收入300万元以下或资产总额300万元以下的为微型企业。

(四)批发业。从业人员200人以下或营业收入40 000万元以下的为中小微型企业。其中,从业人员20人及以上,且营业收入5 000万元及以上的为中型企业;从业人员5人及以上,且营业收入1 000万元及以上的为小型企业;从业人员5人以下或营业收入1 000万元以下的为微型企业。

(五)零售业。从业人员300人以下或营业收入20 000万元以下的为中小微型企业。其中,从业人员50人及以上,且营业收入500万元及以上的为中型企业;从业人员10人及以上,且营业收入100万元及以上的为小型企业;从业人员10人以下或营业收入100万元以下的为微型企业。

(六)交通运输业。从业人员1 000人以下或营业收入30 000万元以下的为中小微型企业。其中,从业人员300人及以上,且营业收入3 000万元及以上的为中型企业;从业人员20人及以上,且营业收入200万元及以上的为小型企业;从业人员20人以下或营业收入200万元以下的为微型企业。

(七)仓储业。从业人员200人以下或营业收入30 000万元以下的为中小微型企业。其中,从业人员100人及以上,且营业收入1 000万元及以上的为中型企业;从业人员20人及以上,且营业收入100万元及以上的为小型企业;从业人员20人以下或营业收入100万元以下的为微型企业。

(八)邮政业。从业人员1 000人以下或营业收入30 000万元以下的为中小微型企业。其中,从业人员300人及以上,且营业收入2 000万元及以上的为中型企业;从业人员20人及以上,且营业收入100万元及以上的为小型企业;从业人员20人以下或营业收入100万元以下的为微型企业。

(九)住宿业。从业人员300人以下或营业收入10 000万元以下的为中小微型企业。其中,从业人员100人及以上,且营业收入2 000万元及以上的为中型企业;从业人员10人及以上,且营业收入100万元及以上的为小型企业;从业人员10人以下或营业收入100万元以下的为微型企业。

(十)餐饮业。从业人员300人以下或营业收入10 000万元以下的为中小微型企业。其中,从业人员100人及以上,且营业收入2 000万元及以上的为中型企业;从业人员10人及以上,且营业收入100万元及以上的为小型企业;从业人员10人以下或营业收入100万元以下的为微型企业。

（十一）信息传输业。从业人员2 000人以下或营业收入100 000万元以下的为中小微型企业。其中,从业人员100人及以上,且营业收入1 000万元及以上的为中型企业;从业人员10人及以上,且营业收入100万元及以上的为小型企业;从业人员10人以下或营业收入100万元以下的为微型企业。

（十二）软件和信息技术服务业。从业人员300人以下或营业收入10 000万元以下的为中小微型企业。其中,从业人员100人及以上,且营业收入1 000万元及以上的为中型企业;从业人员10人及以上,且营业收入50万元及以上的为小型企业;从业人员10人以下或营业收入50万元以下的为微型企业。

（十三）房地产开发经营。营业收入200 000万元以下或资产总额10 000万元以下的为中小微型企业。其中,营业收入1 000万元及以上,且资产总额5 000万元及以上的为中型企业;营业收入100万元及以上,且资产总额2 000万元及以上的为小型企业;营业收入100万元以下或资产总额2 000万元以下的为微型企业。

（十四）物业管理。从业人员1 000人以下或营业收入5 000万元以下的为中小微型企业。其中,从业人员300人及以上,且营业收入1 000万元及以上的为中型企业;从业人员100人及以上,且营业收入500万元及以上的为小型企业;从业人员100人以下或营业收入500万元以下的为微型企业。

（十五）租赁和商务服务业。从业人员300人以下或资产总额120 000万元以下的为中小微型企业。其中,从业人员100人及以上,且资产总额8 000万元及以上的为中型企业;从业人员10人及以上,且资产总额100万元及以上的为小型企业;从业人员10人以下或资产总额100万元以下的为微型企业。

（十六）其他未列明行业。从业人员300人以下的为中小微型企业。其中,从业人员100人及以上的为中型企业;从业人员10人及以上的为小型企业;从业人员10人以下的为微型企业。

【实务案例】企业核算保险费应如何进行账务处理

甲省乙市某家具生产企业,2022年1月1日成立,主要生产复合家具,企业划型为小型企业。成立之初共有职工80人,其中:厂长1人、副厂长2人。机构设置为生产一车间、生产二车间、综合管理部、销售部。当月工资支出50万元,其中:厂长、副厂长4万元;生产部门直接生产人员工资35万元;生产部门管理人员工资4万元;公司管理部门人员工资4万元;销售部门工资3万元。假定甲省各类保险费均实行单基数缴费方式,企业各项社会保险计费基数相同,该企业所有员工工资均处于甲省2021年社会保险缴纳基数上、下限范围内。

已知：甲省各项社会保险费的具体缴费比例见表4-1。

表4-1 甲省各项社会保险费具体缴费比例情况统计表

类别	单位缴费比例	个人缴费比例	备注
基本养老保险	16.0%	8.0%	
失业保险	0.5%	0.5%	
工伤保险	0.8%		
医疗保险(含生育保险)	6.5%	2.0%	生育保险为0.5%

要求：根据上述资料，按受益对象分别计算2022年1月该企业应缴纳的各项社会保险费的单位缴费部分、个人缴费部分，并对各项社会保险费的计提、工资发放、社会保险费的缴纳进行会计处理。

1. 按受益对象归集各项社会保险费的单位缴费部分，并进行会计处理。

参考答案：

(1) 养老保险费：

该企业1月份应计提的养老保险费为 50×16%×10 000 = 80 000(元)，按受益对象归集如下：

应计入生产成本的养老保险费为 35×16%×10 000 = 56 000(元)；

应计入制造费用的养老保险费为 4×16%×10 000 = 6 400(元)；

应计入管理费用的养老保险费为 (4+4)×16%×10 000 = 12 800(元)；

应计入销售费用的养老保险费为 3×16%×10 000 = 4 800(元)。

会计分录如下：

借：生产成本	56 000
制造费用	6 400
管理费用	12 800
销售费用	4 800
贷：应付职工薪酬——社会保险费——养老保险费(单位缴费部分)	80 000

(2) 医疗保险费：

该企业1月份应计提的医疗保险费为 50×6%×10 000 = 30 000(元)，按受益对象归集如下：

应计入生产成本的医疗保险费为 35×6%×10 000 = 21 000(元)；

应计入制造费用的医疗保险费为 4×6%×10 000 = 2 400(元)；

应计入管理费用的医疗保险费为 (4+4)×6%×10 000 = 4 800(元)；

应计入销售费用的医疗保险费为 3×6%×10 000 = 1 800(元)。

会计分录如下：

借：生产成本	21 000
制造费用	4 400
管理费用	4 800
销售费用	1 800
贷：应付职工薪酬——社会保险费——医疗保险费（单位缴费部分）	30 000

(3) 失业保险费：

该企业1月份应计提的失业保险费为 50×0.5%×10 000＝2 500(元)，按受益对象归集如下：

应计入生产成本的失业保险费为 35×0.5%×10 000＝1 750(元)；

应计入制造费用的失业保险费为 4×0.5%×10 000＝200(元)；

应计入管理费用的失业保险费为 (4＋4)×0.5%×10 000＝400(元)；

应计入销售费用的失业保险费为 3×0.5%×10 000＝150(元)。

会计分录如下：

借：生产成本	1 750
制造费用	200
管理费用	400
销售费用	150
贷：应付职工薪酬——社会保险费——失业保险费（单位缴费部分）	2 500

(4) 工伤保险费：

该企业1月份应计提的工伤保险费为 50×0.8%×10 000＝4 000(元)，按受益对象归集如下：

应计入生产成本的工伤保险费为 35×0.8%×10 000＝2 800(元)；

应计入制造费用的工伤保险费为 4×0.8%×10 000＝320(元)；

应计入管理费用的工伤保险费为 (4＋4)×0.8%×10 000＝640(元)；

应计入销售费用的工伤保险费为 3×0.8%×10 000＝240(元)。

会计分录如下：

借：生产成本	2 800
制造费用	320
管理费用	640
销售费用	240
贷：应付职工薪酬——社会保险费——工伤保险费（单位缴费部分）	4 000

(5) 生育保险费：

该企业1月份应计提的生育保险费为 50×0.5%×10 000＝2 500(元)，按受益对象归集如下：

应计入生产成本的生育保险费为 35×0.5%×10 000＝1 750(元)；

应计入制造费用的生育保险费为 4×0.5%×10 000＝200(元)；

应计入管理费用的生育保险费为(4＋4)×0.5%×10 000＝400(元)；

应计入销售费用的生育保险费为 3×0.5%×10 000＝150(元)。

会计分录如下：

借：生产成本	1 750
制造费用	200
管理费用	400
销售费用	150
贷：应付职工薪酬——社会保险费——生育保险费(单位缴费部分)	2 500

2. 计算企业发放工资时应代扣的各项保险费并进行会计处理。

参考答案：2022年1月，企业在发放工资时应代扣各项社会保险费分别为：

应代扣的养老保险费为 50×8%×10 000＝40 000(元)；

应代扣的医疗保险费为 50×2%×10 000＝10 000(元)；

应代扣的失业保险费为 50×0.5%×10 000＝2 500(元)；

职工个人不缴纳工伤保险费、生育保险费。

会计分录如下：

借：应付职工薪酬——工资	500 000
贷：银行存款	447 500
其他应付款——养老保险费(个人缴费部分)	40 000
——医疗保险费(个人缴费部分)	10 000
——失业保险费(个人缴费部分)	2 500

企业缴纳各项社会保险费时会计处理如下：

借：应付职工薪酬——社会保险费——养老保险费(单位缴费部分)	80 000
——医疗保险费(单位缴费部分)	30 000
——失业保险费(单位缴费部分)	2 500
——工伤保险费	4 000
——生育保险费	2 500
其他应付款——养老保险费(个人缴费部分)	40 000
——医疗保险费(个人缴费部分)	10 000
——失业保险费(个人缴费部分)	2 500
贷：银行存款	171 500

2. 国家的社会保险统计核算包括哪些内容和指标体系

《社会保险法》规定，社会保险经办机构应当定期向社会公布参加社会保险情况以及社会保险基金的收入、支出、结余和收益情况。当前，全国社会保险费征收工作已经全面划转至税务部门，为进一步加强税务机关征收社会保险费收入统计和分析工作，及时、准确掌握社会保险费收入情况，推动征收管理工作稳步前进，相关部门要对社会保险费进行统计核算，了解和掌握收入变化情况，并对收入增减情况作详细分析和说明，以便为促进社会保险费征收依法规范提供决策依据，为提升征收管理水平奠定坚实基础。

社会保险费统计核算工作内容包括统计核算报表、收入——降费台账、社会保险费统计分析三个方面。

（1）统计核算报表。统计核算报表包括社会保险费收入月度快报、部门间收入数据比对分析表、降费核算报表、社会保险费征收情况分析表。

社会保险费收入月度快报按月编报，月度快报数据由各省、自治区、直辖市和计划单列市税务局向国家税务总局报送报表后汇总得出。内容包括分险种社会保险费收入当月累计情况、分险种社会保险费收入累计情况、分缴纳主体缴费情况、分地区社会保险费收入情况、各险种分地区收入情况、全国社会保险费总收入情况。

部门间收入数据比对分析表由各级税务部门和同级人力资源社会保障部门、医疗保障部门根据实际工作情况，协同开展社会保险费收入数据信息交换和比对分析。比对分析数据项目包括比对分析各险种社会保险费当月收入、比对分析各险种社会保险费当年累计收入、比对分析各险种同比增减额、比对分析各险种同比增幅。

收入——降费核算报表根据降费核算数据形成，由各省、自治区、直辖市和计划单列市税务局按月向国家税务总局报送报表后汇总得出。具体内容包括各险种降费情况、各项政策降费情况、各地区降费情况、分行业降费情况、分登记注册类型降费情况。

社会保险费征收情况分析表由各省、自治区、直辖市和计划单列市税务局按月向国家税务总局报送报表后汇总形成分析表。具体内容包括对部分社会保险费收入分行业统计、对部分社会保险费收入分登记类型统计、对部分险种缴费单位户数分行业统计、对部分险种缴费单位户数分登记注册类型统计、对部分险种缴费基数分登记注册类型统计、对部分险种缴费基数分行业统计。

（2）收入——降费台账。收入——降费台账主要包括新出台政策降费账、社会保险费降费总账、社会保险费收入总账和企业养老保险基金和缴费基数账。对社会保险费"免、减、缓、征"按月实行台账管理。主要包括新出台政策降费账、社会保险费降费总账、社会保险费收入总账和企业养老保险基金缴费基数账。

新出台政策降费账全面统计当年新出台的政策涉及的社会保险费减免费额和缓缴费额,按企业类型统计分析每一类型享受政策的减免费额。

社会保险费降费总账用于统计当年降费政策和以前年度降费政策总体降费情况。分为按政策编制和按险种编制。按政策编制细分为新出台政策、翘尾政策、继续实施政策、展期政策;按险种编制细分为职工基本养老保险、失业保险、工伤保险、职工基本医疗保险。

社会保险费收入总账用于统计分析社会保险费征收情况以及降费等因素对收入的影响,还原社会保险费理论收入。分为按地区编制和按险种编制。

企业养老保险基金及缴费基数账主要用于开展专题分析,统计企业养老保险基金的收支情况和缴费基数情况。

(3) 社会保险费统计分析。社会保险费统计分析内容包括收入形势分析、基金运行分析、其他费源费基分析、缴费人行为分析。

收入形势分析是按月对当月社会保险费收入情况进行分析,主要内容是对查找当月及累计社会保险费收入增减变化原因,对社会保险费收入和降费匹配性进行量化分析。基金运行分析重点围绕保险费收入、基金收入、基金支出、累计结余可支付月数等指标,统筹考虑阶段性减免费、财政补助等因素,分地区分析基金收支情况与减免费政策对基金运行和待遇发放带来的影响。其他费源费基分析重点围绕当期和上期的各险种参保人数、缴费人数等指标,分地区、行业、类型、规模等维度,通过同比和环比分析人数变化情况,对费源费基变动情况进行分析。缴费人行为分析对于城乡居民基本养老和基本医疗保险的缴费人选择参保时间、缴费档次等情况进行分析,分析缴费人年龄、待遇发放以及缴费档次等因素之间的关系,根据区域内缴费人偏好、人口年龄结构测算城乡居民基本养老和基本医疗保险费收入变动趋势,提出完善制度、合理设置缴费档次的建议。

社会保险费统计指标体系主要由费源费基类、征收管理类、保费收入类、分析评估类指标构成。

费源费基类。费源费基类包括参保单位、参保人员和缴费基数。参保单位数量是指报告期末参加各类社会保险并在社会保险经办机构或税务部门办理参保登记的各类企业、机关事业单位、社会团体、民办非企业单位、以单位方式参保的有雇工的个体工商户等的数量。参保单位性质是指缴费单位的属性类型。参保人员按身份可分为职工、城乡居民、灵活就业人员以及其他人员。参保职工数量是指报告期末参加各类社会保险并在社会保险经办机构或税务部门建立缴费记录档案的职工数量。参保城乡居民数量是指报告期末参加城乡居民基本养老保险、城乡居民基本医疗保险的人数。参保灵活就业人员数是指报告期末非全日制、暂时性和弹性工作等以灵活方式就业的城镇居民参加基本养老保险、基本医疗保险等的人数。缴费基数分为用人单位缴费基数和个人缴费基数。缴费基数总额是指报告期内参加各类保险的单位和个人缴纳保险费的缴费基数之和,按缴费人员的应缴口径计算。缴费基数平均值是缴费基数总额除以缴费人数得到的值,一般按月统计。

征收管理类。征收管理类包括应征费款、实缴费款、多缴费款、欠缴费款、实退费款、补缴费款、滞纳金。应征费款是指报告期内参加各类社会保险的缴费单位和个人,按照规定的标准计算出来的应缴纳的相应保险费金额,不包括应补上年度末之前历年欠费。实缴费款是指报告期内参加各类社会保险的缴费单位和个人,实际缴纳并已计入国库或者财政专户的相应保险费金额,不包括实际补缴上年度末之前历年的欠费和跨年度(跨季度)的预缴金额。多缴费款是指报告期内实际缴纳的费款多出按照规定的标准计算出来的应缴费款的部分费款。欠缴费款是指截止报告期内尚未缴纳的按照规定的标准计算出来的应缴费款。欠缴费款又可分为本期新发生欠费和往期欠费。实退费款是指报告期内发生的退还缴费单位或缴费个人的费款。补缴费款是指报告期内缴纳的上年度末之前历年的欠费。滞纳金是指按照规定缴纳的滞纳金。

保费收入类。保费收入类分险种、分缴费主体、分地区、分行业、分登记注册类型对社会保险费的收入进行统计分析。

分析评估类。分析评估类包括征收质效、缴费负担、国家比较。

> **政策链接: 分析评估类计算公式**
>
> $$\text{实缴率} = \frac{\text{报告期内单位个人实缴费款合计}}{\text{报告期内单位个人应缴费款合计}} \times 100\%$$
>
> $$\text{缴费户率} = \frac{\text{报告期内实际缴费单位数量}}{\text{报告期内参保单位数量}} \times 100\%$$
>
> $$\text{清欠率} = \frac{\text{报告期内的欠缴费款}}{\text{上年度末欠缴费款}} \times 100\%$$
>
> $$\text{宏观缴费负担} = \frac{\text{某地区(国家)报告期内社会保险费收入总额}}{\text{该地区(国家)报告期内地区生产总值(国内生产总值)}} \times 100\%$$
>
> $$\text{微观缴费负担} = \frac{\text{某缴费单位报告期内缴纳社会保险费总额}}{\text{该企业报告期内单位及个人缴纳保险费的工资总额}} \times 100\%$$

【实务案例】 税务机关征收社会保险费统计分析

资料一:甲省乙县税务局 2022 年第一季度征收单位和个人实缴养老保险费合计为 14 345 万元,单位个人应缴费款合计为 15 678 万元。另外,企业自行补缴往年欠费和滞纳金 160 万元。

资料二：甲省丁县选定辖区内的 A 公司开展缴费情况分析,已知 A 公司 2020 年 1 月缴费职工 43 人,较上年同期增加 19 人。人均缴费基数为 5 436 元,同比增长 7.5%。若甲省社会保险费为单基数模式,2019 年 1 月单位缴费比例为 19%。

已知:该县本年第一季度缴费基数为 80 000 万元,缴费综合负担费率为 20.75%。

要求:根据上述资料,请回答下列问题。

1. 关于税务机关征收养老保险费的征收质效的说法正确的是( )。

A. 实缴率为 86.42%　　　　　　B. 实缴率为 87.38%

C. 实缴率为 91.50%　　　　　　D. 实缴率为 92.52%

参考答案:C

答案解析:根据《社会保险费知识读本》(国家税务总局社会保险费司组织编写)第十三章第二节"社会保险费统计核算指标体系"介绍,实缴率＝报告期内单位个人实缴费款合计÷报告期内单位个人应缴费款合计×100%。本题实缴率为 14 345÷15 678×100%＝91.50%。

2. 关于 A 公司 2020 年 1 月缴费增减因素分析结论的说法正确的有( )。

A. 工资及人员增长导致 A 公司缴费额增加

B. 工资及人员增长导致 A 公司微观缴费负担增加

C. 工资及人员增长带来的增费额为 21 353.39 元

D. 缴费基数增长带来的增费额大于降率政策减费额

E. 各种因素合计增费额减除降率政策降费额为 A 公司同比缴费增加额

参考答案:ACDE

答案解析:根据《社会保险费知识读本》(国家税务总局社会保险费司组织编写)第十三章第三节"社会保险费核算"介绍,工资增长带来的增费额＝当期人均缴费工资×上年同期缴费人数×上年同期费率－上年同期缴费金额。本题为 5 436×(43－19)×19%－5 436÷(1＋7.5%)×(43－19)×19%＝1 729.43(元)。人员增长带来的增费额＝人员增加数×当期人均缴费工资×上年同期费率。本题为 19×5 436×19%＝19 623.96(元)。工资及人员增长合计增费额＝1 729.43＋19 623.96＝21 353.39(元),AC 当选。

降率政策降费额＝缴费基数×(降率前费率－实际执行费率)。本题为 5 436×43×(19%－16%)＝7 012.44(元)。1 729.43＋19 623.96＝21 353.39(元)＞7 012.44(元)。D 当选。

2020 年 1 月单位部分缴费额为 5 436×43×16%＝37 399.68(元)。2019 年 1 月单位部分缴费额为 5 436÷(1＋7.5%)×(43－19)×19%＝23 058.73(元);

37 399.68－23 058.73＝14 340.95(元);(1 729.43＋19 623.96)－7 012.44＝

14 340.95（元）。E 当选。

根据《社会保险费知识读本》（国家税务总局社会保险费司组织编写）第十三章第二节"社会保险费统计核算指标体系"介绍，微观缴费负担＝某缴费单位报告期内缴纳社会保险费总额÷该企业报告期内单位及个人缴纳保险费的工资总额×100%。A 公司 2019 年 1 月基本养老保险缴费负担为 27%，2020 年 1 月缴费负担为 24%，实际负担下降。选项 B 错误。

3. 如何对社会保险费进行降费核算分析

2015 年以来，世界经济复苏乏力，我国经济下行压力加大。为减轻企业负担，激发市场活力，我国先后多次降低或阶段性降低社会保险费率。2019 年国务院《政府工作报告》提出，要实施更大规模的减税降费政策，明确多项减税降费措施以助推经济稳定增长。国务院明确规定，自 2019 年 5 月 1 日开始降低城镇职工基本养老保险单位缴费比例，由 20% 降为 16%，继续实施阶段性降低失业保险、工伤保险费率，调整社会保险缴费基数、稳步推进社会保险费征收体制改革等重大举措，保障企业社会保险缴费负担有实质性下降。减税降费红利既降低了企业的人力成本，注入了内生动力，也增强了企业参保缴费的积极性，为社会保险费扩面征缴打下了良好基础。

社会保险费降费核算周期可以分为按照政策执行期核算和按照财政年度核算。阶段性降费政策一般会规定政策执行期，因此核算该项政策的降费额，可核算政策执行期内总降费额。社会保险基金预算按年编制，可按年核算社会保险降费总额。由于一些政策执行期较长，出现跨越自然年度的情况，同一年度内可能在已执行政策之外还有年内新出台的政策。因此，按照财政年度核算时，可以根据政策执行期分为新出台政策、延续性政策、翘尾政策等。新出台政策是指核算年度内新出台的政策，在以前年度未产生降费，只在本年内产生降费。延续性政策是指以前年度出台的政策在核算年度内执行期满以后，继续按照原政策执行且产生降费。翘尾政策是指上一年度已执行的且在核算年度内仍然产生降费的政策。对于执行期未跨自然年度的政策，按照财政年度核算降费总额与按照政策执行期核算的降费总额一致。

> **政策链接：社会保险费降费核算计算公式**
>
> 降费额 = 未执行政策时的缴费额 − 执行政策后的缴费额
>
> 工资增长带来的增费额 = 当期人均缴费工资 × 上年同期缴费人数 × 上年同期费率 − 上年同期缴费金额
>
> 人员增长带来的增费额 = 人员增加数 × 当期人均缴费工资 × 上年同期费率
>
> 降率政策减费额 = 缴费基数 ×（降率前费率 − 实际执行费率）

$$调整社会平均工资口径减费额 = \left[\begin{array}{c}缴费基数\\减少额(下限)\end{array} + \begin{array}{c}缴费基数\\减少额(上限)\end{array}\right] \times \begin{array}{c}阶段性降率\\前的费率\end{array}$$

$$\begin{array}{c}缴费基数\\减少额(下限)\end{array} = \begin{array}{c}缴费下限\\总人数\end{array} \times \left(\begin{array}{c}调整前缴费\\基数下限标准\end{array} - \begin{array}{c}调整后缴费\\基数下限标准\end{array}\right)$$

$$\begin{array}{c}缴费基数\\减少额(上限)\end{array} = \begin{array}{c}缴费上限\\总人数\end{array} \times \left(\begin{array}{c}调整前缴费\\基数上限标准\end{array} - \begin{array}{c}调整后缴费\\基数上限标准\end{array}\right)$$

$$\begin{array}{c}完善个体工商户和灵活就业\\人员缴费基数政策减费额\end{array} = \left[\begin{array}{c}缴费基数\\减少额(下限)\end{array} + \begin{array}{c}缴费基数\\减少额(上限)\end{array}\right] \times 费率$$

$$\begin{array}{c}缴费基数\\减少额(下限)\end{array} = \begin{array}{c}缴费下限\\总人数\end{array} \times \left(\begin{array}{c}调整前缴费\\基数下限标准\end{array} - \begin{array}{c}调整后缴费\\基数下限标准\end{array}\right)$$

$$\begin{array}{c}缴费基数\\减少额(上限)\end{array} = \begin{array}{c}缴费上限\\总人数\end{array} \times \left(\begin{array}{c}调整前缴费\\基数上限标准\end{array} - \begin{array}{c}调整后缴费\\基数上限标准\end{array}\right)$$

2020年的降费政策中,城镇企业职工基本养老保险继续执行2019年缴费基数下限,这就产生了降费额,其计算公式为:

(1) 缴费基数下限单位职工单位减费额 = 2020年1月1日至上月末单位累计减费额 + (2020年月缴费基数下限标准 - 2019年月缴费基数下限标准) × 报告期末按下限缴费人数 × 单位费率(16%)

(2) 缴费基数下限单位职工个人减费额 = 2020年1月1日至上月末个人累计减费额 + (2020年月缴费基数下限标准 - 2019年月缴费基数下限标准) × 报告期末按下限缴费人数 × 个人费率(8%)

(3) 缴费基数下限灵活就业人员减费额 = 2020年1月1日至上月末个人累计减费额 + (2020年月缴费基数下限标准 - 2019年月缴费基数下限标准) × 报告期末按下限缴费人数 × 个人费率(20%)

免征政策减费额 = 应缴费额 - 减免后缴费金额 = 缴费基数 × 险种费率(按项目参保的工伤保险还要再乘以折算比例)

$$\begin{array}{c}免征政策\\减费额\end{array} = \begin{array}{c}应缴\\费额\end{array} - \begin{array}{c}减免后\\缴费金额\end{array} = \begin{array}{c}缴费\\基数\end{array} \times \begin{array}{c}险种费率(按项目参保的\\工伤保险还要再乘以折算比例)\end{array}$$

$$\begin{array}{c}减征政策\\减费额\end{array} = \begin{array}{c}应缴\\费额\end{array} - \begin{array}{c}减免后\\缴费金额\end{array} = \begin{array}{c}缴费\\基数\end{array} \times \begin{array}{c}险种\\费率\end{array} \times \begin{array}{c}减征比例(按项目参保的\\工伤保险还要再乘以折算比例)\end{array}$$

【实务案例】社会保险费降费核算

资料一:甲省2018年度全省城镇非私营单位就业人员平均工资为55 290元,城镇非私营单位在岗职工人数年末为1 125 400人;城镇私营单位就业人员平均工资为50 780元,城镇私营单位在岗职工人数年末为1 808 300人。2018年年末在职参保人数为265万人,统计部门公布企业就业人数为300万人。甲省乙市企业职工养老保险2018年8月人均缴费工资4 120元,缴费人数936 500人。

资料二:甲省2019年度全省城镇非私营单位就业人员平均工资为60 800元,城镇非私营单位在岗职工人数年末为1 146 200人;城镇私营单位就业人员平均工资为58 500元,城镇私营单位在岗职工人数年末为1 678 100人。甲省2020年度缴费基数下限不继续执行2019年标准。2019年年末在职参保人数为280万人,统计部门公布企业就业人数为320万人。甲省乙市2019年8月企业职工养老保险缴费下限总人数65 322人,缴费上限总人数5 128人,企业职工人均缴费工资4 850元,缴费人数1 152 500人;灵活就业人员基本养老保险缴费下限总人数585 145人,缴费上限总人数12 876人。甲省灵活就业人员基本养老保险费率为20%,自2019年5月起,甲省企业职工基本养老保险单位缴费比例统一由22%降低为16%。

要求:请根据上述资料,依次回答下列问题。(计算结果保留两位小数)

1. 请计算乙市2019年8月份同比因工资增长和人员增长带来的增费额。

参考答案:

因工资增长带来的增费额 = 4 850×936 500×22% - 4 120×936 500×22%
= 150 401 900(元)

因人员增长带来的增费额 = (1 152 500 - 936 500)×4 850×22% = 230 472 000(元)

2. 请根据提供的数据对甲省乙市的降费情况进行分析,计算乙市2019年8月份企业职工单位部分的养老保险降率政策减费额。

参考答案:

降率政策减费额 = 1 152 500×4 850×(22% - 16%) = 335 377 500(元)

3. 请计算甲省乙市2019年8月企业职工养老保险费调整社会平均工资口径减费额。

参考答案:调整口径前缴费基数下限 = 60 800÷12×60% = 3 040(元)

调整口径前缴费基数上限 = 60 800÷12×300% = 15 200(元)

调整口径后缴费基数下限 = (60 800×1 146 200 + 58 500×1 678 100)÷(1 146 200 + 1 678 100)÷12×60% = 2 971.67(元)

调整口径后缴费基数上限 = (60 800×1 146 200 + 58 500×1 678 100)÷(1 146 200 + 1 678 100)÷12×300% = 14 858.36(元)

调整社会平均工资口径减费额 = [65 322×(3 040 - 2 971.67) + 5 128×(15 200 - 14 858.37)]×22% = 1 367 372.80(元)

4. 请计算2019年8月完善灵活就业人员缴费基数政策减费额。

参考答案:根据上一问得出的调整前后缴费基数上下限标准,可以得出完善灵活就业人员缴费基数政策减费额为[585 145×(3 040－2 971.67)＋12 876×(15 200－14 858.37)]×20%＝8 876 357.15(元)。

答案解析：

《社会保险费知识读本》(国家税务总局社会保险费司组织编写)第十三章第三节"社会保险费统计核算方法"介绍，工资增长带来的增费额＝当期人均缴费工资×上年同期缴费人数×上年同期费率－上年同期缴费金额

人员增长带来的增费额＝人员增加数×当期人均缴费工资×上年同期费率

降率政策减费额＝缴费基数×(降率前费率－实际执行费率)

全口径工资＝(城镇非私营单位就业人员年工资总额＋城镇私营单位就业人员年工资总额)÷(城镇非私营单位就业人数＋城镇私营单位就业人数)÷12

调整社会平均工资口径减费额＝[缴费基数减少额(下限)＋缴费基数减少额(上限)]×费率(降率前费率)

缴费基数减少额(下限)＝缴费下限总人数×(调整前缴费基数下限标准－调整后缴费基数下限标准)

缴费基数减少额(上限)＝缴费上限总人数×(调整前缴费基数上限标准－调整后缴费基数上限标准)

完善灵活就业人员缴费基数政策减费额＝[缴费基数减少额(下限)＋缴费基数减少额(上限)]×费率

缴费基数减少额(下限)＝缴费下限总人数×(调整前缴费基数下限标准－调整后缴费基数下限标准)

缴费基数减少额(上限)＝缴费上限总人数×(调整前缴费基数上限标准－调整后缴费基数上限标准)

《国务院办公厅关于印发降低社会保险费率综合方案的通知》(国办发〔2019〕13号)规定：调整就业人员平均工资计算口径。各省应以本省城镇非私营单位就业人员平均工资和城镇私营单位就业人员平均工资加权计算的全口径城镇单位就业人员平均工资，核定社保个人缴费基数上下限，合理降低部分参保人员和企业的社保缴费基数。

第五编　社会保险稽核

1. 什么是社会保险稽核

2022 年国务院《政府工作报告》指出，要加强劳动保障监察执法，着力解决侵害劳动者合法权益的突出问题。为了加强和规范社会保险费征缴工作，保障社会保险待遇的发放，缴费单位、缴费个人应当按时足额缴纳社会保险费。社会保险费纳入社会保险基金，专款专用，任何单位和个人不得挪用。国务院劳动保障行政部门负责全国的社会保险费征缴管理和监督检查工作。县级以上地方各级人民政府劳动保障行政部门负责本行政区域内的社会保险费征缴管理和监督检查工作。对缴费单位社会保险费征缴情况进行监督可以分为以下几方面：职工监督、劳动保障行政部门监督、社会保险经办机构或税务机关监督、社会监督。

社会保险稽核就属于社会保险经办机构或税务机关监督，是指社会保险经办机构依法对社会保险费缴纳情况和社会保险待遇领取情况进行的核查。2011 年至 2021 年我国的社会保险稽核工作成效显著，督促企业补缴社会保险费户数、金额如图 5-1、图 5-2 所示。

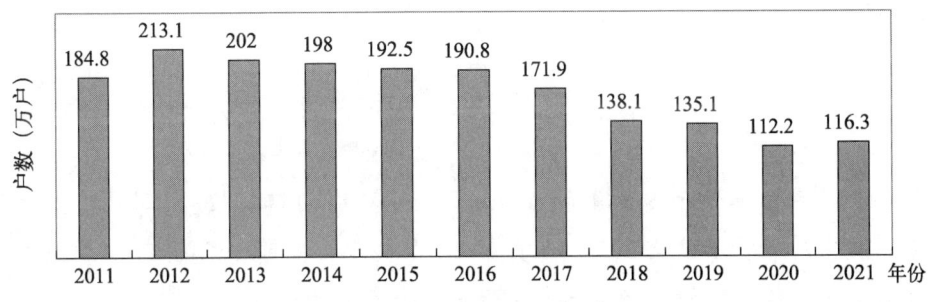

图 5-1　2011 年至 2021 年我国劳动保障部门督促企业补缴社会保险费户数

1999 年，我国颁布了《社会保险费征缴监督检查办法》（劳动和社会保障部令第 3 号），加强了社会保险费征缴监督检查工作，规范了社会保险费征缴监督检查行为。2003 年出台的《社会保险稽核办法》（劳动和社会保障部令第 16 号）规定了社会保险的稽核工作主要是为了确保社会保险费应收尽收，维护参保人员的合法权益。县级以上社会保险经办机构负责社会保险稽核工作。

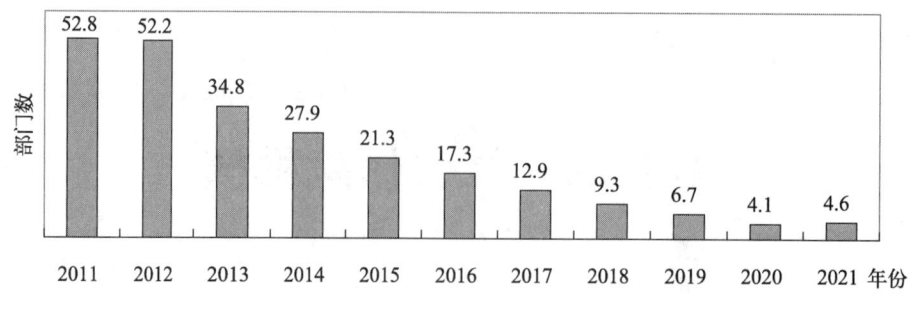

图 5-2　2011 年至 2021 年我国劳动保障部门

社会保险稽核采取日常稽核、重点稽核和举报稽核等方式进行。社会保险经办机构应当制订日常稽核工作计划,根据工作计划定期实施日常稽核。社会保险经办机构对特定的对象和内容应当进行重点稽核。对于不按规定缴纳社会保险费的行为,任何单位和个人都有权举报,社会保险经办机构应当及时受理举报并进行稽核。

社会保险稽核工作也是一种执法活动。企业瞒报、漏报社会养老保险费的现象,很大程度上与企业法人代表的参保意识和行为密切相关。为了切实提高企业法人代表对依法参保的思想认识,必须进行社会保险稽核工作,促使企业法人不断增强法律法规意识,改变过去不以职工工资总额为基数缴费、能少缴则少缴、只顾眼前利益而忽视职工的合法权益的错误思想观念,从根源上遏制企业瞒报、漏报缴费基数现象。

社会保险基金是社会保险制度实施的根本保障,我们的社会保险征缴还不能做到应收尽收,在当今社会保险费已全面划转至税务部门征收之后,如何行之有效地规范社会保险的缴费行为,为社会保险事业的健康发展营造公平良好环境,是我们社会保险稽核工作当前的重要目标。

政策链接:　社会保险费征缴监督检查办法

《社会保险费征缴监督检查办法》(劳动和社会保障部令第 3 号)

第三条　劳动保障行政部门负责社会保险费征缴的监督检查工作,对违反条例和本办法规定的缴费单位及其责任人员,依法作出行政处罚决定,并可以按照条例规定委托社会保险经办机构进行与社会保险费征缴有关的检查、调查工作。

劳动保障行政部门的劳动保障监察机构具体负责社会保险费征缴监督检查和行政处罚,包括对缴费单位进行检查、调查取证、拟定行政处罚决定书、送达行政处罚决定书、拟定向人民法院申请强制执行行政处罚决定的申请书、受理群众举报等工作。

社会保险经办机构受劳动保障行政部门的委托,可以对缴费单位履行社会保险登记、缴费申报、缴费义务的情况进行调查和检查,发现缴费单位有瞒报、漏报和拖欠社会保险费等行为时,应当责令其改正。

第四条　劳动保障监察机构与社会保险经办机构应当建立按月相互通报制度。社会保险经办机构应当及时将需要给予行政处罚的缴费单位情况向劳动保障监察机构通报，劳动保障监察机构应当及时将查处违反规定的情况通报给社会保险经办机构。

第五条　县级以上地方各级劳动保障行政部门对缴费单位监督检查的管辖范围，由省、自治区、直辖市劳动保障行政部门依照社会保险登记、缴费申报和缴费工作管理权限，制定具体规定。

【背景案例】社会保险稽核是对企业的"查缺补漏"吗

当前，全国各地区执行社会保险有关业务的标准不统一，社会保险方面的法律法规和税法及其他法规相比在社会上的影响力相对较弱，对违法行为的处罚力度也不同。如国家税务方面的法律法规比较明确详细地规定了一些违法行为构成犯罪并追究刑事责任，而社会保险方面的法律法规在违法方面的处罚规定上明显较弱且缺乏连续操作的实用性。这也是多年来一些用工单位把瞒报、漏报社会保险费作为企业降低成本，追求利润最大化的一个重要手段，有关部门屡禁不止的原因。当今劳动者相对于用工单位来说处于弱势的一方，大部分劳动者的法律意识淡薄，只有少部分劳动者勇于争取自己的合法权益。部分劳动者甚至主动要求不缴纳社会保险费，希望将社会保险费以现金的方式发放给个人，也助长了用人单位不如实缴纳社会保险的行为。

当前在稽核实践工作中，主要发现用人单位存在以下问题：

(1) 试用期不给员工缴纳社会保险，而是到转正后才给员工办理参保手续。

(2) 不给员工缴纳社会保险，以现金的方式发放给员工。

(3) 部分人员为了享受职工退休的待遇或者为了违规补缴社会保险费以达到接续工龄的目的，虚构劳动关系，挂靠单位代缴社会保险费。

(4) 企业按最低缴费基数为员工缴纳社会保险费。

(5) 不与员工签订正式的劳动合同，以"临时工"的用工方式逃避缴纳社会保险。

(6) 降低月度工资发放，以现金的形式单独另外发放各类补贴，或者增加报销费用，各类奖金不也计入缴费基数，瞒报工资总额。

(7) 部分企业的领导人员调高自己的缴费基数，提高自己指数化月平均缴费工资，以达到提高退休待遇的目的。

(8) 企业仅参加基本养老保险，不缴纳其他社会保险险种。

社会保险的稽核工作是一项必不可少的工作，加强稽核审查有利于社会保险制度的落实。随着社会保险事业的不断拓展，当前企业缴纳社会保险都选择自主申报的方式,瞒报、漏报社会保险费基数的现象仍然较为严重。这些都影响社会保险费的安全与完整,影响劳动者的自身权益。强化社会保险稽核、完善社会保险管理,防范和纠正企业不规范行为势在必行。相关部门要建立起以稽核促征缴、以稽核保征缴的新机制。对参保单位开展稽核工作,掌握参保单位瞒报、漏报社会保险费的基本情况,对其产生的原因进行分析,有针对性地健全措施,严密规章,边稽核边整改,做到社会保险费应收尽收。

2. 接到稽核通知后,企业需要做哪些准备工作

社会保险稽核的范围即社会保险费的缴费单位,是指中华人民共和国境内的企业(国有企业、城镇集体企业、外商投资企业、城镇私营企业和其他城镇企业)、事业单位、国家机关、社会团体、民办非企业单位、城镇个体工商户。通常情况下,社会保险稽核部门会采取"双随机、一公开"的抽查形式,对重点行业、业务受理提交的疑点单位和个人,特别是审计部门重点关注的单位加强实地稽核,各社保经办机构要在一个自然年度内完成辖区内参保单位和人员的实地稽核工作,对有生产经营能力的单位实地稽核率要达到一定比例。

劳动保障监察人员执行监察公务和社会保险经办机构工作人员进行调查、检查时,主要行使下列职权:到缴费单位了解遵守社会保险法律、法规的情况;要求缴费单位提供与缴纳社会保险费有关的用人情况、工资表、财务报表等资料,询问有关人员,对缴费单位不能立即提供有关参加社会保险情况和资料的,可以下达劳动保障行政部门监督检查询问书;可以记录、录音、录像、照相和复制有关资料。

用人单位在接到社会保险稽查部门下达的《社会保险稽核通知书》后,根据通知书上的要求准备材料。一般情况下需要提供表5-2所列材料。

表5-2 接受社会保险稽核时需要提供的材料清单

1.《××年度职工社会保险缴费基数申报明细表》	各地市根据情况要求提供的材料略有差异,一般情况下5、6、7提供一项即可
2.《××年度社会保险缴费基数申报汇总表》	
3.××年度社会保险缴费基数申报承诺书	
4.××年度参保单位职工名册	
5.××年度劳动情况年报、××年度财务决算年报	
6.参保单位财务账目(职工薪酬及会计凭证)、参保单位职工工资表	
7.与缴费基数有关的企业××年度所得税申报表、会计总账、明细账等财务资料	

如果无法提供相关材料,用人单位需要作出情况说明。在用人单位准备好材料后,

如果社保稽核部门书面稽核,则用人单位需要将材料原件与复印件送交至稽核部门,稽核部门对原件进行核查后,留存复印件,如果用人单位材料合格且符合规定缴纳社会保险费,稽核工作人员向用人单位发放《稽核情况告知书》,至此稽核结束。

如果社保稽核部门实地稽核,会有两名以上工作人员上门核查,如果用人单位存在漏报、瞒报的情况,社会保险稽核部门会向用人单位下达《社会保险稽核意见书》,要求用人单位限期整改,缴费基数低于规定的需要调整后补差,缴费基数高的调整到正确基数后从调整下月开始按新基数执行,之前缴纳不予退款。未参保人员要求参保,并从用工之日起补缴社会保险费。

如果用人单位不按期整改,稽核部门向社会保险行政部门提交《社会保险提请行政处罚建议书》,用人单位可能会受到处罚。缴费单位或者缴费单位直接负责的主管人员和其他直接责任人员,对劳动保障行政部门作出的行政处罚决定不服的,可以于15日内,向上一级劳动保障行政部门或者同级人民政府申请行政复议。对行政复议决定不服的,可以自收到行政复议决定书之日起15日内向人民法院提起行政诉讼。行政复议和行政诉讼期间,不影响该行政处罚决定的执行。

用人单位接收稽核通知后流程如下:

(1) 用人单位接收稽核通知→准备材料→社会保险稽核部门实地稽核或准备材料报送社保经办机构核查→材料合格且符合稽核规定→稽核部门制作《稽核工作记录》完成稽核→稽核部门向用人单位下达《稽核情况告知书》。

(2) 用人单位接收稽核通知→准备材料→社会保险稽核部门实地稽核或准备材料报送社保经办机构核查→材料不齐全→用人单位补充材料,如不能提供材料作出书面说明→材料合格且符合稽核规定→稽核部门制作《稽核工作记录》完成稽核→稽核部门向单位下达《稽核情况告知书》。

(3) 用人单位接收稽核通知→准备材料→社会保险稽核部门实地稽核或准备材料报送社保经办机构核查→材料合格但不符合稽核规定→稽核部门制作《稽核工作记录》→稽核部门下达《社会保险稽核意见书》→用人单位整改。

政策链接: 社会保险稽核

1.《社会保险费征缴暂行条例》(国务院令第259号)

第十八条 按照省、自治区、直辖市人民政府关于社会保险费征缴机构的规定,劳动保障行政部门或者税务机关依法对单位缴费情况进行检查时,被检查的单位应当提供与缴纳社会保险费有关的用人情况、工资表、财务报表等资料,如实反映情况,不得拒绝检查,不得谎报、瞒报。劳动保障行政部门或者税务机关可以记录、录音、录像、照相和复制有关资料;但是,应当为缴费单位保密。

> 劳动保障行政部门、税务机关的工作人员在行使前款所列职权时,应当出示执行公务证件。
>
> 第十九条 劳动保障行政部门或者税务机关调查社会保险费征缴违法案件时,有关部门、单位应当给予支持、协助。
>
> 第二十条 社会保险经办机构受劳动保障行政部门的委托,可以进行与社会保险费征缴有关的检查、调查工作。
>
> 第二十一条 任何组织和个人对有关社会保险费征缴的违法行为,有权举报。劳动保障行政部门或者税务机关对举报应当及时调查,按照规定处理,并为举报人保密。
>
> 2.《社会保险稽核办法》(劳动和社会保障部令第16号)
>
> 第五条 社会保险经办机构及社会保险稽核人员开展稽核工作,行使下列职权:要求被稽核单位提供用人情况、工资收入情况、财务报表、统计报表、缴费数据和相关账册、会计凭证等与缴纳社会保险费有关的情况和资料;可以记录、录音、录像、照相和复制与缴纳社会保险费有关的资料,对被稽核对象的参保情况和缴纳社会保险费等方面的情况进行调查、询问;要求被稽核对象提供与稽核事项有关的资料。

【背景案例】金税四期社会保险征管系统对社会保险稽核的影响

当前,部分省份已经启用了金税四期社保征管系统。该系统是税务部门建设的与人社部、卫健委等多部门联通的社会保险费信息共享平台,按照统一的技术标准,改造、升级税务部门和人社部门各自的业务系统,搭建税务部门和人社部门信息共享平台,实现与社会保险费征收相关的数据在人社部门和税务部门之间交换,保证数据的真实性、及时性和完整性,彻底打破了信息壁垒,实现信息共享和业务协同。税务部门不但掌握社保、工资、个税等申报数据,还可能会通过人社部门获取劳动关系、组织人事关系、缴费年限确认、学籍信息、职业资格、继续教育、就业失业等非税信息。

金税四期社会保险费征管信息系统上线后,税务机关将充分利用大数据平台开展涉税风险控制,税务、工商、社保随时合并接口,企业人员、收入等相关信息互联。社保、个税、工资申报数据将实现全面比对,一旦有异常,违规企业将成为重点稽查对象。社会保险稽核工作人员的稽核率会大大提高,因此,各用人单位应按照法律规定为员工足额缴纳社会保险费,这样既维护了员工的合法利益,又避免因为漏报瞒报可能引发的处罚。

3. 社会保险稽核工作的流程是什么

社会保险稽核的目的是确保社会保险费应收尽收,维护参保人员的合法权益,因此社会保险稽核工作人员办理稽核事务应当实事求是,客观公正,不得利用工作之便谋取私利;保守被稽核单位的商业秘密以及个人隐私;为举报人保密。

政策链接：社会保险稽核回避制度

《社会保险稽核办法》（劳动和社会保障部令第16号）

第七条　社会保险稽核人员有下列情形之一的,应当自行回避:

（一）与被稽核单位负责人或者被稽核个人之间有亲属关系的;

（二）与被稽核单位或者稽核事项有经济利益关系的;

（三）与被稽核单位或者稽核事项有其他利害关系,可能影响稽核公正实施的。

被稽核对象有权以口头形式或者书面形式申请有前款规定情形之一的人员回避。稽核人员的回避,由其所在的社会保险经办机构的负责人决定。对稽核人员的回避作出决定前,稽核人员不得停止实施稽核。

社会保险经办机构每年年初制订全年的稽核工作计划,确定稽核对象和完成时限。稽核范围主要包括：省市下达的任务指标、重点行业和经济效益较好的企业、业务受理部门提交的有疑点的单位和个人、大数据比对时发现有明显问题的单位、多次发生上访投诉举报或有劳动争议纠纷的单位。

社会保险经办机构对社会保险费缴纳情况按照(图5-3)程序实施稽核：

(1) 社会保险稽核部门确定实地稽核对象,提前3日将进行稽核的有关内容、要求、方法和需要准备的资料等事项通知被稽核对象,向稽核对象送达《社会保险稽核通知书》,对于稽核对象存在下属单位的,可根据情况提前在7个工作日内送达《社会保险稽核通知书》。下列特殊情况下的稽核也可以不事先通知：曾在信用信息中有不良记录、被举报有违规行为的企业、已有证据认为有违规行为的企业和认为事先通知有碍稽核活动的企业。

(2) 应有两名以上稽核人员共同进行,出示执行公务的证件,并向被稽核对象说明身份;要求被稽核单位提供用人情况、工资收入情况、财务报表、统计报表、缴费数据和相关账册、会计凭证等与缴纳社会保险费有关的情况和资料;可以记录、录音、录像、照相和复制与缴纳社会保险费有关的资料,对被稽核对象的参保情况和缴纳社会保险费等方面的情况进行调查、询问;要求被稽核对象提供与稽核事项有关的资料。

(3) 稽核工作人员查阅企业提供的职工名册,掌握职工劳动关系情况,确定应参保人员范围;查阅工资统计台账、工资统计报表、职工工资发放明细表,核查参保人数、实际缴费人数与缴费基数是否对应,人数与工资支出是否准确;查阅财务决算报表,重点查阅核实职工人数、应发工资、实发工资、应付工资、应付福利费、支付给职工的现金等;查阅财务账目及相关凭证,应付职工薪酬明细账和其他相关会计账目,核查工资计提情况、实际发放情况、上下级往来支付情况、在工资科目之外列支工资性收入情况;查阅企业提供的《基本养老保险缴费基数申报表》,核查企业申报缴费基数和年度调整缴费基数等情况。对稽核情况应做笔录,笔录应当由稽核人员和被稽核单位法定代表人(或法定代表人委托的代理人)签名或盖章,被稽核单位法定代表人拒不签名或盖章的,应注明拒签原因。

(4) 整理数据资料、形成结论。根据稽核对象提供的相关资料与社会保险经办机构系统的缴费情况进行对比、分析,核对相关数据,未参保人员要求用人单位逐人说明原因,最终形成稽核结论。

(5) 对于经过稽核未发现违反法规行为的被稽核对象,社会保险经办机构应当在稽核结束后5个工作日内向稽核对象送达《社会保险稽核情况告知书》,书面告知其稽核结果;稽核对象如对《社会保险稽核情况告知书》内容有异议,应在5个工作日内提出书面意见,未在规定时间内提出,视为无异议。

(6) 发现被稽核对象在缴纳社会保险费或按规定参加社会保险等方面,存在违反法规行为,要据实写出稽核意见书,并在稽核结束后10个工作日内向稽核对象送达《社会保险稽核意见书》。稽核对象如对《社会保险稽核意见书》内容有异议,应在5个工作

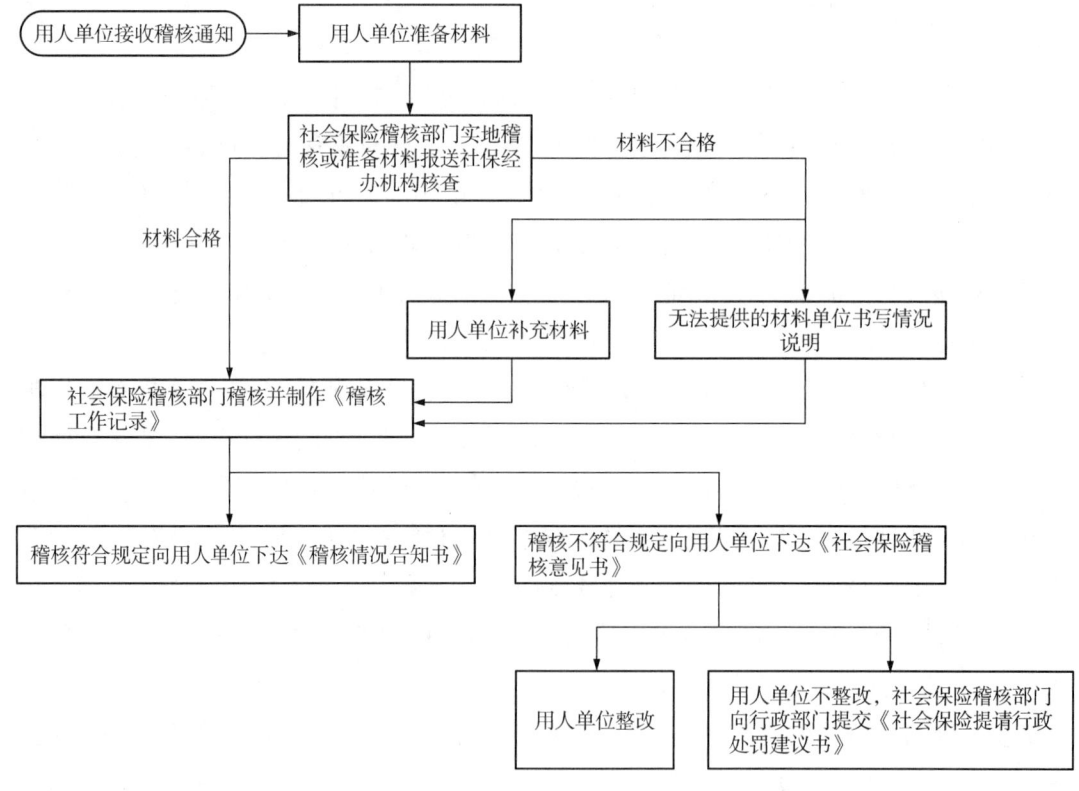

图 5-3 社会保险稽核流程图

日内提出书面意见,未在规定时间内提出,视为无异议。对于存在违规行为的稽核对象,未在规定时间内提出异议的,应在限定时间内予以改正。提出异议的,对提出异议的事项进行进一步核实。

(7) 被稽核对象少报、瞒报缴费基数和缴费人数,或稽核对象拒不接受稽核或无正当理由拒不履行《社会保险稽核意见书》处理意见的,社会保险经办机构制作《社会保险提请行政处罚建议书》,提请同级社会保险行政部门依法处理。

【实务案例】稽核发现问题后如何整改

甲省乙市税务局在 2020 年 1 月稽查工作中发现,辖区内企业社会保险费缴纳出现如下情况:A 机关单位为该单位公益性岗位人员 2020 年 2 月至 6 月减半申报了全部社会保险费;B 社会团体转正后才为专职工作人员办理社会保险参保手续,从转正之日起缴纳社会保险;C 建筑公司在与员工签订劳动合同时,要求员工出具书面承诺书,承诺自愿放弃公司为其缴纳社会保险费,并将社会保险费作为工资的组成部分,直接以现金方式支付给员工,由员工自行缴纳社会保险费;D 商贸公司没有按照国家规定的基数缴纳社会保险费,仅以社保经办机构公布的最低基数为标准为全体员工缴纳社会保险。税务部门根据相关规定要求各单位进行整改。

要求:请分析说明税务部门稽核发现问题的单位违反了哪些相关规定,并如何整改。

参考答案:

1. A 机关单位违反了《人力资源社会保障部 财政部 税务总局关于延长阶段性减免企业社会保险费政策实施期限等问题的通知》(人社部发〔2020〕49 号)中,关于机关事业单位不享受三项社会保险费减半征收的规定。A 机关单位的公益性岗位虽然参加的是企业职工基本养老保险,但是 A 单位类型是机关单位,根据文件规定,机关事业单位不减免基本养老保险、失业保险和工伤保险三项社会保险费。

整改措施:根据题目,当地医疗保险统筹基金累计结存可支付月数大于 6 个月的统筹地区,可实施减征,因此 A 单位可以享受基本医疗保险 2 月至 6 月单位缴费部分减半征收,应补缴 2020 年 2 月至 6 月份其余三项社会保险单位缴费部分的 50%。

2. B 社会团体试用期过后才缴纳社会保险的行为违反了《社会保险法》第五十八条规定,用人单位应当自用工之日起 30 日内为其职工向社会保险经办机构申请办理社会保险登记。

整改措施:B 社会团体应从用工之日起为专职工作人员补缴社会保险费。

3. C 建筑公司以现金形式发放社会保险费的做法违反了《劳动法》第七十二条规定,用人单位和劳动者必须依法参加社会保险,缴纳社会保险费。《社会保险法》第六十条规定,用人单位应当自行申报、按时足额缴纳社会保险费,非因不可抗力等法定事由不得缓缴、减免。职工应当缴纳的社会保险费由用人单位代扣代缴。

整改措施:C建筑公司应为职工补办参保手续,并自用工之日起补缴社会保险费。

4.D商贸公司以社保经办机构公布的最低基数为标准缴纳社会保险费的做法违反了《职工基本养老保险个人账户管理暂行办法》第八条规定,新招职工以起薪当月工资收入作为缴费工资基数。本人月平均工资低于当地职工平均工资60%的,按当地职工月平均工资的60%缴费。

整改措施:D商贸公司应按照国家规定重新核定可计入缴费基数的工资总额,补缴差额。

答案解析:

《人力资源社会保障部 财政部 税务总局关于延长阶段性减免企业社会保险费政策实施期限等问题的通知》(人社部发〔2020〕49号)规定,各省、自治区、直辖市及新疆生产建设兵团(以下统称省)对中小微企业三项社会保险单位缴费部分免征的政策,延长执行到2020年12月底。各省(除湖北省外)对大型企业等其他参保单位(不含机关事业单位,下同)三项社会保险单位缴费部分减半征收的政策,延长执行到2020年6月底。湖北省对大型企业等其他参保单位三项社会保险单位缴费部分免征的政策,继续执行到2020年6月底。

《国家医保局 财政部 税务总局关于阶段性减征职工基本医疗保险费的指导意见》(医保发〔2020〕6号)规定,自2020年2月起,各省、自治区、直辖市及新疆生产建设兵团(以下统称省)可指导统筹地区根据基金运行情况和实际工作需要,在确保基金收支中长期平衡的前提下,对职工医保单位缴费部分实行减半征收,减征期限不超过5个月。

《劳动法》第七十二条规定,用人单位和劳动者必须依法参加社会保险,缴纳社会保险费。根据《社会保险法》第五十八条规定,用人单位应当自用工之日起30日内为其职工向社会保险经办机构申请办理社会保险登记。未办理社会保险登记的,由社会保险经办机构核定其应当缴纳的社会保险费。第六十条规定,用人单位应当自行申报、按时足额缴纳社会保险费,非因不可抗力等法定事由不得缓缴、减免。职工应当缴纳的社会保险费由用人单位代扣代缴。

《职工基本养老保险个人账户管理暂行办法》(劳办发〔1997〕116号)规定,本人月平均工资低于当地职工平均工资60%的,按当地职工月平均工资的60%缴费;超过当地职工月平均工资300%的,按当地职工月平均工资300%缴费,超过部分不计入缴费工资基数。规定,新招职工(包括研究生、大学生、大中专毕业生等)以起薪当月工资收入作为缴费工资基数。

4. 社会保险稽核的内容具体包含哪些

社会保险的稽核主要为了稽核参保单位是否做到应保尽保,稽核已参保的单位职工是否按规定参保,是否存在少报、漏报人数,督促单位为员工参保。

我国于 1999 年颁布了《社会保险费征缴监督检查办法》(劳动和社会保障部令第 3 号),对社会保险费征缴监督检查作出了详细的规定。2003 年又颁布了《社会保险稽核办法》(劳动和社会保障部令第 16 号)明确规定了社会保险稽核内容。

社会保险稽核内容包括:

(1) 缴费单位和缴费个人申报的社会保险缴费人数、缴费基数是否符合国家规定。

(2) 缴费单位和缴费个人是否按时足额缴纳社会保险费。

(3) 欠缴社会保险费的单位和个人的补缴情况。

(4) 国家规定的或者劳动保障行政部门交办的其他稽核事项。

社会保险稽核除了对外向用人单位稽核外,社会保险经办部门内部也需要稽核,如稽核社会保险登记、变更登记情况;社会保险费缴纳和缴费费率执行情况;欠缴社会保险费的单位,其补缴计划的制订和落实情况;社会保险待遇享受者的资格条件和领取的待遇项目、标准情况;社会保险基金的筹集、支付、管理、运营等情况;法律、法规规定需要稽查的其他情况。社会保险经办机构应定期向劳动保障行政部门报告社会保险稽核工作情况。劳动保障行政部门应将社会保险经办机构提请处理事项的结果及时通报社会保险经办机构。

政策链接: 社会保险征缴监督

《社会保险费征缴监督检查办法》(劳动和社会保障部令第 3 号)

第六条 社会保险费征缴监督检查应当包括以下内容:

(一) 缴费单位向当地社会保险经办机构办理社会保险登记、变更登记或注销登记的情况;

(二) 缴费单位向社会保险经办机构申报缴费的情况;

(三) 缴费单位缴纳社会保险费的情况;

(四) 缴费单位代扣代缴个人缴费的情况;

(五) 缴费单位向职工公布本单位缴费的情况;

(六) 法律、法规规定的其他内容。

【实务案例】稽核之后的社会保险费补缴

甲省乙市 A 建筑公司是一家中型企业,成立于 2000 年 9 月 1 日,共计有员工

150人,其中:经理1人、管理人员10人、文员5人、合同制工作134人;2019年因工作需要,在9月1日新招聘50名农民工。2020年1月,该建筑公司申报乙市城中村改造工程,在进行招标审核时,相关部门发现A建筑公司没有为这50名农民工办理社会保险,责令其整改。2020年1月10日,A建筑公司为50名农民工办理参保手续并自用工之日起补缴社会保险。A建筑公司的城中村改造工程起始时间为2020年1月25日,工期为300天,工程造价800万元。该公司约定试用期为1个月,试用期仅发放基本工资。2020年12月末,因公司业务量减少,10名农民工辞职后返乡。A建筑公司2019年度工资发放情况见表5-3。

表5-3　A建筑公司2019年度工资发放表　　　　　　　　　　金额单位:元

岗位	基本工资	防暑降温费	工作服费用	过节费	年终奖	人数(人)
经理	180 000	1 000	500	2 400	12 000	1
管理人员	80 000	500	500	1 200	12 000	10
文员	24 940	200	500	1 200	5 000	5
合同制工人	30 400	1 000	500	1 200	5 000	134
农民合同制工人	10 200	0	500	1 200	2 000	50

已知:甲省社会保险使用同一缴费基数,2018年城镇非私营单位就业人员平均工资为55 290元,2018年全口径社会平均工资为51 780元,2019年全口径社会平均工资为56 700元。甲省缴费基数下限执行国家规定的最低标准,各项险种的具体缴费比例情况见表5-4。

表5-4　各项险种的具体缴费比例情况统计表

类别	单位缴费比例	个人缴费比例	备注
基本养老保险	16.0%	8.0%	
失业保险	0.5%	0.5%	
工伤保险	0.2%		工项目参保费率为0.4%
医疗保险(含生育保险)	7.5%	2.0%	生育保险为0.5%

要求:请根据上述资料,依次回答下列问题。(计算结果保留两位小数)

1.请计算A建筑公司2019年补缴的社会保险费代扣代缴部分金额(不考虑利息和滞纳金只计算本金)。

参考答案:2019年缴费基数下限为51 780÷12×60%＝2 589(元);

农民工首月工资为10 200÷4＝2 550(元),因此农民工2019年缴费基数为2 589(元);

应补缴代扣代缴部分金额为 2 589×50×(8% + 2%)×4 = 51 780(元)。

2. 请计算 A 建筑公司 2020 年代扣代缴社会保险个人部分金额。

参考答案：甲省执行国家规定的缴费基数下限最低标准，因此 2020 年缴费基数为：

下限：51 780÷12×60% = 2 589(元)。

上限：56 700÷12×300% = 14 175(元)。

各岗位月平均工资为：

经理：(180 000 + 2 400 + 12 000)÷12 = 16 200(元)。

管理人员：(80 000 + 1 200 + 12 000)÷12 = 7 766.67(元)。

文员：(24 940 + 1 200 + 5 000)÷12 = 2 595(元)。

合同制工人：(30 400 + 1 200 + 5 000)÷12 = 3 050(元)。

农民合同制工人：(10 200 + 1 200 + 2 000)÷4 = 3 350(元)。

公司月缴费基数为：14 175 + 7 766.67×10 + 2 595×5 + 3 050×134 + 3 350×50 = 681 016.70(元)。

农民合同制工人不缴纳失业保险个人部分。

A 公司全年总计代扣代缴个人部分金额为 681 016.70×12×(8% + 0.5% + 2%) − 3 350×50×0.5%×12 = 848 031.04(元)。

答案解析：《失业保险条例》第六条规定，城镇企业事业单位招用的农民合同制工人本人不缴纳失业保险费。

《人力资源社会保障部 财政部 税务总局关于延长阶段性减免企业社会保险费政策实施期限等问题的通知》(人社部发〔2020〕49 号)第三条规定，各省 2020 年社会保险个人缴费基数下限可继续执行 2019 年个人缴费基数下限标准，个人缴费基数上限按规定正常调整。阶段性减免社会保险费政策延长，中小微企业三项社会保险费单位缴费部分免征期限由原来的 2020 年 2 月到 6 月延长至 2020 年 12 月底。

5. 社会保险稽核涉及哪些法律责任

社会保险稽核涉及的法律责任主要包括两方面，一方面是个人和用人单位应承担的责任，另一方面是稽核部门工作人员应承担的责任。主要涉及的法律法规包括《劳动法》《社会保险法》《劳动合同法》《社会保险稽核办法》(劳动和社会保障部令第 16 号)《社会保险基金行政监督办法》(人力资源社会保障部令第 48 号)和《社会保险费征缴监督检查办法》(劳动和社会保障部令第 3 号)。

劳动保障行政部门应当向社会公布举报电话，设立举报信箱，指定专人负责接待群众投诉；对符合受理条件的举报，应当于 7 日内立案受理，并进行调查处理，且一般应当于 30 日内处理结案。社会保险被稽核的个人和单位应承担的法律责任如表 5-5 所示。

表 5-5 社会保险被稽核的个人和单位应承担的法律责任

情形	法律责任	
未按规定办理社会保险登记的	由劳动和社会保障行政部门予以警告,缴费单位行为情节严重的,对直接负责的主管人员和其他直接责任人员处以1 000元以上5 000元以下的罚款。罚款均由缴费单位直接负责的主管人员和其他直接责任人员个人支付,不得从单位报销,罚款必须全部上缴国库	由劳动和社会保障行政部门予以警告,缴费单位行为情节特别严重的,对直接负责的主管人员和其他直接责任人员处以5 000元以上10 000元以下的罚款。罚款均由缴费单位直接负责的主管人员和其他直接责任人员个人支付,不得从单位报销,罚款必须全部上缴国库
在社会保险登记事项发生变更或者缴费单位依法终止后,未按规定到社会保险经办机构办理社会保险变更登记或者社会保险注销登记的		
未按规定申报应当缴纳社会保险费数额的		
因伪造、变造、故意毁灭有关账册、材料造成社会保险费迟延缴纳的	对缴费单位从欠缴之日起,按日加收千分之二的滞纳金,并对直接负责的主管人员和其他直接责任人员处以5 000元以上20 000元以下罚款。罚款均由缴费单位直接负责的主管人员和其他直接责任人员个人支付,不得从单位报销,罚款必须全部上缴国库	
因不设账册造成社会保险费迟延缴纳的		
因其他违法行为造成社会保险费迟延缴纳的		
伪造、变造社会保险登记证的	对缴费单位给予警告,并可以处以5 000元以下的罚款,对这几项违法行为的行政处罚,法律、法规另有规定的,从其规定	
未按规定从缴费个人工资中代扣代缴社会保险费的		
未按规定向职工公布本单位社会保险费缴纳情况的		
阻挠劳动保障监察人员依法行使监察职权,拒绝检查的	对缴费单位给予警告,并可以处以10 000元以下的罚款,对这几项违法行为的行政处罚,法律、法规另有规定的,从其规定	
隐瞒事实真相,谎报、瞒报、出具伪证,或者隐匿、毁灭证据的		
拒绝提供与缴纳社会保险费有关的用人情况、工资表、财务报表等资料的		
拒绝执行劳动保障行政部门下达的监督检查询问书的		
拒绝执行劳动保障行政部门下达的限期改正指令书的		
打击报复举报人员的		
法律、法规及规章规定的其他情况		
通过虚构个人信息、劳动关系,使用伪造、变造或者盗用他人可用于证明身份的证件,提供虚假证明材料等手段虚构社会保险参保条件、违规补缴,骗取社会保险待遇的	由社会保险行政部门责令退回骗取的社会保险金,处骗取金额2倍以上5倍以下的罚款	

劳动保障行政部门和社会保险经办机构的工作人员在社会保险费征缴检查中可能承担的法律责任如表 5-6 所示。

表 5-6 劳动保障行政部门和社会保险经办机构的工作人员可能承担的法律责任

情形	法律责任
劳动保障行政部门和社会保险经办机构的工作人员滥用职权、徇私舞弊、玩忽职守	构成犯罪的,依法追究刑事责任
	不构成犯罪的,给予行政处分

政策链接: 稽核法律责任

1.《社会保险稽核办法》(劳动和社会保障部令第 16 号)

第十一条 被稽核对象少报、瞒报缴费基数和缴费人数,社会保险经办机构应当责令其改正;拒不改正的,社会保险经办机构应当报请劳动保障行政部门依法处罚。被稽核对象拒绝稽核或伪造、变造、故意毁灭有关账册、材料迟延缴纳社会保险费的,社会保险经办机构应当报请劳动保障行政部门依法处罚。社会保险稽查机构在稽查中发现被稽查单位或者个人有违法行为的,应当责令其限期改正;应当给予行政处罚的,由劳动和社会保障行政部门依法予以处罚;构成犯罪的,由司法机关依法追究刑事责任。

第十三条 社会保险经办机构工作人员在稽核工作中滥用职权、徇私舞弊、玩忽职守的,依法给予行政处分;构成犯罪的,依法追究刑事责任。

2.《社会保险费征缴监督检查办法》(中华人民共和国劳动和社会保障部令第 3 号)

第十八条 缴费单位或者缴费单位直接负责的主管人员和其他直接责任人员,对劳动保障行政部门作出的行政处罚决定不服的,可以于 15 日内,向上一级劳动保障行政部门或者同级人民政府申请行政复议。对行政复议决定不服的,可以自收到行政复议决定书之日起 15 日内向人民法院提起行政诉讼。行政复议和行政诉讼期间,不影响该行政处罚决定的执行。

第十九条 缴费单位或者缴费单位直接负责的主管人员和其他直接责任人员,在 15 日内拒不执行劳动保障行政部门对其作出的行政处罚决定,又不向上一级劳动保障行政部门或者同级人民政府申请行政复议,或者对行政复议决定不服,又不向人民法院提起行政诉讼的,可以申请人民法院强制执行。

第二十条 劳动保障行政部门和社会保险经办机构的工作人员滥用职权、徇私舞弊、玩忽职守,构成犯罪的,依法追究刑事责任;尚不构成犯罪的,给予责任人员行政处分。

▶▶【典型案例】: 维护劳动者社会保险利益刻不容缓

2019年7月1日，甲省乙市A公司与王先生签订两年期限的劳动合同，试用期为两个月，工资每月8 000元。双方约定公司不为王先生缴纳社会保险，以现金的方式发放到工资中，由王先生自己缴纳社会保险费。王先生每月向当地的商业保险机构缴纳了1 000元养老保险。2021年6月30日合同期满后未续签劳动合同。2021年12月1日A公司为王某办理社会保险，从当月开始缴纳。2022年3月1日，乙市社会保险经办机构稽核时发现A公司未足额缴纳社会保险费，要求公司为王先生补缴其2019年7月至2021年11月的社会保险费，并下达《社会保险稽核意见书》。A公司认为双方已经达成不缴纳社会保险的协议，且与王先生劳动合同已经到期，不应为补缴社会保险费，到社会保险经办部门提出异议。工作人员做出如下解释：

用人单位与职工在合同中约定不缴纳社会保险费并不符合规定。《劳动法》规定用人单位和劳动者必须依法参加社会保险，缴纳社会保险费。《社会保险法》也明确了用人单位与劳动者应当依法缴纳社会保险费。依法缴纳社会保险费既是用人单位与劳动者共同的权利，也是双方共同的强制性义务，双方均无权免除对方缴纳社会保险费的法定义务。本案例中，王先生与A公司在劳动合同中关于不缴纳社会保险费的约定，明显违反《劳动法》和《社会保险法》的规定。用人单位不论是否与劳动者续签了劳动合同，只要劳动者的身份符合条件，劳动者又与用人单位形成了事实劳动关系，用人单位就应当依法按规定为劳动者缴纳社会保险费。

用人单位不能在工资中支付社会保险费。《社会保险法》规定，用人单位应当自用工之日起30日内为其职工向社会保险经办机构申请办理社会保险登记。用人单位应当自行申报、按时足额缴纳社会保险费，非因不可抗力等法定事由不得缓缴、减免。职工应当缴纳的社会保险费由用人单位代扣代缴。A公司与王先生建立了劳动关系，依法应当为王先生办理保险登记、代扣代缴社会保险费。A公司将应缴纳的社会保险费以工资的形式发给职工本人，由职工自行缴纳社会保险费的行为是违法的，一方面减少了社会保险统筹金，另一方面侵害了职工的权益。

王先生自己缴纳商业保险与社会保险并不冲突，按照《社会保险法》的规定，职工应当参加基本养老、基本医疗、工伤、失业和生育保险，由用人单位和职工（工伤、生育保险费，职工不用缴纳）共同缴纳保险费。同时，《劳动法》规定，国家提倡劳动者个人进行储蓄性保险。所以，两者并不冲突。

为了维护王先生的合法权益，根据《社会保险法》规定，用人单位未按时足额缴纳社会保险费的，由社会保险费征收机构责令限期缴纳或者补足，并自欠缴之日起，按日加收万分之五的滞纳金；逾期仍不缴纳的，由有关行政部门处欠缴数额1倍以上3倍以下的罚款。因此，本案例中A公司需按照稽核部门出具《社会保险稽核意见书》为王先生补缴社会保险。

第六编　社会保险费征收管理与法律责任

1. 社会保险费为什么要划归税务部门征收

2018年,对于全国来讲都是改革大年。这一年,国税、地税合并了,纳税人办税再也不用跑两趟了,很多纳税人手舞足蹈、喜迎合并;这一年,国家宣布自2019年1月1日起,各项社会保险费交由税务部门统一征收。这一消息快速引爆了全国,造成众多企业的高度恐慌。

那么社会保险费由税务机关征收为何会令企业如此不安,不是一直都在缴纳社会保险费吗？为什么之前不担心,现在反而这么恐慌？

实际上,一直以来,大部分企业都存在少缴社会保险费的问题。税务机关的征管效率有目共睹,大家担心的就是如果税务机关征收社会保险费,难保旧问题要翻出来"补缴费款",未来从严计算的方法也会让企业压力增大,不少人认为加强征管后企业的负担会大幅增加。所以,这一消息很快引爆全国,很多省市的税务机关也似乎拿到了尚方宝剑,争相发文要求企业"坦白从宽、抗拒从严"。实际上,目前我国的社会保险费改革问题还很多,不可能实现一步到位,只能平稳着陆。在这样的背景下,2018年9月6日国务院常务会议强调:"目前全国养老金累计结余较多,可以确保按时足额发放,在社保征收机构改革到位前,各地要一律保持现有征收政策不变,同时抓紧研究适当降低社会保险费率,确保总体上不增加企业负担,以激发市场活力,引导社会预期向好。"税务机关也紧接发文,严格执行国务院的"平稳精神"。

那么,社会保险费为什么要交给税务机关征收呢？

从国际上来看,社会保险费的征收相对成熟和完善,分为统一征收、代理征收和混合征收三种模式。目前,世界上已经建立了社会保障制度的170多个国家和地区中,有132个国家和地区是由税务部门征收社保税或费。过去少数实行收费模式的国家,也在改革征收方式。如英国上议院决定,1999年4月1日起,将原社会保障部的社会保障缴款征收代理机构及其征收职能并入税务署,国家养老保险的社会保障缴款政策由税务署制定。2000年8月5日,俄罗斯总统普京签署新《税法典》,将社会保险费的社会付费部分改为统一的社会税,养老保险费由改革前的缴费形式变为以统一社会税形式缴纳,其征收机关由原来的社会保障部门改为税务部门。

从中国的情况来看,社会保险费的征收尚处在起步期。1993年,确立社会统筹与个人账户相结合的社保制度后,社会保险费的征收一直由社保部门负责。1995年随着国有企业改革的深入,大批企业职工下岗,许多中小国有、集体企业破产,社会保险费征收困难。为了加强征收工作,一些地方开始尝试社会保险费由税务部门强制代征。1998年,中央提出"两个确保",即确保企业离退休人员基本养老金按时足额发放、确保国有企业下岗职工基本生活费按时足额发放,许多地方加大了对社会保险费的征收管理力度。1999年1月,国务院发布《社会保险费征缴暂行条例》,将税务部门征收社会保险费的资格加以确认,使之合法化。而后,辽宁、河北、内蒙古、广东、云南和厦门等24个省(自治区、直辖市、计划单列市)相继公布由税务部门负责征收社会保险费。实践证明,实行税务征收之后,社会保险费普遍征收率和收入总量都大幅提高,相比由社会保险经办机构征收的省份,税务部门负责征收社会保险费的省份征收率要高出10%以上,每年征收率均高达95%以上。所以,在2019年以前,我国社会保险费的征收形成了三种模式:第一种是由社保部门征收;第二种是由社保部门核定征收金额然后由税务部门代收;第三种是社保金额的核定和征收全部由税务部门负责。

据人社部公布的数据,2017年,中国企业职工基本养老保险的总抚养比是2.73:1,也就是2.73个在职人员抚养1个退休人员;全国31个省份(不包括中国台湾地区)中,抚养比最高的是广东,超过了8:1,最低的是黑龙江,不到1.3:1。广东、北京等基本养老保险基金累计结余最多的7个省份占2017年全国结余的三分之二,而辽宁、黑龙江等部分省份已经出现基金当期收不抵支的情况。为解决上述问题,实现基本养老保险制度可持续发展,2018年7月1日起我国开始实行企业职工基本养老保险基金中央调剂制度,作为基本养老保险全国统筹的第一步。时任人力资源和社会保障部副部长游钧在2018年6月13日国新办新闻发布会上表示,基本养老保险全国统筹难以一步到位的原因是,各地的缴费基数、费率标准、待遇水平存在着较大差异。中国社会科学院财经战略研究院研究员张斌等认为,与社保部门相比,税务机关对全国社保数据的集中管理能为跨地区社保制度接续和社保基金全国统筹的推进奠定良好基础。这为解决困扰我国社保体系发展的"碎片化"难题、提升社保体系的公平性和抗风险能力提供了可靠而便捷的路径。

从我国目前人口老龄化严重、社会保险费缺口较大的情况来看,社会保险费征收纳入税务"征、管、查"一体化的征管模式,加大社会保险稽核力度,防范偷、漏、拖欠社会保险费现象的发生,是提高社会保险费征收效率的最佳途径。社会保险费划转至税务机关统一征管,打破了社保信息孤岛,社会保险费征管信息将实现由各地方政府向中央职能部门的全面开放,为解决缴费制度不统一,进而实现全国统筹,创造有利条件。

【背景案例】 税务机关征缴社会保险费的"平稳精神"

2018年9月13日,国家税务总局发出通知,对稳妥推进社会保险费征管职责划转提出了具体工作要求。

《国家税务总局办公厅关于稳妥有序做好社会保险费征管有关工作的通知》(税总办发〔2018〕142号)明确,为深入贯彻落实9月6日国务院常务会议有关精神,在稳妥推进社会保险费征管职责划转改革的同时,确保改革前已由税务机关征收的地方一律保持现有征收政策不变。

一、进行社会保险费征管职责划转的各级税务机关,要确保改革任务平稳如期落地

各省税务局要按照税务总局和当地政府统一部署,细化本省税务系统实施方案,逐项分解工作任务,明确责任单位和完成时限,确保2019年1月1日起由税务机关统一征收各项社会保险费。在征管职责划转工作中,要主动加强部门间沟通协商与协调配合,做到衔接有序。要做好数据分析评估和清洗迁移,按时完成信息系统升级对接和联调测试。要遵循弄清接好历史欠费账目,不得自行组织开展清欠工作的原则,稳妥处理好历史欠费问题。要建立部门间常态化信息共享和对账机制,为改革提供制度、机制、信息等系列保障。

二、已负责征收社会保险费的各级税务机关,要确保征收政策不变工作平稳

认真贯彻落实国务院常务会议精神,在社保征收机构改革到位前,各地要一律保持现有征收政策不变,确保征管有序,工作平稳。同时,要规范执法检查,不得自行组织开展以前年度的欠费清查。

三、优化缴费服务,确保营商环境不断改善

无论是已征收社会保险费还是正开展征管职责划转工作的各级税务机关,要按照"放管服"改革要求,从缴费人需求出发,根据本地实际评估办税服务、12366热线以及信息系统的承载能力,完善缴费窗口设置和网上税务局功能,为缴费人提供"实体、网上、掌上、自助"等多样化缴费渠道。要统一服务标准,整合税费缴纳流程,简并缴费报送资料,降低缴费成本,最大程度便利缴费人,不断优化营商环境。要建立疑难问题及时解答机制,完善12366知识库,确保答复咨询及时精准,切实维护缴费人权益。

四、加强舆论引导,确保社会预期稳定

各级税务机关要正确引导社会舆论,稳定改革预期,营造良好改革氛围。要积极主动向当地党委、政府汇报请示,争取将社会保险费征管职责划转及宣传工作纳入当地机构改革总体方案中统一开展。

五、加强业务学习,确保正确履职

各级税务机关应切实组织税务干部加强社会保险费政策和业务学习,既要会同人

力资源社会保障部门、医疗保障部门实施联合培训,又要注重开展自身培训;既要加强对办税服务厅、12366服务热线等一线人员的业务培训,又要培养一批熟悉掌握社会保险费政策和管理知识的骨干人才。要丰富培训方式,提升税务人员履职能力,确保社会保险费各项政策和管理措施有效落地。

2. "五险"都划转至税务部门征收了吗

社会保险费的征管职责划转至税务部门以来,由于划转涉及面广、关注度高,社会各界普遍关注。

我国在2019年1月之前,社会保险费的征收采取的是二元征收体制,由人社部门或税务机构征收,每个省、自治区、直辖市采取的模式不一。1999年《社会保险费征缴暂行条例》明确指出,社会保险费的征收机构由省、自治区、直辖市人民政府规定,可以由税务机关征收,也可以由劳动保障行政部门按照国务院规定设立的社会保险经办机构征收。《社会保险法》指出,"社会保险费实行统一征收,实施步骤和具体办法由国务院规定。"从而出现了社会保险费由人社部门全责征收、税务机关全责征收、双部门征收等多种征收模式。

党的十九届三中全会通过的《深化党和国家机构改革方案》指出,为提高社会保险资金征管效率,将基本养老保险费、基本医疗保险费、失业保险费等各项社会保险费交由税务部门统一征收。这是对近20年我国社会保险费原有征收体制的彻底革命。中办、国办于2018年7月印发的《国税地税征管体制改革方案》要求,2018年12月10日前,社会保险费和非税收入征管职责将由各级社保经办部门划转至税务部门;2019年1月1日起,将基本养老保险费、基本医疗保险费、失业保险费、工伤保险费、生育保险费等各项社会保险费和非税收入交由税务部门统一征收。这就从根本上解决了社会保险费征缴机构可以是人社部门,也可以是税务部门的双主体征管格局。

社会保险费的足额征收,是完善社会保障体系,提高人民幸福感的前提条件。目前,我国的老龄化加速,社会保险支出的规模逐步增加,社会保险费的征缴便成为社会保障工作关注的重点。2015年以来,虽然国家4次降低调整社会保险费率,但是我国的社会保险费率仍然偏高,大部分企业认为负担过重。再者,因为缴费制度的强制性偏弱,督导力度太小,许多企业对缴纳社会保险费的认识不到位,自觉性差,从而出现社会保险征收率低,实际费率与名义费率差距大的现象。据统计,在税务机关部分参与社会保险费征缴的省(区、市),社会保险费征收职责划转到税务部门后,社会保险费都有不同程度的增长。增长部分包括工资的自然增长,也包括税务机关依法堵漏增收和配合人社部门参保扩面带来的增长。在税务机关全责征收社会保险费征缴的一些省份等,社会保险费征收职责划转到税务部门后,该项工作总体稳中上升,费基逐年做实、费率稳中有降、收入稳中增长。

2020年8月，经国务院同意，人力资源社会保障部、财政部、国家税务总局、国家医保局联合部署启动企业社会保险费征收职责划转工作，自2020年11月1日起，原由社会保险经办机构征收的13个省（区、市）、新疆生产建设兵团和2个计划单列市的企业社会保险费划转税务部门征收。至此，全国各地各项社会保险费均交由税务部门统一征收。

税务部门接收社会保险费的征管职责后，国家也进一步明确了划转步骤。

首先，2018年党的十九届三中全会决定改革社会保险费征收体制，明确将基本养老保险费、基本医疗保险费、失业保险费等各项社会保险费交由税务部门统一征收。企业职工基本养老保险和企业职工其他险种缴费，原则上暂按现行征收体制继续征收，稳定缴费方式，"成熟一省、移交一省"。

其次，机关事业单位社会保险费和城乡居民社会保险费征管职责如期划转。征管职责划转后，各相关部门将进一步密切协作，提高信息共享效率，完善相关配套制度，规范提升社会保险费征管水平；将进一步优化缴费流程、拓宽缴费渠道，联合探索关联业务"一站式"办理方式，切实降低缴费成本，提高缴费便利度，提升缴费人的获得感和满意度。

再次，人力资源社会保障、税务、财政、医保部门要抓紧推进信息共享平台建设等各项工作，切实加强信息共享，确保征收工作有序衔接。在改革的准备阶段，社保经办机构和税务部门着力于做好衔接工作，积极建立数据共享平台，并在改革工作中坚持只变更征收主体，原有政策继续保持不变的基本原则。一是进行社会保险费征管职责划转改革的地方，要加强部门协调配合，建立部门间常态化信息共享和对账机制，确保平稳有序实施征管职责划转。二是已负责征收社会保险费的各级税务机关，在社保征收机构改革到位前，要一律保持现有征收政策不变，确保征管有序，工作平稳。三是组织开展督导检查，对违反规定的依法依规坚决纠正和严肃查处。

在核定征收模式下，人社部门负责参保登记、费额核定、权益记录、待遇发放等业务，税务部门负责按核定费额征收。

税务机关接收社会保险费征收职责后，对于城乡居民的"两险"也尤为重视，多次明确要保障城乡居民的保险费征收服务工作。

【背景案例】城乡居民的"两险"如何征缴

按照党中央、国务院工作部署，自2019年起，由税务部门统一征收城乡居民基本养老保险费和基本医疗保险费。城乡居民"两险"交由税务部门征收后，缴费方式更加丰富、便捷，服务效率进一步提升。城乡居民"两险"转由税务部门征收后，按照"政府主导、部门协同、社会参与"的工作思路，各地税务部门借助多方资源，充分利用信息化技术，积极拓展"非接触式"缴费渠道，让缴费更方便、更快捷。国家税务总局"税务讲堂"介绍了城乡居民"两险"缴费服务主要渠道：

（一）线上缴费。各地税务部门进一步优化缴费流程，借助电子税务局、移动客户端、微信公众号和小程序等多种线上渠道开发、升级缴费功能。

一是网上缴费。在已经开通电子税务局缴费的地区，大家可登录税务局的官方网站，完成注册后即可办理业务，包括选择缴费金额、维护银行扣款协议、办理当期申报缴费、查询历史申报缴费、开具社保缴费证明等。

二是掌上缴费。大家可以通过当地税务部门的手机App、公众号或微信、支付宝等手机支付平台，进入城乡居民缴费模块，对系统显示的参保信息进行核实后，按照操作要求进行缴费。

（二）银行柜面缴费。各地税务部门陆续与当地银行进行联网合作，开通了城乡居民缴费功能。大家可以通过12366纳税服务热线查询当地合作银行名单。查询后，携带身份证、社保卡、银行卡等到银行网点，通过银行柜台或自动柜员机办理缴费。参保人也可以使用合作商业银行的手机App或银行POS机进行缴费。

（三）集中代收费款。

一是村组和社区集中代收。考虑到农村和部分城镇居民居住相对集中，尤其是一些偏远地区网络、交通不便，我们保留并优化了村委会、居委会的集中代办渠道。村委会或居委会的代办人员在公共活动场所设置集中代办点，或直接上门服务办理缴费。

二是学校集中代收。主要是面对参保的在校学生。每年征收前，省级税务部门会配合医保、财政、教育等部门，确定学生缴费标准。学生向学校缴纳费款后，由学校代办人员通过代收客户端或电子税务局集中办理缴费。

（四）办税服务厅缴费。在办税服务厅，大家可以在征收窗口缴费，也可以使用办税服务厅摆放的自助终端设备，进入"城乡居民社会保险费"界面缴费。

3. 金税四期能否实现对社会保险费的比对监管

税务部门统一接管社会保险费的征管职责后，社会保险费征管系统会成为一个开放性的系统。社保缴费登记、变更信息、人数等仍由人社部门负责，税务部门只负责社会保险费的申报和征收，两个部门实现信息共享、互通有无、合作征缴。但由于税务部门掌握企业的用工人数、工资，且掌握企业所在行业发展水平、进货等数据，因此征管社会保险费能力更强，征费效率也更高。在目前的国家征管改制中，国家正在大力通过金税四期实现大数据管税，实际工作中，税务部门也正在进一步完善与人社部门的数据共享机制，充分发挥大数据的税费同管作用。可见未来大数据管税正在稳步推进。

【背景案例】 全国及部分省份的税费"信息共享"进展情况

全国及部分省份的税费"信息共享"进展情况如表6-1所示。

表6-1 全国及部分省份的税费"信息共享"进展情况

省份	政策依据	内容摘录
国家层面	《税务总局 发展改革委 公安部 司法部 财政部 人力资源社会保障部 住房城乡建设部 商务部 人民银行 海关总署 医保局 档案局 密码局关于推进纳税缴费便利化改革优化税收营商环境若干措施的通知》(税总发〔2019〕48号)	(二)充分发挥大数据作用确保政策应享尽享。深化大数据分析和应用,主动甄别符合享受优惠政策条件的纳税人缴费人,精准推送税费政策信息,帮助纳税人缴费人充分适用优惠政策。运用税费大数据监测减税降费政策落实情况,及时扫描分析应享未享和违规享受的疑点信息,让符合条件的纳税人缴费人应享尽享,对违规享受的及时提示纠正和处理。(人力资源社会保障部、国家税务总局、国家医保局按职责分工负责) (九)推进纳税缴费便利化创新试点。充分发挥税收服务作用,在支持京津冀协同发展、长江经济带发展、长三角一体化发展、粤港澳大湾区建设、黄河流域生态保护和高质量发展以及海南自由贸易港、成渝地区双城经济圈建设等国家发展重大战略中,积极推进纳税缴费便利化改革创新试点,探索可复制、可推广经验,完善税费服务体系。(国家税务总局牵头,人力资源社会保障部、国家医保局按职责分工负责)
国家层面	《国家税务总局关于开展2022年"我为纳税人缴费人办实事暨便民办税春风行动"的意见》(税总纳服发〔2022〕5号)	12.完善缴费服务。加强与人社、医保等相关部门数据共享,落实好特困人员、低保对象等困难人群分类资助参保缴费政策。以采矿业、制造业、建筑业等行业为重点,开展社会保险费政策进企业、进车间、进工地宣传和缴费服务活动。
湖南省	《湖南省医疗保障局 湖南省财政厅 国家税务总局湖南省税务局关于全面实行基本医疗保险和生育保险市级统筹的实施意见》(湘医保发〔2019〕43号)	(四)统一信息系统。按照"统一、高效、兼容、便捷"的要求,规划建设全省医保信息系统。与税务部门统一数据编码标准,建立共享机制,满足双方业务需求。实现医保信息系统与协议医疗机构、协议零售药店、大病保险承办机构有效对接。加快建设覆盖各级医保经办机构、协议医疗机构和协议零售药店等的信息网络平台,完善异地就医结算平台,全面实现省内和跨省异地就医信息共享和费用即时结算目标。
青岛市	《国家税务总局青岛市税务局关于开展2022年"我为纳税人缴费人办实事暨便民办税春风行动"的实施意见》(青税发〔2022〕7号)	12.完善缴费服务。发布社会保险费缴费事项清单,明确事项办理流程、办理方式、办理时限以及需提交的资料。协调人社、医保部门进一步优化社会保险费退费申请工作流程,协助人社、医保部门推广社保退费业务实现税务部门网上同步受理,让缴费人"少跑路"。加强与人社、医保等相关部门数据共享,落实好特困人员、低保对象等困难人群分类资助参保缴费政策。以采矿业、制造业、建筑业等行业为重点,开展社会保险费政策进企业、进车间、进工地宣传和缴费服务活动。按照总局下发的征缴流程和相关缴费指引,结合工作实际,规范相关费种征缴流程,并做好征缴的宣传辅导工作。

(续表)

省份	政策依据	内容摘录
四川省	《四川省人民政府办公厅关于印发四川省税费征管保障办法的通知》（川办发〔2022〕39号）	第六条 县级以上人民政府要建立健全涉税涉费数据共享机制，依法保障涉税涉费必要信息获取，组织有关部门（单位）同税务部门开展涉税涉费数据共享应用。 第七条 涉税涉费数据共享实行目录管理，目录由各级政务信息资源管理部门会同税务、财政及有关部门（单位）制定，并根据经济社会发展情况实施动态调整，目录之外的涉税涉费数据共享需求，由税务部门会同有关部门（单位）协商解决，并及时纳入目录管理。 第八条 涉税涉费数据共享及目录管理依托各级政务信息资源共享平台实现，省级政务信息资源共享平台建立"涉税涉费数据共享"专区，推进有关部门（单位）同税务部门涉税涉费数据汇聚联通和共享应用。 第九条 税务部门要加强涉税涉费数据应用，联合有关部门（单位）深化数据分析，发挥涉税涉费数据在政府决策、税费征管等工作中的积极作用，省税务局、国网四川省电力公司、省发展改革委、经济和信息化厅、省统计局等部门联合设立"税电指数"办公室，税务部门会同市场监管等部门联合开展对市场主体相关数据的分析应用。
南宁市	《国家税务总局 南宁市税务局 南宁市财政局 南宁市人力资源社会保障局 南宁市医疗保障局 南宁住房公积金管理中心关于印发〈2021年南宁市优化营商环境纳税专项实施方案〉的通知》（南市税发〔2021〕86号）	17.推进办税缴费联合办。一是协调整合人社、医保及商业银行自助终端功能，实现人社、医保、税务一站式办理。二是在部分税务、人社、医保共同进驻的政务中心实现"一厅联办"。三是将社保缴费和社保、医保经办业务、公积金缴费和个人所得税纳税申报系统纳入统一平台，实现个人税费"一网通办"。[责任单位：南宁市税务局、南宁市人力资源社会保障局（以下简称"南宁市人社局"）、南宁市医疗保障局以下简称"南宁市医保局"、南宁住房公积金管理中心（以下简称"南宁公积金中心"）。完成时限：2021年12月31日] 18.建立社保数据监控机制。强化对税务、人社、医保跨部门数据交互的监控，建立错误数据协调处理纠正机制，避免因数据问题导致缴费人多头跑，确保缴费顺畅。实现问题数据占比低于0.1%，一般性问题后台处理响应时长不超过1个工作日。（责任单位：南宁市税务局、南宁市人社局、南宁市医保局。完成时限：2021年12月31日）

(续表)

省份	政策依据	内容摘录
深圳市	《国家税务总局深圳市税务局等十六部门关于贯彻落实纳税缴费便利化改革优化税收营商环境若干措施的通知》	(九)大力推进税费事项网上办掌上办。进一步巩固拓展"非接触式"办税缴费服务,拓展完善电子税务局功能,实现纳税人90%以上主要涉税服务事项网上办理。推行税务文书电子送达。宣传推广"深税"移动办税平台,实现2021年年底前覆盖90万户纳税人和50万名实名办税人员,丰富拓展特色税收智能应用场景,强化税企沟通,打造全天候、全方位、全覆盖、全流程、全联通的智慧税务生态环境。加强与公安、住建、人社、医保、政务服务数据管理等部门合作,推动实现个人户籍、房屋网签合同备案、社保和医保登记缴费等信息实时共享,便利办税缴费。严格落实"一次不用跑""最多跑一次"等制度措施,提高涉税专业服务质量,提升办税便利化水平。(市公安局、市人力资源社会保障局、市住房建设局、市医保局、市政务服务数据管理局、市税务局按职责分工负责)
大连市	《国家税务总局大连市税务局等十四部门关于推进纳税缴费便利化改革持续优化税收营商环境若干措施的通知》(大税发〔2021〕25号)	6.加强政策落实监测。充分运用税费大数据,实时监测减税降费政策落实情况,定期扫描分析疑点,完善电子税务局功能,让符合条件的纳税人缴费人应享尽享优惠政策,对违规享受的及时提示和处理。(市级和区市县级税务局、人力资源社会保障局、医疗保障局按职责分工负责)

4. 用人单位未按规定申报缴纳社会保险费,应承担哪些法律责任

自2019年1月1日开始,社保逐步由税务部门统一征收,开启"社保入税"时期。加之金税三期甚至金税四期的过渡,社保由税收部门统一征收,意味着"五险"入税,将规范企业不合规的社保缴费行为,有助于解决漏缴、少缴社保问题。

《社会保险法》第六十三条规定,用人单位未按时足额缴纳社会保险费的,由社会保险费征收机构责令其限期缴纳或者补足。

用人单位逾期仍未缴纳或者补足社会保险费的,社会保险费征收机构可以向银行和其他金融机构查询其存款账户;并可以申请县级以上有关行政部门作出划拨社会保险费的决定,书面通知其开户银行或者其他金融机构划拨社会保险费。用人单位账户余额少于应当缴纳的社会保险费的,社会保险费征收机构可以要求该用人单位提供担保,签订延期缴费协议。

用人单位未足额缴纳社会保险费且未提供担保的,社会保险费征收机构可以申请

人民法院扣押、查封、拍卖其价值相当于应当缴纳社会保险费的财产,以拍卖所得抵缴社会保险费。

《社会保险法》第八十六条规定,用人单位未按时足额缴纳社会保险费的,由社会保险费征收机构责令限期缴纳或者补足,并自欠缴之日起,按日加收万分之五的滞纳金;逾期仍不缴纳的,由有关行政部门处欠缴数额1倍以上3倍以下的罚款。

【背景案例】单位逾期缴纳社会保险费的滞纳金和利息是否可以税前扣除

在企业所得税汇算清缴中,社会保险费滞纳金能否税前扣除与每个企业息息相关,这也是每个纳税企业比较关心的问题。根据《中华人民共和国企业所得税法》(以下简称《企业所得税法》)第十条的规定,税收滞纳金在计算应纳税所得额时不得税前扣除。而其他滞纳金能否税前扣除,法律目前没有特别明确的规定。但《企业所得税法》第十条第八项规定了与取得收入无关的其他支出禁止税前扣除。从社会保险费滞纳金的本质来讲,其属于对企业违法行为的处罚,不属于与取得收入有关的、合理的支出,不得税前扣除。

2011年7月1日起施行的《社会保险法》第八十六条规定,用人单位未按时足额缴纳社会保险费的,由社会保险费征收机构责令限期缴纳或者补足,并自欠缴之日起,按日加收万分之五的滞纳金。从原理上分析,用人单位不缴纳社会保险费,违背的是行政管理法,其法律关系是国家征缴部门与用人单位之间管理与被管理的行政关系,并非劳动争议当事人之间的民事关系。最高人民法院《关于企业为职工补缴养老保险费引发纠纷问题的答复》也对此予以了明确,因社保机构对用人单位欠缴费用负有征缴的义务,如果劳动者、用人单位与社保机构就欠费等发生争议,是征收与缴纳之间的纠纷,属于行政管理的范畴,带有社会管理性质,不是单一的劳动者与用人单位之间的社保争议。由此可知,作为行政法领域滞纳金,根据《中华人民共和国行政强制法》第四十五条所规定的间接强制执行方式,社会保险费滞纳金是通过给用人单位增加额外金钱负担的方式,促使用人单位尽快履行行政决定,避免直接强制带来的对抗或冲突。从原理上来说,社会保险费的滞纳金不得在税前扣除。但由于我们以上的观点只是从原理上分析,相关政策的确未明确社会保险费的滞纳金是否可以税前扣除。因此在实务中,各地执行口径也并不相同。

以江苏省税务局答复为例:

问:因人员变动,我公司2016年10月有部分员工社会保险费未按时缴纳,2016年11月公司主动去社保局补缴了所欠社会保险费。但在补缴社会保险费时,社保局扣缴了相应的滞纳金和利息。请问这部分滞纳金和利息是否可以在企业所得税税前列支?

答:根据《企业所得税法》第八条、第十条规定,企业实际发生的与取得收入有关的、合理的支出,包括成本、费用、税金、损失和其他支出,准予在计算应纳税所得额时扣

除。在计算应纳税所得额时,下列支出不得扣除:

(一)向投资者支付的股息、红利等权益性投资收益款项;

(二)企业所得税税款;

(三)税收滞纳金;

(四)罚金、罚款和被没收财物的损失;

(五)本法第九条规定以外的捐赠支出;

(六)赞助支出;

(七)未经核定的准备金支出;

(八)与取得收入无关的其他支出。

综上规定,单位因逾期缴纳社会保险费而产生的社保滞纳金及利息允许在企业所得税税前列支。

【实务案例】用人单位欠缴社会保险费如何缴纳滞纳金

甲公司因生产经营严重困难欠缴医疗保险费和生育保险共计17 000元(其中:单位统筹部分13 000元、职工个人部分4 000元),在欠缴第15天时足额缴纳了费款。关于对甲公司欠缴费款加收滞纳金的处理,下列表述不正确的有( )。

A. 经批准可以免收滞纳金
B. 加收滞纳金的比例是0.2%
C. 甲公司应缴滞纳金127.50元
D. 甲公司应负担滞纳金97.50元
E. 职工个人应负担滞纳金30元

参考答案:ABDE

答案解析:《实施〈中华人民共和国社会保险法〉若干规定》(人力资源和社会保障部令第13号)第二十条规定,职工应当缴纳的社会保险费由用人单位代扣代缴。用人单位未依法代扣代缴的,由社会保险费征收机构责令用人单位限期代缴,并自欠缴之日起向用人单位按日加收万分之五的滞纳金。用人单位不得要求职工承担滞纳金。应缴纳滞纳金=17 000×0.05%×15=127.50(元)。

【典型案例】H网络服务公司骗取生育津贴案

2021年2月26日,H网络服务有限责任公司申报黄某某在M市中心医保服务窗口申报领取生育津贴35 750元。M市医保部门在审核时发现疑点,通过上门稽核,问询调查该公司负责人、法定代表人沈某某和参保人以及发函税务部门和市场监管部门协查等方式查实,参保人黄某某系挂靠M网络服务有限责任公司缴纳职工基本医疗保险和生育险,与该公司不存在劳动关系。该公司另一名参保人陈某某与公司也为挂靠关系,其于3月25日申报生育津贴报销,M市医保部门及时发现,并拒绝给予报销。

根据《社会保险法》，M市医保部门作出如下处理：

（1）追回已发放的生育津贴35 750元；

（2）将案件线索移送至M市公安局。

2021年9月30日，M市人民法院以诈骗罪判决该公司负责人沈某某有期徒刑一年，并处罚金人民币8 000元。

▶【典型案例】：用人单位不缴、少缴社会保险费的严重后果

《国家税务总局海口市秀英区税务局责令限期缴纳社会保险费决定书》（社保限缴〔2021〕0002号）

海南××科技开发有限公司：（纳税人识别号46010×××580312X）

经海南省劳动人事争议仲裁委员会裁决书（琼劳人仲裁字〔2017〕第2号）的裁决及海南省海口市中级人民法院行政判决书（2019）琼01行终70号：潘××（身份证号码：46002×××042X）自2005年8月22日至2016年4月25日期间与你单位存在劳动关系。现经海南省社会保险事业局审查核定，潘××与你单位存在劳动关系期间应缴未缴的社会保险费为16 969.92元（其中：基本养老保险费8 186.90元；基本医疗保险费6 720.40元；失业保险费882.64元；工伤保险费294.20元；生育保险费885.78元），以及利息2 096.10元（利息计算截至2011年6月30日），滞纳金17 496.11元（滞纳金计算至2017年2月20日），核定应补缴合计36 562.13元。

根据《中华人民共和国社会保险法》第六十三条和《社会保险费征缴暂行条例》（国务院令259号）第十三条，责令你单位自接到本决定书之日起15日内到我局解缴上述欠费，根据《中华人民共和国社会保险法》第八十六条，自社保经办机构核定欠缴费款的次月至解缴费款之日止，按日加收万分之五的滞纳金。

你单位如对税务机关作出本决定不服的，可在本决定书送达之日起60日内向上一级行政机关申请行政复议，或者6个月内提起行政诉讼。逾期未提出的，又不履行责令限期缴纳社会保险费的决定，我局将依法申请人民法院强制执行。

社会保险费由社会保险经办机构依法核定。你单位如对社会保险经办机构作出补缴上述社会保险费、利息和滞纳金的核定有异议或者不服，可依法向其本级社会保险行政部门申请行政复议，或者提起行政诉讼。

国家税务总局海口市秀英区税务局

2021年8月13日

【实务案例】实务中的社会保险费如何计算缴纳

甲省小型企业A公司2020年1月成立，共有员工5人（其中：经理1人，业务员

3人,前台1人)。工资从1月份起薪,标准为:经理为15 000元、业务员为6 000元、前台为3 000元。自成立以来,公司人员无变化。前台张女士在签订劳动合同时,主动提出自愿放弃参加各项社会保险,并在劳动合同中约定,企业将应负担的社会保险单位缴费部分以现金形式同工资一起发放给张女士,因此,A公司未办理张女士参保登记。2020年该省城镇非私营单位就业人员平均工资为76 000元,城镇非私营单位在岗职工年末人数为2 081 800人;城镇私营单位就业人员平均工资为54 000元,城镇私营单位在岗职工年末人数为2 918 200人。A公司各项社会保险计费基数相同,且均享受国家最大限度的优惠政策。该省2019年全口径年平均工资为58 840.08元,2021年个人缴费基数执行分两年过渡政策。该省各险种费率详见表6-2。

表6-2 甲省各险种费率情况统计表

类别	单位缴费比例	个人缴费比例	备注
基本养老保险	16.0%	8.0%	
失业保险	0.5%	0.5%	
工伤保险	0.2%		
医疗保险(含生育)	7.5%	2.0%	生育保险为0.5%

要求:请根据上述资料,依次回答下列问题。

1. 张女士按照本人意愿,与企业在劳动合同中约定放弃参加社会保险的行为是否有效,并简要说明理由。

参考答案:放弃参加社会保险的行为无效。根据《劳动法》第七十二条的规定,用人单位和劳动者必须依法参加社会保险,缴纳社会保险费。同时,根据《社会保险法》第五十八条,用人单位应当自用工之日起30日内为其职工向社会保险经办机构申请办理社会保险登记。未办理社会保险登记的,由社会保险经办机构核定其应当缴纳的社会保险费。因此,为劳动者参加社会保险并依法缴纳社会保险费是用人单位的法定义务,该项义务不能由用人单位和劳动者通过约定变更或放弃。

2. 请计算A公司2020年上半年应缴各项社会保险费的单位缴费部分金额。

参考答案:甲省2020年月缴费基数上限标准为58 840.08÷12×300% = 14 710.02(元);甲省2020年月缴费基数下限标准为58 840.08÷12×60% = 2 942(元)。

经理工资为15 000元,大于上限,缴费基数为14 710.02(元)。

A公司2020年月缴费基数为14 710.02 + 6 000×3 + 3 000 = 35 710.02(元);

2020年上半年应缴社会保险费单位部分金额为35 710.02×(16% + 0.5% + 0.2% + 7.5%) + 35 710.02×(7%×50% + 0.5%)×5 = 15 783.82(元)。

答案解析:《职工基本养老保险个人账户管理暂行办法》(劳办发〔1997〕116号)规

定,本人月平均工资低于当地职工平均工资60%的,按当地职工月平均工资的60%缴费;超过当地职工月平均工资300%的,按当地职工月平均工资300%缴费,超过部分不计入缴费工资基数。新招职工(包括研究生、大学生、大中专毕业生等)以起薪当月工资收入作为缴费工资基数。《人力资源社会保障部 财政部 税务总局关于阶段性减免企业社会保险费的通知》(人社部发〔2020〕11号)和《人力资源社会保障部 财政部 税务总局关于延长阶段性减免企业社会保险费政策实施期限等问题的通知》(人社部发〔2020〕49号)可知,2020年2月1日至2020年12月31日,各省、自治区、直辖市及新疆生产建设兵团免征中小微企业基本养老保险、失业保险、工伤保险三项社会保险单位缴费部分。根据《国家医保局 财政部 税务总局关于阶段性减征职工基本医疗保险费的指导意见》(医保发〔2020〕6号)规定,自2020年2月起,各省、自治区、直辖市及新疆生产建设兵团可指导统筹地区根据基金运行情况和实际工作需要,在确保基金收支中长期平衡的前提下,对职工医保单位缴费部分实行减半征收,减征期限不超过5个月。

3. 请计算A公司2021年上半年应缴各项社会保险费单位缴费部分金额。

参考答案:甲省2020年全口径年平均工资为(76 000×2 081 800+54 000×2 918 200)÷(2 081 800+2 918 200)=63 159.92(元);

2021年月缴费基数上限标准为63 159.92÷12×300%=15 789.98(元);

2021年月缴费基数下限标准为(58 840.08+63 159.92)÷2÷12×60%=3 050(元);

前台工资为3 000元,低于下限,缴费基数为3 050元。

A公司2021年月缴费基数为15 000+6 000×3+3 050=36 050(元);

上半年应缴各项社会保险费单位缴费部分金额为36 050×(16%+0.5%+0.2%+7.5%)×6=52 344.6(元)。

答案解析:《国务院办公厅关于印发〈降低社会保险费率综合方案〉的通知》(国办发〔2019〕13号)规定,各省应以本省城镇非私营单位就业人员平均工资和城镇私营单位就业人员平均工资加权计算的全口径城镇单位就业人员平均工资,核定社保个人缴费基数上下限,合理降低部分参保人员和企业的社保缴费基数。根据《人力资源社会保障部办公厅 财政部办公厅 国家税务总局办公厅关于2021年社会保险缴费有关问题的通知》(人社厅发〔2021〕2号)的规定,个人缴费基数下限增长过快、2021年当年调整到位确有困难的省份,个人缴费基数下限可分两年过渡,2021年个人缴费基数下限可根据2019年全口径平均工资和2020年全口径平均工资的算术平均值确定。

4. 简要说明A公司在社会保险登记和缴费方面的违法行为应承担的法律责任。

参考答案:A公司未按规定办理张女士参保登记的行为,由社会保险行政部门责令限期改正;逾期不改正的,对A公司处应缴社会保险费数额1倍以上3倍以下的罚款,对其直接负责的主管人员和其他直接责任人员处500元以上3 000元以下的罚款。A

公司未按时足额缴纳社会保险费,由社会保险费征收机构责令限期缴纳或者补足,并自欠缴之日起,按日加收万分之五的滞纳金;逾期仍不缴纳的,由有关行政部门处欠缴数额1倍以上3倍以下的罚款。

答案解析:《社会保险法》第八十四条规定,用人单位不办理社会保险登记的,由社会保险行政部门责令限期改正;逾期不改正的,对用人单位处应缴社会保险费数额1倍以上3倍以下的罚款,对其直接负责的主管人员和其他直接责任人员处500元以上3 000元以下的罚款。第八十六条规定,用人单位未按时足额缴纳社会保险费的,由社会保险费征收机构责令限期缴纳或者补足,并自欠缴之日起,按日加收万分之五的滞纳金;逾期仍不缴纳的,由有关行政部门处欠缴数额1倍以上3倍以下的罚款。

5. 若A公司拒不配合为张女士补缴社会保险费,请简述税务机关可采取的措施。

参考答案:若A公司拒不配合为张女士补缴社会保险费,主管税务机关责令其限期缴纳或者补足。A公司逾期仍未缴纳或者补足社会保险费的,主管税务机关可以向银行和其他金融机构查询其存款账户,并可以申请县级以上有关行政部门作出划拨社会保险费的决定,书面通知其开户银行或者其他金融机构划拨社会保险费。A公司账户余额少于应当缴纳的社会保险费的,主管税务机关可以要求该用人单位提供担保,签订延期缴费协议。A公司未足额缴纳社会保险费且未提供担保的,主管税务机关可以申请人民法院扣押、查封、拍卖其价值相当于应当缴纳社会保险费的财产,以拍卖所得抵缴社会保险费。

答案解析:《社会保险法》第六十三条规定,用人单位未按时足额缴纳社会保险费的,由社会保险费征收机构责令其限期缴纳或者补足。用人单位逾期仍未缴纳或者补足社会保险费的,社会保险费征收机构可以向银行和其他金融机构查询其存款账户,并可以申请县级以上有关行政部门作出划拨社会保险费的决定,书面通知其开户银行或者其他金融机构划拨社会保险费。用人单位账户余额少于应当缴纳的社会保险费的,社会保险费征收机构可以要求该用人单位提供担保,签订延期缴费协议。用人单位未足额缴纳社会保险费且未提供担保的,社会保险费征收机构可以申请人民法院扣押、查封、拍卖其价值相当于应当缴纳社会保险费的财产,以拍卖所得抵缴社会保险费。

5. 缴费单位及其人员违反《社会保险费征缴暂行条例》的法律责任

《社会保险费征缴暂行条例》第十条规定,缴费单位必须按月向社会保险经办机构申报应缴纳的社会保险费数额,经社会保险经办机构核定后,在规定的期限内缴纳社会保险费。缴费单位不按规定申报应缴纳的社会保险费数额的,由社会保险经办机构暂按该单位上月缴费数额的110%确定应缴数额;没有上月缴费数额的,由社会保险经办机构暂按该单位的经营状况、职工人数等有关情况确定应缴数额。缴费单位补办申报手续并按核定数额缴纳社会保险费后,由社会保险经办机构按照规定结算。

第十三条规定,缴费单位未按规定缴纳和代扣代缴社会保险费的,由劳动保障行政部门或者税务机关责令限期缴纳;逾期仍不缴纳的,除补缴欠缴数额外,从欠缴之日起,按日加收千分之二的滞纳金。滞纳金并入社会保险基金。

第二十三条规定,缴费单位未按照规定办理社会保险登记、变更登记或者注销登记,或者未按照规定申报应缴纳的社会保险费数额的,由劳动保障行政部门责令限期改正;情节严重的,对直接负责的主管人员和其他直接责任人员可以处1 000元以上5 000元以下的罚款;情节特别严重的,对直接负责的主管人员和其他直接责任人员可以处5 000元以上10 000元以下的罚款。

第二十四条规定,缴费单位违反有关财务、会计、统计的法律、行政法规和国家有关规定,伪造、变造、故意毁灭有关账册、材料,或者不设账册,致使社会保险费缴费基数无法确定的,除依照有关法律、行政法规的规定给予行政处罚、纪律处分、刑事处罚外,依照本条例第十条的规定征缴;迟延缴纳的,由劳动保障行政部门或者税务机关依照第十三条的规定决定加收滞纳金,并对直接负责的主管人员和其他直接责任人员处5 000元以上20 000元以下的罚款。

第二十八条规定,任何单位、个人挪用社会保险基金的,追回被挪用的社会保险基金;有违法所得的,没收违法所得,并入社会保险基金;构成犯罪的,依法追究刑事责任;尚不构成犯罪的,对直接负责的主管人员和其他直接责任人员依法给予行政处分。

▶【典型案例】:劳动者发生工伤事故时企业急于注销,责任谁承担

饶某于2016年4月15日入职某清洗服务公司,该公司未为饶某缴纳社会保险。2016年9月14日,饶某在工作时受伤。2018年7月26日,苏州工业园区劳动和社会保障局判定饶某2016年9月14日所受伤害为工伤。2018年11月24日,某清洗服务公司在《扬子晚报》刊登注销公告。2019年4月15日,苏州市劳动能力鉴定委员会鉴定饶某受伤伤残等级为八级。2019年5月7日,某清洗服务公司因股东会决议解散而注销。工商档案材料显示企业注销登记申请书记载无债权债务,清算报告显示债权、债务均为0,清算组成员为缪某某、姚某。后饶某申请劳动仲裁,请求裁令缪某某、姚某支付医药费、护理费等相应损失。仲裁委不予受理,饶某诉至法院。法院认为,因某清洗服务公司未依法为饶某缴纳社会保险,故相应工伤保险待遇赔偿责任应由某清洗服务公司承担。某清洗服务公司清算组成员缪某某为清洗服务公司法定代表人,缪某某、姚某均系公司股东,其在公司清算时已明知饶某在2016年9月14日工作中所受伤害构成工伤且相应工伤保险待遇未予给付,即清洗服务公司清算组明知公司对第三人负有债务,却未依法将公司解散清算事宜书面通知债权人,存在重大过失甚至故意。一审法院判决

清算组成员缪某某、姚某对饶某的损失承担赔偿责任。缪某某、姚某不服上诉,二审法院审理后作出终审判决:驳回上诉,维持原判。

用人单位作为劳动力使用者和劳动组织者,负有保护劳动者在劳动过程中身体健康和生命安全的法定义务。如果劳动者发生工伤,用人单位应依法承担工伤赔偿责任,即劳动者对用人单位形成工伤赔偿的"劳动债权",在用人单位发生破产、注销或者解散等法人人格灭失时,该"劳动债权"与其他债权一样受公司法、企业破产法等相关法律的调整和保护。本案中劳动者发生工伤事故后,经历过仲裁与诉讼,作为用人单位法定代表人和股东的清算组成员明知工伤劳动者尚未获得理赔,该劳动债权尚未处置,却未依法将公司解散清算事宜书面通知劳动者,存在重大过失甚至故意。《公司法》第一百八十九条第三款规定,清算组成员因故意或者重大过失给公司或者债权人造成损失的,应当承担赔偿责任。故判决清算组成员对劳动者的损失承担赔偿责任。该判决协同运用《劳动法》和《公司法》对劳动关系进行调整,有力维护了劳动者的合法权益和劳资关系的和谐稳定。

6. 税务机关工作人员滥用职权的法律责任有哪些

《社会保险法》第九十条规定,社会保险费征收机构擅自更改社会保险费缴费基数、费率,导致少收或者多收社会保险费的,由有关行政部门责令其追缴应当缴纳的社会保险费或者退还不应当缴纳的社会保险费;对直接负责的主管人员和其他直接责任人员依法给予处分。第九十一条规定,违反本法规定,隐匿、转移、侵占、挪用社会保险基金或者违规投资运营的,由社会保险行政部门、财政部门、审计机关责令追回;有违法所得的,没收违法所得;对直接负责的主管人员和其他直接责任人员依法给予处分。第九十二条规定,社会保险行政部门和其他有关行政部门、社会保险经办机构、社会保险费征收机构及其工作人员泄露用人单位和个人信息的,对直接负责的主管人员和其他直接责任人员依法给予处分;给用人单位或者个人造成损失的,应当承担赔偿责任。第九三条,国家工作人员在社会保险管理、监督工作中滥用职权、玩忽职守、徇私舞弊的,依法给予处分。

【实务案例】税务机关在征收社会保险费过程中会承担法律责任的典型情形

税务机关在征收社会保险费过程中会承担法律责任的典型情形有哪些?

(1)税务机关擅自更改基数、费率导致多征或少征社会保险费。

(2)隐匿、转移、侵占、挪用社会保险基金。

(3)税务机关及人员泄露用人单位和个人信息。

(4)税务机关的工作人员滥用职权。

【实务案例】征收机关泄露用人单位信息的处理

关于征收社会保险费的税务机关工作人员泄露用人单位信息的处理,下面表述正确的有（　　）。

A. 用人单位造成损失的,应当赔偿
B. 对其他直接责任人员依法给予处分
C. 对直接负责的主管人员依法给予处分
D. 对其他直接责任人员处1 000元以上5 000元以下的罚款
E. 对直接负责的主管人员处5 000元以上10 000元以下的罚款

参考答案：ABC

答案解析：《社会保险法》第九十二条规定,社会保险行政部门和其他有关行政部门、社会保险经办机构、社会保险费征收机构及其工作人员泄露用人单位和个人信息的,对直接负责的主管人员和其他直接责任人员依法给予处分；给用人单位或者个人造成损失的,应当承担赔偿责任。

7. 用人单位的法律救济途径

缴费单位和缴费个人对劳动保障行政部门或者税务机关的处罚决定不服的,可以依法申请复议；对复议决定不服的,可以依法提起诉讼。缴费单位或者缴费单位直接负责的主管人员和其他直接责任人员,对劳动保障行政部门作出的行政处罚决定不服的,可以于15日内向上一级劳动保障行政部门或者同级人民政府申请行政复议。对行政复议决定不服的,可以自收到行政复议决定书之日起15日内向人民法院提起行政诉讼。行政复议和行政诉讼期间,不影响该行政处罚决定的执行。缴费单位或者缴费单位直接负责的主管人员和其他直接责任人员,在15日内拒不执行劳动保障行政部门对其作出的行政处罚决定,又不向上一级劳动保障行政部门或者同级人民政府申请行政复议,或者对行政复议决定不服,又不向人民法院提起行政诉讼的,可以申请人民法院强制执行。

政策链接：缴费单位和缴费个人权益受到侵害的救济途径

1.《社会保险费征缴暂行条例》

第二十五条　缴费单位和缴费个人对劳动保障行政部门或者税务机关的处罚决定不服的,可以依法申请复议；对复议决定不服的,可以依法提起诉讼。

2.《社会保险费征缴监督检查办法》

第十八条　缴费单位或者缴费单位直接负责的主管人员和其他直接责任人员,

对劳动保障行政部门作出的行政处罚决定不服的,可以于15日内,向上一级劳动保障行政部门或者同级人民政府申请行政复议。对行政复议决定不服的,可以自收到行政复议决定书之日起15日内向人民法院提起行政诉讼。

行政复议和行政诉讼期间,不影响该行政处罚决定的执行。

第十九条 缴费单位或者缴费单位直接负责的主管人员和其他直接责任人员,在15日内拒不执行劳动保障行政部门对其作出的行政处罚决定,又不向上一级劳动保障行政部门或者同级人民政府申请行政复议,或者对行政复议决定不服,又不向人民法院提起行政诉讼的,可以申请人民法院强制执行。

【典型案例】:某网络科技公司诉蒙某某确认劳动关系纠纷案

某网络科技公司系外卖配送服务商,负责某外卖平台苏州吴江步行街站点的配送业务。蒙某某在该站点从事外卖配送工作。2018年10月4日,蒙某某在送外卖过程中发生交通事故。根据工商登记,蒙某某于2018年10月10日领取个体工商户营业执照,名称为昆山市某工作室。后蒙某某申请劳动仲裁,请求确认其与某网络科技公司自2018年3月1日起存在事实劳动关系。仲裁委裁决后,确认双方存在劳动关系。该网络科技公司不服,诉至法院。法院认为,蒙某某提供的证据能够证明某网络科技公司对其进行考勤、派单等管理,双方之间的关系符合劳动关系的法律特征。某网络科技公司提供昆山市某工作室签订的《项目转包协议》一份,主张蒙某某已成立个体工商户,故不应认定双方之间存在劳动关系,但该协议上无蒙某某的签字,也无昆山市某工作室的盖章,公司亦未提供证据证明该《项目转包协议》已实际履行。且该个体工商户的成立时间为2018年10月10日,系在蒙某某发生交通事故之后,不应影响蒙某某受伤时双方劳动关系的认定。一审法院判决确认蒙某某与某网络科技公司之间自2018年3月1日起存在劳动关系。该网络科技公司不服上诉,二审法院审理后作出终审判决:驳回上诉,维持原判。

我国平台经济发展正处在关键时期,极具灵活性的网络平台用工的兴起给传统劳动关系认定理论带来巨大挑战。用人单位利用虚拟软件平台,在劳动者不清楚法律后果的情况下,引导骑手通过签订电子格式合同的方式注册成为个体工商户,以建立所谓平等主体之间合作关系的形式规避用人单位责任。而本案法院则从公司提供的《项目转包协议》并无骑手的签名或个体工商户的盖章,无法认定系骑手真实意思表示,且公司未能证明该协议实际履行出发,通过重点考量公司对骑手的管理因素,如考勤、派单等,认定双方之间符合劳动关系从属性的本质特征,进而认定双方之间存在劳动关系,妥当地将传统理论应用于平台用工争议,充分保护了劳动者的合法权益,对依法审慎处理新型用工形式下的确认劳动关系纠纷具有指导意义。

> **【典型案例】：社会保险费滞纳金是否可以超过欠缴的社会保险费本金**

自社会保险费划转至税务部门征收以后，征管效率大幅提升，关于社会保险费滞纳金万分之五的滞纳金也得到了大家的普遍重视。那么，税务机关征收的社会保险费滞纳金是否可以没有上限呢？

2018年修正的《社会保险法》第八十六条规定，用人单位未按时足额缴纳社会保险费的，由社会保险费征收机构责令限期缴纳或者补足，并自欠缴之日起，按日加收万分之五的滞纳金。但2012年发布的《中华人民共和国行政强制法》第四十五条规定，行政机关依法作出金钱给付义务的行政决定，当事人逾期不履行的，行政机关可以依法加处罚款或者滞纳金。加处罚款或者滞纳金的标准应当告知当事人。加处罚款或者滞纳金的数额不得超出金钱给付义务的数额。

一个是新法、一个是旧法，同样的一个问题如何执行？有人认为，应当适用"实体从旧，程序从新"的原则，滞纳金属于实体问题，应当适用2011年开始施行的《社会保险法》，而2011年《社会保险法》没有规定滞纳金不能超过本金，所以滞纳金没有上限。也有人认为，应当适用"从旧兼从轻"的原则，本着纳税人有利的角度，不应超过本金。

通过查阅、借鉴网上的资料，笔者发现实务案例的操作确有不同：如在吉林省松原市中级人民法院2018年8月2日作出的(2018)吉07行终74号行政判决一案中，松原市医保局主动表示同意返还多收的滞纳金。广西壮族自治区桂林市中级人民法院2019年12月作出的(2019)桂03行终257号二审行政判决书也认为滞纳金是迫使企业及时履行该法定金钱给付义务的间接强制执行措施，根据《中华人民共和国行政强制法》第四十五条第二款的规定。该滞纳金的数额不得超过金钱给付义务(社会保险费)的数额。新疆维吾尔自治区乌鲁木齐市中级人民法院2020年9月作出的(2020)新01行终95号二审行政判决书认为社会保险机构作出的征缴社会保险费系2019年做出，此时《中华人民共和国行政强制法》已实施，应当适用此法。通过实务案例看到，法院还是倾向于滞纳金不能超过社会保险费本金。

8. 用人单位申请法律救济时是否应"纳费争议、缴费前置"

《行政复议法》第九条规定，公民、法人或者其他组织认为具体行政行为侵犯其合法权益的，可以自知道该具体行政行为之日起60日内提出行政复议申请；但是法律规定的申请期限超过60日的除外。

《税务行政复议规则》规定，纳税争议规定需要先行缴纳或者解缴税款和滞纳金，或者提供相应的担保，才可以申请行政复议。其他并无"先缴清行政机关责令缴纳的金钱后才可申请行政复议"的法律规定。

尽管目前社会保险费已经逐步移交税务机关征收，但是其性质并不是税款的性质，因此笔者认为并不适用纳税争议的行政复议规则和行政诉讼规则。